高等院校经济管理类规划教材

外贸运输与保险

第**3**版

Transportation & Insurance

in Foreign Trade

主 编◎刁宇凡 程 宏
副主编◎陈 静 童 馨 陈 翊

ZHEJIANG UNIVERSITY PRESS
浙江大学出版社

图书在版编目（CIP）数据

外贸运输与保险 / 刁宇凡，程宏主编. —3 版. —杭州：
浙江大学出版社，2013.11(2023.8 重印)
ISBN 978-7-308-12377-8

Ⅰ.①外… Ⅱ.①刁…②程… Ⅲ.①国际运输－货物运输－
交通运输保险－高等学校－教材 Ⅳ.①F840.63

中国版本图书馆 CIP 数据核字（2013）第 247015 号

外贸运输与保险（第三版）

主　编　刁宇凡　程　宏
副主编　陈　静　童　馨　陈　翊

策　　划　朱　玲
责任编辑　朱　玲
封面设计　续设计
出版发行　浙江大学出版社
　　　　　（杭州市天目山路 148 号　邮政编码 310007）
　　　　　（网址：http://www.zjupress.com）
排　　版　杭州青翊图文设计有限公司
印　　刷　广东虎彩云印刷有限公司绍兴分公司
开　　本　787mm×1092mm　1/16
印　　张　21
字　　数　525 千
版印次　2013 年 11 月第 3 版　2023 年 8 月第 14 次印刷
书　　号　ISBN 978-7-308-12377-8
定　　价　55.00 元

前　　言

　　加入世界贸易组织5年来,我国外贸总额年均增长30%,迈过了万亿美元的大台阶,跃居全球第三大贸易国。而货物运输与国际贸易保险是促使外贸进程顺利开展的两个重要环节。随着科学技术以及国际贸易的飞速发展,在外贸运输与保险中出现了许多新事物以及新现象,本书的编写正是基于这一事实。

　　外贸运输与保险是国际经济与贸易学科中一门专业性很强的课程,兼具理论性与实用性,因此,编者在编写本书时力求做到结构合理、内容新颖、技能性强、突出实用。本书从经济贸易人才培养的实际需要出发,以具有代表性的国际海陆空货物运输与保险为重点,阐明有关国际货运与保险的基础理论、基本知识以及办理货运与保险的基本技能。本书分为两篇:上篇为国际货物运输,主要介绍有关运输的基本知识及海上运输、铁路运输、航空运输、公路运输等独立运输方式与国际多式联运、集装箱运输等现代运输方式。下篇是国际贸易保险,介绍保险的基础理论,主要介绍海上保险和其他货运保险涉及的有关内容。

　　本书具有以下特点:第一,每章后面附有案例分析,包括案情简介和案情分析两部分,帮助读者对章节内容的理解;第二,增加外贸运输和保险中提单和保险单的实训,以锻炼和提高读者分析和解决问题的能力;第三,每章穿插知识链接,提供相关的最新资讯;第四,附录中增加专业英语词汇,方便读者在制单及学习过程中查找专业术语。

　　本书可供大学本科外经贸专业及相关专业学生选用,也可作为从事国际商务工作人员的学习材料,对国际贸易感兴趣的其他读者也可学习参考。

　　本书是由多位具有丰富教学及实践经验的教师结合最新的外贸运输与保险领域的发展情况,通力合作、认真编写而成。本书由刁宇凡和程宏担任主编,刁宇凡负责上篇的大纲及统稿工作,程宏负责下篇的大纲及统稿工作。陈静、童馨、陈翊任副主编。具体分工如下:第1、5章由刁宇凡(中国计量学院)和陈翊(温州大学城市学院)编写,第2、3、6章由刁宇凡编写,第4章由刁宇凡、朱瑜(中国计量学院)编写,第7、9章由童馨(杭州师范学院钱江学院)编写,第10、11章由陈静(浙江理工大学)编写,第12章由姜辉(中国计量学院)、罗坚毅(中国计量学院)编写,第8、13、14章由程宏(浙江大学城市学院)编写。

　　本书在编写过程中,参考了大量的教材、著作、文献及资料,借鉴和吸取了国内外很多专家学者们的研究成果,在此一并表示诚挚的谢意!

　　本书在编写和出版过程中,得到了浙江大学出版社朱玲编辑、中国计量学院管理学院宋明顺院长以及浙江大学宁波理工学院经贸分院徐加院长及潘冬青老师的大力支持和帮助,特此感谢!

　　由于作者水平有限,书中不足之处在所难免,敬请同行、专家及读者批评指正!

编　者

2007年2月

第二版前言

《外贸运输与保险》一书自 2007 年 2 月出版以来，被许多学校采用作为教材，受到普遍欢迎，在此表示衷心感谢！

2007 年出版至今，虽然只有一年多时间，但如今国际经贸发展迅速，国际贸易实践发生了许多新的变化。因此，我们的编写团队本着与时俱进、精益求精的原则，在第一版的基础上，对《外贸运输与保险》一书进行了认真修订，作为第二版出版，以满足广大读者的需求。

本次主要在如下方面进行了修订：一是根据《跟单信用证统一惯例》（UCP600，2007 年 7 月代替 UCP500）对运输与保险内容进行了修订；二是知识链接上更新了运输与保险资讯；三是在数据上进行了更新。

本书在修订过程中，得到了浙江大学出版社朱玲编辑的大力支持和帮助，特此感谢！

由于编者水平有限，书中仍有许多不足之处，敬请各位同行、专家及读者批评指正。

编　者

2008 年 8 月

第三版前言

《外贸运输与保险》自 2007 年出版后先后印刷 6 次,广受读者欢迎。特别是自 2008 年 8 月第二版出版以来,更多学校采用本书作为教材,在此致以衷心感谢!

《外贸运输与保险》第二版的出版较好地适应了教学和实际工作的需要。但从 2008 年至今的 5 年中,国际贸易货物运输和保险政策、公约、操作模式等都有了新的进展和变化;随着我国外贸的迅猛发展,国际货物运输和保险领域随之出现了新情况和新问题。为了顺应经济发展,本书在第二版的基础上进行了认真修订,以供广大读者参考。

为了凸显时效性和实务性,本次增补修订的主要内容有:(1)调整了"知识链接"中的资讯;(2)更新了相关经济数据;(3)增加了外贸货运单证知识;(4)增加了集装箱运输知识;(5)根据《国际贸易术语解释通则(2010)》(2011 年 1 月 1 日起,2010 通则代替了 2000 通则),对贸易术语的相关内容进行修订。

在本书第三版修订出版过程中,浙江大学出版社的朱玲编辑做了大量工作,谨此表示深深的谢意!

由于编者水平所限,本书仍然存在许多局限性,故希望各位专家学者和广大读者批评指正。

编　者
2013 年 6 月

目　　录

下篇 国际贸易保险

表目录

图目录

上 篇
国际货物运输

Transportation & Insurance in Foreign Trade

　　国际货物运输是国际贸易中非常重要的环节。国际货物运输可采用水上运输(包括海运和内河运输)、陆运(包括公路运输和铁路运输)、航空运输、邮政运输和管道运输,以及现代运输方式中的集装箱运输、国际多式运输和大陆桥运输等运输方式。而各种运输方式都有各自的特点和独特的经营方式,使用不同的运输单据,采用不同的业务流程。

　　本篇包括国际货物运输总论,国际海上货物运输基础知识,国际海上货物运输实务,国际铁路货物运输,国际航空货物运输,国际公路、内河、邮政和管道运输,以及国际现代货物运输方式共7章内容。在各章内容中,主要介绍各种运输方式的特点、作用、分类、经营方式、运输单据、业务流程、有关的国际公约及法律,其中特别对海运的知识进行了详细说明,并提供相关的案例和实训练习。本篇知识是下篇国际贸易保险的基础。

第1章

国际货物运输总论 ⟩⟩⟩⟩ ⟩

　　国际货物运输与国内货物运输有很大的差异,在本章的学习中,将介绍国际货物运输的基本知识。本章第一节介绍国际货物运输的概念、性质、特点、任务、方式及对象等基础知识;第二节介绍包含货主、承运人、运输代理人、装卸公司和理货人等在内的国际货运组织体系;第三节介绍国际货运代理的概念、性质、分类、服务对象、业务内容和责任等。

1.1　国际货物运输概述

1.1.1　国际货物运输的概念、性质与特点

(一)国际货物运输的概念

　　国际货物运输是指在国家与国家、国家与地区之间的货物运输,包括国际贸易物资运输与国际非贸易物资(如展览品、援外物资、个人行李、办公用品等)运输。由于国际货物运输中的非贸易物资运输往往只是贸易物资运输部门的附带业务,所以,国际货物运输通常被称为国际贸易运输;从一国来说,就是对外贸易运输,简称外贸运输。

(二)国际货物运输的性质

　　在国际贸易中,商品的价格包含商品的运价,商品的运价在商品的价格中所占比重较大,一般约占10%;而有的商品则要占30%~40%。商品的运价也和商品的生产价格一样,随着市场供求关系变化而围绕着价值上下波动。商品的运价随着商品的物质形态一起进入国际市场中交换,商品运价的变化直接影响到国际贸易商品价格的变化。而国际货物运输的主要对象又是国际贸易商品,所以国际货物运输是一种无形的国际贸易,只不过它用于交换的不是物质形态的商品,而是货物的位移。

(三)国际货物运输的特点

　　国际货物运输是国家与国家、国家与地区之间的运输,与国内货物运输相比,它具有以下5个主要特点。

1. 线长面广

我国已经同180多个国家和地区建立了贸易经济关系,进出口货物在运输过程中需要同国内外货主、交通部门、商检机关、保险公司、银行、海关和各种中间商打交道,涉及面很广。

2. 环节较多

在国际货物运输中,一般运输距离较长,往往需要使用多种运输工具,变换不同的运输方式,经由不同的国家和地区,中途还要经过多次装卸搬运,中间环节多。

3. 时间性强

装运进出口货物,及时将货物运至目的地,对履行进出口贸易合同、满足商品竞争市场的需求、提高市场竞争能力和及时结汇等,都有重大意义。特别是一些鲜活商品和季节性商品更要求迅速运输,不失时机地组织供应,才有利于提高出口商品的竞争能力,有利于巩固和扩大销售市场。因此,国际货物运输必须加强时间观念,争时间、抢速度,以快取胜。

4. 情况复杂

国际货物运输涉及国内外许多部门。同时,由于各个国家和地区的法律、政策规定不一,贸易、运输习惯和经营做法不同,金融货币制度的差异,加之政治、经济和自然条件的变化,都会对国际货物运输产生较大的影响。

5. 风险较大

由于在国际货物运输中环节多,运输距离长,涉及面广,情况复杂多变,加之时间性又很强,在运输沿途国际形势的变化、社会的动乱、各种自然灾害和意外事故的发生以及战乱、封锁禁运或海盗活动等,都可能直接或间接地影响到国际货运,以至于造成严重后果,因此,国际货物运输的风险较大。为了转嫁运输过程中的风险损失,各种进出口货物和运输工具,都需要办理运输保险。

【思考】 国际货物运输和国内货物运输比较有什么不同?

1.1.2 国际货物运输的任务

国际货物运输的基本任务是根据国家有关方针政策,合理地运用各种运输方式和运输工具,多快好省地完成进出口货物的运输任务,为国家发展对外经济贸易服务。具体包括以下4方面任务。

(一)按时、按质、按量地完成进出口货物运输

国际贸易合同签订后,只有通过运输,及时将进口货物运进来,将出口货物运出去,交到约定地点,商品的流通才能实现,贸易合同才能履行。"按时"就是根据贸易合同装运期和交货期条款的规定履行合同;"按质"就是按照贸易合同质量条款的要求履行合同;"按量"就是尽可能减少货损货差,保证贸易合同中货物数量条款的履行。如果违反了上述合同条款,就构成了违约,有可能导致赔偿、罚款等严重的法律后果。因此,国际货物运输部门必须重合同、守信用,保证按时、按质、按量完成国际货物运输任务,保证国际贸易合同的履行。

(二)节省运杂费用,为国家积累建设资金

由于国际货物运输是国际贸易的重要组成部分,而且运输距离长,环节较多,各项运杂费用开支较大,故节省运杂费用的潜力比较大,途径也多。因此,从事国际货物运输的企业和部门,应该不断改善经营管理,节省运杂费用,提高企业的经济效益和社会效益,为国家积

累更多的建设资金。

（三）为国家节约外汇支出，增加外汇收入

国际货物运输是一种无形的国际贸易，是国家外汇收入的重要来源之一。为了国家的利益，出口货物多争取 CIF 成交，进口货物多争取 FOB 成交，则可节省外汇支出，增加外汇收入。同时，国际货物运输企业首先要依靠国内运输企业的运力和我国的方便旗船，然后考虑我国的租船、中外合资船公司的运力，再充分调动和利用各方面的运力，使货主企业同运输企业有机地衔接，争取为国家节约外汇支出，创更多的外汇收入。

（四）认真贯彻国家对外政策

国际货物运输是国家涉外活动的一个重要组成部分，它的另一个任务就是在平等互利的基础上，密切配合外交活动，在实际工作中具体体现和切实贯彻国家各项对外政策。

1.1.3　国际货物运输的方式

国际货物运输的方式很多，根据所使用运输工具的不同，可以分成如图 1-1 所示的几种运输方式。各种运输方式各有其特点和使用范围，在下面的章节中将一一阐述。

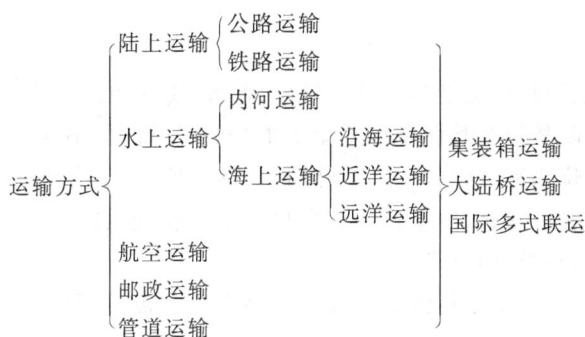

图 1-1　国际货物运输方式分类

1.1.4　国际货物运输的对象

国际货物运输的对象就是国际货物运输部门承运的各种进出口货物，如原料、材料、工农业产品、商品以及其他产品等。它们的形态和性质各不相同，对运输、装卸、保管等也各有不同的要求。从国际货物运输的需要出发，可以从货物的形态、性质、重量、运量等 4 个不同的角度进行分类。

（一）从货物形态的角度分类

1. 包装货物

为了保证货物在装卸运输中的安全和便利，必须使用一些材料对它们进行适当的包装，这种货物就叫包装货物。按照货物包装的形式和材料，通常可分为箱装货物、桶装货物、袋装货物、捆装货物，以及如卷筒状、编筐状、坛罐瓶等多种形状的包装货物。

2. 裸装货物

裸装货物又称无包装货物。裸装货物通常不便于包装，且不包装也不影响货运质量。常见的有各种钢材、生铁、有色金属以及车辆和一些设备等。有些裸装货物在运输过程中，需要采取防止水湿锈损的安全措施。

3. 散装货物

散装货物是指在运输中,没有包装,一般无法清点件数的粉状、颗粒状或块状货物。包括干质散装货物和液质散装货物,如煤炭、铁矿、木材、粮食、化肥、石油等。这种大批量的低值货物,不加任何包装,采用散装方式,有利于使用机械装卸作业进行大规模运输,把运费降到最低的限度。

(二) 从货物性质的角度分类

1. 普通货物

(1)清洁货物。清洁货物是指清洁、干燥货物。这种货物在运输保管的过程中,不能混入杂质,也不能被玷污。如茶叶、棉纺织品、粮食、陶瓷器、各种日用工业品等。

(2)液体货物。液体货物是指盛装于桶、瓶、坛内的流质或半流质货物,如油类、酒类、普通饮料等。

(3)粗劣货物。粗劣货物是指具有油污、水湿、扬尘和散发异味等特性的货物,如包装外表油腻的桶装油类、生皮、盐渍货物、水泥等。这些货物由于容易造成其他货物污损,所以又称为污染性货物。

2. 特殊货物

(1)危险货物。危险货物是指具有易燃易爆、毒害、腐蚀和放射性物质的货物。根据《危险货物运输规则》,危险货物按其性质和运输要求分为:爆炸品、氧化剂、压缩气体和液化气体、自燃物品、遇水燃烧物品、易燃液体、易燃固体、毒害品、腐蚀物品、放射性物品十类。

(2)易腐、冷藏货物。易腐、冷藏货物是指常温下易腐变质或指定以某种低温条件运输的货物,如水果、蔬菜、鱼类、肉类等。

(3)贵重货物。贵重货物是指价值昂贵的货物,如金、银、贵重金属、货币、精密器械、名画、古玩等。

(4)鲜活动植物。鲜活动植物是指具有正常生命力活动,在运输途中需要特殊照顾的动植物。

(三)从货物重量和体积比例的角度分类

按照货物重量和体积比例的角度分类,可分为重量货物和体积货物两种。如海运货物根据国际上统一的划分标准,凡1吨重量的货物,体积小于 40 立方英尺或 1 立方米,则称重量货物,简称重货;凡1吨重量的货物,体积大于 40 立方英尺或 1 立方米,这种货物就是体积货物,也称为轻泡货物。

(四)从货物运量大小的角度分类

1. 大宗货物

大宗货物是指该批(票)货物的运量很大。如化肥、粮食、煤炭等。大宗货物约占全世界海运总量的 75%～80%。

2. 件杂货物

大宗货物之外的货物称为件杂货物,它一般有包装,可分件点数。

3. 长大笨重货物

运输中,凡单件重量超过限定数量的货物称为重件货物或超重货物,如火车头、钢轨、石油钻台等。一般来说,超长的货物往往又是超重的,超重的货物也有一些是属于超长的。

1.1.5　合理运输

(一)合理运输和不合理运输

1. 合理运输的概念和表现

合理运输,就是按照货物的特点和合理流向以及交通运输条件,走最少的里程,经最少的环节,用最少的运力,花最少的费用,以最快的时间,把货物安全、完整地运到目的地。换句话说,运输时要在运输线路、车型的选择和运输安排、组织等方面实现优化,提高营运效率,取得良好的经济效益,这称为合理运输。

货物在发运地与到达地之间,往往有多条运输线路和多种运输方式可供选择;一个区域的货物运输更存在着各种各样的货物、纵横交错的运输线路、千家万户的运输单位和各种运输方式。组织合理运输就是在保证货物适合社会需要的条件下,根据各种运输工具的特点和能力,结合货源的分布、货流的规律和货物的特性,做到经最少的环节、用最少的时间、走最短的路程、花最少的费用、以最高的效率,及时、准确、安全、经济地把货物从发运地送到目的地。

2. 不合理运输的概念和表现

与合理运输原则相违背的运输称为不合理运输。即不考虑经济效果,违反货物合理流向和各种运输方式的合理分工,不充分利用运输工具的装载能力,不顾运输过程中环节的多寡导致浪费运力,增加货物损失和运输费用,延缓货物流转速度等不良结果的运输。其主要表现如下。

(1)返程或启程空驶。空车无货载行驶,可以说是不合理运输的最严重形式。在实际运输组织中,有时候必须调运空车,从管理上不能将其看成不合理运输。但是,因调运不当,货源计划不周,不采用运输社会化而形成的空驶,是不合理运输的表现。

(2)对流运输。对流运输亦称"相向运输"、"交错运输",指同一种货物,或彼此间可以互相代用而又不影响管理、技术及效益的货物,在同一线路上或平行线路上作相对方向的运送,而与对方运程的全部或一部分发生重叠交错的运输。

(3)迂回运输。迂回运输是舍近求远的一种运输。可以选取短距离进行运输而不办,却选择路程较长路线进行运输的一种不合理形式。迂回运输有一定的复杂性,只有当计划不周、地理不熟、组织不当而发生的迂回,才属于不合理运输,如果最短距离有交通阻塞、道路情况不好或有对噪音、排气等特殊限制而不能使用时发生的迂回,不能称不合理运输。

(4)重复运输。本来可以直接将货物运到目的地,但是在未达目的地之处,或目的地之外的其他场所将货卸下,再重复装运送达目的地,这是重复运输的一种形式。另一种形式是,同品种货物在同一地点运进,同时又向外运出。重复运输增加了非必要的中间环节,因此延缓了流通速度,增加了费用,增大了货损。

(5)倒流运输。倒流运输是指货物从销地或中转地向产地或起运地回流的一种运输现象。其不合理程度要其于对流运输,其原因在于,往返两程的运输都是不必要的,形成了双程的浪费。倒流运输也可以看成是隐蔽对流的一种特殊形式。

(6)过远运输。过远运输是指调运物资舍近求远,近处有资源不调而从远处调,这就造成可采取近程运输而未采取,拉长了货物运距的浪费现象。过远运输占用运力时间长,运输工具周转慢,占压资金时间长,远距离自然条件相差大,又易造成货损,增加费用支出。

（7）运力选择不当。运力选择不当是指未正确利用各种运输工具的优势而造成的不合理现象,常见有以下若干形式:

①弃水走陆。在同时可以利用水运及陆运时,不利用成本较低的水运或水陆联运,而选择成本较高的铁路运输或汽车运输,使水运优势不能发挥。

②铁路、大型船舶的过近运输。不是铁路及大型船舶的经济运行里程却利用这些运力进行运输的不合理做法。主要不合理之处在于火车及大型船舶起运及到达目的地的准备、装卸时间长,且机动灵活性不足,在过近距离中利用,发挥不了运速快的优势。相反,由于装卸时间长,反而会延长运输时间。另外,和小型运输设备比较,火车及大型船舶装卸难度大、费用也较高。

③运输工具承载能力选择不当。不根据承运货物数量及重量选择,而盲目决定运输工具,造成过分超载、损坏车辆货物不满载及浪费运力的现象。尤其是"大马拉小车"现象发生较多。由于装货量小,单位货物运输成本必然增加。

（8）托运方式选择不当。对于货主而言,托运方式选择不当是指可以选择最好托运方式而未选择,造成运力浪费及费用支出加大的一种不合理运输。例如,应选择整车未选择,反而采取零担托运,应当直达而选择了中转运输,应当中转运输而选择了直达运输等都属于这一类型的不合理运输。

（二）运输合理化要素

运输合理化的影响因素很多,起决定性作用的有五方面因素,称作合理运输"五要素"。

1. 运输距离

在运输时,运输时间、运输货损、运费、车辆或船舶周转等运输的若干技术经济指标,都与运距有一定比例关系,运距长短是运输是否合理的最基本因素。缩短运输距离从宏观、微观上看都会带来好处。

2. 运输环节

每增加一次运输,不但会增加起运的运费和总运费,而且必然会增加运输的附属活动,如装卸、包装等,各项技术经济指标也会因此下降。所以,减少运输环节,尤其是同类运输工具的环节,对合理运输有促进作用。

3. 运输工具

各种运输工具都有其使用的优势领域,对运输工具进行优化选择,按运输工具特点进行装卸运输作业,最大限度地发挥所用运输工具的作用,是运输合理化的重要一环。

4. 运输时间

运输是物流过程中需要花费较多时间的环节,尤其是远程运输,在全部物流时间中,运输时间占绝大部分,所以,运输时间的缩短对整个流通时间的缩短有决定性的作用。此外,运输时间短,有利于运输工具的加速周转,充分发挥运力的作用,有利于货主资金的周转,有利于运输线路通过能力的提高,对运输合理化有很大贡献。

5. 运输费用

运输费用在全部物流费中占很大比例,运输费用高低在很大程度上决定着整个物流系统的竞争能力。实际上,运输费用的降低,无论对货主企业来讲还是对承运人来讲,都是运输合理化的一个重要目标。运费的判断,也是各种合理化运输实施是否行之有效的最终判断依据之一。

【思考】 哪些措施可以促使合理运输？

【知识链接 1-1】

运输与物流①

运输是指运用适当的工具使人和货物产生位置移动。而物流是指为满足用户需要而进行的原材料、中间库存、最终产品及相关信息从起点到终点间的有效流动，以及实现这一流动而进行的计划、管理、控制等过程。物流包括 7 个方面的内容：包装、装卸、运输、储存、流通加工、回收复用和信息系统。从概念中可以看出，运输只是物流中的一个组成部分。

物流和运输的区别，可以概括为以下几个方面。

1. 物流是远远超出运输范畴的系统化管理

物流管理系统的建立和运转，以服务于生产过程的全部过程为出发点。物流本身不创造价值，物流系统应根据生产企业的供应渠道、生产过程以及销售渠道，从生产企业中取得远远大于运输价值的收益。

2. 物流不同于运输只注重实物的流动，它还同时关注着信息流和增值流的同步联动

信息流不仅通过电子或纸质媒介反映产品的运送、收取，更重要的是反映由市场对物流服务质量作出的评价。

3. 物流的管理观念比运输更先进，它特别强调为顾客服务

物流经营者一般参与企业之间的供应链，即面向为顾客服务所做的从原材料供给到商品送到消费者手中的整个过程。

4. 物流比运输更重视先进技术的应用

物流中需要建立 GPS（全球卫星定位系统）对物流的全过程进行适时监控、适时货物跟踪和适时调度，与顾客建立 EDI（电子数据交换）联系。而运输不需要这些系统工具和技术。

1.2　国际货运组织体系

1.2.1　货主(Cargo Owner)

货主是指专门经营进出口商品业务的国际贸易商，或有进出口权的生产型企业。他们为了履行国际贸易合同，必须组织办理进出口商品的运输，是国际货物运输中的托运人(Shipper)或收货人(Consignee)。

---

① 根据 http://www.taxchina.cn/news/2004-08/t260586.html 资料修改。

1.2.2 承运人(Carrier)

承运人是指专门经营水上、铁路、公路、航空等客货运输业务的运输企业,如轮船公司、铁路或公路运输公司、航空公司等。他们一般拥有大量的运输工具,为社会提供运输服务。

1.2.3 运输代理人(Forwarding Agent or Shipping Agent)

运输代理人有很多种类型,主要有以下4种。

(一)租船代理人(Chartering Agent)

租船代理人又称租船经纪人(Ship Broker),主要业务活动是在市场为租船人(Charter)寻找合适的运输船舶或为船东(Ship Owner)寻找货运对象。租船代理人以中间人的身份使双方达成租赁交易,从中赚取佣金。因此,根据他所代表的委托人身份的不同又分为船东代理人(Owner's Agent)和租船代理人(Charter's Agent)。

租船代理人主要业务包括以下4个方面:

(1)按照委托人的指示要求,为委托人提供最合适的对象和最有利的条件,并促成租赁交易的成交,这是租船最主要的业务。

(2)根据双方洽谈确认的条件制成租赁合同,并按委托方的授权代签合同。

(3)提供委托人航运市场行情,国际航运动态以及有关资料信息等。

(4)为当事人双方斡旋调解纠纷,取得公平合理的解决。在执行合同中往往会发生一些纠纷。租船代埋人以中间人的身份从中进行调解,对解决纠纷起到一定的作用。这也是考核和衡量一个租船代理是否得力和称职的一个重要标准。

按照惯例,租船代理人的佣金由运费或租金收入方支付,也就是由船东支付,代理佣金一般按租金的1%~2.5%在租船租约中加以规定。

(二)船务代理人(Shipping Agent)

1. 船务代理人含义及业务

船务(船舶)代理人是指接受承运人的委托,代办与船舶有关业务的人。船务代理的业务范围很广,主要包括以下几个方面的业务:

(1)船舶进出港业务方面。办理船舶进出港口的各项手续,包括引水、拖船、靠泊、报关等;办理船舶检验、修理、熏船、洗船、扫舱以及海事的处理等。

(2)货运业务方面。安排组织货物装卸、检验、交接、储存、转运、理货等;办理揽货、订舱和代收运费等;编制有关运输单据等。

(3)供应方面。代办船用燃料、淡水、物料以及食品供应;代办绳索垫料等。

(4)其他服务性业务方面。办理船员登岸或出境手续;安排船员医疗、住宿、交通、参观游览等。

2. 船务代理种类

船务代理关系根据委托方式的不同,一般分为航次代理和长期代理两种。

(1)航次代理,是指对不经常来港的船舶,在船舶每次来港前由船公司向代理人逐船逐航次办理委托,并由代理人逐船逐航次接受该委托所建立的代理关系形式。船公司逐船逐航次向代理人委托航次代理时,须在船舶抵港前,以书面形式向船舶到达港的船舶代理人或总代理人提出委托,并在船舶抵港前将船舶规范、租约等运输合同以及货运单证寄达所委托的代理人。代理人在接到书面委托后,应查明船舶国籍,审核船舶规范,确认运输合同或贸易合同和货运单证等是否齐全,明确费用的分担和费用的结算对象。在各项条件明确无误后,航次代理关系即告建立。

(2)长期代理,是指船公司根据船舶营运的需要,在经常有船前往靠泊的港口为自己选择适当的代理人,通过一次委托长期有效的委托方式,负责照管到港的属于自己所有的全部船舶的代理关系形式。在长期代理情况下,船公司不需要按船逐航次地委托代理。长期代理关系一经建立,只要没有发生所规定的可成为终止长期代理关系的事项,代理关系就可一直保持下去。通常可成为终止长期代理关系的事项主要有:由于政治原因不宜继续保持长期代理关系;由于委托人企业倒闭等财务方面的原因;由于委托人长期无船来港而要求终止关系;代理人企业倒闭等财务方面的原因。

建立长期代理关系的前提条件是作为委托人的船公司所属的船舶经常抵靠某一港口,在这种情况下,长期代理可以简化委托手续和财务往来结算手续。

(三)货运代理人(Freight Forwarder)

货运代理人是指根据委托人的要求,代办货物运输业务的机构或人员。有的代表承运人向货主揽取货物,有的代表货主向承运人办理托运,有的兼营两方面的业务。他们属于运输中间人的性质,在承运人和托运人之间起着桥梁作用。

国际货运代理是国际贸易运输中非常重要的一个角色,在第三节中将专门讨论。

(四)咨询代理人(Consulting Agent)

咨询代理人是指专门从事咨询工作,按委托人的需要,以提供有关咨询情报、情况、资料、数据和信息服务等而收取一定报酬的人。这类代理人不仅拥有研究人员和机构,而且与世界各贸易运输研究中心有广泛的联系。代理的内容有设计研究方案、选择合理的经济运输方式和路线、核算运输成本、研究解释规章法律以及调查有关企业信誉等等。

1.2.4 装卸公司和理货人

装卸、理货业是一些接受货主或船舶营运人的委托,在港口为船舶进行货物的装卸、清点、交接、检验货损程度和原因并作出公证等项作业的行业。

(一)装卸公司(Stevedore)

装卸公司是办理将货物装船和从船上卸下业务的公司。从事这种工作的人被称为装卸人或装卸业者。装卸人对于所在港口经常装卸的货物的包装、性质以及装卸方法等都富有经验,对各种类型的船舶也都深入了解,能参与制定装卸计划,委托人对他们的装卸技术也有所信任。但是,由于装卸和积载的质量对于船舶和货物的安全有密切的关系,所以,这种作业都是在船方的监督和指挥下进行的。

(二)理货人(Checker,Tally Man)

理货人是在船舶装货或卸货时,对货物的件数进行清点,并对货物的交接作出证明的人。理货通常是由船公司或货主各自委托他们的代理人,即分别由站在船公司立场(Ship Side)的理货人和站在货主立场(Doct Side)的理货人会同进行。在代表双方的理货人的会同确认下,才能证明货物交接的正确性。这种正确交接的证明有较强的公证性,所以理货人不但要有较全面的知识和熟练的方法,而且必须具有诚实、公正的品质。

中国外轮理货公司及其在各港的分支机构是我国主要理货人,而货主往往通过委托代理人的驻港人员理货。

世界上从事国际货物运输的机构不胜枚举,他们在工作性质上有区别,但在业务上又有密切联系,主要不外乎上述 4 种机构。此外,国际货物运输与海关、商检、卫检、动植检、港口当局(海上安全监督局和港务局)、保险公司、银行和外汇管理局、包装、仓储等机构有着较为密切的联系,共同组成了国际货物运输组织体系。

1.3 国际货运代理

1.3.1 国际货运代理的概念和性质

(一)国际货运代理的概念

国际货运代理,原为一种佣金关系,是指代表进出口商完成货物装卸、储存、安排运输、收取货物等日常业务的代理机构。各国对之称谓各不相同,例如"通关代理行"、"清关代理人"、"船货代理"等。目前使用"货运代理"这一称谓比较普遍。

(二)国际货运代理的性质

"货运代理"实际上包含了两层含义:其一是指货运代理行业;其二是指货运代理人。

1. 国际货运代理行业

国际货物运输代理行业是随着国际经济贸易的发展、国际运输方式的变化、信息科学技术的进步发展起来的一个行业,在社会产业结构中属于第三产业,隶属于服务行业。根据1995 年 6 月 29 日国务院批准的《中华人民共和国国际货物运输代理业管理规定》第 2 条规定:"国际货物运输代理业,是指接受进出口货物收货人、发货人的委托,以委托人的名义或者以自己的名义,为委托人办理国际货物运输以及相关业务并收取报酬的行业。"

2. 国际货运代理人

国际货运代理人本质上属于货物运输关系人的代理,是联系发货人、收货人和承运人的货物运输中介人;既代表货方,保护货方的利益,又协调承运人进行承运工作。也就是说,国际货运代理在以发货人和收货人为一方,承运人为另一方的两者之间起着桥梁作用。在我国,国际货物运输代理人是指接受进出口货物收货人、发货人的委托,以委托人的名义或者以自己的名义,为委托人办理国际货物运输以及相关业务并收取报酬的企业。

1.3.2 国际货运代理人的分类和服务对象

(一)国际货运代理人的分类

国际货运代理人的业务范围有大有小,大的兼办多项业务,如海陆空及多式联运,货运代理业务齐全;小的则专办一项或两项业务,如某些空运货运代理和速递公司。较常见的国际货运代理主要有以下 6 类。

1. 租船订舱代理

租船订舱代理与国内外货代有广泛的业务关系。主要工作内容是帮助货主向承运人预订舱位或租船。

2. 货物报关代理

有些国家对货物报关代理应具备的条件规定较严,如我国规定,报关人员必须取得报关员资格证书并且在海关登记注册后才能从业。

3. 转运及理货代理

转运及理货代理的办事机构一般设在中转站及港口。

4. 储存代理

储存代理包括货物保管、整理、包装以及保险等业务。

5. 集装箱代理

集装箱代理包括装箱、拆箱、转运、分拨以及集装箱租赁和维修等业务。

6. 多式联运代理

多式联运代理即多式联运经营人或无船承运人,是指与货主签订多式联运合同的当事人。不管一票货物运输要经过多少种运输方式,要转运多少次,多式联运代理必须对全程运输(包括转运)负总的责任。无论是在国内还是国外,对多式联运代理的资格认定都比其他代理要严格一些。

(二)国际货运代理人的服务对象

货运代理人是指接受货主的委托,代表货主办理有关的货物报关、交接、仓储、调拨、检验、包装、转运、订舱等业务的人。他与货主的关系是委托和被委托的关系。在办理代理业务中,他是以货主的代理人身份对货主负责,并按代理业务项目和提供的劳务向货主收取代理费。以班轮运输为例,货运代理人负责订舱,向货主收取一笔劳务费,然后向班轮公司托运货物,并支付运费,而并非从实际承运人那里获得收益。

由此可见,货运代理人完全是为货主服务的。其服务内容均与国际贸易合同执行有关,与国际贸易运输组织有关。从动机和目的来看纯属商业行为,而与实际承运人的工作,如装载、搬运等具体运输环节毫无关系。

1.3.3　国际货运代理的业务内容

由于全球经济一体化进程的日益加快,以及电子数据交换(EDI)技术的广泛应用,国际货运代理的作用日益显著。传统的货运代理只是安排运输与制备单证的中间人,而当今货运代理的业务范围则要大得多。尽管安排运输仍然是货运代理工作的一条主线,但与运输紧密结合在一起的还有信息流与资金流。这三者相互影响,同产品的性质、包装的质量、合同或交货的条件、现金流转或支付方式、履约的程度等都有一定的关系,因此,国际货运代理的业务正在不断扩展。

(一)向用户提出关于最佳运输方式的建议

货运代理的最终目的,在于将货主的要求和商业交易的要求同各种运输方式进行最佳的匹配。而要做到这一点,货运代理人就必须具备关于各种运输方式的知识,并对货物和市场有所了解。只有这样,才能客观、公正地在多种运输方式中进行最佳选择和组合。

各种运输方式的经济性、快速性、适货性是不同的,对某种货物而言各有利弊。货运代理从用户利益出发,力求运费最低;而承运人从自身利益出发,力求营运收益最高。货运代理在业务洽谈中,必须注意这一点,找到其平衡点。

（二）选择最合适的承运人并签订运输合同

选定运输方式以后，下一个重要步骤就是选择合适的承运人。运送时间、发送频度、到达时间、车船国籍等都是至关重要的因素。代理人代客户确定实际承运人以后，即可签约订舱。在正常运输线路受到罢工、停工或交通堵塞等影响时，货代可酌情变更运送方式，这是与承运人的不同之处。

（三）组织货物的拼装

随着跨国经营和货运"批多量少"趋势的发展，有时货源与目的港都很分散，必须采用另一种运输方式。有时没有现成的运输方式可用，就要作出特别的运输安排，把小批量货物集中起来进行拼箱运输。

货运代理组织货物的拼装和混载运输，这时他的身份与承运人或无船承运人相似，不能再以代理人的身份出面签单。

（四）制备货运单证

货运代理人在安排运输的过程中，要按照不同的运输方式和商业交易的要求，制备货运代理和适合相关运输方式的单证。如提单、空运单或国际公路运输单，一般在其内容上都有一些特殊的规定和声明。

（五）协助用户达到有关法规与信用证的要求

在运输过程中，发生了违规问题以后再查找原因，那要付出沉重的代价。货运代理人负有安排全程运输的责任，应通晓运输业务过程，事前周密防范，必要时得向有关主管部门了解对某种货物的具体要求及其限制规定。

跟单信用证之所以造成延误，原因往往在于文字错误、表达不清或不符合领事签证的要求等。货运代理在制备产地证明、装箱单或其他单证时，务必使其符合有关法规的要求、合同的条款要求并符合商业习惯。

（六）代为办理清关

货物从一个国家运抵另一个国家，要经过海关的仔细检查。货运代理人或其办事机构应代客户认真做好货物受检和清关工作。

（七）就货物包装要求向用户提出建议

货物包装要求既要符合货物自身特性，又要适应不同运输方式的风险防范。而且，各国法律的规定也不完全一致。比如，纸板箱散装在集装箱中，不准从新加坡运往沙特阿拉伯吉达港。有些表面上没有问题的货物，如润色漆、烟雾剂等，应该作为危险货物处理。货运代理人应自备《国际危规》，以便就货物包装问题向用户提出建设性意见。

（八）代办运输保险、仓储及分拨业务

国际运输比国内运输中转环节多，货损、货差或延误的风险更大。货运代理人应根据可能存在的风险，代客户确定保险范围，办理好投保事宜。

货运代理人根据其办事机构和代理网络关系，考虑并决定所运货物是即时分拨还是进行临时仓储。

（九）运输中的货物跟踪监管

货物在运输途中发生延误或其他问题，不论是涉及海关、银行、保险或承运人，货运代理都有责任跟踪监管并代客户进行处理。

1.3.4 国际货运代理的责任

国际货运代理的责任包括国际货运代理作为代理人和当事人两种情况时的责任。

(一)国际货运代理作为代理人的责任

从国际货运代理的传统地位讲,作为代理人负责代发货人或货主订舱、保管和安排货物运输、包装、保险等,并代他们支付运费、保险费、包装费、海关税等,然后收取一定的代理手续费(称为"佣金",通常是所有费用的百分比)。上述所有的成本均由客户承担,客户只有在提货之前全部付清上述费用,才能取得提货的权力。否则,国际货运代理对货物享有留置权,有权以某种适当的方式将货物出售,以此来补偿其所应收取的费用。

在上述行为中,国际货运代理是代理人,货主是被代理人。代理人经被代理人授权,在该授权范围内,以被代理人的名义从事代理行为时,所产生的法律后果由被代理人承担。不论这些行为最后能否满足被代理人的要求,国际货运代理仅对自己的错误或疏忽负责。

例如,某货运代理作为海运提单"通知人",提单指明的船舶抵达目的港后,及时将该轮的动态通知了收货人。但由于收货人申请火车车皮困难,致使该轮无法及时卸货,产生了大量费用。于是船东既告收货人,又起诉货代理人,要求他们承担损失。最后法院判决如下:货代不是提单当事人,而作为"通知人"已经尽到了义务,故对船东的损失不承担法律责任。

(二)国际货运代理作为当事人的责任

国际货运代理作为当事人,系指在为客户提供的服务中,以其本人的名义承担责任的独立合同人,他应对其履行国际货运代理合同而雇用的承运人、分货运代理的行为或不行为负责。一般而言,他与客户接洽的是服务价格,而不是收取代理手续费。比如,国际货运代理提供集装箱拼箱业务,或提供多式联运服务,或亲自承担公路运输,这时就处于当事人地位。此时,他不仅要对自己的错误或疏忽负责,还应使货物完好地运抵目的地,这就意味着他应承担实际承运人的责任和造成第三人损失的责任。

【知识链接 1-2】

国际货运代理的新发展——无船承运人 [①]

无船承运人(Non-Vessel Operating Carrier,NVOC;又称无船公共承运人,Non-Vessel Operating Common Carrier,NVOCC)的概念起源于美国。我国 2002 年 1 月 1 日正式颁布实施的《中华人民共和国国际海运条例》规定"无船承运人是指无船承运业务的经营者。以承运人的身份接受托运人的货载,签发自己的提单或其他运输单证,向托运人收取运费,通过国际船舶运输经营者完成国际海上货物运输,承担承运人责任的海上运输经营活动"。

从海上运输的发展来看,无船承运人是货运代理业务的延伸和发展。但是,无船承运人与国际货运代理人之间又存在着根本区别。

首先,两者与托运人、收货人的关系不同。无船承运人与托运人是承托关系,与收货人是提单签发人与持有人的关系。托运人订舱时,无船承运人根据自己的

---

① 根据 http://www.ccpcc.com/jjxj/fx/990353.htm 资料修改。

运价本向托运人报价,以托运人的身份向船公司洽订舱位,安排货物的运输。待货物装船后,收到船公司签发的海运提单的同时,无船承运人签发自己的提单给托运人。货物抵达目的港,收货人凭其所持有的无船承运人签发的正本提单到无船承运人代理的营业所办理提货手续。而在此之前,无船承运人的代理机构已经从实际承运的船公司处收取了该货物。国际货运代理人与托运人是被委托方与委托方的关系,而他与收货人则不存在任何关系。

其次,两者的法律地位不同。无船承运人本身并不提供经营船舶,所以相对实际承运人而言,无船承运人是契约承运人。而国际货运代理人则是委托方代理,帮助托运人安排货物运输,向托运人提供代理服务。

再次,两者在相关费用的计收方面也不同。无船承运人因其双重身份,可以在业务中收取运费或赚取差价;而国际货运代理人由于其代理人的身份,只能向委托方收取佣金。而运费差额通常远远高于佣金,这也是许多国际货运代理人介入无船承运领域的重要原因。

【思考】 国际货运代理作为无船承运人时,该承担代理人的责任还是当事人的责任?

【案例分析】

货运代理人与货物承运人①

2006 年 10 月,原告 Z 公司委托被告美商 Y 公司将一批机翼壁板由美国长滩运至中国上海。实际承运人 M 公司签发给被告的提单上载明"货装舱面,风险和费用由托运人承担"。而被告向原告签发的自己抬头的提单上则无此项记载,同时签单处表明被告代理实际承运人 M 公司签单。货抵上海港后,商检结果确认部分货物遭受不同程度的损坏及水湿。

原告遂向法院提起诉讼,请求判令被告赔偿货损 68.2 万美元,并承担诉讼费。被告辩称,其身份是货运代理人,不应承担承运人的义务。原告遭受货损系由其未购买足够保险而产生,且货损发生与货装甲板无因果关系,据此请求法院驳回原告诉讼请求。

[问题]

1. 根据提单,如何区别货运代理人和货物承运人?

2. 本案中,被告的身份是货运代理人还是货物承运人?

[案情分析]

1. 一般来说,提单上用于确认承运人身份的记载有三处:提单抬头、提单签单章以及提单背面的"承运人识别条款"。对于提单背面的"承运人识别条款",鉴于其有可能使承运人有机会规避最低限度的义务,因而否认其效力是大势所趋,故审判实践中一般根据前两者来认定,且尤以签单章为优先。本案中提单上的签单章表明被告是作为实际承运人的代理而代签提单,但提单抬头却是被告本身的。法院不可能凭其在提单上的单方表述即认定其代理身份。如果被告欲主张自己为货代,则必须证明两点:①证明其与实际承运人之间存在代理签单协议;②证明实际承运人在该份提单签发时是合法存在的。而本案被告没有完成对

---

① 根据 http://met.fzu.edu.cn/tradepractices/Article.asp? ArtID=273 资料修改。

上述内容的举证。

2. 本案被告所签发提单系列操作过程,完全符合契约代理人的操作方式,而原告与实际承运人并未发生任何法律关系,故被告身份应为承担契约承运人的责任。承运人在舱面装载货物,应当同托运人达成协议,违规装载舱面货致损的,承运人应承担赔偿责任。原告投保与否不影响承运人义务的承担。当然,该案判决并不妨碍被告向实际过错方行使追偿权利。据此,被告应赔偿原告货损 68.2 万美元以及商检费用和案件受理费。

⬄【本章小结】

1. 国际货物运输具有线长面广、环节多、时间性强、情况复杂、风险较大的特点。

2. 国际货物运输方式众多,有陆上运输、水上运输、航空运输、邮政运输和管道运输等。

3. 国际货物运输的对象可以根据形态、性质、重量体积、运量等来分类。根据货物形态可以分成包装、裸装、散装货物;根据性质可以分为普通和危险货物;根据重量体积可以分为重量货物和轻泡货物;根据运量可以分为大宗、件杂和长大笨重货物。

4. 国际货物代理既指货运代理行业,又指货运代理人。

5. 货运代理人是指接受进出口货物收货人、发货人的委托,以委托人的名义或者以自己的名义,为委托人办理国际货物运输以及相关业务并收取报酬的企业。他在以发货人和收货人为一方,承运人为另一方的两者之间起着桥梁作用。

6. 合理运输,就是按照货物的特点和合理流向以及交通运输条件,走最少的里程,经最少的环节,用最少的运力,花最少的费用,以最快的时间把货物安全、完整地运到目的地。

7. 合理运输包括运输距离、运输环节、运输工具、运输时间和运输费用等 5 个要素。

8. 国际货运代理作为代理人,仅对自己的错误或疏忽负责。

⬄【思考练习】

1. 解释如下术语:

国际货物运输　承运人　国际货运代理　合理运输

2. 简述国际货物运输的特点和任务。

3. 国际货物运输有哪些运输方式?

4. 国际货物运输的对象有哪些?

5. 简述国际货运代理的性质和业务范围。

6. 合理运输包括哪些因素?

7. 国际货运代理的责任范围如何规定?

8. 实训:

已知起运地和目的地,运输相应的货物,请选择合适的运输方式,并说明理由。

(1)上海—波士顿　　　　　　3000 件女士纯棉衬衣

(2)北京—法兰克福　　　　　展览用医学仪器一套

(3)阿姆斯特丹—杭州　　　　1000 支郁金香

(4)广州—香港　　　　　　　500 千克新鲜鸡蛋

(5)大连—莫斯科　　　　　　200 套包装机

第2章

国际海上货物运输基础知识 $\gg\!\!\!\gg\!\!\!\gg\quad\gg$

　　海上货物运输是历史悠久的国际贸易运输方式。由于海上货物运输具有运量大、通过能力强、运费低等优点,所以海上货物运输是国际贸易中最重要、使用最广泛的一种运输方式。

　　在本章第一节的概述中,将介绍国际海上货物运输的特点与作用,并简单介绍我国海上货物运输的发展情况;第二节将介绍海运船舶的基本构造、分类、吨位、船舶载重线、船旗和船级,以及船速和船舶文件等基本知识;第三节介绍世界海上运输航线、外贸港口的情况;第四节主要介绍海上货物运输方式中的班轮运输和租船运输的特点及运费的计算。

2.1　国际海上货物运输概述

2.1.1　国际海上货物运输(Ocean Transport)的特点与作用

　　由于国际贸易是进行世界范围内的商品交换,地理位置和地理条件决定了海上运输的重要作用。目前国际贸易总运量中75%以上的货物是利用海上运输完成的,我国进出口货运总量的90%以上是通过海上运输进行的。

　　(一)国际海上货物运输的特点

　　海上货物运输与其他各种运输方式相比较具有如下特点。

　　1. 运输量大

　　随着造船技术的日益发展和精益求精,船舶朝着大型化发展。如50万～70万吨的巨型油船,16万～17万吨的散装船,以及集装箱船的大型化,船舶的载运能力远远大于火车、汽车和飞机,是运输能力最强的运输工具。如一艘万吨船舶的载重量一般相当于250～300个火车车皮的载重量。

　　2. 通过能力强

　　海上货物运输利用四通八达的天然航道,将世界各地港口连在一起,不像汽车、火车容易受道路或轨道的限制,因而其通过能力要超过其他运输方式。再者如遇政治、经济贸易及自然等条件的变化,可随时改变航线驶往有利于装卸的目的港。

3. 运费低廉

一方面,海上货物运输所通过的航道天然形成,港口设施一般为政府修建,不像公路或铁路运输那样需大量投资用于修筑公路或铁路;另一方面,船舶运载量大,使用时间长,运输里程远,与其他运输方式相比,海运的单位运输成本较低,约为铁路运费的 1/5,公路运费的 1/10,航空运费的 1/30。

4. 速度较慢

货船体积大,水流阻力高,风力影响大,因此海上货物的运输速度较慢,一般时速为 10～20 海里,较快的班轮航行速度也仅 30 海里左右。如要提高船行速度,燃料消耗会大大增加,极不经济。

5. 风险较大

由于船舶海上航行受自然气候影响较大,海洋环境复杂,随时都可能遇上狂风、巨浪、暴风、雷电、海啸等人力难以抗拒的海洋自然灾害袭击,遇险的可能性比陆地、沿海大。同时,海上货物运输还存在如战争、罢工、贸易禁运等社会风险。为转嫁损失,海上运输的货物和船舶保险尤其应引起重视。

6. 对货物的适应性强

海上货物运输基本上适用于各种货物的运输。如石油井台、火车、机车车辆等超重大货物,其他运输方式是无法装运的,船舶一般都可以装运。

(二)海上货物运输的作用

1. 海上货物运输是国际贸易运输的主要方式

国际海上货物运输虽然存在速度较慢、风险较大的不足,但是由于它的通过能力强、运量大、运费低,以及对货物适应性强等长处,加上全球特有的地理条件,使它成为国际贸易中主要的运输方式。由于集装箱运输的兴起和发展,不仅使货物运输向集合化、合理化方向发展,而且节省了货物包装用料和运杂费,减少了货损货差,保证了运输质量,缩短了运输时间,从而降低了运输成本。

2. 海上货物运输是国家节省外汇支付,增加外汇收入的重要渠道之一

我国货物运费支出一般占外贸进出口总额的 10% 左右,尤其是大宗货物的运费所占比重更大,贸易中若充分利用国际贸易术语,争取我方多派船,不但节省外汇的支付,而且还可以争取更多的外汇收入。特别是要把我国的运力投入到国际航运市场,积极开展第三国的运输,为国家创造外汇收入。

3. 发展海上货物运输业有利于改善国家的产业结构和国际贸易出口商品的结构

海上货物运输是依靠航海活动的实践来实现的,航海活动的基础是造船业、航海技术和掌握技术的海员。造船工业是一项综合性的产业,它的发展可带动钢铁业、船舶设备业、电子仪器仪表业的发展,促进整个国家产业结构的改善。我国已由原来的船舶进口国,逐渐变成了船舶出口国。由于我国航海技术的不断发展,船员外派劳务已引起了世界各国的重视。我国的远洋运输船队已进入世界 10 强之列,这为今后大规模的拆船业提供了条件,不仅有利于为我国的钢铁厂冶炼提供廉价的原料、节约能源和进口矿石,而且还有利于出口外销废钢。

4. 海上运输船队是国防的重要后备力量

海上远洋运输船队历来在战时都被用作后勤运输工具。美、英等国把商船队称为"除陆、海、空之外的第四军种"。可见,它对战争胜负所起的作用。

2.1.2 我国海上货物运输的发展简况

20世纪50年代,由于西方对我国进行封锁,我国不具备发展远洋船队的条件,主要是通过铁路运输与苏联和东欧等国家进行贸易。

20世纪60年代,我国贸易对象逐渐转向西方,进出口货物也逐渐以海运为主,当时我国海上运输能力薄弱,主要以租船为主。作为我国统一对外租船机构的中国租船公司灵活运用程租、期租等形式,及时租进了大量的船位,在1958—1970年间租船承担的进出口货物运量占我方派船承运量的70%以上。

20世纪70年代,我国国营船队日益壮大,国轮货物承运量也逐年上升。根据《2012年公路小路交通运输行业发展统计公报》,我国已有远洋船只2486艘,总吨数为6943.79万吨,居世界第四位,已成为世界航运大国。仅中国远洋运输公司就拥有800余艘远洋货船,载重5600多万吨,航行于160多个国家和地区,停靠1600多个港口。目前,中国已成为世界上港口吞吐量和集装箱吞吐量最多、增长速度最快的国家。

截至2012年年底,我国大陆沿海和内河对外开放的港口有150多个,拥有生产用码头泊位31862个,其中万吨级及以上泊位1886个。2012年全国规模以上港口完成货物吞吐量97.7亿吨,完成外贸货物吞吐量30.3亿吨,完成国际标准集装箱吞吐量17689.6万TEU。2006年度全国港口集装箱吞吐量前10位排名依次是上海港(集装箱吞吐量3252.9万TEU)、深圳港、宁波—舟山港、广州港、青岛港、天津港、大连港、厦门港、连云港港、营口港①;我国从事国际运输的轮船公司达500余家;2006全国港口外贸货物吞吐量突破55亿吨,同比增长18%,其中集装箱吞吐量达到9400万标准箱,同比增长24%,占整个外贸货运量的95%以上。

2.2 海上货物运输船舶

船舶是资本和技术密集的大型海上运输工具。下面介绍有关海上运输船舶的构造、种类等基础知识。

2.2.1 船舶的基本构造

了解结构复杂的船舶的基本构造,目的在于在发生运输合同争议时能够准确地划分事故责任。船舶虽有大小之分,但其结构的主要部分大同小异。船舶主要由船壳、船架、甲板、船舱、船面建筑等部分构成。船壳即船的外壳,是由多块钢板铆钉或电焊结合而成,包括龙骨翼板、弯曲外板及上舷外板等三部分。船架是指为支撑船壳所用各种材料的总称,分为纵材和横材两部分。纵材包括龙骨、底骨和边骨;横材包括肋骨、船梁和舱壁。甲板是铺在船梁上的钢板,将船体分隔成上、中、下层。大型船甲板多至六七层,其作用是加固船体结构和便于分层配载及装货。船舱是指甲板以下的各种用途空间,包括船首舱、船尾舱、货舱、机器

---

① 资料来源:中国港口集装箱网 http://www.portcontainer.com/b.consnltation/gangkou/t20080116.17397.asp。

舱和锅炉舱等。船面建筑是指甲板上面的建筑,供船员工作起居及存放船具,它包括船首房、船尾房及船桥。

2.2.2 海上货物运输船舶的分类

海上货物运输船舶的种类繁多,依据不同的标准,主要有如下分类。

(一)按用途分

货物运输船舶按其用途不同,可分为干货船(Dry Cargo Ship)和油槽船两大类。根据所装货物及船舶结构、设备不同,干货船又可分为以下几类。

1. 杂货船(General Cargo Ship)

杂货船一般是指定期航行于货运繁忙的航线,以运载成包、成捆、成桶等件杂货为主的船舶。船上配有足够的起吊设备,2~3 层全通甲板,4~8 个舱口,甲板上有带围壁的舱口,上有水密舱盖,能自动启闭。多层甲板把船舱分隔成多层货柜,适于装载不同货物。这种船航行速度较快,时速 20 节左右。

2. 干散货船(Dry Bulk Cargo Ship)

干散货船是用于装载无包装的大宗货物(如煤炭、粮食、矿砂等)的船舶。这种船大都是单甲板,舱内不设支柱,但设有挡板以防货物移动,其航速在 15 节左右。

3. 冷藏船(Refrigerated Ship)

冷藏船是专门用于装载保鲜蔬菜、冷冻易腐货物的船舶。为防止运输货物被压坏,常常设置多层甲板,且具有良好的阻热和保湿功能,温度可调节,以适合不同货物的需要。这种船吨位不大,多在 2000~6000 吨,航速在 15 节左右。

4. 木材船(Timber Ship)

木材船是专门用于装载木材或原木的船舶。这种船舱口宽大,舱内无梁柱及其他妨碍装卸的设备。船舱及甲板上均可装载木材,有各种系木设备和起重设备,载重约 7000~15000 吨。

5. 集装箱船(Container Ship)

集装箱船是专门运输集装箱货物的船舶,可分为半集装箱船、全集装箱船和可变换集装箱船三种类型。吨位多在 10000~68950 吨,航速为 20~35 节。

(1)半集装箱船(Semi-Container Ship)。半集装箱船仅以船的中央部位作为集装箱的专用舱位,其他舱位仍装普通杂货。

(2)全集装箱船(Full-Container Ship)。全集装箱船是指专门用以装运集装箱的船舶。其货舱内有格栅式货架,装有垂直导轨,便于集装箱沿导轨放下,四角有格栅制约,可防倾倒。集装箱船的舱内可堆放 3~9 层集装箱,甲板上还可堆放 3~4 层。

(3)可变换集装箱船。可变换集装箱船货舱内装载集装箱的结构为可拆装式的。因此,它既可装运集装箱,也可装运普通杂货。集装箱船航速较快,大多数船舶本身没有起吊设备,需要依靠码头上的起吊设备进行装卸。

6. 滚装滚卸船,又称滚上滚下船(Roll On/Roll off Ship,RO/RO)

滚装滚卸船主要用来运送汽车和集装箱。这种船本身无须装卸设备,一般在船侧或船舶首、尾或两舷的开口斜坡连接码头,装卸货物时,或者是汽车,或者是集装箱(装在拖车上)直接开进或开出船舱。这种船的优点是不依赖码头上的装卸设备,货物在港口不需要转载就可以直接拖运至收货地点,缩短货物周转时间,减少货损。

7. 载驳船(Barge Carrier, Lighter Aboard Ship, LASH)

载驳船是指在大船上搭载驳船,驳船内装载货物的船舶。载驳船又称子母船,每条母船可载子船 70～100 条不等。母船载重多在 5 万～6 万吨,每条子船载重 300～600 吨不等。载驳船的主要优点是不受港口水深限制,不需要占用码头泊位,装卸货物均在锚地进行,装卸效率高。在港口设备不齐全,或港口拥挤、港口至内地之间无合适的运输工具而又需要依靠江河运输的情况下,就可利用母船升降机和滚动设备将驳船载入母船,或利用母船上的起重设备把驳船(子船)由水面上吊起,然后放入母船体内。

第二类是油槽船。油槽船是主要用来装运液体货物的船舶。油槽船根据所装货物种类不同,又可分为油轮和液化天然气船。油轮(Tanker)主要装运液态石油类货物。它的特点是机舱都设在船尾,船体分隔成数个贮油舱,有油管贯通各油舱。主机设在船尾,有油管通向油舱,利用空气压缩设备装卸油,载重最大在 60 万吨以上,航速约 16 节。液化天然气船专门用来装运经过液化的天然气。

(二)按载重量不同分

货物运输船舶按其载重量不同,可以有如下分类。

1. 巴拿马型船(Panama Ship)

巴拿马型船的载重量在 6 万～8 万吨,船宽为 32.2 米。通过巴拿马运河船闸时,船宽要受此限制。

2. 超巴拿马型船(Post-Panama Ship)

超巴拿马型船是指宽超过 32.3 米的大型集装箱船。如第五代集装箱船的船宽为 39.8 米,第六代船宽为 42.8 米。

3. 灵便型船

灵便型船的载重量在 3 万～5 万吨,可作沿海、近洋和远洋运输,主要运输谷物、煤炭、化肥及金属原料等散装货物。

2.2.3 船舶吨位

船舶吨位是船舶大小的计量单位,可分为重量吨位和容积吨位两种。

(一)船舶的重量吨位

1. 排水量吨位

排水量吨位是船舶在水中所排开水的吨数,也是船舶自身重量的吨数。排水量吨位可分为轻排水量、重排水量和实际排水量三种。

(1)轻排水量(Light Load Displacement)。轻排水量又称空船排水量,是船舶本身加上船员和必要的给养物品三者重量的总和,是船舶最小限度的重量。

(2)重排水量(Full Load Displacement)。重排水量又称满载排水量,是船舶载客、载货后吃水达到最高载重线时的重量,即船舶最大限度的重量。

满载排水量=空船重量+货物重量+船舶总储备重量+船舶常数

(3)实际排水量(Real Load Displacement)。实际排水量是船舶每个航次载货后实际的排水量。排水量的计算公式如下:

排水量(长吨)=长×宽×吃水×方模系数(立方英尺)/35(海水)或 36(淡水)(立方英尺)

排水量(公吨)＝长×宽×吃水×方模系数(立方米)/0.9756(海水)或 1(淡水)(立方米)

排水量吨位可以用来计算船舶的载重吨;在造船时,依据排水量吨位可知该船的重量;在统计军舰的大小和舰队时,一般以轻排水量为准;军舰通过巴拿马运河,以排水量作为征税的依据。

2. 载重吨位

载重吨位表示船舶在营运中能够使用的载重能力。载重吨位可分为总载重吨和净载重吨。

(1)总载重吨(Dead Weight Ton,DWT),指船舶根据载重线标记规定所能装载最大限度的重量,它包括船舶所载运的货物、船上所需的燃料及淡水和其他储备物料重量的总和等。计算公式如下:

总载重吨＝满载排水量－空船排水量

(2)净载重吨(Dead Weight Cargo Ton,DWCT),指船舶所能装运货物的最大限度重量,又称载货吨,即船舶的总载重量减去船舶航行期间需要储备的燃料、淡水及其他储备物品的重量所得的差数。船舶净载重吨位可用于对货物重量的统计;作为期租船月租金计算的依据;表示船舶的载运能力;也可用作新船造价及旧船售价的计算单位。

(二)船舶的容积吨位

船舶的容积吨位是表示船舶容积的单位,又称注册吨,是各海运国家为船舶注册而规定的一种以吨为计算和丈量的单位,以 100 立方英尺或 2.83 立方米为 1 注册吨。容积吨可分为容积总吨和容积净吨两种。

1. 容积总吨

容积总吨又称注册总吨(Register Tonnage),是指船舱内及甲板上所有关闭场所的内部空间(或体积)的总和,是以 100 立方英尺或 2.83 立方米为一吨折合所得的商数。容积总吨可以用于国家对商船队的统计;表明船舶的大小;用于船舶登记;用于政府确定对航运业的补贴或造舰津贴;用于计算保险费用、造船费用以及船舶的赔偿等。

2. 容积净吨

容积净吨又称注册净吨(Net Register Tonnage),是指从容积总吨中扣除那些不供营业用的空间所剩余的吨位,也就是船舶可以用来装载货物的容积折合成的吨数。容积净吨主要用于船舶的报关、结关;作为船舶向港口交纳各种税收和费用的依据;作为船舶通过运河时交纳运河费的依据。

2.2.4 船舶载重线

船舶载重线(Ship's Load Line)指船舶满载时的最大吃水线,是绘制在船舷左右两侧船舶中央的标志,指明船舶入水部分的限度。船级社或船舶检验局根据船舶结构、船型、适航性和抗沉性等因素,以及船舶航行的区域及季节变化等制定船舶载重线标志。其目的是为了保障航行的船舶、船上承载的财产和人身安全。

船舶载重线标志主要有:

(1)TF(Tropical Fresh Water Load Line)表示热带淡水载重线,即船舶航行于热带地区淡水中总载重量不得超过此线。

(2)T(Tropical Load Line)表示热带海水载重线,即船舶在热带地区航行时,总载重量不得超过此线。

(3)F(Fresh Water Load Line)表示淡水载重线,即船舶在淡水中行驶时,总载重量不得超过此线。

(4)S(Summer Load Line)表示夏季海水载重线,即船舶在夏季航行时,总载重量不得超过此线。

(5)W(Winter Load Line)表示冬季海水载重线,即船舶在冬季航行时,总载重量不得超过此线。

(6)WNA(Winter North Atlantic Load Line)表示北大西洋冬季载重线,指船长为100.5米以下的船舶,在冬季航行经过北大西洋(北纬36度以北)时,总载重量不得超过此线。

我国船舶检验局对上述各条载重线,分别以汉语拼音首字母为符号,即以 RQ、R、Q、X、D 和 BDD 代替 TF、T、F、S、W 和 WNA。

在租船业务中,期租船的租金习惯上按船舶的夏季载重线时的载重吨来计算。

2.2.5 船籍和船旗

船籍指船舶的国籍。商船的所有人向本国或外国有关管理船舶的行政部门办理所有权登记,取得本国或登记国国籍后才能取得船舶的国籍。

船旗是指商船在航行中悬挂其所属国的国旗,是船舶国籍的标志。按国际法规定,商船是船旗国浮动的领土,无论在公海或在他国海域航行,均需悬挂船籍国国旗。船舶有义务遵守船籍国法律的规定并享受船籍国法律的保护。

方便旗船是指在外国登记、悬挂外国国旗并在国际市场上进行营运的船舶。第二次世界大战以后,方便旗船迅速增加,挂方便旗的船舶主要属于一些海运较发达的国家和地区,如美国、希腊、日本、韩国和中国香港等。他们将船舶转移到外国登记,以图逃避国家重税和军事征用,自由制定运价不受政府管制,自由处理船舶与运用外汇,自由雇用外国船员以支付较低工资,降低船舶标准以节省修理费用,降低营运成本以增强竞争力等。而公开允许外国船舶在本国登记的所谓"开放登记"(Open Register)的国家,主要有利比里亚、塞浦路斯、新加坡、巴拿马等。通过这种登记可为登记国增加外汇收入。

2.2.6 船级

船级是表示船舶技术状态的一种指标。在国际航运界,凡注册总吨在100吨以上的海运船舶,必须在某船级社或船舶检验机构监督之下进行监造。在船舶开始建造之前,船舶各部分的规格须经船级社或船舶检验机构批准。每艘船建造完毕,由船级社或船舶检验局对船体、船上机器设备、吃水标志等项目和性能进行鉴定,发给船级证书。证书有效期一般为4年,期满后需重新予以鉴定。船级证书除了记载船舶的主要技术性能外,还绘制出相应的船级符号。

船舶入级可保证船舶航行安全,有利于国家对船舶进行技术监督,便于租船人和托运人选择适当的船只,以满足进出口货物运输的需要,便于保险公司决定船、货的保险费用。

【知识链接 2-1】

世界上著名的船级社

伴随着航运的产生和发展，船级社以其专业的船舶技术知识在保障船舶航行安全方面起着独特的作用。船级社通过对船舶的检验，使船舶达到政府和保险商要求以及船东和公众期望的安全标准。船级社提供入级服务、法定服务和工业服务。世界上比较著名的船级社如下。

1．英国劳埃德船级社（LR，简称英国劳氏船级社）。创建于 1760 年，是世界上历史最悠久、规模最大的船级社。该船级社由船东、海运保险业承保人、造船业、钢铁制造业和发动机制造业等各方面委员会组成并管理，其主要职责是为商船分类定级。该社的船级符号为 LR，标志 100AI。100A 表示该船的船体和机器设备是根据劳氏规范和规定建造的；I 表示船舶的装备，如船锚、锚链和绳索等处于良好和有效的状态。

2．德国劳埃德船级社（GL，简称德国劳氏船级社）。

3．挪威船级社（DNV）。

4．法国船级局（BV）。

5．日本海事协会（NK）。

6．美国航运局（ABS）。

7．中国船级社（CCS）。中国船级社是中华人民共和国交通部所属的船舶检验局。中国船级社的船级符号为 ＊ZC。1996 年，中国船级社第一次被选任国际船级社协会理事会主席，任期 1 年，这标志着中国验船技术的权威性受到国际认可。

2.2.7　航速

航速以"节"表示。船舶的航速依船型不同而不同，其中干散货船和油轮的航速较慢，一般为 13～17 节；集装箱船的航速较快，最快可达 35 节。

2.2.8　船舶的主要文件

船舶文件是证明船舶所有权、性能、技术状况和营运必备条件等各种文件的总称。船舶必须通过法律登记和技术鉴定并获得这类正式证书后，才能参加营运。国际航行船舶的船舶文件主要如下：

（1）船舶国籍证书（Certificate of Nationality）。

（2）船舶所有权证书（Certificate of Ownership）。

（3）船舶船级证书（Certificate of Classification）。

（4）船舶吨位证书（Tonnage Certificate）。

（5）船舶载重线证书（Certificate of Load Line）。

（6）船员名册（Crew List）。

（7）航行日志（Log Book）。

此外,还有轮机日志、卫生日志和无线电日志等。根据我国现行规定,进出口船舶必须向港务管理机关(港监)呈验上述所有文件。

2.3 航线与港口知识

2.3.1 世界海上运输航线

(一)航线的种类

1. 按船舶营运方式划分

(1)定期航线。定期航线又称班轮航线,是指使用固定的船舶,按固定的船期和港口航行,并以相对固定的运价经营客货运输业务的航线,主要装运杂货物。

(2)不定期航线。不定期航线是临时根据货运的需要而选择的航线。船舶、船期、挂靠港口均不固定,以经营大宗、低价货物运输业务为主。

2. 按航程的远近划分

(1)远洋航线(Ocean-going Shipping Line)。远洋航线是指航程距离较远,船舶航行跨越大洋的运输航线。我国习惯上以亚丁港以西,包括红海两岸和欧洲以及南北美洲广大地区的航线划为远洋航线。我国外贸主要远洋航线有:中国至红海、东非、西非、地中海、西欧、北欧及波罗的海、北美、中南美等8条航线。

(2)近洋航线(Near-sea Shipping Line)。近洋航线是对本国各港口至邻近国家港口间的海上运输航线的统称。我国习惯上以亚丁港以东地区的亚洲和大洋洲的航线称为近洋航线。我国外贸主要近洋航线有:中国内地至港澳地区、朝鲜、日本、越南、菲律宾、新马泰、印度尼西亚、北加里曼丹、孟加拉湾、斯里兰卡、新几内亚、波斯湾、澳大利亚、新西兰、印度及巴基斯坦等。

(3)沿海航线(Coastal Shipping Line)。沿海航线是指本国沿海各港之间的海上运输航线。如上海至广州、青岛至大连航线等。

(二)世界主要大洋航线

1. 太平洋航线(Pacific Shipping Line)

(1)远东—北美西海岸航线。

(2)远东—加勒比,北美东海岸航线。

(3)远东—南美西海岸航线。

(4)远东—东南亚航线。

(5)远东—澳大利亚,新西兰航线。

(6)澳,新—北美东西海岸航线。

2. 大西洋航线(Atlantic Shipping Line)

(1)西北欧—北美东海岸航线。

(2)西北欧,北美东海岸—加勒比航线。

(3)西北欧,北美东海岸—地中海,苏伊士运河—亚太航线。

（4）西北欧，地中海—南美东海岸航线。

（5）西北欧，北美东海—好望角，远东航线。

（6）南美东海—好望角—远东航线。

3. 印度洋航线（India Shipping Line）

（1）波斯湾—好望角—西欧，北美航线。

（2）波斯湾—东南亚—日本航线。

（3）波斯湾—苏伊士运河—地中海—西欧，北美运输线。

除了以上三条运油航线之外，印度洋其他航线还有：远东—东南亚—东非航线；远东—东南亚，地中海—西北欧航线；远东—东南亚—好望角—西非，南美航线；澳新—地中海—西北欧航线；印度洋北部地区—欧洲航线。

2.3.2 外贸港口

（一）商港的作用

1. 水陆运输的枢纽

港口是水运的起点和终点，是船舶进出的水陆交接口岸，它既为海上运输服务，又为内陆运输服务。一个现代化的港口，实际也是城市海陆空立体交通的总管，是"综合运输体系"的中心。

2. 外贸货流的出入口

商港是供商船停靠办理客货运输的港口，是国际贸易货物的必经通道，被沿海国家视为"经济咽喉"。

3. 巨大的生产单位

世界上许多大的港口也是大工业中心，有些为自由港，而更多的港口划出一定范围的港区作为"自由贸易区"或"出口加工区"。

（二）商港的种类

1. 按地理位置划分

（1）海湾港（Bay Port）。海湾港是指地濒海湾，又踞海口，常能获得港内水深地势的港口。海湾港具有同一港湾容纳数港的特色。如大连、秦皇岛等。

（2）河口港（Estuary Port）。河口港是指位于河流入海口处的港口。如上海、伦敦、加尔各答等。

（3）内河港（Inland Port）。内河港是指位于内河沿岸的港口，居水陆交通的据点，一般与海港有航道相通。如南京、汉口等。

2. 按用途目的划分

（1）存储港（Enter Port）。一般地处水陆联络的要道，交通十分方便，同时又是工商业中心，港口设施完备，便于货物的存储、转运等，为内陆和港口货物集散的枢纽。

（2）转运港（Port of Transshipment）。位于水陆交通衔接处，一方面，将陆运货物集中，转由海路运出；另一方面，将海运货物疏运，转由陆路运入，而港口本身对货物需要不多，主要经办转运业务。

（3）经过港（Port of Call）。地处航道要冲，为往来船舶必经之地，途经船舶如有需要，可作短暂停泊，以便添加燃料、补充食物或淡水，继续航行。

(三)世界及我国主要港口

1. 世界主要港口

目前,世界上共有大小港口3000多个,国际贸易港约2400个,分属145个国家和地区,其中吞吐量超过1亿吨的港口有30多个。主要的港口有:荷兰的鹿特丹(Rotterdam),美国的纽约(New York)、新奥尔良(New Orleans)和休斯敦(Huston),日本的神户(Kobe)和横滨(Yokohama),比利时的安特卫普(Antwerp),新加坡的新加坡(Singapore),法国的马赛(Marshalls),英国的伦敦(London),等等。如图2-1所示。

图2-1 欧洲诸港图[①]

2. 我国主要港口

我国现有大小港口243个,其中2012年吞吐量超过亿吨的沿海港口有19个,内河亿吨港口10个,见表2-1。2012年全国港口完成集装箱吞吐量1.77亿TEU,比上年增长8.4%。其中,沿海港口完成1.58亿TEU,内河港口完成1950万TEU,比上年分别增长8.0%和12.3%。

表2-1 2012年度货物吞吐量超过亿吨的港口[②]　　　　　　　　　　(单位:亿吨)

	港　口	货物吞吐量	港　口	货物吞吐量
沿海港口	宁波—舟山港	7.44	深圳港	2.28
	上海港	6.37	烟台港	2.03
	天津港	4.77	北部湾港	1.74
	广州港	4.35	连云港港	1.74
	青岛港	4.07	厦门港	1.72
	大连港	3.74	湛江港	1.71
	唐山港	3.65	黄骅港	1.26

① 资料来源:青岛丑小鸭信息技术有限公司,http://www.duckling.com.cn。
② 资料来源:《2012年公路水路交通行业发展统计公报》。

续表

港　口		货物吞吐量	港　口	货物吞吐量
沿海港口	营口港	3.01	福州港	1.14
	日照港	2.81	泉州港	1.04
	秦皇岛港	2.71		
内河港口	苏州港	4.28	江阴港	1.32
	南京港	1.92	秦州港	1.32
	南通港	1.85	重庆港	1.25
	湖州港	1.78	嘉兴内河港	1.09
	镇江港	1.35	岳阳港	1.04

【知识链接 2-2】

表 2-2　2012 年全球货物吞吐量前二十大港口排名[①]

排　名	港　口	国家或地区	2012 年（亿吨）	2011 年（亿吨）	同比增速（%）
1(2)	宁波—舟山	中国内地	7.44	6.94	7.2
2(1)	上　海	中国内地	7.36	7.20	2.2
3(3)	新加坡	新加坡	5.38	5.31	1.2
4(4)	天　津	中国内地	4.76	4.51	5.5
5(5)	鹿特丹	荷　兰	4.42	4.35	1.6
6(6)	广　州	中国内地	4.34	4.29	1.2
7(7)	苏　州	中国内地	4.28	3.80	12.6
8(8)	青　岛	中国内地	4.02	3.75	7.2
9(9)	大　连	中国内地	3.74	3.38	10.6
10(10)	唐　山	中国内地	3.64	3.13	16.3
11(11)	釜　山	韩　国	3.11	2.94	6.1
12(14)	营　口	中国内地	3.01	2.61	15.3
13(15)	日　照	中国内地	2.84	2.53	12.2
14(13)	香　港	中国香港	2.70	2.78	−2.6
15(12)	秦皇岛	中国内地	2.63	2.80	−5.9
16(19)	黑德兰	澳大利亚	2.44	2.01	21.7
17(16)	南路易斯安那	美　国	2.41	2.40	0.5

---

① 资料来源：中国港口网，http://www.chinaports.org/info/201304/162951.htm。

续表

排名	港口	国家或地区	2012年(亿吨)	2011年(亿吨)	同比增速(%)
18(18)	光阳	韩国	2.32	2.06	12.7
19(17)	深圳	中国内地	2.28	2.23	2.2
20(20)	烟台	中国内地	2.00	1.80	11.1

(四)世界及我国港口的班轮情况

1. 外国班轮

(1)日本邮船株式会社(NIPPON YUSEN KABUSHIKI KAISHA)、商船三井株式会社(MITSUI O. S. K. LINES LTD.)、日本海运、川崎汽船株式会社(KAWASAKI KISEN KAISHA LTD.)、东方等轮船公司的班轮主要航行于美加航线。

(2)美国轮船有限公司(U. S. LINES LIMITED)的班轮航行于美国东西两岸航线。

(3)澳洲国家航运有限公司(ANL CONTAINER LINE PTY LIMITED)的班轮航行于澳新航线。

(4)怡和轮船公司的班轮航行于新几内亚及澳新航线。

(5)德国哥伦布航运公司(COLUMBUS LINE)的班轮航行于欧洲航线。

(6)荷兰铁行渣华有限公司(P&O NEDLLOYD B. V.)的班轮航行于西南非航线。

(7)意大利邮船公司(LLOYD TRIESTINO DI NAVIGAZIONE S. P. A.)的班轮航行于地中海航线。

(8)丹麦 A. P. 穆勒—马士基集团(A. P. MOLLER-MAERSK A/S)的班轮航行于北欧航线,马士基航运公司是该集团下属的集团公司。

(9)新侨、源源、太平等侨资轮船公司的班轮航行于波斯湾、红海等航线。

【知识链接 2-3】

世界最大的航运集团——马士基航运[①]

　　作为世界上最大的集装箱航运巨头,马士基航运(Maersk Line Shipping Containers Worldwide,Maersk Line,缩写为 MSK)素有"世界第一大航运公司"、"第一世界班轮公司"之称。截至 2013 年 6 月 1 日,马士基航运拥有 585 艘集装箱船以及 190 多万只集装箱,占全球总运力的 17%,服务网络遍及五大洲;马士基于1984 年进入中国,首先在广州设立办事处。

　　马士基航运是 A. P. 穆勒——马士基集团旗下的最大子公司,总部位于丹麦哥本哈根。马士基航运与整个集团奉行同样的价值观和商业原则——成为一家广为人知的、备受尊敬的世界级集团,一个魅力无限的商业伙伴与雇主,一个良好的企业公民;其核心价值包括:尊重雇员、显示持续关注、诚实、谦逊以及保护良好集团信誉。

---

① 资料来源:马士基航运官方网站,http://www.maerskline.com.

2.我国班轮

(1)中国远洋运输公司经营的班轮(简称"中远")。

(2)中国对外贸易运输公司经营的班轮(简称"中外运")。

(3)中海集装箱运输股份有限公司(简称"中海集运")。

(4)各地方轮船公司经营的班轮。

"中远"和"中外运"的船队是我国海运的主力军,主要承运远洋航运货物。

(5)中波轮船公司的班轮航行于欧洲航线。

(6)中坦轮船公司的班轮航行于东非、红海航线。

【知识链接 2-4】

据 Alphaliner 统计,截至 2013 年 6 月 1 日,全球二十大班轮公司中,马士基航运排名第一,地中海航运排名第二,法国达飞轮船排名第三,中国台湾长荣海运跃居第四,中远集运排名第五,中海集运排第九。具体见表 2-3。

表 2-3　Alphaliner 公司统计全球十大班轮公司最新排名(截至 2013 年 6 月 1 日)[①]

排序	公 司	总　计		自有船		租　船			订　船		
		TEU	艘数	TEU	艘数	TEU	艘数	占比(%)	TEU	艘数	占比(%)
1	APM-Maersk 马士基航运	2587285	585	1343838	239	1243447	346	48.1	373328	22	14.4
2	Mediterranean Shg Co 地中海航运	2333413	477	1040293	188	1293120	289	55.4	177534	15	7.6
3	CMA CGM Group 达飞国际航运	1486962	428	532274	87	954688	341	64.2	92890	10	6.2
4	Evergreen Line 长荣海运	771456	196	416283	97	355173	99	46.0	334456	33	43.4
5	COSCO Container L. 中远集运	760398	166	398596	105	361802	61	47.6	105834	12	13.9
6	Hapag-Lloyd 赫伯罗特海运	708920	149	387528	68	321392	81	45.3	52676	4	7.4
7	Hanjin Shipping 韩进海运	633002	116	298360	44	324642	72	52.1	98132	14	15.8
8	APL 美国总统轮船	622773	124	279912	43	342861	81	55.1	134000	13	21.5
9	CSCL 中海集运	602477	143	410607	77	191870	66	31.8	181476	15	30.1
10	MOL 商船三井	531206	110	240926	40	2902280	70	54.6	113200	10	21.3

说明:该数据自 2000 年 7 月 1 日起,每月选取 1 日数据,跟踪全球二十大班轮公司的船舶数量、箱量以及市场比重。由于发布该数据的法国航运咨询机构 Alphaliner 在业内的权威地位,该数据已成为集装箱运输业在企业运力统计方面的最权威指标。

---

① 数据来源:Alphaliner。

2.4 海上运输方式

国际海上货物运输,按照海上运输船舶营运方式分为班轮运输和租船运输。

2.4.1 班轮运输(Liner Transport)

班轮运输又称定期船运输,简称班轮(Liner),是指船舶在固定航线上和固定港口之间按事先公布的船期表和运费率往返航行,从事客、货运输业务的一种运输方式。班轮运输比较适合于运输小批量的货物。我国绝大部分进出口货物都是通过班轮运输,约占海运量的70%以上。

(一)班轮运输的特点

(1)具有"四固定"的基本特点。即船舶按照固定的船期表,沿着固定的航线和港口来往运输,并按相对固定的运费率收取运费。

(2)具有"一计二不计"的特点。即运价内已包括装卸费用,货物由承运人负责配载装卸。船货双方不计算滞期费和速遣费。

(3)船货双方的权利、义务、责任、豁免等,以船方签发的提单条款为依据。

(4)班轮承运的货物品种、数量比较灵活,货运质量较有保证,且一般采取在码头仓库交接货物,为货主提供了便利条件。

【思考】 滞期费和速遣费的含义。

(二)班轮运输的作用

(1)班轮运输有利于一般杂货和不足整船的小额贸易货物的运输。班轮只要有舱位,不论数量大小、挂港多少、直运或转运都可接受承运。

(2)由于"四固定"的特点,时间有保证,运价固定,班轮运输为贸易双方洽谈价格和装运条件提供了方便,有利于开展国际贸易。

(3)班轮运输长期在固定航线上航行,有固定设备和人员,能够提供专门的、优质的服务。由于事先公布船期、运价费率,有利于贸易双方达成交易,减少磋商内容。

(4)班轮运输手续简单,货主方便。由于承运人负责装卸和理舱,托运人只要把货物交给承运人即可,省心省力。

(三)班轮运费(Liner Freight)

班轮运费是班轮公司为运输货物而向货主收取的费用。其中包括从装运港至目的港的运输费用和附加费用,以及货物在装运港的装货费和在目的港的卸货费。

1. 班轮运费的构成

班轮公司运输货物所收取的运输费用按照班轮运价表的规定计收。不同的班轮公司或班轮公会各有不同的班轮运价表。班轮运价表一般包括说明及有关规定、货物分级表、航线费率表、附加费表、冷藏货及活牲畜费率表等。目前,我国海洋班轮运输公司使用的"等级运价表",即将承运的货物分成若干等级,每个等级的货物有一个基本费率,称为"等级费率表"。

班轮运费包括基本运费(Basic Freight)和附加费(Additional or Surcharges)两部分。前者是指货物从装运港到卸货港所应收取的基本运费,其中包括货物在港口的装卸费用,它是构成全程运费的主要部分,包括各航线等级费率、从价费率、冷藏费率、活牲畜费率及议价费率等;后者是指对一些需要特殊处理的货物,或者突然事件的发生或客观情况变化等原因而需另外加收的费用。表 2-4 是对班轮运费附加费的说明。

表 2-4　班轮运费附加费说明

英　文	说　明
BAF	燃油附加费,大多数航线都有,但标准不一
DDC、IAC	直航附加费,美加航线使用
EBS、EBA	部分航线燃油附加费的表示方式(EBS 一般是澳洲航线使用,EBA 一般是非洲航线、中南美航线使用)
FAF	燃油价调整附加费,日本航线专用
GRI	综合费率上涨附加费,一般是南美航线、美国航线使用
IFA	临时燃油附加费,某些航线临时使用
ORC	本地出口附加费,和 SPS 类似,一般在华南地区使用
PCS	港口拥挤附加费,一般是以色列、印度某些港口及中南美航线使用
PSS	旺季附加费,大多数航线在运输旺季时可能临时使用
PTF	巴拿马运河附加费,美国航线、中南美航线使用
SPS	上海港口附加费(船挂上港九区、十区)
YAS	日元升值附加费(日本航线专用)

2. 附加费(Surcharges)

班轮运费中的附加费是指针对某些特定情况或需作特殊处理的货物在基本运费之外加收的费用。在基本运费的基础上,加收一定百分比;或者是按每运费吨加收一个绝对值计算附加费。在班轮运输中,常见的附加费有下列几种:

(1)超重附加费(Heavy Lift Additional)、超长附加费(Long Length Additional)和超大附加费(Surcharge of Bulky Cargo)。当一件货物的毛重或长度或体积超过或达到运价规定的数值时加收的附加费。

(2)港口附加费(Port Surcharge)。有些港口由于设备条件差或装卸效率低等原因,船公司加收的附加费。

(3)选卸港附加费(Additional for Optional Destination)。是指由于贸易的原因,货物在托运时,托运人尚不能确定具体的卸货港而要求在预先指定的两个以上的卸货港中进行选择,待船舶开航后再作选定。这样会增加商品在舱内积载的困难,由此而增加的附加费。

(4)直航附加费(Direct Additional)。当运往非基本港的货物达到一定的货量,船公司可安排直航该港而不转船时所加收的附加费。

(5)转船附加费(Transshipment Surcharge)。凡运往非基本港的货物,需转船运往目的港,船方收取的附加费,其中包括转船费和二程运费。

(6)选港附加费(Optional Surcharge)。货方托运时尚不能确定具体卸港,要求在预先提出的两个或两个以上港口中选择一港卸货,船方加收的附加费。

(7)港口拥挤附加费(Port Congestion Surcharge)。有些港口由于拥挤,船舶停泊时间增加而加收的附加费。

(8)燃油附加费(Bunker Surcharge or Bunker Adjustment Factor,BAF)。在燃油价格突然上涨时加收。

(9)变更卸货港附加费(Alternational of Destination Charge)。货主要求改变货物原来规定的港口,在有关当局(如海关)准许,船方又同意的情况下所加收的附加费。

(10)绕航附加费(Deviation Surcharge)。由于正常航道受阻不能通行,船舶必须绕道才能将货物运至目的港时,船方所加收的附加费。

(11)货币贬值附加费(Devaluation Surcharge or Currency Adjustment Factor,CAF)。在货币贬值时,船方为实际收入不致减少,按基本运价的一定百分比加收的附加费。

3. 班轮运费的计算标准(Basis For Freight Calculation)

基本运费按班轮运价表规定的计收标准计收。在班轮运价表中,根据不同的商品,班轮运费通常采用下列 7 种计算标准。

(1)按货物毛重,即以重量吨(Weight Ton)计收,运价表内用"W"表示。如 1 公吨(1000 千克)、1 长吨(1016 千克)或 1 短吨(907.2 千克)为一个计算单位。

(2)按货物的体积计收,运价表中用"M"表示。如 1 立方米(约合 35.3147 立方英尺)或 40 立方英尺为一个计算单位,也称尺码吨(Measurement Ton)或容积吨。

(3)按货物毛重或体积计收,由船公司选择其中收费较高的一种计收运费,运价表中以"W/M"表示。这是班轮运费常用的计算标准。按重量吨或尺码吨计收运费的单位统称运费吨(Freight Ton)。现在国际上一般都采用公制(米制),其重量单位为公吨(Metric Ton,M/T,MT),尺码单位为立方米(m³)。

(4)按货物价格计收,又称从价运费。运价费内用"A. V."或"Ad Val"表示。从价运费一般按货物 FOB 价格的一定百分比收取。

(5)按收费高者计收。选择较高的一种作为计算运费的标准。例如在运价表上注有"W/M or A. V."或"W/M"的,指在重量吨或尺码吨或从价运费三种,或在重量吨与尺码吨两种标准中,选择高的收费。此外,还有使用"W/M Plus AV"的,是先按货物重量吨或尺码吨从高计收后,另加收一定百分率的从价运费。

(6)按每件货物作为一个计费单位收费。如活牲畜按"每头"(per head)、车辆按"每辆"(per unit)、起码运费按"每提单"(per B/L)计收。

(7)临时议定价格(Open Rate)。即由货主和船公司临时协商议定。在运价表中,注有". open"字样。临时议定运价的办法,适用于运量较大、货价较低、装卸方便而快速的诸如粮食、矿石等货物的运输。临时议定的运费一般比较低。

4. 班轮运费的计算公式

(1)当附加费为绝对值时:班轮运费=基本费率×运费吨+附加费

$$F = F_b + \sum S$$

在公式中,F 表示运费总额;F_b 表示基本运费;S 表示某一项附加费。基本运费是所运货物的数量(重量或体积)与规定的基本费率的乘积。即:

$$F_b = fQ$$

在公式中,f 表示基本费率;Q 表示货运量(运费吨)。

(2)当附加费是百分比时:班轮运费=基本费率×运费吨×(1+附加费百分比)

附加费是指各项附加费的总和。在多数情况下,附加费按基本运费的一定百分比计算,其公式为:

$$\sum S = (S_1 + S_2 + \cdots + S_n)F_b$$
$$= (S_1 + S_2 + \cdots + S_n)fQ$$

其中,$S_1, S_2, \cdots, S_n$ 为各项附加费。

5. 班轮运费的计算步骤

在计算班轮运费时,先根据货物名称,从货物分级表中,查出有关货物的计算等级及其计算标准;然后再从航线等级费率表中查出有关货物的基本费率;最后加上各项需支付的附加费率,所得的总和就是有关货物的单位运费(每重量吨或每尺码吨的运费),再乘以计费重量吨或尺码吨,即得该批货物的运费总额。如果是从价运费,则按规定的百分率乘 FOB 货值即可。运费计算步骤如下:

(1)选择相关的运价标准。

(2)根据货物名称,在货物分级表(见表 2-5)中查到运费计算标准(Basis)和等级(Class)。

表 2-5 货物分级表

货　名	计算标准	等　级
农业机械(包括拖拉机)	W/M	9
棉布及棉织品	M	10
小五金及工具	W/M	10
玩具	M	20

如表 2-5 所示,棉布及棉织品的货物等级为 10 级,计算标准为 M。

(3)在等级费率表的基本费率部分,找到相应的航线、起运港、目的港,按等级查到基价。如表 2-6 所示,上例中棉布及棉织品到东非港口的费率为 443.00 港元。

表 2-6 中国—东非航线等级费率　　　　　　　　　　　　单位:港元

等级(Class)	费率(Rates)
1	243.00
2	254.00
3	264.00
4	280.00
5	299.00

续表

等级(Class)	费率(Rates)
6	314.00
7	341.00
8	367.00
9	404.00
10	443.00
11	477.00
20	1120.00
Ad Val	290.00

注:东非基本港口为路易港(毛里求斯)、达累斯萨拉姆(坦桑尼亚)、蒙巴萨(肯尼亚)等。

(4)再从附加费部分查出所有应收(付)的附加费项目和数额(或百分比)及货币种类。

(5)根据基本运价和附加费计算出实际运价:运费=运价×运费吨。

【实例 2-1】

上海运往肯尼亚蒙巴萨港口"门锁"(小五金)一批计 100 箱。每箱体积为 20 厘米×30 厘米×40 厘米,每箱重量为 25 千克,当时燃油附加费为 40%,蒙巴萨港口拥挤附加费为 10%。试计算该货物的运费。

计算方法为:

(1)查阅货物分级表。门锁属于小五金类,其计收标准为 W/M,等级为 10 级。

(2)计算货物的体积和重量。

100 箱的体积为:(20 厘米×30 厘米×40 厘米)×100 箱=2.4(立方米)。

100 箱的重量为:25 千克×100 箱=2.5(公吨)。

由于 2.4 立方米小于 2.5 公吨,因此计收标准为重量。

(3)查阅"中国—东非航线等级费率表",10 级费率为 443 港元,则基本运费为:

443×2.5=1107.5(港元)

(4)附加运费为:1107.5×(40%+10%)=553.75(港元)

(5)上海运往肯尼亚蒙巴萨港 100 箱门锁,其应付运费为:1107.50+553.75=1661.25(港元)

2.4.2 租船运输

租船运输又称不定期船运输,是指包租整船或部分舱位进行运输。目前,在国际上主要的租船方式有航次租船、定期租船、包运租船和光船租船 4 种。

(一)航次租船(Voyage Charter,Trip Charter)

1. 航次租船的意义

航次租船又名"程租船"或定程租船,是一种由船舶所有人向租船人提供特定的船舶,在特定的两港或数港之间从事一个特定的航次或几个航次承运特定货物的方式。简单地说，这种方式可用四个"特定"来概括，即特定的船舶、特定的货物、特定的航次及特定的港口。

航次租船是租船市场上最活跃的一种方式，且对运费水平波动最为敏感。

2. 航次租船的特点

(1)船长及船员由船舶所有人指派并听从船舶所有人的指挥。

(2)船舶所有人负责船舶的营运。

(3)以出租整船或部分舱位的形式从事货物运输。

(4)按实际装船的货物数量或整船包干计收运费。

3. 航次的阶段

(1)预备航次阶段：是指船舶开往装货港的阶段。

(2)装货阶段：是指船舶抵达并停靠装货港，等待泊位和装载货物的整个阶段。

(3)航行阶段：是指船舶离开装货港开往卸货港的阶段。

(4)卸货阶段：包括船舶抵达卸货港，等待泊位和停靠码头卸货的整个阶段。

4. 航次租船方式分类

(1)单航次租船(Single Voyage Charter)。即所租船舶只装运一个航次，航程终了时租船合同即告终止。

(2)来回程航次租船(Round Trip Charter)。即租船合同规定在完成一个航次任务后接着再装运一个回程货载，有时按来回货物不同分别计算运费。

(3)连续航次租船(Consecutive Trip Charter)。即在同一去向的航次上连续装运几个航次。

(4)航次期租船(Voyage Charter on Time Basis)。即船舶的租赁采取航次租船的方式，但租金以天计算，这种租船方式，不计滞期、速遣费用，船方不负责货物运输的经营管理费用。

(5)包运合同租船(Contract of Affreightment,COA)。即规定船方在约定期限内，派若干条船，按照同样的租船条件，将一批货物分期分批由甲地包运到乙地，至于航程次数则不作具体规定。

(二)定期租船(Time Charter)

1. 定期租船含义

定期租船，又称期租船，是指按一定期限租赁船舶的方式，是一种以时间为基础，由船舶所有人将一艘特定的船舶租给租船人使用一个特定期限的方式。在这个期限内，由租船人自行调度和经营管理，承租人可以利用船舶的运载能力安排运输货物；可以用以从事班轮运输，以补充暂时的运力不足；还可以航次租船方式承揽第三者的货物，以取得运费收入；也可以在租期内将船舶转租，以谋取租金差额的收益。租期可长可短，短则数月，长则数年，完全由船舶所有人和承租人根据实际需要洽商而定。

2. 定期租船的特点

(1)船长和船员由船舶所有人指派，但应听从租船人的指挥。

(2)在租赁期内，船舶由租船人负责经营和管理，并负担船舶的燃料费、港口费、货物装卸费、运河通行费等与营运有关的费用。

(3)船东负责船舶的维修和机械的正常运转，并负担船舶的折旧费、维修保养费、船用物料费、润滑油费、船舶保险费等船舶维持费。

（4）租金按船舶载重吨、租期及商定的租金率计收。

（5）一般只规定船舶航行区域而不规定航线和装卸港。

（6）租船合同中订有关于交船、还船及停租的规定。

（7）较长期的定期租船合同中常订有"自动递增条款"(Escalation Clause)以保护船舶所有人在租期中因部分费用上涨而使船舶所有人的盈利减少或发生亏损的损失。由于租金一经确定，通常在租期内不再变动，如果合同中订有"自动递增条款"，在规定的费用上涨时，按约定租金即可按相应的比例提高。

（三）包运租船(Affreightment Charter)

1. 包运租船

包运租船，是指船舶所有人提供给租船人一定的运力，在确定的港口之间，按事先约定的时间、航次周期、每航次以较均等的运量，完成运输合同规定总运量的租船方式。

2. 包运租船的特点

（1）包运租船合同中不确定船舶的船名及国籍，一般仅规定船级、船龄和船舶的技术规范等，船舶所有人只需比照这些要求提供能够完成合同规定每航次货运量的运力即可，这对船舶所有人在调度和安排船舶方面十分灵活、方便。

（2）租期的长短取决于货物的总运量及船舶航次周期所需的时间。

（3）船舶所承运的货物主要是运量特别大的干散货或液体散装货物，承租人往往是业务量大和实力强的综合性工矿企业、贸易机构、生产加工集团或大型石油公司。

（4）船舶航次中所产生的时间延误的损失风险由船舶所有人承担，而对于船舶在港装、卸货物期间所产生的延误，则通过合同中订立"延滞条款"来处理，通常是由承租人承担船舶在港的时间损失。

（5）运费按船舶实际装运货物的数量及商定的费率计收，通常按航次结算。

从上述特点可见，包运租船在很大程度上具有"连续航次租船"的基本特点。

（四）光船租船(Bare Boat Charter)

1. 光船租船

光船租船又称船壳租船，是指在租期内船舶所有人只提供一艘空船给承租人使用，而配备船员、供应给养、船的营运管理以及一切固定或变动的营运费用等都由承租人负担。船舶所有人在租期内除了收取租金外，不再承担任何责任和费用。这种租船不具有承揽运输性质，实质上是一种财产租赁。

2. 光船租船的特点

（1）船舶所有人只提供一艘空船。

（2）全部船员由承租人配备并听从承租人的指挥。

（3）承租人负责船舶的经营及营运调度工作，并承担在租期内的时间损失，即承租人不能"停租"。

（4）除船舶的资本费用外，承租人承担船舶的全部固定的及变动的费用。

（5）租金按船舶的装载能力、租期及商定的租金率计算。

2.4.3 租船的运费计算

(一)租船运费概述

程租合同中有的规定运费率,按货物每单位重量或体积若干金额计算;有的规定整船包价(Lumpsum Freight)。费率的高低主要取决于租船市场的供求关系,但也与运输距离、货物种类、装卸率、港口使用、装卸费用划分和佣金高低等有关。合同中对运费按装船重量(Intaken Quantity)或卸船重量(Delivered Quantity)计算,运费是预付或到付,均须订明。特别要注意的是应付运费时间是指船东收到的日期,而不是租船人付出的日期。

(二)装卸费用的划分

在航次租船方式下,对装卸费的收取办法有下列各种不同的规定。

1. 船方负担装卸费(Gross Terms;Liner Terms;Berth Terms)

船方负担装卸费又称"班轮条件"。在这种条件下,费用划分界限一般在船边,承租人把货物交到船边的吊钩下,船方负责把货物装进舱内,并整理好;卸货时,船方负责把货物从舱内卸到船边,由承租人或收货人提货。所以,责任和费用的划分以船边为界,由船舶所有人负责雇用装卸工人,并负担货物的装卸费用。

2. 船方不负担装卸费(Free In and Out,F. I. O.)

采用这一条件时,还要明确理舱费和平舱费由谁负担。一般都规定由租船人负担,即船方不负担装卸、理舱和平舱费条件(Free In And Out,Stowed,Trimmed,F. I. O. S. T.),F. I. O. S. T. 是装卸费收取最常用的条件。

3. 船方管装不管卸(Free Out,F. O.)

船方管装不管卸是指在装货港由船舶出租人负担装货费,在卸货港由承租人负担卸货费。

4. 船方管卸不管装(Free In,F. I.)

船方管卸不管装是指在装货港由船舶承租人负担装货费,在卸货港由出租人负担卸货费。

➡【案例分析】

SEVERN 轮运费、亏舱费、滞期费纠纷案[1]

2004 年 10 月 18 日,原告某航运贸易公司与被告深圳某公司签订了一份"金康"格式的航次租船合同。合同约定:由被告租用原告"SEVERN"轮运输水泥原料,载货量为 13500～14000 吨,或多或少由原告选择。如果被告未能提供约定数量的货物,被告应按运费率支付原告亏舱费。装货港为中国日照,卸货港为孟加拉国吉大港。运费每吨 20 美元,佣金 5%,扣除佣金后的运费应于收到提单后 7 个银行工作日内支付。如果装卸准备就绪通知书在上午递交,则装卸时间从 13:00 时开始起算;如果装卸准备就绪通知书在下午办公时间内递交,则装卸时间从下一个工作日 06:00 时开始起算;装货效率为每连续 24 小时晴天工作日 4000 吨,星期日和法定节假日除外;卸货效率为每连续 24 小时晴天工作日 1500 吨,星期五

① 根据中国涉外商事海事审判网 http://www.ccmt.org.cn/hs/news/show.php? cId=3499 资料修改。

和法定节假日除外;等候泊位的时间依情况计算为装货和卸货时间;船舶首次开舱和关舱所用的时间不计入装卸时间。如发生滞期,被告须在装港和卸港按每日3500美元支付滞期费。速遣费由原告按滞期费的一半向被告支付。滞期费和速遣费应在真实正确交货和收到船东的装卸时间事实记录后20天内支付。合同载明,"SEVERN"轮有四个起重吊机。发生与租船合同有关的纠纷,在广州适用英国法律仲裁。

10月20日20:30时,"SEVERN"轮抵达中国日照岚山港锚地。21日08:00装卸准备就绪通知书被收到和接受。12:15时船舶办妥联检手续。21日船长向被告出具载货声明,确认船舶该航次能载货13800吨。同日15:08时,"SEVERN"轮开始装货。23日为星期日,16:45时至18:00时因休息而暂停装货。24日02:00时装货平舱完毕,共载货13553.20吨。11月8日,被告支付原告运费257471.07美元。8日15:36时,"SEVERN"轮抵达孟加拉国吉大港,并递交装卸准备就绪通知书,9日20:30时开始卸货,24日06:15时卸货完毕。其中,9日16:06时至20:30时为停靠泊位和首次开舱时间,10日01:15时至09:00时因雨而暂停卸货,11日和18日为星期五,21日07:30时至08:45时因工人罢工影响卸货。"SEVERN"轮在卸货期间,因船上吊机绞车发生故障,分别在不同时间内造成一个舱或几个舱暂停卸货。按船上四个吊机,每影响一个货舱卸货按1/4计算影响卸货的时间,吊机绞车故障影响卸货的时间为36小时30.25分。2005年7月10日,原告将本航次运输的装卸时间事实记录及损失清单传真给被告,向被告收取亏舱费、滞期费、吊机维修费及欠付的运费等共计11538.30美元。被告没有支付。

原告向海事法院提起诉讼,请求法院判令被告赔偿吊机修理费1000美元,支付运费、亏舱费和滞期费10538.30美元。被告应诉后,没有提出管辖权异议,并同意适用中华人民共和国法律解决本案纠纷。

[问题]

1. 亏舱费是什么意思?

2. 被告是否应该支付原告运费、亏舱费和滞期费?如果要支付,分别要支付多少费用?

[案情分析]

原、被告签订的航次租船合同,约定发生纠纷适用英国法在广州仲裁,出租人因运费、亏舱费和滞期费向海事法院提起诉讼,承租人应诉且同意适用中国法解决纠纷。

依据合同约定,本案货物运费应为257510.80美元,扣除已付的运费,被告还欠原告运费39.73美元。

亏舱费,是承租人因未能把船装至满载或者约定的数量,而应当给予出租人的补偿。本案租船合同约定,载货量为13500~14000吨,或多或少由原告选择。这一约定意味着原告有权在合同约定的范围内,根据航次和船舶的具体情况,确定载货量。载货量一旦确定,承租人就应当提供该数量的货物,否则即构成亏舱,应依约支付亏舱费。本案中,船长宣载的数量为13800吨,应以此为标准衡量是否亏舱。虽然被告提供的货物数量(13553.20吨)已达到合同约定的最低数量(13500吨),但没有达到船长宣载的数量,构成船舶亏舱246.80吨,被告应按运费率支付原告亏舱费4689.20美元。

"SEVERN"轮于10月20日20:30时抵达装货港,递交装卸准备就绪通知书时船舶还没有办妥联检手续,船舶并没有实际准备就绪,故应从船舶实际开始装货作业的21日15:08时开始起算装卸时间。至24日02:00时装货完毕,扣除允许装货的时间和23日星期日没有装货的时间，船舶速遣 1 天 57.15 分，原告应支付被告速遣费 1819.48 美元。"SEVERN"轮于 11 月 8 日 15：36 时抵达卸货港，并递交装卸准备就绪通知书，依约应从 9 日 06：00 时起算装卸时间，至卸货完毕时止，扣除允许卸货的时间和依约应扣除的开舱、罢工、星期五、因雨影响卸货的时间及船舶吊机故障影响卸货的时间等除外时间，"SEVERN"轮滞期 1 天 21 小时 29.68 分，被告应支付原告滞期费 6634.64 美元。

根据《中华人民共和国海商法》第 98 条、《中华人民共和国民法通则》第 111 条、第 112 条的规定，被告深圳某公司应赔偿原告某航运贸易公司运费、船舶亏舱费、滞期费共计 9544.09 美元。

【本章小结】

1. 海上货物运输具有运输量大、通过能力强、运费低廉、速度较慢、风险较大、对货物适应性强等特点。

2. 世界海上运输航线按航程的远近可分为远洋航线、近洋航线和沿海航线。

3. 班轮运输具有"四固定"及"一计二不计"的特点。

4. 班轮运费包括基本运费和附加费。常用的计算标准是"W/M"，在重量吨和体积吨中选择高的为运费吨。

5. 租船方式主要有航次租船、定期租船、包运租船和光船租船 4 种。

6. 采用航次租船方式时，对装卸费的收取方法主要有班轮条件、F.I.O.、F.O. 和 F.I，最常用的是 F.I.O.S.T. 条件。

【思考练习】

1. 解释如下术语：
    班轮运输　航次租船　定期租船　包运租船　光船租船

2. 国际海上货物运输的特点是什么？

3. 简述世界主要的海上运输航线。

4. 简述班轮运输的特点。

5. 航次租船运送货物时，船方收取装卸费的办法有哪几种？

6. 一进出口公司向日本出口商品 1000 箱，目的港为横滨港，每箱 25 千克，体积为 0.05 立方米，每公吨基本运费率为 200 元人民币。加燃油附加费 30％，港口拥挤附加费 50％。试计算运费。

7. 某外贸公司出口精密仪器，按"AV"2％计收基本运费。已知该货物 FOB 总值为 20000 美元，燃油附加费率为 20％。计算总运费。

8. 我国某出口公司对拉美国家出口一批货物重 10 公吨，尺码吨 10.456 立方米，总值 CFR6000 美元，货物需在香港转船，请计算运费为多少美元（每运费吨基本费率为 503 港元，香港中转费每运费吨 51 港元，燃油附加费 80 港元，有关汇率：1 美元等于 6.10 人民币元、1 港元等于 0.79 人民币元，计费标准为 W/M）？

第 3 章

国际海上货物运输实务

>>> >

    上一章介绍了国际海上货物运输基础知识后,本章将详细介绍国际海上货物运输实务。本章第一节重点介绍国际海运提单的物权凭证、货物收据及运输契约证明等作用,必要记载事项及一般记载事项等内容,包括十几种的分类和详细的业务流程,并在本章中配有相关的实训题目;第二节介绍《海牙规则》、《维斯比规则》和《汉堡规则》这三个有关提单的重要国际公约;第三节介绍国际海上货物运输合同的当事人、种类、合同的订立、履行和解除等;第四节介绍海运进出口货物运输的流程,同时介绍托运单、装货单、收货单等重要单证。

3.1　国际海运提单

3.1.1　海运提单的含义和作用

(一)海运提单(Ocean Bill of Lading,B/L)的含义

    海运提单简称提单,是指由船长或船公司或其代理人签发的,证明已收到特定货物,允诺将货物运至特定的目的地,并交付给收货人的凭证。提单是承运人或其代理人在收到货物后签发给托运人的一种证件。

(二)海运提单的作用

    海运提单是收货人在目的港据以向船公司或其代理提取货物的凭证。海运提单的性质和作用主要有以下 3 个方面。

1. 货物收据(Receipt for the Goods)

    提单是承运人或其代理人签发的货物收据。一般来说,货物装船后才由承运人或其代理人签发提单,表明货物已由承运人接收或者装船。提单作为货物收据,不仅证明收到货物的名称、种类、数量、标志、外表等状况,而且证明收到货物的时间。

2. 物权凭证(Document of Title)

    提单是承运人保证凭以交付货物和可以转让的物权凭证。根据提单的定义,承运人要按提单的规定凭提单交货,谁持有提单,谁就可以提货;提单持有人,不论是谁,只要他能递交提单,承运人保证凭以交付货物。所以,提单的持有人就是物权的所有人,充分体现出提

单是一张物权凭证,除法律规定外,提单可以转让和抵押。

但是提单的转让受到如下条件限制:一是提单的转让必须是承运人在目的港交付货物前才有效,如果承运人凭一份提单正本交付了货物,其余的几份也就失去了效力,提单则不能再行转让;二是提单持有人必须在货物运抵目的港的一定时间内,与承运人洽办提货手续;三是由于货物过期不提,即视为无主,承运人可对不能交付的货物行使处分权,从而限制了提单作为物权凭证的效力。

3. 运输契约的证明(Evidence of the Contract Carriage)

提单是承运人与托运人间订立的运输契约的证明。提单是在货物装船后合同履行过程中取得的。提单并不完全具备经济合同应具备的基本条件,它不是双方意思表示一致的产物,而约束承、托双方的提单条款是承运人单方面拟定的。所以,承运人签发提单,只是海上货物运输合同已经订立的证明。

提单除上述的性质和作用外,在业务联系、费用结算、对外索赔等方面都有着重要作用。

【思考】 提单与运输契约有什么联系?

【知识链接 3-1】

海运单与海运提单的异同

海运单(Sea Waybill),又称海上运送单或海上货运单,是船公司或其代理人签发的,表明已按海运单所列内容收到(接管或装船)特定货物,并保证将货物运至目的港交付给指定收货人的一种凭证。即是承运人向托运人或其代理人表明货物已收妥待装的不可转让单据。

使用海运单的好处在于海运单仅涉及托运人、承运人、收货人三方,程序简单,操作方便,有利于货物的转移。首先,海运单是一种安全凭证,它不具转让流通性,可避免单据遗失和伪造提单所产生的后果。其次,提货便捷、及时、节省费用,收货人提货无须出示海运单,这既解决了近途海运货到而提单未到的问题,又避免了延期提货所产生的仓储费等。再次,海运单不是物权凭证,扩大海运单的使用,有利于推行 EDI 电子提单的应用。

由于上述优势,海运单有一定的适用性:①适用于跨国公司的总分公司或相关子公司间的业务往来;②充分信任、关系密切的贸易伙伴间的业务;③无资金风险的家用私人物品,商业价值的样品;④在短途海运的情况下,往往是货物先到而提单未到,宜采用海运单。

虽然海运单与提单都是海运中船方出具的货物收据,也是海运契约的证明,但两者仍有实质性的区别:①提单是物权凭证,海运单不是物权凭证;②提单可以是指示抬头形式,通过背书流通转让;海运单标明了确定的收货人,不能转让流通;③两者都可做成"已装船"或"收妥备运"形式。海运单的正面各栏目格式和缮制方法与海运单提单基本相同,只是海运单收货人栏不能做成指示性抬头,应缮制具体收货人;④提单的合法持有人和承运人凭提单提货和交货,海运单上的收货人并不出示海运单,仅凭提货通知或其身份证明提货,承运人凭收货人出示适当身份证明交付货物;⑤提单有全式和简式提单之分,而海运单是简式单证,背面不列详细货运条款,但载有一条可援用海运提单背面内容的条款;⑥海运单和记名提单(Straight B/L),虽然都有收货人,不作背书转让,但记名提单属于提单,是物权凭证,持记名提单,收货人可以提货,却不能凭海运单提货。

3.1.2 海运提单的内容

(一)海运提单内容概述

海运提单包括班轮提单和租船合同项下的提单两种。这两种提单的格式不同,其内容也有很大差别。前者除提单正面列有托运人和承运人分别填写的有关货物与运费等记载事项外,背面还有印就的涉及承运人与货方之间的权利、义务与责任豁免的条款;后者仅在提单正面列有简单的记载事项,并表明"所有其他条款、条件和例外事项按某年某月某日租船合同办理",而提单背面则无印就的条款。

(二)海运提单正面内容

目前,各船公司所制定的提单虽然格式不完全相同,但其内容大同小异。

1. 必要记载事项

根据我国《海商法》第73条规定,提单正面内容,一般包括下列各项:

(1)货物的品名、标志、包数或者件数、重量或体积,以及运输危险货物时对危险性质的说明(Description of the goods,mark,number of packages or piece,weight or quantity and a statement,if applicable,as to the dangerous nature of the goods)。标志和号码(Marks and Nos)是提单与货物联系的主要纽带,是收货人提货的重要依据,必须按信用证或合同的规定填写。如无唛头规定时可注"NO MARKS"(N/M)。包装种类和件数,货名栏(Number and Kind of Packages,Description of Goods)按货物是散装货、裸装货和包装货的实际情况填写。毛重和尺码(Gross Weight and Measurement)栏填写货物的毛重总数和体积总数。

(2)承运人的名称和主营业所(Name and principal place of business of the carrier)。

(3)船舶名称(Name of the ship)。本栏按实际情况填写承担本次运输货物的船舶名称和航次。

(4)托运人的名称(Name of the shipper)和营业所。出口商或信用证没有特殊规定时应填写信用证的受益人的名称和地址,如果信用证要求以第三者为托运人,则必须按信用证的要求予以缮制。

(5)收货人的名称(Name of the consignee)或指示(Order)的名称。收货人的指定关系到提单能否转让以及货物的归属问题等,收货人的名称必须按信用证的规定填写。

(6)装货港和在装货港接收货物的日期(Port of loading and the date on which the good were taken over by the carrier at the port of loading)。在装货港(Port of Lading)栏填写货物的实际装船的港口名称,即起运港。

(7)卸货港(Port of discharge)。本栏填写海运承运人终止承运责任的港口名称。

(8)多式联运提单增列接收货物地点和交付货物地点(Place where the goods were taken over and the place where the goods are to be delivered in case of a multimodal transport bill of lading)。

（9）提单的签发日期、地点和份数（Date and place of issue of the bill of loading and the number of originals issued）。必须注明"提单"（Marine/Ocean Bill of Lading）字样。提单的号码（B/L NO. _____）栏中填写承运人或其代理人按承运人接受托运货物的先后次序或按舱位入货的位置编排的号码。正本提单份数（Number of Original B/Ls）必须符合信用证规定的份数。提单签发地为装运港所在城市的名称，签发日期为货物交付承运人或装船完毕的日期。

（10）运费的支付（Payment of freight）。包括运费和其他费用（Freight and Charges）及运费支付地点（Freight Payable at）。

（11）承运人或者其代表的签字（Signature of the carrier or of a person acting on his behalf）。提单必须由船长或承运人或其代理人签字盖章。

2．一般记载事项

（1）属于承运人因业务需要而记载的事项。如航次顺号、船长姓名、运费的支付时间和地点、汇率、提单编号及通知人等。

（2）区分承运人与托运人之间的责任而记载的事项。如数量争议的批注；为了减轻或免除承运人的责任而加注的内容；为了扩大或强调提单上已印妥的免责条款，对于一些易于受损的特种货物，承运人在提单上加盖的以对此种损害免除责任为内容的印章等。

（3）承运人免责和托运人作承诺的条款。

（三）提单的背面条款

提单背面的条款，作为承托双方权利义务的依据，多则三十余条，少则也有二十几条，这些条款一般分为强制性条款和任意性条款两类。强制性条款的内容不能违反国家有关的法律和国际公约、港口惯例的规定。提单背面任意性条款，即上述法规、国际公约没有明确规定的，允许承运人自行拟定条款，允许承运人以另条印刷、刻制印章或打字、手写的形式在提单背面加列的条款，这些条款适用于某些特定港口或特种货物，或托运人要求加列的条款。所有这些条款都是表明承运人与托运人、收货人或提单持有人之间承运货物的权利、义务、责任与免责的条款，是解决他们之间争议的依据。虽然各种提单背面条款多少不一，内容不尽相同，但通常包括定义条款（Definition）、首要条款（Paramount Clause）、管辖权条款（Jurisdiction Clause）、承运人责任条款（Carrier's Responsibility）、承运人的责任期间条款（Period of Responsibility）、装货、卸货和交货条款（Loading，Discharging and delivery）、运费和其他费用条款（Freight and Other Charges）、自由转船条款（Transshipment Clause）、选港条款（Option）、赔偿责任限额条款（Limit of Liability）、危险货物条款（Dangerous Goods）和舱面货条款（Deck Cargo）等。提单式样如表 3-1 所示。

3.1.3　海运提单的种类

海运提单可从不同角度进行分类，主要有如下几种。

（一）按提单收货人的抬头/提单是否可以流通转让划分

1．记名提单（Straight B/L）

记名提单又称收货人抬头提单，是指提单上的收货人栏中填写特定收货人名称。提单所记载的货物只能由提单上特定的收货人提取，即承运人在卸货港只能把货物交给提单上所指定的收货人，因此记名提单不能流通转让。如果承运人将货物交给提单指定以外的人，即使该人占有提单,承运人也应负责。这种提单失去了代表货物可转让流通的便利,但同时也可以避免在转让过程中可能带来的风险。

表 3-1　提单式样(BILL OF LADING)

1) SHIPPER		10) B/L NO.
2) CONSIGNEE		**COSCO** 中国远洋运输(集团)总公司 CHINA OCEAN SHIPPING (GROUP) CO.
3) NOTIFY PARTY		
4) PLACE OF RECEIPT	5) OCEAN VESSEL	
6) VOYAGE NO.	7) PORT OF LOADING	ORIGINAL
8) PORT OF DISCHARGE	9) PLACE OF DELIVERY	COMBINED TRANPORT BILL OF LADING
11) MARKS　12) NOS. & KINDS OF PKGS　13) DESCRIPTION OF GOODS　14) G. W. (kg)　15) MEAS(m³)		
16) TOTAL NUMBER OF CONTAINERS OR PACKAGES (IN WORDS)		

FREIGHT & CHARGES	REVENUE TONS	RATE	PER	PREPAID	COLLECT
PREPAID AT	PAYABLE AT		17) PLACE AND DATE OF ISSUE		
TOTAL PREPAID	18) NUMBER OF ORIGINAL B(S)L				
LOADING ON BOARD THE VESSEL 19) DATE			20) BY		

　　使用记名提单,如果货物的交付不涉及贸易合同下的义务,则可不通过银行而由托运人将其邮寄给收货人,或由船长随船带交。这样,提单就可以及时送达收货人,而不致延误。因此,记名提单一般只适用于运输展览品或贵重物品,特别是在短途运输中使用较有优势,而在国际贸易中较少使用。

　　2. 指示提单(Order B/L)

　　指示提单是指在提单正面“收货人”一栏内填上“凭指示”(To order)或“凭某人指示”(To Order of……)字样的提单。这种提单按照表示指示人的方法不同,又分为托运人指示提单、记名指示人提单和选择指示人提单。如果在收货人栏内只填记“指示”字样,则称为托运人指示提单。这种提单在托运人未指定收货人或受让人之前,货物所有权仍属于卖方,在跟单信用证支付方式下,托运人就是以议付银行或收货人为受让人,通过转让提单而取得议付货款的。如果收货人栏内填记“某某指示”,则称为记名指示人提单,如果在收货人栏内填记“某某或指示”,则称为选择指示人提单。记名指示人提单或选择指示人提单中指名的“某某”既可以是银行的名称,也可以是托运人。

指示提单是一种可转让提单。提单的持有人可以通过背书的方式把它转让给第三者，而不须经过承运人认可，所以这种提单为买方所欢迎。而不记名指示人（托运人指示）提单与记名指示人提单不同，它没有经提单指定的人背书才能转让的限制，所以其流通性更大。指示提单在国际海运业务中使用较广泛。

背书分为记名背书（Special Endorsement）和空白背书（Endorsement in Blank）。前者是指背书人（指示人）在提单背面写上被背书人的名称，并由背书人签名。后者是指背书人在提单背面只写背书人名称。在记名背书的场合，承运人应将货物交给被背书人。反之，则只需将货物交给提单持有人。在实际业务中，使用最多的是"凭指示"并经空白背书的提单，习惯上称为"空白抬头、空白背书"提单。

3. 不记名提单（Bearer B/L，or Open B/L，or Blank B/L）

不记名提单又称"持有人提单"，是指提单上收货人一栏内没有指明任何收货人，而注明"提单持有人"（Bearer）字样或将这一栏空白，不填写任何人的名称的提单。这种提单无需任何背书手续即可转让或提取货物，极为简便。承运人应将货物交给提单持有人，谁持有提单，谁就可以提货，承运人交付货物只凭单不凭人。这种提单丢失或被窃的风险极大，若转入恶意的第三者手中，极易引起纠纷，故国际上较少使用这种提单。另外，根据有些班轮公会的规定，凡使用不记名提单，在给大副的提单副本中必须注明卸货港通知人的名称和地址。

《海商法》第 79 条规定："记名提单：不得转让；指示提单：经过记名背书或者空白背书转让；不记名提单：无需背书，即可转让。"记名提单虽然安全，不能转让，对贸易各方的交易不便，用得不多。一般认为：由于记名提单不能通过背书转让，因此从国际贸易的角度看，记名提单不具有物权凭证的性质。不记名提单无需背书即可转让，任何人持有提单便可要求承运人放货，对贸易各方不够安全，风险较大，很少采用。

（二）按货物是否已装船划分

1. 已装船提单（Shipped B/L or On Board B/L）

已装船提单是指货物装船后由承运人或其授权代理人根据大副收据签发给托运人的提单。即承运人已将货物装上指定轮船后所签发的提单。如果承运人签发了已装船提单，就是确认他已将货物装在船上。这种提单除载明一般事项外，通常还必须注明装载货物的船舶名称和装船日期。

由于已装船提单对于收货人及时收到货物有保障，所以在国际货物买卖合同中一般都要求卖方提供已装船提单。根据国际商会 2000 年修订的《国际贸易术语解释通则》的规定，凡以 CIF 或 CFR 条件成立的货物买卖合同，卖方应提供已装船提单。在以跟单信用证为付款方式的国际贸易中，更加要求卖方必须提供已装船提单。《跟单信用证统一惯例》（UCP600）规定，如信用证要求海运提单作为运输单据时，银行将接受注明货物已装船或已装指定船只的提单。

2. 收货待运提单（Received for Shipment B/L）

收货待运提单又称备运提单、待装提单或待运提单。它是承运人在收到托运人交来的货物但还没有装船时，应托运人的要求而签发的提单。签发这种提单时，说明承运人确认货物已交由承运人保管并存在其所控制的仓库或场地，但还未装船。所以，这种提单未载明所装船名和装船时间，在跟单信用证支付方式下，银行一般不肯接受这种提单。但当货物装船,承运人在这种提单上加注装运船名和装船日期并签字盖章后,待运提单即成为已装船提单。同样,托运人也可以用待运提单向承运人换取已装船提单。

待运提单于19世纪末首先出现于美国,其优点在于:①托运人可以在货物交承运人保管之后至装船前期间,尽快地从承运人手中取得可转让提单,以便融通资金,加速交易进程。②有利于承运人招揽生意,拓宽货源。但这种提单也存在一定缺陷:第一,因待运提单没有装船日期,很可能因到货不及时而使货主遭受损失;第二,待运提单上没有装货船名,致使提单持有人在承运人违约时难以向法院申请扣押船;第三,待运提单签发后和货物装船前发生的货损、货差由谁承担,也是提单所适用的法律和提单条款本身通常不能明确规定的问题,实践中引起的责任纠纷也难以解决。基于上述原因,买方一般不愿意接受待运提单。

随着集装箱运输的发展,承运人在内陆收货越来越多,而货运站不能签发已装船提单,货物装入集装箱后没有特殊情况,一般货物质量不会受到影响。港口收到集装箱货物后,向托运人签发"场站收据",托运人可持"场站收据"向海上承运人换取"待运提单",这里的待运提单实质上是"收货待运提单"。由于在集装箱运输中,承运人的责任期间已向两端延伸,所以根据《联合国国际货物多式联运公约》的规定,在集装箱运输中银行可以接受以待运提单办理货款结汇。由此可见,从承运人的责任来讲,集装箱的"收货待运提单"与"已装船提单"是相同的。

(三)按提单上有无批注划分

1. 清洁提单(Clean B/L)

在装船时,货物外表状况良好,承运人在签发提单时,未在提单上加注任何有关货物残损、包装不良、件数、重量和体积,或其他妨碍结汇等的批注的提单称为清洁提单。

使用清洁提单在外贸实践中非常重要,买方要想收到完好无损的货物,首先必须要求卖方在装船时保持货物外观良好,并要求卖方提供清洁提单。根据《跟单信用证统一惯例》(UCP600)第27条规定:"银行只接受清洁运输单据。清洁运输单据指无载有明确宣称货物或包装有缺陷的条文或批注的运输单据。"可见,在以跟单信用证为付款方式的贸易中,通常卖方只有向银行提交清洁提单后才能取得货款。清洁提单是收货人转让提单时必须具备的条件,同时也是履行货物买卖合同规定的交货义务的必要条件。

我国《海商法》第76条规定:"承运人或者代其签发提单的人未在提单上批注货物表面状况的,视为货物的表面状况良好。"由此可见,承运人一旦签发了清洁提单,货物在卸货港卸下后,如发现有残损,除非是由于承运人可以免责的原因所致,承运人必须负责赔偿。

2. 不清洁提单(Unclean B/L or Foul B/L)

在货物装船时,承运人若发现货物包装不牢、破残、渗漏、玷污、标志不清等现象时,大副将在收货单上对此加以批注,并将此批注转移到提单上,这种提单称为不清洁提单。我国《海商法》第75条规定:"承运人或者代其签发提单的人,知道或者有合理的根据怀疑提单记载的货物品名、标志、包数或者件数、重量或者体积与实际接收的货物不符,在签发已装船提单的情况下怀疑与已装船的货物不符,或者没有适当的方法核对提单记载的,可以在提单上批注,说明不符之处,怀疑的根据或者说明无法核对。"例如"×件损坏"、"包装破裂"、"铁条松动"等。

承运人接收货物时,如果货物外表状况不良,一般先在大副收据上作出记载,在正式签发提单时,再把这种记载转移到提单上。在国际贸易实践中,银行拒绝出口商以不清洁提单办理结汇。为此,托运人应把损坏或外表状况有缺陷的货物进行修补或更换。习惯上的变通办法是由托运人出具保函,要求承运人不要将大副收据上所作的有关货物外表状况不良的批注转批到提单上,而根据保函签发清洁提单,以使出口商能顺利完成结汇。但是,承运人因未将大副收据上的批注转移到提单上,承运人可能承担对收货人的赔偿责任,承运人因此遭受的损失,应由托运人赔偿。那么,托运人是否能够赔偿,在向托运人追偿时,往往难以得到法律的保护,而承担很大的风险。承运人与收货人之间权利义务是提单条款的规定,而不是保函的保证。所以,承运人不能凭保函拒赔,保函对收货人是无效的,如果承、托双方的做法损害了第三者收货人的利益,有违民事活动的诚实信用的基本原则,容易构成与托运人的串通,对收货人进行欺诈行为。

【知识链接 3-2】

保函是否具有法律效力

由于保函换取提单的做法,有时确实能起到变通的作用,故在实践中难以完全拒绝,我国最高人民法院在《关于保函是否具有法律效力问题的批复》中指出:"海上货物运输的托运人为换取清洁提单而向承运人出具的保函,对收货人不具有约束力。不论保函如何约定,都不影响收货人向承运人或托运人索赔;对托运人和承运人出于善意而由一方出具另一方接受的保函,双方均有履行之义务。"承运人应当清楚自己在接受保函后所处的地位,切不可掉以轻心。

(四)按运输方式的不同划分

1. 直达提单(Direct B/L)

直达提单,又称直运提单,是指货物从装货港装船后,中途不经转船,直接运至目的港卸货交与收货人的提单。直达提单上不得有"转船"或"在某港转船"的批注。凡信用证规定不准转船者,必须使用直达提单。如果提单背面条款印有承运人有权转船的"自由转船"条款者,则不影响该提单成为直达提单的性质。

使用直达提单,货物由同一船舶直运目的港,对买方来说比中途转船有利得多,它既可以节省费用、减少风险,又可以节省时间,及早到货。因此,通常买方只有在无直达船时才同意转船。在贸易实务中,如信用证规定不准转船,则买方必须取得直达提单才能结汇。

2. 转船提单(Transshipment B/L)

转船提单是指货物从起运港装载的船舶不直接驶往目的港,需要在中途港口换装其他船舶转运至目的港卸货所签发的提单。在提单上注明"转运"或在"某某港转船"字样,转船提单往往由第一航程船的承运人签发。由于货物中途转船,增加了转船费用和风险,并影响到货时间,故一般信用证内均规定不允许转船,但直达船少或没有直达船的港口,买方也只好同意可以转船。

按照《海牙规则》,如船舶不能直达货物目的港,非中转不可,一定要事先征得托运人同意。船舶承运转船货物,主要是为了扩大营业、获取运费。转运的货物,一般均属零星杂货,如果是大宗货物,托运人可以租船直航目的港,也就不发生转船问题。转运货物船方的责任须根据转运的过程和措施不同而定,可分如下情况:

（1）第一航程与第二航程的承运人对货物的责任各自负责，互不牵连。

（2）第一航程的承运人在货物转运后承担费用，但不负责任。

（3）第一航程的承运人对货物负责到底。

3. 联运提单(Through B/L)

联运提单是指货物运输需经两种或两种以上的运输方式来完成，如海陆、海空或海海等联合运输所使用的提单。船船（海海）联运在航运界也称为转运，包括海船将货物送到一个港口后再由驳船从港口经内河运往内河目的港。

联运的范围超过了海上运输界限，货物由船舶运送经水域运到一个港口，再经其他运输工具将货物送至目的港，先海运后陆运或空运，或者先空运、陆运后海运。当船舶承运由陆路或飞机运来的货物继续运至目的港时，货方一般选择使用船方所签发的联运提单。

4. 多式联运提单(MultimodaL Transport B/L or Intermodal Transport B/L)

多式联运提单主要用于集装箱运输，是指一批货物需要经过两种以上不同运输方式，其中一种是海上运输方式，由一个承运人负责全程运输，负责将货物从接收地运至目的地交付收货人，并收取全程运费所签发的提单。提单内的项目不仅包括起运港和目的港，而且列明一程二程等运输路线，以及收货地和交货地。

（1）多式联运是以两种或两种以上不同运输方式组成的，多式联运提单是参与运输的两种或两种以上运输工具协同完成所签发的提单。

（2）组成多式联运的运输方式中其中一种必须是国际海上运输。

（3）多式联运提单如果贸易双方同意，并在信用证中明确规定，可由承担海上区段运输的船公司、多式联运经营人（Combined Transport Operator）、无船承运人（Non-Vessel Operating Common Carrier）或其他运输区段的承运人签发。

（4）我国《海商法》第四章"海上货物运输合同"中的第八节"多式联运合同的特别规定"以及《联合国国际货物多式联运公约》制约着多式联运。

（五）按提单内容的简繁划分

1. 全式提单(Long Form B/L)

全式提单是指提单除正面印就的提单格式所记载的事项外，背面列有关于承运人与托运人及收货人之间权利、义务等详细条款的提单。由于条款繁多，所以又称繁式提单。在海运的实际业务中使用的大都是全式提单。

2. 简式提单(Short Form B/L, or Simple B/L)

简式提单，又称短式提单、略式提单，是相对于全式提单而言的，是指提单背面没有关于承运人与托运人及收货人之间的权利义务等详细条款的提单。这种提单一般在正面印有"简式"(Short Form)字样，以示区别。简式提单中通常列有如下条款："本提单货物的收受、保管、运输和运费等事项，均按本提单全式提单的正面及背面的铅印、手写、印章和打字等书面条款和例外条款办理，该全式提单存本公司及其分支机构或代理处，可供托运人随时查阅。"

（六）按签发提单的时间划分

1. 倒签提单(Anti-dated B/L)

（1）倒签提单的含义。倒签提单是指承运人或其代理人应托运人的要求，在货物装船完毕后，以早于货物实际装船日期为签发日期的提单。当货物实际装船日期晚于信用证规定的装船日期,若仍按实际装船日期签发提单,托运人就无法结汇。为了使签发提单的日期与信用证规定的装运日期相符,以利结汇,承运人应托运人的要求,在提单上仍以信用证的装运日期填写签发日期,以免违约。

签发这种提单,尤其当倒签时间过长时,有可能推断承运人没有使船舶尽快速遣,因而承担货物运输延误的责任。特别是市场上货价下跌时,收货人可以以"伪造提单"为借口拒绝收货,并向法院起诉要求赔偿。承运人签发这种提单要承担一定风险。

(2)倒签提单的本质及该行为后果。倒签提单属于卖方与承运人(船方)合谋欺骗买方的欺诈行为,按照国际贸易惯例,这种违法行为引起的法律后果无论对买方还是对船方都是十分严重的。买方一旦有证据证明提单的装船日期是伪造的,就有权以"伪造提单"为借口拒收单据和货物、拒付货款,即使货款已支付,买方亦有权要求卖方退还,买方也有权要求赔偿因倒签提单而造成的损失。

(3)倒签提单的处置。遇到倒签提单时,进口企业必须区分事实并果断采取有效手段保护自己的权益。倒签提单一般可分为两种情况:一是善意倒签。签单的货物是零星货物而不是数量很大的大宗货;或倒签的时间与实际装船完毕时间的间隔不长等情况下,取得了托运人保证承担一切责任的保函后,才可以考虑签发。二是恶意倒签,即个案中卖方为了单方面的利益私下与船公司勾结进行倒签,这就是真正意义上的倒签提单。在这种情况下,卖方信用证项下提交的单据基本上无懈可击,即便是接到了买方明示,卖方也不会立即向买方承认事实并主动采取积极的措施弥补自己的错误,为此,企业在拿到有效证据后应立即申请司法手段扣船。

2. 预借提单(Advanced B/L)

预借提单是指货物尚未装船或尚未装船完毕的情况下,信用证规定的结汇期(即信用证的有效期)即将届满,托运人为了能及时结汇,而要求承运人或其代理人提前签发的已装船清洁提单,即托运人为了能及时结汇而从承运人那里借用的已装船清洁提单。

预借提单往往是当托运人未能及时备妥货物或船期延误,船舶不能按时到港接受货载,估计货物装船完毕的时间可能超过信用证规定的结汇期时,托运人采用从承运人那里借出提单用以结汇,当然必须出具保函。签发这种提单承运人要承担更大的风险,可能构成承、托双方合谋对善意的第三者收货人进行欺诈。签发预借提单的后果如下:

(1)因为货物尚未装船而签发提单,即货物未经大副检验而签发清洁提单,有可能增加承运人的赔偿责任。

(2)因签发提单后,可能因种种原因改变原定的装运船舶,或发生货物灭失、损坏或退关,这样就会很容易使收货人掌握预借提单的事实,以欺诈为由拒绝收货,并向承运人提出索赔要求,甚至诉讼。

(3)不少国家的法律规定和判例表明,在签发预借提单的情况下,承运人不但要承担货损赔偿责任,而且会丧失享受责任限制和援引免责条款的权利,即使该票货物是因免责事项原因受损的,承运人也必须赔偿货物的全部损失。

签发倒签或预借提单,对承运人的风险很大,由此引起的责任承运人必须承担,尽管托运人往往向承运人出具保函,但这种保函同样不能约束收货人。比较而言,签发预借提单比签发倒签提单对承运人的风险更大,因为预借提单是承运人在货物尚未装船,或者装船还未完毕时签发的。我国法院对承运人签发预借提单的判例,不但由承运人承担由此而引起的一切后果,赔偿货款损失和利息损失,还赔偿包括收货人向第三人赔付的其他各项损失。

3. 过期提单(Stale B/L)

过期提单有两种含义:一是指出口商在装船后延滞过久才交到银行议付的提单。按《跟单信用证统一惯例》(UCP600)第 14 条规定,如信用证无特殊规定,正常运输单据必须由受益人或其代表按照相关条款在不迟于装运日后的 21 个公历日内提交,但无论如何不得迟于信用证到期日。二是指提单晚于货物到达目的港。因此,近洋国家的贸易合同一般都规定有"过期提单也可接受"的条款(Stale B/L is acceptance)。

(七)按收费方式划分

1. 运费预付提单(Freight Prepaid B/L)

成交 CIF、CFR 价格条件为运费预付,按规定货物托运时,必须预付运费。在运费预付情况下出具的提单称为运费预付提单。这种提单正面载明"运费预付"字样,运费付后才能取得提单;付费后,若货物灭失,运费不退。

2. 运费到付提单(Freight to Collect B/L)

以 FOB 条件成交的货物,不论是买方订舱还是买方委托卖方订舱,运费均为到付(Freight Payable at Destination),并在提单上载明"运费到付"字样,这种提单称为运费到付提单。货物运到目的港后,只有付清运费,收货人才能提货。

3. 最低运费提单(Minimum B/L)

最低运费提单是指对每一提单上的货物按起码收费标准收取运费所签发的提单。如果托运人托运的货物批量过少,按其数量计算的运费额低于运价表规定的起码收费标准时,承运人均按起码收费标准收取运费,为这批货物所签发的提单就是最低运费提单,也可称为起码收费提单。

(八)按表现形式划分

1. 纸制提单

纸制提单是传统意义上的书面形式提单。我国进出口贸易结算中提供的提单绝大多数是纸制提单。纸制提单存在以下问题:手工编制,误差难以完全避免;形式简单,故易仿冒;倒签、预借提单等提单欺诈行为时有发生;流转速度满足不了海运发展的需要,影响正常的提货结汇等程序。

2. 电子提单(Electronic Bill of Lading,简称 EBL)

电子提单是一种利用 EDI(Electronic Data Interchange,电子数据交换)系统,对海运途中的货物支配权进行转让的程序,是具有与传统提单相似的记载事项,起着与传统提单相似作用的电子文件。作为电子数据交换与提单相结合的一种形式,提单的缮制、修改、流转、储存等一切过程都在计算机内进行。

国际海事委员会于 1990 年制订的一套供自愿选择使用的电子提单规则(CMI),肯定了电子提单与书面单证具有同等效力和融资担保作用。CMI 规则的运作方案主要基于一套较为复杂的新旧密码转换方式:

(1)货交承运人时,承运人按照发货人的电子地址给予发货人一份收到货物的电讯通知,该通知包括书面提单所包括的一切内容和一个密码(Private Code)。

(2)发货人收讯后向承运人发出一个确认讯,一经确认,发货人便成为提单持有人。提单持有人欲转让提单时,应先向承运人发出通知,承运人据此向被建议的新持有人发送提单内容,由被建议的持有人确认后,承运人销毁原密码,发出新密码,从而产生提单的新持有人。

(3)货物到港后由承运人核实密码,货交电子提单持有人。

由于载体及传送方式不同,电子提单与传统提单相比有如下主要优点:电子提单可防冒领和避免误交,传统提单涉及的倒签提单、仿造、涂改等问题在电子提单中不太容易出现;电子提单的传递速度大大快于传统提单,可快速、准确地实现货物支配权的转移,具有单证处理成本较低,减少潜在错误等优势。但电子提单则涉及商业秘密、安全认证等问题。

(九)其他特殊提单

1. 运输代理行提单(House B/L)

运输代理行提单是指由运输代理人(行)签发的提单。在航运实践中,为了节省费用、简化手续,有时运输代理行将不同托运人发运的零星货物集中在一套提单上托运,而由承运人签发给运输代理行成组提单,由于提单只有一套,各个托运人不能分别取得提单,只好由运输代理人向各托运人签发运输代理人(行)的提单。由于集装箱运输的发展,运输代理人组织的拼箱货使用这种提单有利于提高效率,所以这种提单使用广泛。

一般情况下,运输代理行提单不具有提单的法律地位,它只是运输代理人收到托运货物的收据,而不是可以转让的物权凭证,故不能凭此向承运人提货。根据《跟单信用证统一惯例》(UCP600)的规定,除非提单表明运输行作为承运人或承运人的代理人出具的提单可以被银行接受外,银行拒收运输代理行提单。

2. 合并提单(Omnibus B/L)

合并提单是指根据托运人的要求,将同一船舶装运的同一装货港、同一卸货港、同一收货人的两批或两批以上相同或不同的货物合并签发一份提单。托运人或收货人为了节省运费,常要求承运人将本应属于最低运费提单的货物与其他银行签发提单的货物合并在一起只签发一份提单。

3. 并装提单(Combined B/L)

将两批或两批以上品种、质量、装货港和卸货港相同,但分属于不同收货人的液体散装货物并装于同一液体货舱内,而分别为每批货物的收货人签发一份提单时,其上加盖有"并装条款"印章的提单,称为并装提单。

4. 分提单(Separate B/L)

分提单是指承运人依照托运人的要求,将本来属于同一装货单上其标志、货种、等级均相同的同一批货物,托运人为了在目的港收货人提货方便,分开签多份提单,分属于几个收货人的提单。只有标志、货种、等级均相同的同一批货物才能签发分提单,否则,会因在卸货港理货、分标志作业而增加承运人理货及分标志费用的负担。分提单一般除了散装油类最多不超过 5 套外,其他货物并无限制。

5. 交换提单(Switch B/L)

交换提单是指在直达运输的条件下,应托运人的要求,承运人承诺,在某一约定的中途港凭在起运港签发的提单另换发一套以该中途港为起运港,但仍以原来的托运人为托运人的提单,并注明"在中途港收回本提单,另换发以该中途港为起运港的提单"或"Switch B/L"字样的提单。

当贸易合同规定以某一特定港口为装货港,而作为托运人的卖方因备货原因,不得不在这一特定港口以外的其他港口装货时,为了符合贸易合同和信用证关于装货港的要求,常采用这种变通的办法,要求承运人签发这种交换提单。

6. 舱面货提单(On Deck B/L)

舱面货提单又称甲板货提单,指货物装于露天甲板上承运,并于提单注明"装于舱面"(On Deck)字样的提单。

在贸易实践中,有些体积庞大的货物以及某些有毒货物和危险物品不宜装于舱内,只能装在船舶甲板上。货物积载于甲板承运,遭受灭失或损坏的可能性很大,除商业习惯允许装于舱面的货物如木材,法律或有关法规规定必须装于舱面的货物,承运人和托运人之间协商同意装于舱面的货物外,承运人或船长不得随意将其他任何货物积载于舱面承运。如果承运人擅自将货物装于舱面,即使没有批注,一旦灭失或损坏,承运人不但要承担赔偿责任,而且还将失去享受的赔偿责任限制的权利。但是,如果签发的是表明承、托双方协商同意的,注有"装于舱面"字样的舱面提单,而且实际上也是将货物积载于舱面,那么,只要货物的灭失或损坏不是承运人的故意行为造成的,承运人可免责。

为了减轻风险,买方一般不愿意把普通货物装在舱面上,有时甚至在合同和信用证中明确规定,不接受舱面货提单。银行为了维护开证人的利益,对这种提单一般也予以拒绝。

7. 包裹提单(Parcel Receipt B/L)

包裹提单是指以包裹形式托运的货物而签发的提单。它只适用于少量货物或行李,以及样品和礼品的运输。对于这种提单,承运人一般都对货物的重量、体积和价值规定了限制条件,比如重量不得超过45kg(或100lb);体积不超过0.15立方米(或5立方英尺);价值在10英镑以下等。对于包裹提单的货物,收取较低的运费,小量样品甚至可免费运送。这种提单不能转让,对货物的灭失,承运人不承担赔偿责任。

8. 集装箱提单(Container B/L)

集装箱提单是集装箱货物运输下主要的货运单据,负责集装箱运输的经营人或其代理人,在收到集装箱货物后而签发给托运人的提单。其特点如下:

(1)由于集装箱货物的交接地点不同,一般情况下,由集装箱堆场或货运站在收到集装箱货物后签发场站收据,托运人以此换取集装箱提单结汇。

(2)集装箱提单的承运人责任有两种:一是在运输全过程中,各段承运人仅对自己承担的运输区间所发生的货损负责;二是多式联运经营人对整个运输承担责任。

(3)集装箱内所装货物,必须在条款中说明。因为有时由发货人装箱,承运人不可能知道内装何物,一般都有"Said to Contain"条款,否则损坏或灭失时整个集装箱按一件赔偿。

(4)提单内说明箱内货物数量、件数,铅封由托运人来完成,承运人对箱内所载货物的灭失或损坏不予负责,以保护承运人的利益。

(5)在提单上不出现On Deck字样。

(6)集装箱提单上没有"装船"字样,它们都是收讫待运提单,而提单上却没有"收讫待运"字样。

另外,提单按船舶经营性质划分为班轮提单和租船提单;按提单使用有效性划分为正本提单和副本提单;按货物运输形式划分为件杂货提单和集装箱运输提单;按货物进出口划分为进口货运提单和出口货运提单等等。

【思考】 哪些种类的提单银行拒收?为什么?

3.1.4　提单业务

（一）提单的签发

1. 提单签发人

我国《海商法》第 72 条明确规定："货物由承运人接收或者装船后,应托运人的要求,承运人应当签发提单。提单可以由承运人授权的人签发。提单由载货船舶的船长签发的,视为代表承运人签发。"可见,提单的签发人包括承运人、承运人的代理人和船长。

2. 提单签发的地点和日期

提单签发的地点应当是货物的装船港。提单签发的日期应当是货物实际装船完毕的日期,并且与大副签署的收货单签发的日期相一致。

3. 提单的份数

提单有正本提单和副本提单之分。副本提单只用于日常业务,不具有法律效力。正本提单一式数份,以防提单的遗失、被窃或迟延到达或在传递过程中发生意外事故造成灭失。各份正本提单都具有同等效力,但其中一份提货后,其他各份自动失效。

（二）提单的更正和补发

1. 提单的更正

（1）提单签署前的更正。在实际业务中,提单通常是在托运人办妥托运手续后,货物装船前,在缮制有关货运单证的同时缮制,在货物装船后,这种事先缮制的提单有下列原因的需要更正:①事先缮制的提单,与实际装载情况不符需要更正;②货物装船后,发现托运人申报材料的错误而需要更正;③信用证要求的条件有所变更;④由于其他原因,托运人提出更正提单内容的要求。

（2）提单签署后的更正。货物已装船,提单已签署,托运人提出提单更正的要求,这时,承运人或其代理人要考虑各方面的关系后,在不妨碍其他提单利害关系人利益,不影响承运人的交货条件的前提下,征得有关方面同意,更改并收回原签提单。因更改提单内容而引起的损失和费用,则应由提出更改要求的托运人负担。如果提出提单更改时船舶已开航,应立即电告船长作相应的更改。

2. 提单的补发

如果提单遗失,托运人要求补发时,应分别视不同情况予以处理。

（1）正本提单结汇后,在寄送途中遗失。这种情况一旦发生,收货人可在目的港凭副本提单和具有信用的银行出具保证书提取货物,并依照一定的法定程序声明提单作废,而无须另行补发提单。

（2）提单在结汇前遗失。这时应由托运人提供书面担保,经承运人或其代理人同意后补签新提单并另行编号。同时把有关情况转告承运人在目的港的代理人,并声明原提单作废,以免发生意外纠纷。

（三）提单在跟单信用证机制中的有关问题

1. 提单在跟单信用证机制中的流转程序

（1）出口商按信用证的要求将货物交付承运人后取得提单。我国《海商法》规定,货物由承运人接收或装船后,应托运人的要求,承运人应当签发提单。

（2）出口商交单议付。出口商在从承运人处取得符合信用证要求的提单后,应及时到结汇银行议付。根据《跟单信用证统一惯例》(UCP600)第 14 条的规定,正常运输单据必须由受益人或其代表按照相关条款在不迟于装运日后的 21 个公历日内提交,但无论如何不得迟于信用证到期日。

(3)结汇银行将提单等单证寄给开证行。

(4)收货人到开证行付款赎单。

(5)收货人交单提货。货物到目的港后,收货人应将提单交船方或其代理人换取提货单,凭提货单提货。在邻近国家的贸易中,常会出现货物比提单先到的情况。此时,进口商只好凭提单副本加银行保函提货。

2. 提单在跟单信用证机制中存在的问题

(1)伪造提单。货物未装运,出口商伪造提单向银行议付货款,银行照惯例只从各种单据表面情况确定是否与信用证条款相符,银行对于提单是否伪造一般不承担任何责任。在国际贸易中,只要取得船公司空白提单,填好后加假签名即可获得伪制装船提单。

(2)倒签提单。承运人接受托运人的保函倒签提单日期,使出口商能够在信用证规定期限内顺利结汇而获得货款。如果贸易市场稳定,货物迟到时间不长,往往平安无事,皆大欢喜,但是货物跌价或应节商品货物迟到可能会给进口商造成极大的损失。他只要向装货港当局了解一下就很容易查出。倒签提单是承运人与托运人合伙对收货人的瞒骗行为,不受法律保护。货运代理人千万不可出保函,协助出口商弄虚作假,而应积极同各方联系,保证装船期,或使信用证上的装船期展期。

(3)银行担保提货。有些出口商为了急于销售商品,在货物发运后要求进口商的开证行签发远期信用证,进口商凭此寄送提单。在这种交易中,往往货物到港而收货人没有提货单,只好凭银行担保提货。此时,如果因货物质量、价款纠纷导致进口商拖延签发信用证,进口商就可以凭手里的提单向承运人要货,造成承运人的极大困难。切记,尽量不让进口商凭银行担保提货。

(四)提单的背书转让

所谓背书转让是背书人(转让人)在提单的背面写明被背书人(受让人),并签名的转让手续。按照背书的方法区分,背书分为记名背书、指示背书、选择不记名背书和空白背书(不记名背书)等 4 种。

1. 记名背书

记名背书也称完全背书,是背书人在提单背面写明被背书人的姓名,并由背书人签名的背书形式。

2. 指示背书

指示背书是背书人在提单背面写明"指示"或"某某指示"字样,并不写明特定受让人,由背书人签名的背书形式。

3. 选择不记名背书

这种背书形式是背书人在提单背面既特指某一受让人,同时又指明可以以提单持有人作为受让人,即以"某某或持有人"形式表示受让人,并由背书人签名的背书形式。

4. 空白背书

空白背书是指在提单背书中不记载任何受让人,只由背书人签名的背书形式。在承运人签发的提单是指示提单的条件下,只要经过背书都可以转让。如果所签发的提单是托运人指示提单,则应以托运人为第一背书人;如果是记名指示人提单,或选择指示人提单,则第一背书人应是提单中指明的指示人,即"某某指示"或"某某或指示"中的"某某"应为第一背书人。空白背书不需背书即可转让。转让时,背书人不需要在提单上写明受让人,只要在提单背面签字即可。采用完全背书的背书形式时,必须连续背书才能连续转让,而采用空白背书形式时,则不需要连续背书即可转让。

3.2　有关提单的国际公约

为了统一规定海上运输中承运人和托运人(或收货人)的权利和义务,国际上签署了若干公约,其中有关提单的国际公约有《海牙规则》、《维斯比规则》和《汉堡规则》3个。

3.2.1　《海牙规则》(Hague Rules)

(一)《海牙规则》的历史意义

《海牙规则》全称为《统一提单的若干法律规定的国际公约》(International Convention for the Unification of Certain Rules of Law Relating to Bills of Lading),作为关于提单法律规定的第一部国际公约,自1931年生效实施后,得到了国际航运界的普遍接受。它的历史作用在于使国际海上货物运输有法可依,统一了海上货物运输中的提单条款,对提单的规范化起到了积极作用,基本上缓和了当时承运方和托运方之间的矛盾,促进了国际贸易和海上运输事业的发展。

(二)《海牙规则》的主要内容

《海牙规则》共16条,其中第1至第10条是实质性条款,第11至第16条是程序性条款,主要是有关公约的批准、加入和修改程序性条款,实质性条款主要包括以下内容:

1. 承运人最低限度的义务

《海牙规则》第3条规定承运人必须履行的基本义务:"承运人必须在开航前和开航当时,谨慎处理,使航船处于适航状态,妥善配备合格船员,装备船舶和配备供应品;使货舱、冷藏舱和该船其他载货处所能适当而安全地接受、载运和保管货物。""承运人应妥善地和谨慎地装载、操作、积载、运送、保管、照料与卸载。"

2. 承运人运输货物的责任期间

《海牙规则》第1条"货物运输"的定义,货物运输期间为从货物装上船至卸完船为止的期间。"装上船起至卸完船止"可分为两种情况:一是在使用船上吊杆装卸货物时,装货时货物挂上船舶吊杆的吊钩时起至卸货时货物脱离吊钩时为止,即"钩至钩"期间。二是使用岸上起重机装卸,则以货物越过船舷为界,即"舷至舷"期间。货物装船以前以及货物卸船后到向收货人交付货物这两段时间,可由承运人与托运人就承运人在上述两段发生的货物灭失或损坏所应承担的责任和义务订立相关协议、规定、条件、保留或免责条款。

3. 承运人的赔偿责任限额

承运人的赔偿责任限额是指对承运人不能免责的原因造成的货物灭失或损坏,通过规定单位最高赔偿额的方式,将其赔偿责任限制在一定的范围内。这一制度实际上是对承运人造成货物灭失或损害的赔偿责任的部分免除,充分体现了对承运人利益的维护。《海牙规则》第4条第5款规定:"不论承运人或船舶,在任何情况下,对货物或与货物有关的灭失或损坏,每件或每单位超过100英镑或与其等值的其他货币时,任意情况下都不负责;但托运人于装船前已就该项货物的性质和价值提出声明,并已在提单中注明的,不在此限。"

4. 承运人的免责

《海牙规则》第4条第2款对承运人的免责作了17项具体规定。一类是过失免责,该款第1项规定:"由于船长、船员、引航员或承运人的雇用人在航行或管理船舶中的行为、疏忽或过失所引起的货物灭失或损坏,承运人可以免除赔偿责任。"很明显,《海牙规则》偏袒船方的利益。

另一类是承运人无过失免责,主要有以下几种:①不可抗力或承运人无法控制的免责有8项:海上或其他通航水域的灾难、危险或意外事故;天灾;战争行为;公敌行为;君主、当权者或人民的扣留或拘禁,或依法扣押;检疫限制;不论由于任何原因所引起的局部或全面罢工、关厂、停工或劳动力受到限制;暴力和骚乱。②货方的行为或过失免责有4项:货物托运人或货主、其代理人或代表的行为;由于货物的固有缺点、质量或缺陷所造成的容积或重量的损失,或任何其他灭失或损害;包装不固;标志不清或不当。③特殊免责条款有3项:一是火灾,即使是承运人和雇用人的过失,承运人也不负责;二是在海上救助人命或财产;三是谨慎处理,恪尽职守所不能发现的潜在缺陷。④承运人免责条款的第16项:"不是由于承运人的实际过失或私谋,或是承运人的代理人或雇用人员的过失或疏忽所引起的其他任何原因。"

5. 索赔与诉讼时效

索赔通知是收货人在接受货物时,就货物的短少或残损状况向承运人提出的通知,它是索赔的程序之一。《海牙规则》第3条第6款规定:承运人将货物交付给收货人时,如果收货人未将索赔通知用书面形式提交承运人或其代理人,则这种交付应视为承运人已按提单规定交付货物的初步证据。如果货物的灭失和损坏不明显,则收货人应在收到货物之日起3日内将索赔通知提交承运人。

《海牙规则》有关诉讼时效的规定是:"除非从货物交付之日或应交付之日起一年内提起诉讼,承运人和船舶,在任何情况下,都应免除对灭失或损坏所负的一切责任。"

6. 托运人的义务和责任

(1)保证货物说明正确的义务。《海牙规则》第3条第5款规定:"托运人应向承运人保证他在货物装船时所提供的标志、号码、数量和重量的正确性,并在对由于这种资料不正确所引起或造成的一切灭失、损害和费用,给予承运人赔偿。"

(2)不得擅自装运危险品的义务。《海牙规则》第4条第6款规定:"如托运人未经承运人同意而托运属于易燃、易爆或其他危险性货物,应对因此直接或间接地引起的一切损害和费用负责。"

(3)损害赔偿责任。根据《海牙规则》第4条第3款规定,托运人承担赔偿责任是完全过错责任原则。

7. 运输合同无效条款

根据《海牙规则》第3条第8款规定:运输合同中的任何条款或协议,凡是解除承运人按该规则规定的责任或义务,或以不同于该规则的规定减轻这种责任或义务的,一律无效。

8. 适用范围

《海牙规则》第 5 条第 2 款规定:"本公约的规定,不适用于租船合同,但如果提单是根据租船合同签发的,则它们应符合公约的规定。"同时规定各项规定适用于在任何缔约国内所签发的一切提单。

总体看来,《海牙规则》无论是对承运人义务的规定,还是免责事项、索赔诉讼、责任限制等,均是体现承运方的利益,而对货主的保护相对较少。这也是船货双方力量不均衡的体现。力量不均衡相互妥协的产物不可避免地有各种缺点和不足,比如期限过短、限额过低等。而且,随着国际经贸的发展,《海牙规则》的部分内容已不适应新的需要,对其修改已成为必然趋势。

3.2.2 《维斯比规则》(Visby Rules)

《维斯比规则》是《修改统一提单若干法律规定的国际公约议定书》(Protocol to Amend the International Convention for the Unification of Certain Rules of Law Relating to Bills of Lading)的简称,于 1968 年 6 月 23 日在布鲁塞尔外交会议上通过,自 1977 年 6 月 23 日生效。

(一)《维斯比规则》的主要内容

《维斯比规则》共 17 条,但只有前 6 条才是实质性的规定,对《海牙规则》的第 3、4、9、10 条进行了修改。其主要修改内容如下。

1. 扩大了规则的适用范围

《海牙规则》的规定仅适用于缔约国所签发的提单。《维斯比规则》扩大了适用范围,其第 5 条第 3 款规定:①在缔约国签发的提单;②货物在一个缔约国的港口起运;③提单载明或为提单所证明的合同规定,该合同受公约的各项规则或者使其生效的任何一个国家的立法所约束,不论承运人、托运人、收货人或任何其他有关人员的国籍如何。

2. 明确了提单的证据效力

《海牙规则》规定,提单上载明的货物主要标志、件数或重量和表面状况应作为承运人按其上所载内容收到货物的初步证据。但未对提单转让至第三人的证据效力作相关规定。《维斯比规则》第 1 条第 1 款补充规定:"……但是,当提单转让至善意的第三人时,与此相反的证据将不能接受。"这表明对于在接受提单时并不知道装运的货物与提单的内容有何不符之处,而是出于善意,完全相信提单记载内容的"善意行事"提单受让人来说,提单载明的内容具有最终证据效力。这一规定,有利于进一步保护提单的流通与转让,也有利于维持提单受让人或收货人的合法权益。一旦收货人发现货物与提单记载不符,承运人负责赔偿。

3. 强调了承运人及其受雇人员的责任限制

为进一步强调承运人及其受雇人员享有责任限制的权利,《维斯比规则》第 3 条规定:"本公约规定的抗辩和责任限制,应适用于就运输合同涉及的有关货物的灭失或损坏对承运人提出的任何诉讼,不论该诉讼是以合同为根据还是以侵权行为为根据。""如果诉讼是对承运人的受雇人员或代理人(该受雇人员或代理人不是独立订约人)提起的,该受雇人员或代理人也有权援引《海牙规则》规定的承运人的各项抗辩和责任限制。""向承运人及其受雇人员或代理人索赔的数额,在任何情况下都不得超过本公约规定的赔偿限额。"

4. 提高了承运人对货物损害赔偿的限额

《海牙规则》规定承运人对每件或每单位的货物损失的赔偿限额为100英镑,而《维斯比规则》第2条规定,每件或每单位的赔偿限额提高到10000金法郎(约等于431英镑),同时还增加一项以受损货物毛重为标准的计算方法,即每千克为30金法郎,以两者中较高者为准。这一规定不但提高了赔偿限额,而且创造了一项新的双重限额制度,维护了货主的利益。

5. 增加了"集装箱条款"

《海牙规则》没有关于集装箱运输的规定。《维斯比规则》增加"集装箱条款",以适应国际集装箱运输发展的需要。该规则第2条第3款规定:"如果货物是用集装箱、托盘或类似的装运器具集装时,则提单中所载明的装在这种装运器具中的包数或件数,应视为本款中所述的包数或件数;如果不在提单上注明件数,则以整个集装箱或托盘为一件计算。"

6. 诉讼时效的延长

《海牙规则》规定,从交付货物或应当交付货物之日起算,货物灭失或损害的诉讼时效为1年。《维斯比规则》第1条补充规定,诉讼事由发生后,只要双方当事人同意,这一期限可以延长。

(二)1979年修订《海牙—维斯比规则》的议定书

《维斯比规则》规定的承运人责任限制金额计算单位为法郎,并以黄金作为定值标准。由于黄金本身的价格是根据市场供求关系自由涨落的,所以以金法郎责任限制计算单位的实际价值也不能保持稳定。针对这一情况,1979年在布鲁塞尔召开有37国代表出席的外交会议上,通过了修订《海牙—维斯比规则》(The 1979 Protocol to the Hague Rules)议定书。议定书将承运人责任限制的计算单位,由金法郎改为特别提款权(Special Drawing Right,SDR),按15金法郎折合1SDR。议定书规定承运人的责任限制金额为每件或每单位666.67SDR,或按货物毛重计算每千克2SDR,两者中以较高者为准。但国内法规定不能使用特别提款权的缔约国,仍可以金法郎作为计算单位,该议定书于1984年4月开始生效。

【知识链接3-3】

特别提款权

特别提款权(Special Drawing Right,SDR)是国际货币基金组织于1969年创设的,作为国际储备的货币单位。自1981年1月1日起,特别提款权由世界上贸易出口额最高国家的5种自由外汇,即美元、德国马克、日元、法国法郎和英镑按每5年调整一次的比例构成。从1981年1月1日起美元占42%,英镑占19%,其余法郎、马克及日元各占13%的一个货币篮子就是一个特别提款权。自1991年1月1日起,调整特别提款权构成比例为:美元40%,德国马克21%,日元17%,法国法郎11%,英镑11%。

特别提款权既为一种账面资产,又为一种联合货币,只是不在市场上流通、兑换。其价格计算方法:首先将其构成中所含其他4种货币金额,按照当日伦敦外汇市场汇价分别折算为等值美元,然后把所有美元值相加,即得出1单位特别提款权美元值。此特别提款权价格由世界银行逐日挂牌公布。

3.2.3 《汉堡规则》

随着国际贸易和海运的发展,广大船货方都要求修改《海牙规则》。《汉堡规则》是《1978年联合国海上货物运输公约》(United Nations Convention on the Carriage of Goods by Sea,1978)的简称。于 1978 年 3 月在德国汉堡举行,由联合国主持,78 国代表参加的海上货物运输大会上讨论通过,于 1992 年 11 月 1 日生效。

《汉堡规则》共分 7 章 34 条,对《海牙规则》进行了根本性的修改,是一个较为完备的国际海上货物运输公约,明显扩大了承运人的责任。其主要内容如下。

(一)承运人的责任原则

《海牙规则》规定承运人的责任基础是不完全过失责任制。而《汉堡规则》扩大了承运人的责任,确定推定过失与举证责任相结合的完全过失责任制。规定凡是在承运人掌管货物期间发生货损,除非承运人能证明承运人已为避免事故的发生及其后果采取了一切可能的措施,否则便推定:损失系由承运人的过失所造成,承运人应承担赔偿责任。

(二)承运人的责任期间

《汉堡规则》第 4 条第 1 款规定:"承运人对货物的责任期间包括在装货港、在运输途中以及在卸货港,货物在承运人掌管的全部期间。"与《海牙规则》的"钩至钩"或"舷至舷"相比,其责任期间扩展到"港到港"。解决了货物从交货到装船和从卸船到提货这两段没有人负责的空间,延长了承运人的责任期间。

(三)承运人赔偿责任限额

《汉堡规则》第 6 条第 1 款规定:"承运人对货物灭失或损坏的赔偿,以每件或其他装运单位的灭失或损坏相当于 835 特别提款权或毛重每千克 2.5 特别提款权的金额为限,两者之中以其较高者为准。"由上可知,《汉堡规则》的赔偿高于《海牙规则》和《海牙—维斯比规则》。

(四)对迟延交付货物的责任

迟延交付货物的责任在《海牙规则》和《维斯比规则》中都没有规定,《汉堡规则》第 5 条规定:"如果货物未能在明确议定的时间内,或虽无此项议定,但未能在考虑到实际情况对一个勤勉的承运人所能合理要求时间内,在海上运输合同所规定的卸货港交货,即为迟延交付。"对此,承运人应对因迟延交付货物所造成的损失承担赔偿责任。第 6 条还规定:"承运人对迟延交付的赔偿责任,以相当于迟延交付货物应支付运费的 2.5 倍的数额为限,但不得超过海上货物运输合同规定的应付运费总额。"

(五)承运人和实际承运人的赔偿责任

《汉堡规则》中增加了实际承运人的概念。当承运人将全部或部分货物委托给实际承运人办理时,承运人仍需按公约规定对全部运输负责。如果实际承运人及其雇用人或代理人的疏忽或过失造成的货物损害,承运人和实际承运人均需负责的话,则在其应负责的范围内,承担连带责任。

(六)托运人的责任

《汉堡规则》第 12 条规定:"托运人对于承运人或实际承运人所遭受的损失或船舶遭受的损坏不负赔偿责任。除非这种损失或损坏是由于托运人、托运人的雇用人或代理人的过失或疏忽所造成的。"这意味着托运人的责任也是过失责任。但托运人的责任与承运人的责任不同之处在于承运人和托运人的责任中举证都由承运人负责。

（七）保函的法律地位

《海牙规则》和《维斯比规则》没有关于保函的规定，而《汉堡规则》第17条对保函的法律效力作出了明确规定，托运人为了换取清洁提单，可以向承运人出具承担赔偿责任的保函，该保函在承、托人之间有效，对包括受让人、收货人在内的第三方一概无效。但是，如果承运人有意欺诈，对托运人也属无效，而且承运人也不再享受责任限制的权利。

（八）索赔通知及诉讼时效

相比《海牙规则》和《维斯比规则》，《汉堡规则》延长了索赔和诉讼时效期间。

对于通知时间，规定收货人可在收到货物后的第一个工作日将货物索赔通知送交承运人或其代理人，当货物灭失或损害不明显时，收货人可在收到货物后的15天内送交通知。对货物迟延交付造成损失，收货人应在收货后的60天内提交书面通知。

关于诉讼时效，《汉堡规则》第20条规定："按照本公约有关运输货物的任何诉讼，如果在两年内没有提出司法或仲裁程序，即失去时效。""被要求赔偿的人，可以在时效期限内任何时间，向索赔人提出书面声明，延长时效期限，还可以再一次或多次声明再度延长该期限。"

（九）管辖权和仲裁的规定

《海牙规则》、《维斯比规则》均无管辖权的规定，只是在提单背面条款上订有由船公司所在地法院管辖的规定，这一规定对托运人、收货人不利。《汉堡规则》第21条规定，原告可在下列法院选择其一提起诉讼：①被告的主要营业所所在地，如无主要营业所时，则为其通常住所所在地；②合同订立地，但该合同须通过被告在该地的营业所、分支或代理机构订立；③装货港或卸货港；④海上运输合同规定的其他地点。

除此之外，海上货物运输合同当事人一方向另一方提出索赔之后，双方就诉讼地点达成的协议仍有效，协议中规定的法院对争议具有管辖权。

《汉堡规则》第22条规定，争议双方可达成书面仲裁协议，由原告决定在下列地点之一提起仲裁程序：①被告的主要营业所所在地，如无主要营业所时，则为其通常住所所在地；②合同订立地，但该合同须通过被告在该地的营业所、分支或代理机构订立；③装货港或卸货港。此外，双方也可在仲裁协议中规定仲裁地点。

（十）规则的适用范围

《汉堡规则》适用于两个不同国家之间的所有海上货物运输合同，并且海上货物运输合同中规定的装货港或卸货港位于其一缔约国之内，或备选的卸货港之一为实际卸货港，并位于某一缔约国内；提单或作为海上货物运输合同证明的其他单证在某缔约国签发；提单或作为海上货物运输合同证明的其他单证规定，合同受该规则各项规定或者使其生效的任何国家立法的管辖。

同《海牙规则》一样，《汉堡规则》不适用于租船合同，但如提单根据租船合同签发，并调整出租人与承租人以外的提单持有人之间的关系，则适用该规则。

【思考】《海牙规则》、《维斯比规则》和《汉堡规则》的区别和联系是什么？

3.3　国际海上货物运输合同

3.3.1　海上货物运输合同概述

（一）海上货物运输合同的定义

我国《海商法》第 41 条规定："海上货物运输合同，是指承运人收取运费，负责将托运人托运的货物经海路由一港运至另一港的合同。"

承运人是一方当事人，通常称为船方，其义务是负责将托运的货物经海路由一港运至另一港；另一方当事人是托运人，通常称为货方，其义务是负责托运货物并向承运人交付运费。海上货物运输合同的标的，是海上货物运输的行为，而不是货物本身，船舶是履行海上货物运输合同的工具。作为海上货物运输合同客体的"货物"，包括活动物和由托运人提供的用于集装货物的集装箱、货盘或者类似的装运器具。

（二）海上货物运输合同的当事人

海上货物运输合同的当事人是托运人和承运人；提单的当事人是托运人、发货人、承运人，以及提单上指定的收货人；航次租船合同的当事人是承租人和出租人。

1. 承运人（Carrier）

承运人是指本人或委托他人以本人名义与托运人订立海上货物运输合同的人。承运人除船舶所有人或承租人以外，尚有无船承运人。

2. 实际承运人

实际承运人是指接受承运人委托，从事货物运输或者部分运输的人，包括接受转委托从事此项运输的其他人。

3. 托运人（Shipper）

托运人是指：①本人或者委托他人以本人名义或者委托他人为本人与承运人订立海上货物运输合同的人。在实际业务中，提单上有关"托运人"栏常填写的是买卖合同中的卖方。②本人或者委托他人以本人名义或者委托他人为本人将货物交给与海上货物运输合同有关的承运人的人。当买卖合同以 FOB 贸易术语成交，安排运输是买方责任时，即将实际上向承运人提交货物的人也作为托运人。

4. 收货人（Consignee）

收货人是指有权提取货物的人。由于提单正面都印有"本提单一式若干份，凭其中一份提货后，其余失效"的字样，所以收货人就是提单的合法持有人。通常收货人应当在提单的"收货人"栏内填明。

（三）海上货物运输合同的特征

1. 双务合同

海上货物运输合同的双方当事人都享有权利，同时负有义务。承运人享有收取运费的权利，同时负有将货物安全、迅速运至目的港的义务；托运人则享有如数完好收取货物或向承运人索赔的权利，同时负有支付运费的义务。

2. 有偿合同

承运人是以将货物由一港运至另一港所提供的运输服务为代价，同时取得运费报酬；而托运人在目的港收取货物，则以支付运费为代价。

3. 直接涉及第三人

海上货物运输合同的当事人虽然只有承托双方，但却直接涉及第三者，即收货人。收货人虽然并未参加合同的订立，但根据合同的规定，在合同的履行过程中，收货人具有提取货物，请求赔偿和提起诉讼等实体权利与诉讼权利。

4. 通常属于要式合同

一般说来，海上货物运输合同可采用书面或口头形式，但多采用承运人或航次租船的出租人或多式联运经营人事先拟定的标准合同格式。

3.3.2 国际海上货物运输合同的种类

国际海上货物运输合同主要有海上货物运输协议或总合同、班轮运输合同、航次租船合同和定期租船合同4类。

(一)海上货物运输协议或总合同

海上货物运输协议或总合同是指承运人和托运人就在一定时间内运输的货物总吨位、使用的船舶、运价、装运条件、起运港和目的港等达成的协议或订立的货运总合同。为了保证总合同的实施，通常在分批装运时另签发提单，如双方当事人同意，也可以另行订立航次租船合同。此类合同适用于大宗货物运输。在该合同项下能保证托运人对舱位的需要，并享受优惠运价。

(二)班轮运输合同

班轮运输合同，又称件杂货运输合同，往往是承运人接受多个托运人的货物，将属于不同托运人的多批货物装载于同一船舶，按规定的船期，在一定的航线上，以规定的港口顺序运输，负责将件杂货由一港运至另一港，而托运人支付运费的协议。这种合同大多以提单的形式表现和证明。

(三)航次租船合同

航次租船合同，又称航程租船合同或程租合同，即由船舶出租人向承租人提供船舶或者船舶的部分舱位，装运约定的货物，从一港运至另一港，由承租人支付约定的运费的合同。航次租船合同主要用于不定期船运输，船舶出租人和承租人仅为某一特定航次使用船舶签订协议；承租人只要求出租人把货物运至目的港，并不希望占有和控制船舶。

订立航次租船合同，一般是为了运输大宗货物，或者是因为班轮航线无法满足货物运输的需要。在航次租船合同中，运费按所承运的货物数量计算，与航程所用的时间无关，出租人承担了时间风险。出租人希望尽早完成约定的航程，因而出租人在运输过程中会尽力速遣。但是，由于在航次租船中，货物的装卸作业由承租人负责，出租人则无法控制货物的装卸时间。为了促使承租人尽快完成装卸作业，航次租船合同订有装卸时间及滞期费条款。

航次租船合同的标准格式由各个国际航运组织制定，供洽租双方在洽定租船合同时选用。航次租船合同范本很多，根据船舶航行的航线、承运货物种类等不同而有所区别。例如，由波罗的海国际航运公会(The Baltic and International Maritime Conference，BIMCO)制定的《统一杂货租船合同》(Uniform General Charter，GENCON，简称金康)，适用于不分航线的杂货运输,是目前世界上最常用的航次租船合同格式;由美国船舶经纪人和代理人协会(Association of ship Brokers&Agents-AS-BA)制定的北美谷物租船合同(North America Grain Charter,Norgrain),适用于由北美至世界各地的谷物运输。

(四)定期租船合同

定期租船签订"标准定期租船合同"(Uniform Timecharter Party—Baltime),又称巴尔的摩租船合同。是指按一定期间由出租人租给承租人使用的合同。如果承租人以租用的船舶运输自己的货物,或者租期仅为一个航次,或者如果以租用的船舶作为承运人经营班轮,则也是一种货物运输合同。其主要条款有:①船舶说明(Description of the Ship);②租期(Charter Period);③交船(Delivery of Vessel);④租金(Hire);⑤停租与复租(Off Hire/Suspension of Hire or Onhire);⑥还船(Redelivery of Vessel);⑦转租(Sublet)。

3.3.3　国际海上货物运输合同的订立

(一)各类国际海上货物运输合同的订立

海上货物运输合同的订立分为要约和承诺两个阶段。但各种海上货物运输合同订立的具体方式、程序等不尽相同,下面以班轮运输合同和航次租船合同的订立为例进行说明。

1. 班轮运输合同的订立

货物托运人或其代理人向班轮公司或其代理申请货物运输的行为称为要约。这种申请一般表现为缮制和递交托运单或订舱委托单,载明货物的品类、数量、装船期限、卸货港等项内容。承运人如果接受托运,即在订舱单或托运单上指定船名并签字,并在装货单上签章,以表示双方协商一致,运输合同即告成立。

我国《海商法》对班轮运输合同的形式没有特别要求。但在实践中,为了避免日后发生争议时的举证困难,规定以书面确认合同成立。

2. 航次租船合同的订立

航次租船合同除了由船舶出租人直接洽谈协商外,通常还要通过船舶经纪人或租船代理。船舶经纪人受出租人或承租人的委托,代表出租人或承租人磋商租船事宜。一般情况下,航运组织、船公司、货主组织、货代组织或大货主,事先根据不同航线或货种的需要,拟订租船合同标准格式,以供订约时参考。这些标准合同条款比较齐备,当事人只需按自己的需要适当修改,即订立附加条款便可使用。

我国《海商法》规定,航次租船合同必须采用书面形式订立为合同成立形式要件。

(二)国际海上货物运输合同的法律适用

我国《海商法》第 269 条规定:"合同当事人可以选择合同适用的法律,法律另有规定的除外。合同当事人没有选择的,适用与合同有最密切联系的国家的法律。"即涉外合同的准据法可以由当事人自行选择,符合意思自治原则。在实践中,货物运输合同和租船合同应订有法律适用条款,可以选择双方同意的法律。提单上一般都印有法律适用条款、管辖权条款,应当予以尊重。但是,合同当事人不能协议排除应强制适用的法律。

3.3.4　国际海上货物运输合同的履行

海上货物运输合同成立后,合同当事人就应依法履行各自根据合同应承担的义务,同时享有相应的权利。

(一)承运人的义务

1. 使船舶适航义务

承运人在船舶开航前和开航当时,应当谨慎处理,使船舶处于适航状态,妥善配备船员、装备船舶、配备供应品,并使货舱、冷藏舱、冷气舱和其他载货处所适于并能安全收受、载运和保管货物。

2. 管货义务

承运人的管货义务贯穿于承运人掌管货物期间的全过程。在管理货物方面,承运人或其代理人不能有过失,如果因为他们的过失造成货物的灭失或损坏,承运人应负赔偿责任。承运人应从装货开始直至卸货的整个过程中,货物的装载、搬移、积载、运输、保管、照料和卸载等7个环节,都必须做到妥善和谨慎。

3. 及时开航,按预定航线航行的义务

此项义务包括按预定航线航行和不得进行不合理绕航。据此,在班轮运输的情况下,承运人应当按照船期表的规定,使船舶按时在装货港装货。货物装载妥当后,准时起航,按约定的或者习惯的或者地理上的航线航行,安全到达目的港,将货卸下。承运人在运输时不得无故绕航。

绕航是否合理要根据实际情况分析。一般说来,凡是为了船、货双方共同的利益而发生的绕航是合理的,而为了船方(承运人)单方的利益而发生的绕航,则是不合理的。例如,船舶遭受海损事故到邻近的但非约定航线内港口修船,是合理绕航;为了加载货物,船舶停靠约定航线外的港口,属于不合理绕航。

承运人违反上述任一基本义务而导致货物的灭失或损坏,应当承担赔偿责任。

(二)承运人的权利

1. 运费请求权

根据运输合同的规定,承运人有接受货物运输报酬的权利。报酬包括基本运费、亏舱费、滞期费、应由货主承担的共同海损分摊费用等。承运人为货物垫付的费用等。

运费分为预付运费和到付运费两种。预付运费是指托运人在货物装船前或装船后的一段时间,向承运人支付的运费。不论货物最后是否运到目的港,也不论在运输途中或装卸过程中造成货物灭失或损坏的原因,预付运费概不退还。到付运费是指当货物运到目的港后,收货人在提货时支付运费。

2. 留置权

留置权是指承运人为担保其债权而占有债务人货物的权利。我国《海商法》第87条规定:"应当向承运人支付的运费、共同海损分摊、滞期费和承运人为货物垫付的必要费用以及应当向承运人支付的其他费用没有付清,又没有提供相应担保的,承运人可以在合理的限度内留置其货物。"也就是说,可以行使留置权的原因限于承运人控制下的货物应付的费用未付。"在合理限度内留置其货物"是指承运人留置货物的数量应当合理,其价值应包括未支付费用加上可能因诉讼而产生的各项费用。超过合理的限度,承运人要承担由此引起的货主损失。例如,货主未付费15万美元,结果承运人留置了100万美元的货物,显然不在合理的限度内。

（三）承运人的责任

1. 承运人责任期间

承运人对货物的责任期间,是指承运人管货义务的存续期间。承运人只对在其责任期间内发生的货物的灭失或者损坏负赔偿责任。我国《海商法》第 46 条分三种情况作出不同的规定。

（1）承运人对于集装箱装运的货物的责任期间,是指从装货港接收货物时起至卸货港交付货物时止,货物处于承运人掌管之下的全部期间,俗称"港到港"。

（2）承运人对非集装箱装运的货物的责任期间,是指从货物装上船时起至卸下船时止,货物处于承运人掌管之下的全部期间,俗称"钩到钩"或"舷到舷"。对于非集装箱装运的货物,承运人与托运人可以就装船前和卸船后所承担的责任达成任何协议。

（3）对于多式联运货物,多式联运经营人的责任期间从接收货物时起至交付货物时止。

2. 赔偿责任

承运人在责任期间内,对不能负责的原因造成货物的灭失、损坏及迟延交付,应当负赔偿责任。

（1）对货物灭失或损坏的赔偿责任。除承运人依法可免责的情况外,货物在承运人责任期间内灭失或损坏的,承运人应负赔偿责任。依我国《海商法》第 50 条第 4 款规定:"承运人未能在明确约定的交货时间届满 60 日内交付货物的,有权对货物损失提出赔偿请求的人可以认为货物已经灭失。"

（2）对货物迟延交付的赔偿责任。迟延交付是指承运人未能在运输合同明确约定的时间在卸货港交付货物。由于承运人自己的过失造成的货物因迟延交付而灭失或者损坏的;或者由于承运人自己的过失致使货物因迟延交付,而遭受包括货物市价下跌损失、利息损失、工厂停工待料遭受损失,以及其他承运人已经或者应当预见到经济损失的,即使货物没有灭失或者损坏,承运人应当负赔偿责任。

3. 承运人的赔偿责任限制

承运人的赔偿责任限制,是指将承运人对其不能免责的货物迟延交付,货物灭失或者赔偿责任限制在一定的范围,实质上是从量的方面对承运人赔偿责任的部分免除。

（1）对货物灭失或者损坏的赔偿责任限制。承运人的赔偿责任限制,只有当货物的灭失或损坏超过了规定的责任限制额时才有意义。如果损失小于责任限制额,承运人按货物的实际损失赔偿。

我国《海商法》第 56 条规定:"承运人对货物的灭失或者损坏的赔偿限额,按照货物件数或其他货运单位数计算,每件或者每个其他货运单位为 666.67 计算单位,或者按照货物毛重计算,每千克为 2 计算单位,以两者中赔偿限额较高的为准。但是,托运人在货物装运前已经申报其性质和价值,并在提单中载明的,或者承运人与托运人已经另行约定高于本条规定的赔偿限额的除外。""货物用集装箱、货盘或者类似装运器具集装的,提单中载明装在此类装运器具中的货物件数或者其他货运单位数,视为前款所指的货物件数或者其他货定单位数;未载明的,每一装运器具视为一件或者一个单位。装运器具不属于承运人所有或者非由承运人提供的,装运器具本身应当视为一件或者视为一个单位。"

《海牙规则》规定承运人的赔偿限额是每件或每单位为 100 英镑,其他国家在制定国内海上货运法规时也都按当时汇率将 100 英镑换算成本国货币。1979 年修订《海牙—维斯比规则》的议定书改变折算为666.67特别提款权。

(2)承运人对货物因迟延交付造成经济损失的赔偿限额。我国《海商法》第57条规定:"承运人对货物因迟延交付造成经济损失的赔偿限额,为所迟延交付货物的运费数额。货物灭失或者损坏和迟延交付同时发生的,承运人的赔偿责任限额适用本法第56条第1款规定的限额。"该规定有利于承运人的利益。《汉堡规则》规定承运人迟延交付货物的赔偿责任,以所迟延交付的货物应付运费的2.5倍为限,但不超过海上货物运输合同中规定的应付运费总额。

(3)赔偿责任限制权利的丧失。如经证明,货物的灭失、损坏或者迟延交付是由于承运人的故意或者明知可能造成损失而轻率地作为或者不作为造成的,或者货物的损失、损坏或者迟延交付是由承运人的受雇人、代理人的故意或者明知可能造成损失而轻率地作为或者不作为造成的,承运人的受雇人或者代理人不得援引赔偿责任限额的规定。

4. 承运人与实际承运人的责任分担

对承运人与实际承运人之间的法律关系、责任分担,我国《海商法》作了以下规定。

(1)承运人对全部运输负责,实际承运人对自己履行的运输部分负责。①承运人将货物运输或者部分运输委托给实际承运人履行的,承运人仍对全部运输负责。对实际承运人承担的运输,承运人应当对实际承运人的行为或者实际承运人的受雇人、代理人在受雇或者受委托的范围内的行为负责。②承运人与实际承运人都负有赔偿责任的,应当在此项责任范围内负连带责任。③承运人或者实际承运人在对外承担责任后,可以根据实际责任情况,向对方追偿应当由对方承担的责任部分。例如,在租船合同或转船运输情况下,如果货损事故发生后,收货人从承运人(承租人)那里取得赔偿,而事故是实际承运人履行运输区段内发生的,承运人可根据租船合同或转船运输合同向实际承运人追偿。

(2)分段责任制。根据《海商法》第60条规定,分段责任制主要发生在签发转船提单的情况下,其适用条件:①提单中载明了实际承运人的名称;②提单持有人能够向实际承运人提起诉讼,即能够证明货物的灭失、损坏或者迟延交付发生在实际承运人掌管期间;③该实际承运人有承担责任的能力。否则,即使有这种约定,承运人也应承担责任。

5. 承运人的免责

根据我国《海商法》第51条的规定,在承运人责任期间内,货物发生的灭失或者损坏是由于下列原因之一造成的,承运人不负赔偿责任。

(1)船长、船员、引航员或者承运人的其他受雇人在驾驶船舶或者管理船舶中的过失,简称驾驶船舶和管理船舶过失免责。驾驶船舶过失,也叫"航海过失",是指船长、船员在船舶航行中发生因驾驶的原因造成的事故,如船舶碰撞、搁浅、触礁等,导致货物受损。管理船舶过失,简称管船过失,是指船长、船员等在维持船舶性能和状态上的过失行为,如寒冷天气、燃油舱内燃油结块,船员对燃油舱加热,使燃油能流动,但由于过度加热,使装在上面的大豆变质。

(2)火灾,但是由于承运人本人的过失所造成的除外。火灾造成的货物灭失或损害,包括直接被烧坏或烟熏造成者,救火过程中造成的损失,如货物的湿损,或因践踏而造成的损失。

(3)天灾,海上或者其他可航水域的危险或者意外事故。天灾是指承运人无法通过预期防范、抵御或防止的自然现象,并直接造成货物灭失或损害,如海啸、地震、雷击、冰冻和狂风暴雨等,没有人为主观因素,承运人不负赔偿责任。

(4)战争或者武装冲突。因战争或者武装冲突造成的货物损失,非承运人所能控制,对此不负赔偿责任。

(5)政府或者主管部门的行为、检疫限制或者司法扣押,是承运人无法合理预见和控制的,承运人免责。

(6)罢工、停工或者劳动受到限制。船舶到达港口,因港口装卸工人罢工、停工等原因使船舶无法装卸造成货物灭失或损坏以及迟延交货;或船员罢工,致使承运人无法履行或继续履行海上运输合同时,承运人免责。但在罢工、停工期间,船方仍然应对舱内的货物履行管货义务。

(7)在海上救助或者企图救助人命或财产,因此造成货物的损失或迟延交付,承运人可以免责。

(8)托运人、货物所有人或其代理人的行为。由于货方原因而造成的损失和迟延交货与承运人无关,如货物的性质或数量申报错误,需要更改,货方的单证不齐全,而造成迟延交付,或由于危险品性质不明,甚至货主故意隐瞒危险品性质,使承运人积载错误,在运输途中造成货物的灭失或损坏。

(9)货物的自然特性或者固有缺陷。在运输过程中谷物水分蒸发,造成数量减少,水果腐烂变质、煤炭自燃、矿物粉尘在装卸过程中的尘扬等造成货物重量和体积的正常损耗,或者货物灭失或损坏。

(10)货物包装不良或者标志欠缺、不清。如果货物包装不良或者标志欠缺、不清可以从外表观察到的,但承运人的代理人或船长却签发了清洁提单,这样承运人将承担对提单持有人按提单记载的状况交货的义务。

(11)经谨慎处理仍未发现船舶潜在缺陷。此项免责是对前面承运人应谨慎处理使船舶适航义务的补充。

(12)非由于承运人或者承运人的受雇人、代理人的过失造成的其他原因。

3.3.5　国际海上货物运输合同的解除

(一)我国《海商法》对合同解除的规定

1. 船舶开航前的任意解除合同

托运人在开航前的任意解除是指托运人由于非不可抗力的突发原因,如因买卖合同的变更或解除而不能按时提供约定的货载时对合同的解除。《海商法》第 89 条规定:"船舶在装货港开航前,托运人可以要求解除合同。但是,除合同另有约定外,托运人应当向承运人支付约定运费的一半;货物已经装船的,并应当负担装货、卸货和其他与此有关的费用。"

2. 开航前因不可抗力等原因解除合同

合同缔结之后,由于意外事件的发生,使合同无法履行,在此情况下,缔约双方的任何一方都可以无偿解除合同。常见的船舶在开航前法定解除事由如船舶或货物全损,装货港或卸货港被宣布封锁,船舶被政府征用或扣押,货物被禁止从装货港输出或向卸货港输入,船舶或货物因军事行动有遭劫夺的危险等。

3. 船舶开航后因不可抗力等原因解除合同

我国《海商法》规定,因不可抗力或者其他不能归责于承运人和托运人的原因致使船舶不能在合同约定的目的港卸货的,除合同另有约定外,船长有权将货物在目的港邻近的安全港口或者地点卸载,视为已经履行合同。船长决定将货物卸载的,应当及时通知托运人或者收货人,并考虑托运人或者收货人的利益。

（二）单方解除海上货物运输合同

（1）一方不履行合同致使另一方无法继续履行合同或严重影响订立合同所期望的利益，另一方可以单方解除合同而不承担责任。例如，出租人的船舶未能在航次合同规定的受载期内到港装货，严重影响了合同预期的利益，承租人可以单方宣布解除合同，如有损失，有权索赔。

（2）单方自行解除合同，应承担解除合同或不履行合同而引起对方损失的责任。例如班轮运输托运人订舱后，自行单方面解除合同拒绝提交约定的货物，因而导致船舶亏载，托运人应负担亏舱费。

3.4　海运进出口货物运输

3.4.1　海运进口货物运输

海运进口业务，就是根据贸易合同中有关运输条款，把向国外的订货加以组织，通过海运方式运进国内的一种业务。这种业务必须取决于买货条件。如果是 CIF 或 CFR 条件，则由国外卖方办理租船订舱工作；如果是 FOB 条件，要由买方办理租船订舱工作。海运进口发运工作一般包括以下环节。

（一）租船订舱

根据贸易合同的规定，负责货物运输的一方要根据货物的性质和数量决定租船或订舱。凡需整船装运的大宗货物需洽租适当的船舶承运；小批量的或零星杂货大多洽订班轮舱位。不论租船或订舱，均需办理租船或订舱手续。一般委托代理公司代为办理。在办理委托时，委托人需填写《进口租船订舱联系单》，提出具体的要求。

《进口租船订舱联系单》的内容包括货名、重量、尺码、合同号、包装种类、装卸港口、交货期、买货条款、发货人名称和地址、发货人电挂或电传号等。填写该联系单的注意事项如下：

（1）货名、包装、件数、重量、尺码要填写中、英文名称；重量需填毛重，长大件要列明长、宽、高的尺寸；重件要列明最大件重量和重件件数。

（2）买货条款的一栏要与贸易合同相一致；对装运条件另有规定者，要在联系单上写明，以便划分责任、风险和费用。

（3）危险货物要注明危险品的性质和国际危规的页码及联合国编号。填写时要填明类别，货物品名不能使用商品俗名，一定要用学名。易燃液体还须注明闪点。

（4）贵重物品要列明售价。

（5）单据内容必须与贸易合同完全一致。

（二）掌握船舶动态

船舶动态包括船名、船籍、船舶性质、装卸港顺序、预抵港日期、船舶吃水和所载货物名称和数量等。

（三）单证的收集和整理

单证包括商务单证和船务单证两大类。商务单证有贸易合同副本、发票、提单、装箱单、品质说明书和保险单等。船务单证则有订舱单、货物积载图、租船合同或提单副本、重大件货物清单和危险货物清单等。

进口货物的各项单证,是港口进行卸货、报关、报验、接交和疏运不可缺少的资料,因此收到单证后,须与进口合同核对。份数不够时,要及时复制,分发给有关单位,使船舶到港后,做好各自的工作。

(四)报关、报检工作

(1)进口货物需向海关报关,填制《进口货物报关单》。贸易货物不在港口查验放行的,需填制《国外货物转运准单》,向港口海关申报,经海关同意后,监管运至目的地,由目的地海关查验放行。

(2)进口货物报验须填写《进口商品检验申请单》。同时须提供以下资料:订货合同、发票、提单、装箱单、理货清单、磅码单、质保书、说明书、验收单、到货通知单等。

(五)监卸和交接工作

(1)一般由船方申请理货,负责把进口货物按提单、标记点清件数,验看包装情况,分清后拨交收货人。监卸人一般是收货人的代表。监卸人员与理货人员密切配合,把好货物数量和质量关,要求港方卸货人员按票卸货,严禁不正常操作和混卸。

(2)已卸存库场的货物,应按提单、标记分别码垛、堆放。

(3)对船边现提货和危险品货物,根据卸货进度及时与车、船方面人员联系,做好衔接工作,防止卸货与拨运工作脱节而产生等车卸货或车到等货的现象。

(4)对于超限重大件货物应事先提供正确的尺码和数量,以便准备接运车驳,加速疏运进度。

(5)货物卸货后,检查有无漏卸情况,在卸货中如发现短损,应及时向船方或港方办理有效签证,并共同做好验残工作。

(6)验卸时要注意查清:①货物内包装的残损和异状;②货物损失的具体数量、重量和程度以及受损货物或短少货物的型号和规格;③判断致残短少的原因。

(六)代运工作

为了保证港口畅通,防止压船、压港、压货现象,各港口接卸单位可以接受用货部门的委托,代办进口货物到达国内港口后的国内转运业务,称为代运工作。

代运货物如包装完整、件数相符、外表无异化的,一般不在港口办理申请检验手续。如发现有残损、短少或外表有异化的进口货物,接卸单位应在港口取得有关证件,做好残损记录。货到目的地后,收货人应与承运人办理交接手续。如发现货物不符或有残损、短少时,应取得承运部门的商务记录或普通记录,直接向承运部门或责任方索赔。

(七)保险

如以 FOB、CFR 条件成交的进口货物,在收到发货人装船通知后应立即办理投保手续。目前,为简化手续和防止发生漏保现象,也可采用预约保险办法,由进口商与中国人民保险公司签订进口货物预约保险。

(八)在卸货港缮制或签发的货运单证

1. 过驳清单(Boat Note)

过驳清单是卸货港货物过驳卸船时,作为证明货物交接和表明所交货物实际情况的单证。根据卸货时的理货单证编制。其内容包括驳船名、货名、标志、号码、包装、件数、卸货港、卸货日期、舱口号等,并由收货人、卸货公司、驳船经营人等收取货物的一方与船方共同签字确认。

2. 卸货报告(Outturn Report)

卸货报告主要是指货物溢短单和货物残损单。这些单证通常由港口理货机构和船方代理共同签署,是明确货物短少和损坏的重要依据。

收货人实收货物少于提单或发生残损时,须索取货物溢短单或货物残损单,并凭以通过代理人向承运人索赔。

3. 货物查询单(Cargo Tracer)

货物查询单是在卸货港发现货运事故(常见于溢短卸)时,为追查原因以明确责任所在,而向装货港、各挂靠港、船公司和载运该货物的船舶发出的调查函。

4. 提货单(Delivery Order,D/O)

提货单又称小提单,是收货人凭正本提单或副本提单随同有效的担保向承运人或其代理人换取的,可向港口装卸部门提取货物的凭证。

虽然交付货物是以提单为交换条件的,但在实际业务中所采用的办法却是在收货人交出提单(或保函)后,由船公司或其代理人签发一份提货单给收货人到仓库(仓库交货)或本船(船边提货)提取货物。

发放提货单时应做到:

(1)正本提单为合法持有人所持有。

(2)提单上的非清洁批注应转上提货单。

(3)当发生溢短残情况时,收货人有权向承运人或其代理获得相应的签证。

(4)运费未付的,应在收货人付清运费及有关费用后,方可放提货单。

3.4.2 海运出口货物运输

海运出口货物运输业务是根据贸易合同的有关运输条件,把售予国外客户的出口货物加以组织和安排,通过海运方式运到国外目的港的一种业务。

凡以 CIF、CFR 条件成交的出口货物,由卖方安排运输,其主要环节和程序如下。

(一)审证及备货

出口方在收到信用证后,应认真审核信用证中的有关条款,如装运期、装运港、目的港、结汇日期等等,尤其应注意某些特殊条款,如是否可分批装运,是否可以转船等等,要根据货物出运前的实际情况决定对信用证中的有关运输条款是否接受、修改或拒绝。同时还应根据合同及信用证的要求,及时备好出口货物,并办好申请报验和领证工作。

(二)船、货、港的衔接和平衡

1. 做到船、货的衔接和平衡

一般是根据船方提出的船源计划和货方提出的货源计划,使海运出口货物的数量、货类、装卸港口与船舶类型、航线、舱位相适应。

2. 运输部门召开船、货平衡会议

为了做到船、货平衡,保证出口任务顺利完成,在每月下旬由负责运输的部门——中国远洋运输公司、中国对外贸易运输公司、中国外轮代理公司等单位召开下月的船、货平衡会议。

3. 科学安排船、货、港的衔接

在船位、货源落实和调整的基础上,逐船安排船、港、货的衔接和平衡,也就是由船、港、货三方面落实船期、泊位和货源,使三者密切衔接。

（三）租船订舱和配载

在出口贸易合同中，根据贸易条件应由卖方派船装运的出口货物，可以视货物的情况，租船或订舱。货方根据货运需要，将货物分配给具体某条船只承运，叫做配载。订舱、配载是运输业务中的一个重要环节和组成部分。表 3-2 是出口货物订舱委托书。

表 3-2　出口货物订舱委托书

公司编号：			日期：	
发货人：		信用证号码：		
		开证银行：		
		合同号码：		成交金额：
		装运口岸：		目的港：
收货人：		转船运输：		分批装运：
		信用证有效期：		装船期限：
		运费：		成交条件：
		公司联系人：		电话/传真：
通知人：		公司开户行：		银行账号：
		特别要求：		

标 记	货号规格	包装件数	毛重	数量	单价	总价

备注

【知识链接 3-4】

委托中国外运租船订舱的简要程序

1. 外运公司每月定期发布出口船期表，表内列明航线、船名、国籍、抵港日期、沿途停靠港口、截止收单期、受载日期、开航日期等，供外贸公司作为租船订舱的参考。

2. 外贸公司根据船期表，结合货物出运分析表要求，填写托运单，一式七份（其中第三联、第四联分别作装船单和大副收据），连同提取货物的出仓单，在截止收单期前送外运公司，作为订舱依据。

3. 外运公司收到托运单后，会同中国外轮代理公司或中国远洋运输公司或中国租船公司，根据配载原则，结合船期、货物性质、货运数量、目的港等条件进行考虑,认为合适可以接受后,在托运单上签章,退回托运人一份。此时,订舱手续即告完成,运输合同业已成立。

4. 船舶和舱位确定后,外运公司将托运单一联交外轮代理公司签发装货单。

5. 出口货物数量较大,需要整理或整舱装运的,或需要用专门舱位的货物,如冷藏舱、通风舱、油舱、散载舱等,应事先与外运公司洽商,以衔接装运船只。

6. 货物装船后,船长或大副便签发收货单。托运人凭收货单向外轮代理公司交付运费并换取正式提单。收货单上如有大副批注,则在换取提单时,将该项大副批注转注在提单上。

(四)出口货物集中港区

洽妥船舶或舱位后,货方应在规定的时间内将符合装船条件的出口货物发送到港区内指定的仓库或货场,以便顺利装船作业。向港区集中时,应按照卸货港的先后和货物积载顺序发货,以便按先后次序装船。对于出口大宗货物,可联系港区提前发货。有船边现装条件的货物,也可按照装船时间将货物直送港区船边现装,以节省进仓出仓手续和费用。对危险品、重大件、冷冻货或鲜活商品、散油等需特殊运输工具、起重设备和舱位的,应事先联系安排好调运、接卸、装船等作业。发货前要按票核对货物品名、数量、标记、配载船名、装货单号等项,做到单、货相符和船、货相符。要注意发货质量,发现有包装破损或残损时,应由发货单位负责修理或调换。

(五)报关和交接工作

货物集中港区后,发货单位必须向海关办理申报出口手续,这叫做出口报关。由发货单位备妥出口货物报关单,连同装货单、发票、装箱单(或磅码单)、商检证及有关单证向海关申报出口,经海关官员检查单证和货物,确认单货相符和手续齐备后,即在装货单上加盖放行章。经海关查验放行的出口货物,方能开始装船。

发货单位现场工作人员要严格按照港口规章,及时与港方仓库、货场办妥交换手续,做好现场记录,划清船、港、货三方面的责任。

(六)装船工作

海关放行后,发货单位凭海关加盖放行章的装货单与港务部门和理货人员联系,查看现场货物并做好装船准备,理货人员负责点清货物,逐票装船。港口装卸作业区负责装货,并按照安全积载的要求,做好货物在舱内的堆码、隔垫和加固等工作。

在装船过程中,要派人进行监装,随时掌握装船情况和处理工作中所发生的问题。监装人员对一级危险品、重大件、贵重品、特种商品和驳船来货的船边接卸等直装工作,要随时掌握情况,防止接卸和装船脱节。

装船完毕,应将大副签发的收货单交原发货单位,凭以调换以装船提单。

(七)保险工作

对合同规定需在装船时发出装船通知的,应及时发出,特别是由买方自办保险的。如因卖方延迟或没有发出装船通知,致使买方不能及时或没有投保而造成的损失,卖方应承担责任。

(八)支付运费

船公司为正确核收运费,在出口货物集中港区仓库或库场后申请商检机构对其衡量。

凡需预付运费的出口货物,船公司或其代理人必须在收取运费后发给托运人运费预付的提单。如属到付运费货物,则在提单上注明运费到付,由船公司卸港代理在收货人提货前向收货人收取。

(九)出口货运单证

1. 托运单(Booking Note,B/N)

托运单也称订舱单,俗称下货纸,由托运人根据贸易合同条款及信用证条款的内容填制,并凭此单向承运人或其代理人办理货物托运。其内容包括托运人、船名、起运港、目的港、货名、标记及号码、重量、件数等,为承运人货物代理配载提供参考。

托运人填制好托运单,并把该单据交给承运人。承运人根据托运单内容,并结合船舶的航线、挂靠港、船期和舱位等条件考虑,认为合适后,即接受托运。

托运单的主要作用如下:

(1)托运单是办理托运的凭证。

(2)托运单是船公司接受订舱并安排舱位、调拨装货器材、组织装运、转运、联运的依据。

(3)托运单是托运人与承运人之间运输契约的书面记录。

(4)托运单是出口货物报关的货运单据之一。

(5)托运单是承运人签发提运单的原始依据。

2. 装货单(Shipping Order,S/O)

装货单俗称关单,它是船公司或其代理人在接受托运人提出托运申请后,签发给托运人或货运代理人的凭证,同时也是命令船长将单上货物装船的单证。托运人还须凭此向海关办理出口货物申报手续,海关凭此验放货物。装货单如表 3-3 所示。

表 3-3　装货单

中国外轮代理公司 CHINA OCEAN SHIPPING AGENCY 装货单 SHIPPING ORDER

S/O No. ＿＿＿＿＿＿＿＿＿＿

船名 S/S ＿＿＿＿＿＿＿＿＿＿＿＿　　目的港 For ＿＿＿＿＿＿＿＿＿＿＿＿＿＿＿＿＿＿＿

托运人 Shipper ＿＿＿＿＿＿＿＿＿＿＿＿＿＿＿＿＿＿＿＿＿＿＿＿＿＿＿＿＿＿＿＿＿＿＿＿

兹将下列完好状况之货物装船后签署收货单

Receive on board the under mentioned goods apparent in good order and condition and sign the accompanying receipt for the same.

标记及号码 Marks & Nos.	件数 Quantity	货名 Description of Goods	毛重量(千克) Gross Weight in Kilos

共计件数(大写)
Total Number of Packages in Writing

日期 Date ＿＿＿＿＿＿＿＿＿＿＿＿　　时期 Time ＿＿＿＿＿＿＿＿＿＿＿＿＿＿＿＿＿＿＿＿

装入何舱 Stowed ＿＿＿＿＿＿＿＿＿＿＿＿＿＿＿＿＿＿＿＿＿＿＿＿＿＿＿＿＿＿＿＿＿＿＿

实收 Received ＿＿＿＿＿＿＿＿＿＿＿＿＿＿＿＿＿＿＿＿＿＿＿＿＿＿＿＿＿＿＿＿＿＿＿＿

理货员签名 Tallied by ＿＿＿＿＿＿＿＿＿＿＿＿＿　经办员 Approved by ＿＿＿＿＿＿＿＿＿＿＿＿＿

3. 收货单(Mate's Receipt，M/R)

货物装船后,船长或大副便签发收货单(见表 3-4),即大副收据。

表 3-4　收货单

中国外轮代理公司
CHINA OCEAN SHIPPING AGENCY
收货单 MATE'S RECEIPT

M/R No. _____

船名 S/S _____　　　　目的港 For _____

托运人 Shipper _____

下列完好状况之货物业已收妥无损
Received on board the following goods apparent in good order condition：

标记及号码 Marks & Nos.	件数 Quantity	货名 Description of Goods	毛重量千克 Gross Weight in Kilos

共计件数(大写)
Total Number of Packages in Writing

日期 Date _____　　　时期 Time _____

装入何舱 Stowed _____

实收 Received _____

理货员签名 Tallied by _____　　大副 Chief Officer _____

收货单是指某一票货物装上船后,由船上大副签署给托运人的,作为证明船方已收到该票货物的凭证。托运人取得了大副签署的收货单后,即可凭以向承运人或其代理人换发提单。

收货单的记载内容和格式与装货单基本一致,只是最后还有大副签署一栏。

4. 货物积载计划(Stowage Plan)

货物积载计划是大副在装货前根据装货清单按货物装运要求和船舶性能绘制的一个计划受载图,所以又称为货物积载图。图中列明各批货物应装入船舶的具体舱位,用以指导有关方面安排泊位、出舱、下驳、搬运等。货物装船后再按实际装船情况进行订正。这是船方进行货物运输、保管、卸船等项工作必要的查阅资料,也是卸货港的港方、卸货部门用来安排泊位、货物进仓、派驳调车、理货人员进行理货的原始资料。

5. 装箱单(Packing List,P/L)

装箱单又称花色码单和包装单。信用证及托收项下,除散装货物外,一般都要求提供装箱单。装箱单的缮制要点如下：

(1)一般无须签署、出单日期、抬头、单价和金额,除非信用证有特殊规定。

(2)品名描述:发票中所描述的货物,但可用与其他单据无矛盾的统称表示。

(3)唛头:应注明唛头,且须与发票、远期信用证及实物印刷唛头完全一致。

(4)包装号码:包装号码须连号,不可断开或跳号。

(5)包装情况:信用证中有关货物的包装描述须在装箱单中完整显示。

6．装货清单(Loading List，L/L)

装货清单是船公司或其代理人根据装货单留底，将全船待运货物按目的港和货物性质归类，依航次靠港顺序排列编制的装货单的汇总单。其主要内容包括船名、装货单编号、件数、包装、货名、毛重、估计立方米、特种货物对运输的要求或注意事项的说明等。

7．载货清单/舱单(Manifest，M/F)

载货清单是在货物装船完毕后，由船公司的代理人根据大副收据或提单编制的一份按卸货港顺序逐票列明全船实际载运货物的汇总清单。其主要内容包括船名及国籍、开航日期、装货港、卸货港、逐票列明所载货物的详细情况。

8．运费清单/运费舱单(Freight Manifest，F/M)

运费清单是由装货地船公司或其代理人根据提单副本编制的与货物运费有关事项的一览表，是承运人向托运人收取运费的汇总单。该单据可以直接寄交或由本船带交给卸货港船公司的代理人，供收取到付运费或处理有关业务使用。

9．危险货物清单(Dangerous Good List)

危险货物清单是一份专门列出船舶所载运全部危险货物的明细表。该清单的内容中，除装货清单、载货清单基本内容外，还特别增加了危险货物的性能和装船位置两项。

3.4.3 班轮运输操作及货运单证流转程序

(一)班轮运输操作流程

综合上述海运进出口环节及实际业务情况，图 3-1 就班轮运输操作的主要流程进行了系统的阐述。

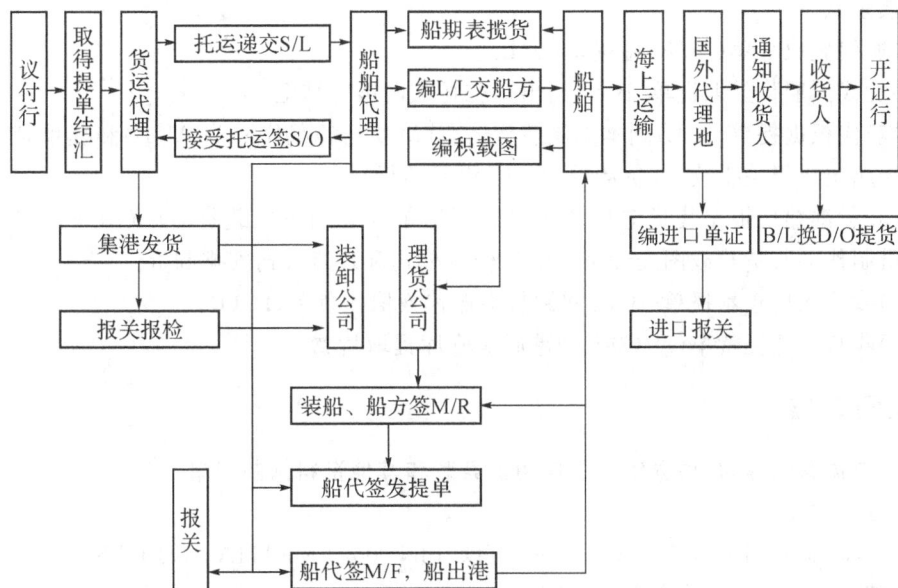

图 3-1　班轮运输操作流程

(1)船公司以船期表将船舶行使航线、挂港、船名、装港、船期、接载日期等通过指定的货代或者船代传达给出口商，或者直接刊登在公报上，以招揽货源满足满舱满载的需要。

(2)货代制装货单向船代或船公司托运,提出货物装运申请。

(3)船代或船公司接受承运,指定船名签发装货单,将留底联留下后退还给托运人。

(4)货代将货物送到装货码头,持装货单办理商检及海关申报手续,海关放行时在装货单上加盖海关放行章。托运人将放行的装货单交港口货运部门。

(5)船代制装货清单送船上、理货和港口装卸公司。

(6)船方按照装货清单编制积载图,交船代分发理货公司和港口装卸公司安排装船。

(7)货物装船后,理货员将装货单交给大副,大副核对无误签发收货单,记录货物的装货日期、识别标记、包装、重量、件数以及收到货物时的状态有无任何缺陷。

(8)船代将收货单转船公司或者由船代公司签发提单。

(9)货代或出口商付清运费,领取已装船清洁提单。出口人将提单连同其他单证送至议付银行结汇。议付银行将提单寄回国外开证银行。

(10)船代根据提单副本编制出口载货清单,送船长签字后向海关办理船舶出口手续。

(二)班轮货运单证流转程序

(1)货代制装货单(S/O)向船公司或船代托运。

(2)船代留存一份装货单(S/O)制装货清单(L/L),将签章后的装货单(S/O)交托运人。

(3)货代持装货单(S/O)向海关报关,海关凭进出口检验检疫证在装货单(S/O)上盖放行章。

(4)船舶根据装货单(S/O)和装货清单(L/L)制装货积载草图,由船代转交港口作业区和理货公司。

(5)货物装船后理货员将注明装载位置的装货单(S/O)交货船大副,大副签收货单(M/R)转船代。

(6)船代凭收货单(M/R)签提单(B/L)。

(7)货代到船代处取提单(B/L)交出口委托人向银行结汇。

(8)船代根据提单(B/L)副本编制载货清单(M/F),凭载货清单(M/F)和提单副本向海关办理船舶出口报关手续,载货清单(M/F)跟船随行。

(9)卸货港船代根据装货港代理寄来的货运单证编制进口载货清单(M/F),连同装货港理货员制作的装货积载图交卸货港港口作业公司和理货公司安排卸货。

(10)收货人凭正本提单(B/L)向卸货港船代换取提货单(D/O)。

(11)收货人凭提货单(D/O)向卸港码头仓库提取货物。

【实例 3-1】

单据缮制练习:根据给出的信用证条款和其他资料缮制提单。

A. 信用证条款

Issuing Bank:METITA BANK LTD. FIN-00020 METITA,FINLAND

Term of Doc. Credit:IRREVOCABLE

Credit Number:KHL02-22688

Date of Issue:20130505

Expiry:20130716 Place CHINA

Applicant:FFK GORP. AKEKSANTERINK AUTO

P. O. BOX 9 FINLAND

Beneficiary：SHANGHAI RONGHUA TRADE CO.，LTD.

268 HUAIHAI ROAD，SHANGHAI，CHINA

Amount：Currency USD Amount 38,400.00

Pos./Neg. Tol.（%）：5/5

Available with/by：ANY BANK IN ADVISING COUNTRY BY NEGOTIATION

Partial Shipments：Not Allowed

Transshipment：Allowed

Loading in Charge：SHANGHAI

For Transport to：HELSINKI

Shipment Period：At the latest July 16，2013

Description of Goods：9,600PCS OF WOMEN'S SWEATERS

Unit Price：USD 4.00/PC，CFR HELSINKI

Packing：12PCS/CTN

Documents Required：FULL SET OF CLEAN ON BOARD MARINE BILLS OF LADING，MADE OUT TO ORDER OF METITA BANK LTD.，FINLAND，MARKED "FREIGHT PREPAID" AND NOTIFY APPLICANT

B. 其他资料

提单号码：KTT0245678

货物总毛重：6,500KGS

货物总尺码：25CBMS

船名：MARIS V. 002

唛头：ABC/HELSINKI/NO. 1—800

集装箱号码：SIHU365487-2(20')SEAL NO 123456 CY/CY

提单签发日期：2013 年 7 月 10 日

提单签发地点：上海

承运人：ABC SHIPPING CO.

提单签发人：王五

货物由托运人负责装箱及计数。

▷【案例分析】

记名提单不是无单放货的理由[①]

2005 年 7 月，A 公司与 C 公司签订一份协议，由 A 公司向 C 公司提供一批灯饰。协议约定：A 公司发货后将提单传真给 C 公司，C 公司须在 3 天内将货款全数汇出；A 公司收到汇款通知副本，再将提单正本交付 C 公司。由于 A 公司没有出口经营权，故委托 D 进出口

[①] 根据 http://www.wuliu.org/article/detail.aspx? articleid=38229&classcode=00060004 资料修改。

公司办理出口手续。

D进出口公司向B船公司订舱并入货后,B船公司签发了一式三份记名提单,提单均记载:承运人为B船公司,收货人为C公司,装货港黄埔,卸货港新加坡,运费预付。货物运抵新加坡后,C公司未依协议向A公司付款。在没有取得正本提单的情况下,C公司致函B船公司,要求B船公司将收货人为C公司的货物交给其陆路承运人,并保证承担由此可能产生的任何后果。B船公司随后将货物放给了C公司。

A公司仍持有上述B船公司所签发的两套正本提单。该两套提单背面首要条款规定:货物的收受、保管、运输和交付受本提单所证明的运输合同条款调整,适用美国《1936年海上货物运输法》或1931年《海牙规则》。

A公司于2006年8月向海事法院提起诉讼,认为B船公司在提货人没有出示任何凭证的情况下,将货物交给他人,侵害了A公司作为上述货物所有人的利益。请求法院判令B船公司赔偿无提单放货造成的经济损失共162928.80美元。

[问题]

1. 本案例适用哪些法律进行判决?

2. 记名提单的性质是什么?

3. 记名提单是无单放货的理由吗?

[案情分析]

一、法律的适用性

本案所涉提单约定因本提单而产生的争议适用美国《1936年海上货物运输法》或1931年《海牙规则》。但是,上述两个法律均没有对承运人能否不凭正本提单向记名收货人交付货物作出明确规定。新加坡提单法案生效于2005年11月12日,对本案纠纷不具溯及力。因此,本案应适用中华人民共和国法律和有关国际航运惯例。

根据《中华人民共和国民法通则》的规定,中华人民共和国法律和中华人民共和国缔结或者参加的国际条约没有规定的,才适用国际惯例。对记名提单的情况下承运人应凭正本提单交付货物,《中华人民共和国海商法》已有规定。因此,本案应依该规定处理而无须考虑适用国际惯例。

二、记名提单的性质

我国《海商法》第71条规定:"提单,是指用以证明海上货物运输合同和货物已经由承运人接收或者装船,以及承运人保证据以交付货物的单证。提单中载明的向记名人交付货物,构成承运人据以交付货物的保证。"承运人应当保证向记名收货人交付货物,同时还应当凭正本提单。可见,对于记名提单,交货条件是较指示提单和不记名提单更严格,而不是更宽松。

B船公司作为承运人,在核实记名提单收货人的身份后,应凭正本提单放货。B船公司未征得托运人的同意,在没有收回正本提单的情况下将货物交给非提单持有人,违反了承运人应凭正本提单交付货物的基本义务,侵害了A公司依据其所持有的正本提单对货物享有的物权,应当对无正本提单放货造成A公司的损失承担赔偿责任。所以,最后海事法院判决:被告美国B船公司赔偿原告A公司货物损失98666.148美元及其利息。

⏩【本章小结】

1. 海运提单具有货物收据、物权凭证、运输契约证明等作用。

2. 海运提单的正面内容包括必要记载事项和一般记载事项。

3. 海运提单按收货人的抬头分为记名提单、指示提单和不记名提单,按提单上有无批注可分为清洁提单和不清洁提单,按签发提单的时间可分为倒签提单、预借提单和过期提单,等等。其中银行或买方一般拒绝接收收货待运提单、不清洁提单、过期提单等。而倒签提单和预借提单是带有欺诈性质的提单。

4. 提单业务中包括提单签发、更正、补发、背书及转让等问题。

5. 有关提单的国际公约包括《海牙规则》《维斯比规则》和《汉堡规则》。

6. 国际海上货物运输合同主要分为海上货物运输协议或总合同、班轮运输合同、航次租船合同和定期租船合同。

7. 国际海上货物运输合同明确了合同的当事人、合同订立的条件、承运人履行的问题及合同解除的规定。

8. 在海运进口货物运输中,一般包括租船订舱、掌握船舶动态、单证收集整理、报关报检、监卸、交接、代运及保险等环节。而在海运出口货物运输中,主要包括审证、备货、船货港衔接和平衡、租船订舱和配载、出口货物集中港区、报关交接、装船、保险、支付运费、提交出口单证等流程。

⏩【思考练习】

1. 解释如下术语:

不清洁提单　　指示提单　　记名提单　　倒签提单　　托运单　　装货单

2. 有关海运提单的国际公约有哪些?

3. 承运人应该履行哪些基本义务?

4. 简述海运出口货物运输流程。

5. 案例分析:

2006 年,我国某进出口公司(以下简称 A 公司)与日本某贸易公司(以下简称 B 公司)达成了一笔货物买卖合同。合同约定,B 公司向 A 公司提供不同型号的空调产品共 X 台,总价款共计 Y 美元,价格术语为 CIF 我国某港,以信用证方式支付货款,于 2006 年 8 月 29 日装货,由我国某航运公司(以下简称 C 公司)承运上述货物。A 公司如约向银行申请开立了信用证。C 公司因船舶发生故障,需要维修,于 9 月 9 日才能抵达装运港装货。B 公司为了不影响结汇,向承运人提出以保函换取清洁提单。C 公司接受了 B 公司的保函,按照买卖合同的约定,签发了 8 月 29 日已装船的清洁提单。B 公司凭全套单证从开证行收回全部货款。A 公司持 C 公司签发的提单到港口提货时,发现该提单所载的船舶还未抵港,迟至 9 月 20 日,货物才运抵目的港。由于销售季节已过,给 A 公司造成巨大损失。请问:

(1)C 公司签发的提单属于哪种类型的提单? 根据案情说明原因。

(2)A 公司可以通过什么途径取证,以什么事由起诉 C 公司?

(3)C 公司应当承担怎样的法律责任?

第 4 章

国际铁路货物运输 〉〉〉 〉

　　铁路运输是仅次于海上运输的一种主要运输方式。其运量较大,速度较快,运输风险明显小于海上运输,运营准点。因此,在一定的地理范围内,利用铁路实现国际货物运输,可以降低国际贸易成本。目前国际铁路货物运输采用国际铁路联运的方式,极大地便利了相关货物的运输,也促进了铁路沿线经济的发展;而我国内地对港澳地区的铁路运输,也发挥着重要的作用。

　　本章第一节介绍铁路货物运输的基础知识以及我国的铁路运输的基本情况;第二节介绍国际铁路货物联运的概况、重要单据以及相关的联运组织和规章;第三节介绍国际铁路联运进出口货物运输的基本流程;第四节介绍我国内地对港澳地区铁路运输的一般做法。

4.1　国际铁路货物运输概述

4.1.1　铁路运输基础知识

　　铁路运输(Rail Transport)具有运行速度快、载运量较大、受气候影响小、准时性和连续性强等优点。在国际货物运输中,铁路运输是一种仅次于海洋运输的主要运输方式,海洋运输的进出口货物,一般也是通过铁路运输进行货物的集中和分散。

　　(一)铁路线路(Line Haul)

　　铁路线路是机车车辆和列车运行的基础,是由路基、桥隧建筑物和轨道组成的一个整体的工程结构。铁路线路应当保持完好状态,使列车能按规定的最高速度安全、平稳和不间断地运行,以保证铁路运输部门圆满完成客、货运输任务。

　　(二)铁路机车和车辆

　　1. 铁路机车(Locomotive)

　　铁路车辆本身没有动力装置,必须把许多车辆连接在一起编成一列,由机车牵引才能运行。所以,机车是铁路车辆的基本动力。铁路上使用的机车种类很多,按照机车原动力,可分为蒸汽机车、内燃机车和动力机车 3 种。

2. 车辆及其标记

（1）车辆（Freight Cars）

铁路车辆是运送旅客和货物的工具，它本身没有动力装置，需要把车辆连接在一起由机车牵引，才能在线路上运行。铁路车辆可分为客车和货车两大类。铁路货车的种类很多，可以从以下几个方面对其进行分类。

按照用途或车型可分为通用货车和专用货车两大类。通用货车又可分为棚车（Covered Cars）、敞车（Open Cars）和平车（Flat Cars）三种。棚车车体密封性较好，用于运送比较贵重和怕潮湿的货物。敞车主要用于运送不怕湿损的散货或带包装的货物。大部分平车只有一平底板，供装运特殊长大重型货物，因而也称作长大货物车。专用货车是专供装运某些指定种类货物的车辆，包括保温车（Cold Storage Cars）、罐车（Tank Cars）和家畜车（Livestock and Poultry Cars）。

按载重分为 20 吨以下、25～40 吨、50 吨、60 吨、65 吨、75 吨、90 吨等各种不同的车辆。为适应我国货物运量大的客观需要，有利于多装快运和降低货运成本，我国目前以制造 60 吨车为主。

按轴数分为四轴车、六轴车和多轴车等。我国铁路以四轴车为主。

按制作材料分为钢骨车和全钢车。钢骨车的车底架及梁柱等主要受力部分用钢材，其他部分用木材制成，因而自重轻，成本低。全钢车坚固耐用，检修费用低，适合于高速运行。

（2）车辆标记（Mark of Car）

一般常见的标记主要有：①路徽。凡中国铁道部所属车辆均有人民铁道的路徽。②车号，是识别车辆的最基本标记，包括型号和号码。型号又有基本型号和辅助型号两种。基本型号代表车辆种类，用汉语拼音字母表示，如 P 表示棚车，C 表示敞车，G 表示罐车，M 代表煤车，X 代表集装箱专用车等。辅助型号表示车辆的构造型式，它以阿拉伯数字和汉语拼音组合而成。例如：P64A，表示结构为 64A 型的棚车。号码一般编在车辆的基本型号和辅助型号之后。车辆号码是按车种和载重分别依次编号，例如：P62.3319324.。③配属标记。对固定配属的车辆，应标上所属铁路局和车辆段的简称，如"京局京段"表示北京铁路局北京车辆段的配属车。④载重，即车辆允许的最大装载重量，以吨为单位。⑤自重，即车辆本身的重量，以吨为单位。⑥容积，为货车（平车除外）可供装载货物的容积，以立方米（m³）为单位。⑦特殊标记，是根据货车的构造及设备情况，在车辆上涂打各种特殊的标记。如 MC 表示可以用于国际联运等。

（三）铁路货物运输种类

1. 整车运输

整车运输是指一批货物至少需要一辆货车的运输。整车运输装载量大，运输费用较低，运输速度快，是铁路的主要运输形式。

我国现有的货车以棚车、敞车、平车和罐车为主。标记载重量（简称为标重）大多 50 吨和 60 吨，棚车容积在 100 立方米以上，达到这个重量或容积条件的货物，即应按整车运输。

2. 零担运输

凡不够整车运输条件的货物，即重量、体积和形状都不需要单独使用一辆货车运输的一批货物，除可使用集装箱运输外，应按零担货物托运。零担货物一件体积不得小于 0.02 立方米（一件重量在 10 千克以上的除外）。每批件数不得超过 300 件。

3. 集装箱运输

凡货容超过 3 立方米,总重量达 2.5~5 公吨和货容为 1~3 立方米总重量未超过 2.5 公吨的货物应采用集装箱托运。使用集装箱运输的货物,每箱不得超过集装箱最大载重量。每批必须是同一箱型,至少一箱,最多不得超过铁路一辆货车能装运的箱数,且集装箱总重之和不得超过货车的允许载重量,单件货物重量超过 100 千克时,应在货物运单上注明。一些货物如水泥、炭黑、生铁块等易污染、腐蚀损坏箱体的货物或鲜活货物、危险货物等不能使用集装箱装运。

(四)国际铁路货物运输的性质与特点

1. 铁路货物运输的性质

我国对外贸易货物使用铁路运输可分为国内铁路运输和国际铁路联运两部分。供应港、澳地区的货物由内地利用铁路运往香港九龙,或运至广州南部转船至澳门,即属国内铁路运输。国际铁路联运是指在两个或两个以上国际铁路运送中,使用一份运送票据,并以连带责任办理货物的全程运送,在由一国铁路向另一国铁路移交货物时,无须发货人、收货人参加的运输方式。

2. 国际铁路货物运输的特点

铁路运输与其他运输方式相比较,具有以下特点:

(1)简化手续,方便收、发货人。虽然货物在全程运送中要经过多个国家,涉及多次交接甚至多次换装等作业,但作为发货人只需在始发站办理一次性托运手续,即可将货物运抵另一个国家的铁路到站。

(2)便于在国际贸易中充分利用铁路运输的优势。①铁路运输的准时性和连续性强。铁路运输几乎不受气候影响,一年四季可以不分昼夜地进行定期的、有规律的、准确的运转。②铁路运输速度比较快。一般铁路货车可达 100 千米/小时左右,远远高于海上运输。③运输量比较大。铁路一列货物列车一般能运送 3000~5000 吨货物,远远高于航空运输和汽车运输。④铁路运输成本较低。铁路运输费用仅为汽车运输费用的几分之一到十几分之一;运输耗油约是汽车运输的 1/20。⑤铁路运输安全可靠,风险远比海上运输小。实行国际铁路联运后,参加联运国铁路连成一体,形成国际铁路运输网络,便于发货人根据货物的运输要求,充分利用铁路运输优势和选择运输途径,既可加快送达速度,又能节省有关费用开支。

(3)可及早结汇。发货人利用国际联运办理完出口货物的托运手续后,即可凭车站承运后开具的有关联运凭证和其他商务单证办理结汇,而无须等到货物到达目的地后才办理。这样既能保证发货人收取货款,又能加速资金的周转,便于国际贸易的开展,对贸易双方均有利。

【思考】 利用国际铁路联运可实现及早结汇,在海上货物运输条件下,出口方是在什么情况下办理出口结汇的?

4.1.2 我国铁路运输概况

新中国成立后,我国的铁路事业获得了迅速发展。在铁路新线建设和旧线技术改造、建立铁路工业体系、改善和加强铁路运营管理等方面都取得了巨大的成就。目前,以北京为中心的全国铁路网业已初步形成,到 2012 年年底,全国铁路营业里程达到 9.8 万千米,居世界第二位;高铁运营里程达到 9356 千米,居世界第一位;我国铁路完成的旅客周转量、货物发送量、货物周转量、换算周转量居世界第一位。

经过多年的发展,我国铁路营业总里程已达到亚洲第一、世界第二,但相对于国民经济和社会发展需要,我国铁路建设发展仍然存在一系列问题,具体表现在:主要干线能力紧张,部分地区进出通道不畅,季节性运输紧张问题突出,尤其是京沪、京广、京哈、京九、陇海、浙赣六大铁路干线能力基本饱和,大部分区段能力利用率已达 100%。运输质量尚待提高,运需矛盾突出,全路每天的用车满足率仅 35% 左右(2008 年),货物运输速度慢。在路网规模方面,我国铁路总量与我国人口、国土面积和经济发展水平不相称,特别是西部地区路网单薄,不适应实施西部大开发战略和区域经济协调发展的需要。

而在国际货物运输方面,我国铁路发挥着重要的作用,成为我国联系欧洲、东南亚等国家和地区的主要陆路动脉。

(一)我国通往邻国的铁路干线

1. 滨洲线

滨洲线是东北地区东西向铁路主干线的组成部分,也是通往俄罗斯的国际铁路线之一。它从哈尔滨向西北,经大庆、齐齐哈尔,到内蒙古自治区边境城市满洲里,全长 935 千米,共有车站 99 个。

滨洲线从满洲里向西出国境与俄罗斯西伯利亚大铁路接轨。该线途经我国重要的木材、良种牲畜和肉乳制品产地以及最大的石油基地,对黑龙江省物资外运有重要意义。

2. 集二线

集二线是由京包线的集宁南站出岔至国境站二连北站,与蒙古人民共和国铁路相连,全长 336 千米,是北京—乌兰巴托—莫斯科国际联运干线在中国境内的主要部分。集二线与京包线、包兰线连成铁路网络,有利于大力开发沿线石油、天然碱等矿产资源,增强了对欧洲地区的国际运输能力。集二线通车后,从北京到莫斯科的运输距离比绕道满洲里减少 1141 千米。

3. 北疆线

北疆线又称兰新铁路西段,南起新疆维吾尔自治区乌鲁木齐市头屯河区,北到该自治区博乐市边境集镇阿拉山口站。该铁路于 1992 年正式运营,全长 456 千米,共有车站 36 个。

北疆铁路,与陇海、兰新两大干线,构成了"亚欧大陆桥"在中国境内的全部线路,被誉为新"丝绸之路",连接了连云港和鹿特丹两大亚欧港口,是我国出口的重要通道。

4. 湘桂线

湘桂线北起湖南省衡阳市,南到广西壮族自治区凭祥市,全长 1013 千米,共有车站 112 个。线路自京广线上的衡阳站向西南引出,经黎家坪、冷水滩,在越城岭东侧进入广西壮族自治区境内,经全州、桂林,在柳州越柳江,过来宾跨红水河,经黎塘、南宁,前跨郁江、明江,中经崇善、宁明而达凭祥,再向南延伸,到我国与越南的边境友谊关。此线是一条通往东南亚的重要陆路动脉。

5. 昆河线

昆河铁路,又称滇越铁路。北起云南省昆明市,南到云南省河口瑶族自治县,全长 468 千米,共有车站 62 个。线路自昆明北站向东引出,过水晶坡站折向正南,经宜良、开远、蚂蟥示意图堡到中越边界重镇河口镇,是通往越南等东南亚国家的重要铁路线。

除上述铁路干线之外,我国还有沈丹线、长图线、梅集线等重要的通往邻国的铁路干线。

(二)铁路货运在我国国际贸易中的作用

1. 有利于发展同欧亚各国的贸易

通过铁路把欧亚大陆连成一片,为发展中、近东[①]和欧洲各国的贸易提供了有利的条件。在建国初期,我国的国际贸易主要局限于东欧国家,铁路运输占我国进出口货物运输总量的50%左右,是当时我国进出口贸易的主要运输方式。20世纪60年代以后,随着我国海上货物运输的发展,铁路运输进出口货物所占的比例虽然有所下降,但其作用仍然十分重要。我国与朝鲜、蒙古、越南、苏联的进出口货物,绝大部分仍然通过铁路运输来完成;我国与西欧、北欧和中东地区一些国家也通过国际铁路联运来进行进出口货物的运输。

2. 有利于开展同港澳地区的贸易,并通过香港进行转口贸易

铁路运输是我国内地联系港澳地区,开展贸易的一种重要运输方式。港澳地区所需的食品和生活用品多由内地供应,随着内地对该地区出口的不断扩大,其运输量逐年增加。做好对港澳地区的运输工作,达到优质、适量、均衡、应时的要求,在政治上和经济上都非常重要。为了确保市场供应,从内地开设了直达港澳地区的快运列车,对繁荣稳定港澳市场,以及该地区的经济发展起到了积极的作用。

香港是世界著名的自由港,与世界各地有着非常密切的联系,海、空定期航班比较多,作为转口贸易基地,开展陆空、陆海联运,为我国发展与东南亚、欧美、非洲、大洋洲各国和地区的贸易,对保证我国出口创汇起着重要作用。

3. 对进出口货物在港口的集散和各省市之间的商品流通起着重要作用

我国幅员辽阔,海运进口货物大部分利用铁路从港口运往内地,海运出口货物大部分也是由内地通过铁路向港口集中,因此铁路运输是我国国际货物运输的重要集散方式。至于国内各省市和地区之间调运外贸商品、原材料、半成品和包装物料等,主要也是通过铁路运输来完成。我国进出口货物运输大多都要通过铁路运输这一环节,铁路运输在我国国际货物运输中发挥着重要作用。

4. 利用欧亚大陆桥运输是必经之道

大陆桥运输是指以大陆上铁路或公路运输系统为中间桥梁,把大陆两端的海洋连接起来的集装箱连贯运输方式。大陆桥运输一般采用国际铁路系统来运送。我国目前开办的西伯利亚大陆桥和新欧亚大陆桥的铁路集装箱运输具有安全、迅速、节省的优点。这种运输方式对发展我国与中、近东及欧洲各国的贸易提供了便利的运输条件。为了适应我国经济贸易的发展需要,利用这两条大陆桥开展铁路集装箱运输也是必经之道,极大地促进了我国与这些国家和地区的国际贸易发展。

---

① 中东指地中海南岸和东岸地区,现常指以南亚为主的跨亚、欧、非三洲的地名。近东指东南欧以及亚非的东地中海沿岸地区。

4.1.3　国际铁路组织

(一)铁路合作组织

铁路合作组织简称铁组,原为政府部门间的组织,现为政府/企业混合型组织,成立于1956 年 6 月,其宗旨是发展亚欧间铁路联运,总部设在华沙。领导机关为部长会议和铁路总局长会议,执行机关为铁组委员会,工作机关为专门会议。铁组下设运输政策、混合运输和生态,运输法,铁路运营,财务经济、运价和市场,技术问题等 5 个专门委员会,分别负责制定各自领域的标准,以备忘录形式发布。

铁组的工作原则是部长会议决议需一致通过,铁路总局长会议决议需提交部长会议最后决定,会费分摊、预算、接收新成员、修改铁组章程等需一致通过,其他问题多数通过。

铁组成员国有中国、朝鲜、蒙古、罗马尼亚、保加利亚、阿尔巴尼亚、越南、波兰、阿塞拜疆、白俄罗斯、匈牙利、格鲁吉亚、哈萨克斯坦、吉尔吉斯斯坦、拉脱维亚、立陶宛、摩尔多瓦、斯洛伐克、塔吉克斯坦、土库曼斯坦、乌兹别克斯坦、乌克兰、捷克、爱沙尼亚、伊朗、古巴等国,此外还接收了一些国家的铁路企业参加。

(二)国际铁路联盟(International Union of Railways,UIC)

国际铁路联盟简称铁盟,主要是欧洲一些国家的铁路机构和部分其他洲的铁路机构及有关组织参加的非政府性铁路联合组织,是世界铁路最大的国际性标准化机构,成立于 1922 年 12 月 1 日,总部设在巴黎。其宗旨是统一和完善铁路运营条件和技术设备并使之标准化;保证铁路联运;协调各成员组织的铁路工作。该联盟的成员分为成员和准成员。凡是准轨和宽轨总长度在 1000 千米以上,办理旅客和货物运输的铁路,同意"铁盟"章程者,都可以申请参加。成员为各参加国(或地区)的铁路组织,准成员为不经营铁路或经营某一市区或郊区铁路的运输业。领导机构是全体代表大会,每年召开一次。UIC 下设客运、货运、财政、运营、牵引与机车车辆、战略规划、固定设备、信息及科研等 9个技术委员会。

(三)其他国际铁路组织

其他国际铁路组织还有国际铁路协会、国际铁路大会联合会、欧洲铁路共同体等。

4.2　国际铁路货物联运

4.2.1　国际铁路货物联运概述

(一)国际铁路货物联运定义

凡在跨及两个及两个以上国家铁路的货物运输中,由参加国铁路共同使用一份运输票据,在由一国铁路向另一国铁路移交货物和车辆时,不需要收发货人参加,并以连带责任办理货物的全程铁路运输,这种运输组织形式称为国际铁路货物联运。

(二)国际铁路货物联运的特点

(1)涉及面广。每运送一批货物都要涉及两个或两个以上国家、几个国境站。

（2）运输条件高。要求每批货物的运输条件如包装、转载、票据的编制、添附文件及车辆使用等都要符合有关国际联运的规章规定。

（3）办理手续复杂。货物必须在两个或两个以上国家铁路参加运送，在办理国际铁路联运时，其运输票据、货物、车辆及有关单证都必须符合有关规定和一些国家的正当要求。

（4）使用一份铁路联运票据完成货物的跨国运输。

（5）运输责任方面采用统一责任制。

（6）仅使用铁路一种运输方式。

（三）国际铁路联运的优势

（1）简化手续，方便发货人。发货人只需在发站办理一次性托运手续即可将货物运抵另一国的铁路到站。

（2）充分利用铁路成本较低、运输连贯性强、运输风险小和不易受天气和季节变化影响等优势。也便于选择运输路径，从而缩短运输时间，减少运输费用。

4.2.2　国际铁路联运规章

国际铁路货物联运适用的规章很多，有的规章仅适用于铁路部门，有的规章对铁路、发货人、收货人都适用。这里仅将在办理国际铁路货物联运时铁路和发货人、收货人均必须遵守的规章概述如下。

（一）《国际铁路货物联运协定》（International Cargo Agreement，简称《国际货协》）

《国际货协》是参加国际铁路货物联运协定的各国铁路和发货人、收货人在办理铁路货物联运时都必须遵守的基本文件。《国际货协》对运输合同的缔结，运输合同的履行和变更，铁路的责任，发货人、收货人的权利与义务等事项均做了规定。我国参加了该协定。

（二）《统一过境运价规程》（简称《统一货价》）

《统一货价》规定参加此规程的铁路，按照《国际货协》的条件利用铁路运送过境货物时，办理货物运送的手续、过境运送费用的计算、货物品名分级表、过境里程表和货物运费计算表等内容，对铁路以及发货人与收货人都适用。

（三）《国境铁路协定》和《国境铁路会议议定书》

《国境铁路协定》是由相邻国家签订的，它规定了办理联运货物交接的国境站、车站及货物交接条件和方法、交接列车和机车运行办法及服务方法等内容。根据《国境铁路协定》的规定，两个相邻国家铁路定期召开国境铁路会议，签订《国境铁路会议议定书》，对执行协定中的情况进行协商。我国与蒙古、朝鲜、越南等国的各铁路均分别签订有《国境铁路协定》和《国境铁路会议议定书》。

（四）其他

（1）《国际铁路货物联运协定办事细则》（简称《货协细则》）。它只适用于参加国际联运协定的铁路内部工作，并用以调整铁路间的相互关系，不能作为调整托运人、收货人同铁路间的法权关系。

（2）《国际联运车辆使用规则》（简称《车规》）。它是参加《车规》协约国对车辆使用的规章，我国参加了该规则。

（3）《国际铁路货物联运办法》。它是国际联运有关规章的摘录与综合。本办法仅供我国国内铁路使用。

（4）《铁路货物运价规则》（简称《国内价规》）。它是办理国际铁路货物联运时国内段货物运送费用计算和核收的依据。

4.2.3　国际铁路货物联运运单（International Through Rail Waybill）

（一）联运运单的作用

国际铁路货物联运运单，是参加国际铁路货物联运的铁路与发货人、收货人之间缔结的运输合同。它体现了参加联运的各国铁路和发货人、收货人之间在货物运送上的权利、义务、责任和豁免，对当事三方都具有法律效力。

（二）联运运单的组成

国际铁路联运运单一式五联：①运单正本（随货物至到站，并连同第 5 联和货物一起交给收货人）；②运行报单（随货物至到站，并留存到达路）；③运单副本（运输合同签订后，交给收货人）；④货物到达通知单（随同货物至到站，并留存到达路）；⑤货物到达通知单（随同货物至到站，并连同第 1 联和货物一起交给收货人）。此外，还有为发送路和过境路准备的必要份数的补充运行报单。

（三）联运运单的填写

运单正面主要项目由发货人填写，其他项目如"车辆"、"封印个数和记号"等则视由何人办理货物装车或车辆施封来确定由何方填写。运单背面由铁路部门填写。国际铁路货物联运运单（正面）如表 4-1 所示。

4.2.4　国际铁路货物联运运费计算和核收

国际铁路货物联运运费的计算和核收，必须遵循《国际铁路货物联运协定》《统一过境运价规程》和中华人民共和国铁道部《铁路货物运价规则》的规定。联运货物运送费用包括货物运费、押运人乘车费、杂费和其他费用。

（一）运送费用核收的规定

1. 参加国际货协各铁路间运送费用核收的原则

（1）发送路的运送费用——在发站向发货人或根据发送路国内现行规定核收；

（2）到达路的运送费用——在到站向收货人或根据到达路国内现行规定核收；

（3）过境路的运送费用——按《统一货价》在发站向发货人或在到站向收货人核收。

2. 国际货协参加路与非国际货协铁路间运送费用核收的规定

（1）发送路和到达路的运送费用与 1（1）、1（2）项相同。

（2）过境路的运送费用，则按下列规定计收：参加国际货协并实行《统一货价》各过境路的运送费用，在发站向发货人（相反方向运送则在到站向收货人）核收；但办理转发送国家铁路的运送费用，可以在发站向发货人或在到站向收货人核收。过境非国际货协铁路的运送费用，在到站向收货人（相反方向运送则在发站向发货人）核收。

3. 通过过境铁路港口站货物运送费用核收的规定

从参加国际货协并实行《统一货价》的国家，通过另一个实行统一货价的过境铁路港口，向其他国家（不论这些国家是否参加统一货价）和相反方向运送货物时，用国际货协票据办理货物运送，只能办理至过境港口站为止或从这个站起开始办理。

表 4-1　国际铁路货物联运运单(正面)

发货站简称中铁1	1 发货人,通讯地址				25 批号		2 合同号码	
					3 发 站			
	5 收货人,通讯地址				4 发货人的特别声明			
6 对铁路无约束力的记载				26 海关记载				
7 通过的国境站				27 车辆 28 标记重量(吨)29 轴数 30 自重 31 换装后的货物重量				
				27	28	29	30	31
8 到达路和到站								
9 记号、标记、号码	10 包装种类	11 货物名称	12 件数		13 发货人确定的重量(千克)		32 铁路确定的重量(千克)	
14 共计件数(大写)		15 共计重量(大写)			16 发货人签字			
17 互换托盘		18 种类、类型			19 所属者及号码			
20 发货人负担下列过境铁路的费用		21 办理种别			22 由何方装车			
		整车	零担	大吨位集装箱	发货人	铁路	33	
		24 货物的声明价格					34	
23 发货人添附的文件		45 封印					35	
		个数		记号			36	
							37	
							38	
							39	
							40	
46 发站日期戳	47 到站日期戳	48 确定重量方法		49 过磅站戳记、签字			41	
							42	
							43	
							44	

注:33~44 为数字编码栏各栏内供铁路记载事项之用。

从参加国际货协铁路发站至港口站的运送费用,在发站向发货人核收;相反方向运送时,在到站向收货人核收。

在港口站所发生的杂费和其他费用,在任何情况下,都在这些港口车站向发货人或收货人的代理人核收。

过境铁路的运送费用,按《统一货价》规定计收。

（二）国际铁路货物联运国内段运送费用的计算

根据《国际货协》的规定，我国通过国际铁路联运的进出口货物，其国内段运送费用的核收应按我国《铁路货物运价规则》进行计算。运费计算的程序如下：

（1）根据货物运价里程表确定从发站至到站的运价里程。

（2）根据运单上填写的货物品名查找货物品名检查表，确定适用的运价号。

（3）根据运价里程和运价号在货物运价率表中查出相应的运价率。

（4）按《国内价规》确定的计费重量与该批货物适用的运价率相乘，算出该批货物的运费。

（三）国际铁路货物联运过境运费的计算

国际铁路货物联运过境运费计算程序如下：

（1）根据运单记载的应通过的国境站，在《统一货价》过境里程表中分别找出货物所通过的各个国家的过境里程。

（2）根据货物品名，查阅《统一货价》中通用货物品名表，确定所运货物应适用的运价等级。

（3）根据货物运价等级和各过境路的运送里程，在《统一货价》中找出符合该批货物的运价率。

（4）《统一货价》对过境货物运费的计算系以慢运整车货物的运费额为基础（即基本运费额），其他种别的货物运费，则在基本运费额的基础上分别乘以不同的加成率。即：货物运价率×计费重量＝基本运费额×（1＋加成率）＝运费。

【实例 4-1】

蒙古一家公司从日本购买的一批 58 吨铁管，由日本通过海运到我国天津新港，然后过境我国铁路从二连站运到蒙古。此批货物通过我国铁路的过境运送费用是多少？

解答：

（1）查阅《统一货价》，查出铁管为 37 类 1 级，按实际重量计费。

（2）天津新港至二连的过境运价里程为 993 千米。

（3）运价率为 4.58 瑞士法郎/100 千克。

（4）运费＝ 4.58×58000 /100＝2656.4 瑞士法郎

换装费＝1.2×58000/100＝696.0 瑞士法郎

验关费每年 4.0 瑞士法郎

过境运送费用合计：2656.4＋ 696.0＋ 4.0＝3356.4 瑞士法郎

4.3 国际铁路联运进出口货物运输

4.3.1 国际铁路联运进口货物运输

国际铁路联运进口货物的发运工作是由国外发货人根据合同规定向该国铁路车站办理的。根据《国际货协》规定,我国从参加《国际货协》的国家通过铁路联运进口货物,凡国外发货人向其所在国铁路办理托运,一切手续和规定均按《国际货协》和各国国内规章办理。

我国国内有关订货及运输部门对联运进口货物的运输工作,主要包括联运进口货物在发运前编制运输标志;审核联运进口货物的运输条件;向国境站寄送合同资料;国境站的交接、分拨;进口货物交付给收货人以及运到逾期计算等。

(一)联运进口货物运输标志的编制

运输标志又称唛头(Mark),一般印制在货物外包装上。我国规定,联运进口货物在订货工作开始前,由商务部统一编制向国外订货的代号,作为收货人的唛头,各进出口公司必须按照统一规定的收货人唛头对外签订合同。

(二)审核联运进口货物的运输条件

联运进口货物的运输条件是合同不可缺少的重要内容,因此必须认真审核,使之符合国际联运和国内的有关规章。

审核联运进口货物运输条件的内容主要包括收货人唛头是否正确、商品品名是否准确具体、货物性质和数量是否符合到站的办理种别、包装是否符合有关规定等。

(三)向国境站寄送合同资料

合同资料是国境站核放货物的重要依据,各进出口公司在贸易合同签字以后,要及时将一份合同中文抄本寄给货物进口口岸的外运分公司。合同资料包括合同的中文抄本和它的附件、补充书、协议书、变更申请书、更改书和有关确认函电等。

(四)联运进口货物在国境站的交接与分拨

进口国境站根据邻国国境站货物列车的预报和确报,通知交接所及海关做好到达列车的检查准备工作。进口货物列车到达后,铁路会同海关接车,由双方铁路进行票据交接,然后将车辆交接单及随车带交的货运票据呈交接所,交接所根据交接单办理货物和车辆的现场交接。海关则对货物列车执行实际监管。

我国进口国境站交接所通过内部联合办公,开展单据核放、货物报关和验关工作,然后由铁路负责将货物调往换装线,进行换装作业,并按流向编组向国内发运。

(五)运到逾期

1. 运到期限

铁路承运货物后,应在最短期限内将货物运送至最终到站。货物从发站至到站所允许的最大限度的运送时间,指由发送期间、运送期间以及特殊作业时间三部分组成。

(1)发送期间,不论慢运、快运,随旅客列车挂运的整车(Full Car Load,FCL)或大吨位集装箱(Dry Container)、由货物列车挂运的整车或大吨位集装箱以及零担(Less than Car

Load，LCL)一律为一天(昼夜)，由发送路和到达站平分。

（2）运送期间，按每一参加运送的铁路分别计算；慢运指整车或大吨位集装箱每 200 运价千米为一天(昼夜)；零担每 150 运价千米为一天(昼夜)。快运指整车或大吨位集装箱每 320 运价千米为一天(昼夜)；零担每 200 运价千米为一天(昼夜)。挂旅客列车运送的整车或大吨位集装箱每 420 运价千米为一天(昼夜)。

（3）特殊作业时间，在国境站每次换装或用轮渡运送车辆，不论慢运、快运、整车或大吨位集装箱、零担以及随旅客列车挂运的整车或大吨位集装箱，一律延长两天(昼夜)。

运送超限货物时，运到期限按算出的整天数延长一倍。

以上货物运到期限，应从承运货物的次日零时起开始计算，不足一天按一天计算。如承运的货物在发送前需预先保管，运到期限则从货物指定装车的次日零时起开始计算。

在计算运到期限时，因履行海关规定等而产生的滞留时间不计算在内。

2. 运到逾期

货物实际运到天数超过规定的运到期限天数，即为该批货物运到逾期。如果货物运到逾期，造成逾期的铁路则应按收取运费的一定比例向收货人支付逾期罚款。

逾期罚款的规定及计算方法如下：

逾期罚款 ＝运费×罚款率

$$逾期百分率 ＝\frac{实际运送天数－按规定计算运到期限天数}{按规定计算运到期限天数}×100\%$$

按《国际货协》规定，罚款率为：

（1）逾期不超过总运到期限 1/10 时，为运费的 6％；

（2）逾期超过总运到期限 1/10，但不超过 2/10 时，为运费的 12％；

（3）逾期超过总运到期限 2/10，但不超过 3/10 时，为运费的 18％；

（4）逾期超过总运到期限 3/10，但不超过 4/10，为运费的 24％；

（5）逾期超过总运到期限 4/10 时，为运费的 30％。

自铁路通知货物到达和可以将货物移交给收货人处理时起，一昼夜内如收货人未将货物领出，即失去领取运到逾期罚款的权利。

【实例 4-2】

保加利亚瓦尔纳港口开始于 2005 年 9 月 10 日以慢运整车承运一批机器 30 吨，经由鲁塞东/翁格内、后贝加尔/满洲里，2005 年 11 月 18 日达到北京东(已知逾期铁路所收运为 10000 瑞士法郎。该批货物按规定计算的运到期限天数为 62 天)。

问该批货物是否运到逾期？预期铁路应该向收货人支付逾期罚款多少？

解答：

（1）计算该批货物从 9 月 11 日至 11 月 18 日的实际运送时间为 69 天(从承运货物的次日零时起开始计算，不足一天按一天计算)。

（2）根据《国际货协》规定，运到期限由发送期间、运送期间和特殊作业时间三部分组成。该批货物按规定计算的运到期限天数为 62 天，该批货物运到逾期。

（3）计算逾期百分率(69－62)/62×100％＝11.3％，逾期百分率按公式计算为

11.3％＝1.13/10。

（4）逾期罚款率是根据逾期百分率决定的，其逾期超过总运到期限的 1/10，但不超过 2/10 时，逾期罚款率按运费的 12％支付。

（5）按逾期罚款公式计算，逾期罚款＝10000 瑞士法郎×12％＝1200 瑞士法郎。

所以，运到逾期的铁路对该批货物应支付逾期罚款为 1200 瑞士法郎。

4.3.2　国际铁路联运出口货物运输

国际铁路联运出口货物运输组织工作主要包括铁路联运出口货物运输计划的编制、货物托运和承运、国境站的交接和出口货物的交付等。

（一）国际铁路联运出口货物运输计划

国际铁路联运出口货物运输计划一般是指月度要车计划，它是对外贸易运输计划的组成部分，体现对外贸易国际铁路货物联运的具体任务，也是日常铁路联运工作的重要依据。

国际铁路货物联运月度要车计划采用"双轨（铁路、外贸）上报、双轨下达"的方法。

凡发送整车货物，均需具备铁路部门批准的月度要车计划和旬度要车计划；零担货物，则不必向铁路部门编报月度要车计划，但发货人必须事先向发站办理托运手续。

（二）国际铁路联运出口货物的托运和承运

1. 托运前的工作

在托运前必须将货物的包装和标记严格按照合同中的有关条款办理。

（1）货物包装应能充分防止货物在运输中灭失和腐坏，保证货物多次装卸不致毁坏。

（2）货物标记、标识牌及运输标记，内容主要包括商品的记号和号码、件数、站名、收货人名称等。字迹均应清晰，不易擦掉，保证多次换装中不致脱落。

2. 货物托运和承运的一般程序

货物的托运是发货人组织货物运输的重要环节。发货人在托运货物时，应向车站提交货物运单和运单副本，以此作为货物托运的书面申请。车站接到运单后，应进行认真审核。

整车货物办理托运，车站应检查是否有批准的月度、旬度货物运输计划和要车计划，检查运单各项内容是否正确。如确认可以承运，车站即在运单上签证时写明货物应进入车站的日期和装车日期，即表示接受托运。运单上的签证，表示货物应进入车站的日期或装车日期，表示铁路已受理托运。发货人应按签证指定的日期将货物搬入车站或指定的货位，铁路根据运单的记载查对实货，认为符合国际货协和有关规章制度的规定，车站方可接受货物，并开始负保管责任。整车货物一般在装车完毕后，发站在运单上加盖承运日期戳，即为承运。

发运零担货物凭运单直接向车站申请托运。车站受理托运后，发货人应按签证指定的日期送到指定的货位上，经查验、过磅后交由铁路保管。当车站将发货人托运的货物，连同货物运单一同接收完毕，在货物运单上加盖承运日期戳时，即表示货物业已承运。铁路对承运后的零担货物负保管、装车和发运的责任。

托运、承运完毕，铁路运单作为运输合同即开始生效。铁路按《国际货协》的规定对货物负保管、装车并运送到指定目的地的一切责任。

3. 货运单据

（1）国际铁路联运运单，是发货人与铁路之间缔结的运输契约，它规定了铁路和发、收货人在货物运送中的权利、义务和责任,对铁路和发、收货人都具有法律效力。

(2)添附文件:我国出口货物必须添附"出口货物明细单"和"出口货物报关单"以及"出口外汇核销单"。另外,根据合同的要求还要添附出口许可证、品质证明书、商检证、卫生检疫证、动植物检查以及装箱单、磅码单、化验单、产地证及发运清单等有关单证。

(三)国际铁路联运出口货物在国境站的交接

1. 国境站有关机构

在相邻国家铁路的终点,从一国铁路向另一国铁路办理移交或接收货物和车辆的车站称为国境站。我国国境站除设有一般车站应设的机构外,还设有国际联运交接所、海关、国家出入境检验检疫所、边防检查站及中国对外贸易运输(集团)总公司所属的分支机构等单位。

2. 国际联运出口货物交接的一般程序

(1)联运出口货物实际交接是在接收路国境站进行。口岸外运公司接铁路交接所传递的运送票据后,依据联运运单审核其附带的各种单证份数是否齐全、内容是否正确,遇有矛盾不符等缺陷,则根据有关单证或函电通知订正、补充。同时,出口国境站货运调度根据国内前方站列车到达预报,通知交接所和海关做好接车准备。

(2)报关报验:运送单证经审核无误后,将出口货物交接单截留三份(易腐货物截留两份),然后将有关运送单证送各联检单位审核放行。

(3)货物的交接:单证手续齐备的列车出境后,交付路在邻国国境站的工作人员会同接收路工作人员共同进行票据和货物交接,依据交接单进行对照检查。交接分为一般货物铁路方交接和易腐货物贸易双方交接。出口货物列车进站后,铁路会同海关接车,并将列车随带的运送票据送交接所处理,货物及列车接受海关的监管和检查。

交接所实行联合办公,由铁路、海关、外运等单位参加,并按照业务分工开展流水作业,协同工作。对于特殊货物的交接,如鲜活商品、易腐、超重、超限、危险品等货物,则按合同和有关协议规定,由贸易双方商定具体的交接方法和手续。

(四)国际联运出口货物的交付

国际联运出口货物抵达到站后,铁路应通知运单中所记载的收货人领取货物。在收货人付清运单中所记载的一切应付运送费用后,铁路必须将货物连同运单交付给收货人。收货人必须支付运送费用并领取货物。收货人只有在货物因毁损或腐坏而使质量发生变化,以致部分货物或全部货物不能按原用途使用时,才可以拒绝领取货物。收货人领取货物时,应在运行报单上填记货物领取日期,并加盖收货戳记。

4.4 对港澳地区铁路货物运输

香港、澳门是我国的特别行政区,直辖于中央人民政府,除外交和国防事务属中央人民政府管理外,享有高度的自治权。按照基本法的规定,中国内地与香港、澳门之间的经贸活动参照国际惯例进行。香港、澳门分别作为单独的关税区,实行独立的关税制度和自由的贸易政策。特别是香港,它是我国对外交往的重要窗口,它的经济发展与繁荣,与内地有着密切的关系,而对港澳货物运输则是其中重要的环节。

4.4.1 对港澳地区铁路货物运输的特点

(一)商品结构的特殊性

出口港澳的货物,在铁路货运量上,鲜活商品占深圳过轨总运量的50%。由于鲜活商品在运输上具有特殊性,因此使用运送速度快、质量高的特种车辆。

(二)贸易方式的特殊性

对港澳地区贸易方式不同于对其他国家和地区的贸易,主要采用配额加许可证的方式,有相当数量的商品特别是鲜活商品,由我驻港机构根据香港市场的情况进行调节,优质、适量、均衡、及时地供应香港市场。这就比一般的外贸运输要求高。

(三)运输方式的特殊性

对港澳出口货物的运输,既不同于国际联运,又不同于一般的国内货物运输,是一种特殊的运输方式。对港澳运送货物的全过程由两部分组成,即内陆段和港段铁路运送。

发货人在内地车站填写国内铁路运单,办理发货地至深圳北站的国内段运送,以深圳外运公司或者中国铁路对外服务总公司作为收货人。如果暂时存仓或装箱中转的货物,发货人必须在运单中作出说明。

深圳外运公司或者中国铁路对外服务总公司作为发货人的代理,在口岸与铁路部门办理货物运送票据的交接,并向铁路部门租车,然后向海关办理出口申报手续,经海关、检验检疫、边防等查验放行后,过轨至香港九龙站。货车过轨后,由深圳外运公司或者中国铁路对外服务总公司在香港的代理,向香港九广铁路公司重新起票办理港段铁路运送。货车至九龙各目的地车站后,由上述代理人将货物卸车交给香港的实际收货人。

因此,对港澳出口货物的运送是一种"租车方式、两票运送"的特殊运送方式。由各地外运分支机构以运输承运人的身份向发货人提供经深圳中转香港货物的承运货物收据,作为向银行结汇的凭证。

运到澳门的货物由内地按国内铁路运单至广州南站,以广东外运公司为收货人,货到后由广东外运公司办理水运中转至澳门的业务手续,货到澳门后由南光集团的运输部门接货并转交实际收货人。

(四)费用项目繁杂,对香港铁路原车过轨运输实行"三段计费"

(1)发站至广州北站的运费、铁路建设基金、电气化附加费及其他杂费。

(2)广州北站至深圳北站147千米的运费及加成50%的铁路建设基金等;深圳口岸的中转费、调车费、租车费、装卸费及杂费、口岸代理劳务费等。

(3)香港段的运费及杂费,包括终点费、装卸费、延期费和香港段代理劳务费等。

4.4.2 对香港地区铁路货物运输的具体做法

(一)对香港地区铁路货物运输的主要程序

(1)按铁路局规定,按时提出月度要车计划和旬度装车计划。

(2)发货地外运公司或外贸进出口公司填制铁路运单向车站办理至深圳北站的托运手续。

(3)按车站指定的进货日期,将货物送到车站指定的货位,并办妥出口报关手续。

（4）发货单位以出口物资工作单委托深圳外运分公司办理接货租车过轨等手续,装车后立即拍发起运电报。

（5）深圳外运分公司接到各发货地工作单和启动电报后,及时通知中国旅行社做好接车准备工作。

（6）发货地发车后,当地外运分公司与铁路局进行票据交换,并编制货车过轨计划,办理租车手续。

（7）货车到达后,深圳外运分公司与铁路局进行票据交换,并编制货车过轨计划,办理租车手续。

（8）中国旅行社向香港海关报关,并向广九铁路公司办理托运起票手续。

（9）货到香港后,由中国旅行社负责卸货并送交货主。

如发至澳门的货物,则发至广州,由广州外运公司办理中转手续,其他手续与对香港运输货物的手续相同。

（二）对香港地区铁路货物运输的主要运输单证

（1）货物运输委托书,这是基本的必备单证。它是发货人委托深圳外运分公司和中国旅行社办理货物转运报关接货等的书面文件,也是被委托人的工作依据和核收运杂费的凭证。

（2）出口货物报关单。

（3）货物起运通知。货物装车后 24 小时内发出。

（4）承运货物收据。这是结汇收款凭证。

（5）根据出口货物性质,有时还要提供商检证书、文物出口证明书、许可证等证件。

（三）供港货物运费计算

实行"三段计费",并且港段运杂费均以港币支付。

【思考】 根据内地与港澳地区经贸往来特点以及交通运输发展趋势,谈谈今后铁路货物运输在内地与港澳地区货物流通中的地位将发生怎样的变化。

【案例分析】

中国人民保险公司呼伦贝尔盟中心支公司诉广州铁路局
国际铁路货物联运合同货损赔偿案[①]

2000 年 7 月 6 日,我国某机床公司与匈牙利机械工业外贸公司(以下简称匈外贸公司)订立合同一份。合同规定:匈外贸公司售给机床公司 MK-500 型机床两台。

2000 年 11 月 14 日,匈外贸公司以国际铁路货物联运形式将两台机床发出,每台机床装于一车,分三件木箱包装。两车货物到站均为中国铁路韶关站,收货人为该机床公司。12 月 13 日,该批货物运抵满洲里站。两车货物包装未发现异状,俄中铁路办理了正常交接。12 月 14 日,该机床公司向中国人民保险公司满洲里公司外运公司代理处为该批货物投保了自满洲里至韶关站的陆运一切险。12 月 24 日、26 日,两车货物分别运抵韶关站。交付前发现两车货物标志为"3/2"的包装箱均破损,内装物散乱。韶关站会同收货人及商检、保险

---

① 根据哈尔滨铁路运输中级法院有关资料修改。

等部门对货物进行了检验,结论是:两台机床配套的 MEIDASMO 计算机,一套全部丢失,一套部分丢失和损坏。

2001 年 1 月 17 日,中国人民保险公司韶关公司确认该批货损属保险责任范围,后由中国人民保险公司呼伦贝尔盟中心支公司向该机床公司赔付人民币 802665.27 元。5 月 11 日,该机床公司出具了赔款收据和权益转让证书。

据此,中国人民保险公司呼伦贝尔盟中心支公司向法院提起诉讼,要求广州铁路局偿付人民币 802665.27 元及理赔中发生的差旅费。

但被告辩称:本案托运人托运的货物,按照铁路规章规定和装载车辆的实际,只能用敞车运送。《国际货协》第 23 条第 3 项第 5 款规定:"由于发送路现行国内规章允许使用敞车类货车运送货物,承运货物发生全部或部分灭失,铁路不负责任。"因此,被告不承担任何经济责任。

[问题]

广州铁路局关于铁路免责的主张能否成立?

[案情分析]

根据《国际货协》第 23 条第 3 项第 5 款规定,用敞车运送货物发生灭失,铁路不承担责任。但第 23 条第 9 项又规定,即如根据情况推断,货物灭失可能是由于本条第 3 项第 5 款所述情况,即发送路允许使用敞车而造成,则在发货人或收货人未提出其他证明时,即认为损失是由于这些情况而造成的。

本案原告已出具由收货人所提供的商检记录,证实本案的货损是在铁路运输过程中因被盗所致,并非是由于使用敞车运送所至。因此,被告对货损免责的主张不能成立,应当赔付损失。

➡️【本章小结】

1. 国际铁路货物联运具有涉及面广、运输条件高、办理手续复杂、采用国际铁路联运运单的跨国运输特点。其优势在于手续简单、运输连贯性强、运输风险较小等。

2. 国际铁路货物联运单据是国际铁路联运运单,但我国内地对港澳地区铁路货物运输的单据是承运货物收据。

3. 国际铁路货物运输主要有整车运输、零担运输和集装箱运输。

4. 主要的国际铁路组织包括铁路合作组织和国际铁路联盟。

➡️【思考练习】

1. 解释如下术语:

国际铁路货物联运　国际铁路联运运单　运到逾期

2. 与其他运输方式相比较,铁路运输有何特点?

3. 铁路货物运单的性质是什么?

4. 简述国际铁路联运出口货物交接的一般程序。

5. 对港澳地区铁路货物运输有什么特点?

第 5 章

国际航空货物运输 >>>> >

近年来,在国际贸易货物运输中,越来越多的企业开始使用航空货物运输的方式。这是因为,航空货物运输不仅快速、安全,而且提供的运输服务内容也大大优于其他的运输方式,被誉为"桌到桌"的服务。在本章中,将介绍航空货物运输的基础知识、常用的航空货物运输方式、航空运单、航空货物运费、航空运输方式的实际操作以及相关的航空货物运输组织和公约。

5.1 国际航空货物运输概述

航空货物运输(Air Transport)是指采用商业飞机运输货物的商业活动,是目前国际上安全、迅速的一种运输方式。航空货运虽然起步较晚,但发展异常迅速,特别受到现代化企业管理者的青睐。

5.1.1 国际航空货物运输的特点与作用

(一)航空货物运输的特点

1. 运送速度快

从航空业诞生之日起,航空运输就以快速而著称。到目前为止,飞机仍然是最快捷的交通工具,现代喷气运输机一般时速都在 900 英里左右,协和式飞机时速可达 1350 英里。航空线路不受地面条件限制,一般可在两点间直线飞行,航程比地面短得多,而且运程越远,快速的特点就越显著,从而提高商品在世界市场上的竞争力。

2. 安全准确

航空运输管理制度比较完善,货物破损率低,可保证运输质量,同时,被偷窃机会少,如使用空运集装箱,则更为安全。飞机航行有一定的班期,可保证按时到达。

3. 手续简便

航空运输为了体现其快捷、便利的特点,为托运人提供了简便的托运手续,也可以由货运代理人上门取货并为其办理一切运输手续。

4. 节省包装、保险、利息和储存等费用

由于航空运输速度快,商品在途时间短、周期快,库存期可相应缩短,一方面有利于资金的回收,减少利息支出,另一方面企业仓储费用也可以降低。又由于航空货物运输安全、准确,货损、货差少,保险费用较低。与其他运输方式相比,航空运输的包装简单,包装成本少。这些都使得企业隐性成本下降,收益增加。

5. 航空运输的运量小、运价较高

航空货运的运输费用较其他运输方式更高,不适合低价值货物;飞机的舱容有限,对大件货物或大批量货物的运输有一定的限制;飞机飞行安全容易受恶劣气候影响等等。

随着新兴技术得到更为广泛的应用,产品更趋向薄、轻、短、小、高价值,管理者更重视运输的及时性、可靠性,航空货运将会有更广阔的发展前景。

【思考】 什么样的产品适合航空运输?

(二)国际航空货物运输的作用

1. 航空运输速度快,有利于增强商品市场竞争力

当今国际贸易有相当数量的洲际市场,商品竞争激烈,市场行情瞬息万变,时间就是效益。航空货物运输具有比其他运输方式更快的特点,可以使进出口货物抢行市,卖出好价钱,增强商品的竞争能力,对国际贸易的发展起到了巨大的推动作用。

2. 航空运输有利于特殊商品的保鲜成活

航空货物运输适合于鲜活易腐和季节性强的商品运输。这些商品对时间的要求极为敏感,如果运输时间过长,则可能使商品变质,或者款式落伍,无法供应市场,滞存仓库,积压资金,同时还要负担仓储费。采用了航空运输,可保鲜成活,又有利于开辟远距离的市场,这是其他运输方式无法相比的。

3. 航空运输有利于减少保险、利息和储存等费用,增强商品的适市能力

利用航空来运输像计算机、精密仪器、电子产品、成套设备中的精密部分、贵稀金属、手表、照相器材、丝绸、中西药材、工艺品等价值高的商品,可以适应市场变化快的特点。运送速度快的特点又可以加速商品周转,降低存货,加快资金回收,同时又节省储存和利息费用。

4. 航空运输是国际多式联运的重要组成部分

为了充分发挥航空运输的特长,在不能以航空运输直达的地方,也可以采用联合运输的方式,如常用的陆空联运、海空联运、陆空陆联运,甚至陆海空联运等,与其他运输方式配合,使各种运输方式各显其长,相得益彰。

【思考】 国际航空运输与其他运输方式相比有什么优势和劣势?

5.1.2 国际航空货物运输的发展

世界航空货物运输的发展起步较晚,是在 20 世纪初开始的。世界上第一架飞机于 1903 年由美国人怀特兄弟发明创造。同年 12 月 17 日试飞成功,从此打开了航空史的新局面。1909 年,法国最先创办了商业航空运输,随后德、英、美等国也相继开办航空货运服务。但由于机型小和经济不发达等原因,当时的货物运输仅限于小量的邮件、军需品等,而飞机的载重量也不过一二百斤。航空货物运输在全球范围内的发展是在第二次世界大战以后,尤其是大型客货两用喷气式飞机的投入使用,更使得航空运输有了飞速发展。根据国际民航组织统计,从 1962 年至 1971 年国际航空货物运输平均每年增长 17%,几乎每 4 年增长一倍,是世界航空货运史上增长最快的一段时间。20 世纪 70 年代以后,由于石油危机引发

的全球经济萧条,航空货运增长率有所减慢,但仍以每年 10% 左右的速度增长。国际贸易中的电子设备、计算机、医药等几乎百分之百地使用了空运方式。近年来,日常生活用品,如纺织品、食品等,使用航空运输方式也大大增加,适于航空运输方式的商品越来越多。航空运输已经成为国际货运、特别是洲际货运的重要方式,成为现代物流管理者中实现管理目标的重要手段。

航空运输在中国还是一个正在成长的年轻事业。新中国成立前虽然有中美合营的中国航空公司和中德合办的欧亚航空公司,但由于政局不稳和日本侵略等原因,航空运输一直得不到发展。新中国成立后,1955 年 1 月开辟了中苏航线,1956 年开辟了缅甸航线,接着又开辟了朝鲜、越南、蒙古、老挝、柬埔寨等国航线。目前,已形成了一个以北京为中心的四通八达的航空运输网。到 2005 年年底,全国共有民用运输颁证机场 142 个,与他国双边航空运输协定达 98 个。2005 年全行业航空运输总周转量、旅客运输量和货邮运输量达到 259.2 亿吨千米、1.38 亿人和 303.5 万吨,分别比 2000 年增长 111.6%、105.3% 和 89.2%。全行业共有运输飞机 863 架,比 2000 年净增 336 架。民航业已成为我国经济支柱产业,强力拉动相关领域。

【知识链接 5-1】

美国航空业激烈争夺中国天空[①]

2006 年 8 月初,一个名为"乘坐 AA 飞向中国"的网页悄然诞生了。网站顶端分别显示北京和美国达拉斯的当地时间,页面上有一个醒目的倒计时日历以及醒目大字——"帮助我们开设第一个由南部通向中国的门户"。

"AA"是世界第一大航空公司美利坚航空公司(American Airline,以下简称"美航")的简称。开设该网页的唯一目的,就是动员美国百姓向交通部发信,支持该公司申请从美国达拉斯飞往北京的航线。为了得到这条新航线,9 月 12 日美联航(美国联合航空公司 United Airlines)也开设了一个名为"首都到首都"的宣传网站。

自 1980 年中美签署《民用航空运输协定》以来,美国航空公司为了取得中美航线,不惜余力地进行竞争,且在 2004 年后进入了白热化的阶段。2004 年中美签署的航权协议规定,此后 6 年内共新增 195 个航班,双方客运航班地点大幅增加,并同意在 2005 年、2006 年和 2008 年各新增一家美国航空公司加入运营。这个消息极大地刺激了美国的客运航空公司。

中国航线高利润、高增长的不争事实,成为危机重重中的美国航空公司的救命稻草之一。

由于航油涨价、工会罢工以及低价支线运营商对市场的蚕食,美国第三大航空公司达美、第四大航空公司美西北相继宣布破产保护;第二大航空公司美联航能逃脱破产的命运,主要依靠强大的亚洲市场;大陆航空开通纽约—北京航线仅 1 年,载客量约 10 万余次,盈利情况良好。

---

① 根据 http://www.airnews.cn/consultation/19333.shtml 资料修改。

中国是航空市场增长的亮点,中国的魅力更在于"不完全开放"的现实。国际航空运输协会(IATA)在 2005 年到 2009 年的预测中,中国客运增长速度 9.6%,为全球第二,货运增长速度为第一,预计 14.4%。

因此,美国交通部在 2006 年 7 月底宣布开始 2007 年航线申请的时候,众多航空公司加入了抢夺的队伍。基于目前航线都集中在美国东西海岸,中部广大的乘客需要一个通向中国的门户,美航精心推出了达拉斯—北京航线,该航线预计能为得克萨斯州北部(达拉斯所在地)带来 1.2 亿美元到 2 亿美元的经济效益。来自全美 33 个州,占全国 80% 的人口可以利用这条航线通向北京。

5.1.3　航空运输设备

(一)航线

民航从事运输飞行,必须按照规定的线路进行,这种路线叫做航空交通线,简称航线。航线不仅确定了航行的具体方向、经停地点,还根据空中管理的需要规定了航路的宽度和飞行的高度层,以维护空中交通秩序,保证飞行安全。

航线有国内和国际之分。国内航线指飞机的起讫点和经停点均在一国国境的航线。一般由国家民用航空管理机构指定。国际航线的起讫点和经停点跨越一国国境,连接其他国家。

目前全世界开通的班机航线很多,主要有以下 3 条:

(1)西欧—北美间的北大西洋航空线,主要连接巴黎、伦敦、法兰克福、纽约、芝加哥、蒙特利尔等航空枢纽。

(2)西欧—中东—远东线。连接西欧各主要机场至远东香港、曼谷、东京等机场,并途经雅典、开罗、德黑兰、卡拉奇、新德里、新加坡等重要航空站。

(3)远东—北美间的北太平洋航线。这是北京、香港、东京等机场经北太平洋上空至北美西海岸的温哥华、西雅图、旧金山、洛杉矶等机场的航空线,并可延伸至北美东海岸的机场,太平洋中部的夏威夷是该航线的主要中转加油站。

此外,还有北美—南美、西欧—南美、西欧—非洲、西欧—东南亚—澳新、远东—澳新、北美—澳新等重要的国际航空线。

(二)航班

根据班机时间表在规定的航线上使用规定的机型,按照规定的日期、时刻进行飞行,称为航班。从基地站出发的飞机称为去程航班,返回基地站的飞行称为回程航班。航班有定期和不定期两种。定期航班根据事先公布的运价和班期,按照双边协定经营,向公众提供运输服务,不定期航班按包机合同,分别申请、个别经营,不对公众承担飞行义务。

(三)航空港

航空港为航空运输的经停点,又称航空站或机场,是供飞机起飞、降落和停放及组织、保障飞行活动的场所。

航空港通常由跑道、滑行道、停机坪、指挥调度塔、助航系统、输油系统、维护修检基地、消防设备、货站及航站大厦等建筑和设置组成。近年来,随着航空港功能的多样化,港内除了配有装卸客货的设施外,一般还配有商务、娱乐中心、货物集散中心,满足往来旅客的需要,同时吸引周边地区的生产及消费。

【知识链接 5-2】

世界各大洲重要的航空站

1. 亚洲。北京、上海、东京、香港、马尼拉、曼谷、新加坡、雅加达、仰光、加尔各答、孟买、新德里、卡拉奇、德黑兰、贝鲁特、吉达。

2. 欧洲。伦敦、巴黎、法兰克福、苏黎世、罗马、维也纳、柏林、哥本哈根、华沙、莫斯科、布加勒斯特、雅典、里斯本。

3. 北美。纽约、华盛顿、芝加哥、蒙特利尔、亚特兰大、洛杉矶、旧金山、西雅图、温哥华以及位于太平洋的檀香山。

4. 拉美。墨西哥城、阿拉加斯、里约热内卢、布宜诺斯艾利斯、圣地亚哥、利马。

5. 非洲。开罗、哈土穆、内罗华、约翰内斯堡、布拉柴维尔、拉各斯、阿尔及尔、达喀尔。

6. 大洋洲。悉尼、奥克兰、楠迪、帕皮提。

【知识链接 5-3】

世界主要货运机场

法国的戴高乐机场（CDG）、德国的法兰克福机场、荷兰阿姆斯特丹的希普霍尔机场、英国的希思罗机场（LHR）、美国的芝加哥机场、日本的成田机场、香港的赤腊角（启德）机场等。

(四)航空器

航空器是指任何能够借空气的反作用而在大气中获得支持的机器，主要指飞机。其构造包括机身、机翼、操纵装置、起落装置和推进装置。

航空器按型号可分为普通型和高载重型；按航行速度和航程可分为短途和洲际型；按用途分为客机、全货机和客货混合机型。客机主要运送旅客，一般行李装在飞机的下舱。由于目前航空运输仍以客运为主，客运航班密度高、收益大，所以大多数航空公司都采用客机运送货物。不足的是，由于舱位少，每次运送的货物数量十分有限。全货机（All Cargo Carrier）运量大，可以弥补客机的不足，但成本高，只限在某些货源充足的航线使用。客货混合机（Combination Carrier）可以同时运送旅客和货物，并根据需要调整运输安排，是最具灵活性的一种机型。

【知识链接 5-4】

"空中客车"A380 介绍

"空中客车"A380 是目前全世界载客量最大的飞机。其高度相当于 8 层楼，飞机里面至少可以停放 20 辆双层巴士。A380 共分为三层，分别是上层舱、主舱和底舱,如果把 A380 机舱划分为头等、商务和经济三个级别,再加上健身房、酒吧等设施,其载客量为 550 人,而波音 747 为 416 人;如果将内部稍加改装即可容客达 840 人之多。

555 座的 A380 客机航程达 8000 海里(15000 千米),可以在亚洲和欧洲之间进行不经停飞行。A380 的货机型号有三层舱,能用标准货盘一次将 152 吨(33500 磅)货物运送到 5600 海里(10400 千米)之外。A380 采用了 21 世纪头 10 年可获得的最先进的技术,将是人类有史以来燃油效率最高和环保性能最佳的民航客机,同时其乘客的舒适度和货运能力也是最好的。2007 年 10 月 13 日,全球第一架 A380 客机在法国图卢兹交付给新加坡航空公司,并在 10 月 25 日首飞新加坡至澳大利亚悉尼。2011 年 10 月 17 日,中国第一条 A380 航班首飞京广航线。

5.2 国际航空货物运输方式

5.2.1 班机运输(Scheduled Airline)

班机是指定期开航的定航线、定始发站、定途经站和定目的站的飞行。班机运输指具有固定开航时间、航线和停靠航站的飞机。

按照业务对象的不同,班机运输可分为客运航班和货运航班。一般航空公司都使用客货混合型飞机,既搭载旅客,又运送小批量的货物,虽然客货混合型飞机货舱容量较小,运价较贵,但由于航期固定,有利于客户安排鲜活商品或急需商品的运送。一些大的航空公司在一些线路上开辟使用全货机运输的定期货运航班。

由于班机运输有固定的航线、挂靠港、固定的航期,并在一定时间内有相对固定的收费标准,进出口商可以在贸易合同签署之前预期货物的起运和到达时间,核算运费成本,合同的履行也较有保障,同时保证货物安全、迅速、准确地到达世界上各通航地点并投入市场,因此成为多数贸易商的首选航空货运形式。但另一方面,班机运输由于多采用客货混合机型,航班以客运服务为主,货物舱位有限(如三叉机,货舱只有 1~2 吨舱位,B707 只有 3~6 吨,B747SP 只有 8~10 吨),不能满足大批量货物及时出运的要求,往往只能分批运输。再者,不同季节同一航线客运量的变化也会直接影响货物装载的数量,使得班机运输在货物运输方面存在很大的局限性。

5.2.2 包机运输(Chartered Carrier)

(一)包机运输的含义

包机运输是指航空公司按照约定的条件和费率,将整架飞机租给一个或若干个包机人(包机人指发货人或航空货运代理公司),从一个或几个航空港装运货物至指定目的地。

(二)包机的优点

(1)解决班机仓位不足的矛盾。

（2）货物全部由包机运出，节省时间，简便多次发货的手续。

（3）弥补没有直达航班的不足，且不用中转。

（4）减少货损、货差或丢失等现象。

（5）在空运旺季缓解航班紧张状况。

（6）解决海鲜、活动物的运输问题。

（三）包机的分类

1. 整架包机

整架包机即包租整架飞机。指航空公司或包机代理公司，按照合同中与租机人事先约定的条件和运价，将整架飞机租给租机人，从一个或几个航空港装运货物至指定的目的地的运输方式。这种方式适合于运输大批量货物。

包机的费用一次一议，随国际市场供求情况而变化。中国民航包机运费，是按每一飞行千米固定费率核收，并对空放按每一飞行千米运价的 80％ 收取空放费。因此，大批量货物使用包机时，均要争取来回程都有货载，这样费用比较低。只使用单程运费比较高。

2. 部分包机

部分包机是指由几家航空货运代理公司（或发货人）联合包租一架飞机，或者由航空公司把一架飞机的舱位分别卖给几家航空货运代理公司装载货物的运输方式。这种形式适合于运送一吨以上，但货量不足整机的货物。

部分包机运费较班机运输低，但由于需要等待其他货主备妥货物，因此运送时间较长。尽管部分包机有固定的时间表，但往往因天气、航线等原因不能按时起飞，另外，包机方式的活动范围比较狭窄，受各国政府的限制。目前在西欧和中国香港之间开办较多。

5.2.3 集中托运（Consolidation）

（一）集中托运与集中托运人

集中托运指集中托运人（Consolidator，通常是航空货运代理公司）将若干批单独发运的货物组成一整批，集中向航空公司办理托运，采用一份航空总运单集中发运到同一目的站，由集中托运人向指定目的地的代理人收货、报关并分拨给各实际收货人的运输方式，可以采用班机或包机运输。这种托运方式可争取到较零星托运低廉的运价，在国际航空运输中使用比较普遍，也是航空货运代理的主要业务之一。

与货运代理人不同，集中托运人的地位类似国际多式联运中的多式联运经营人。他承担的责任不仅仅是在始发地将货物交给航空公司，在目的地提取货物并转交给不同的收货人，集中托运人承担的是货物的全程运输责任，而且在运输中具有双重角色。他对各个发货人负货物运输责任，地位相当于承运人；而在与航空公司的关系中，他又被视为集中托运的一整批货物的托运人。

（二）集中托运的优点

集中托运作为最主要的一种航空货运方式有着鲜明的特征，同时也给托运人带来了极大的便利，主要表现在以下方面：

（1）节省运费。由于航空运费的费率随托运货物数量增加而降低，所以当集中托运人将若干个小批量货物组成一大批出运时，作为一票货物，能够争取到更为低廉的费率。集中托运人会将其中一部分支付目的地代理的费用，另一部分会返还给托运人以吸引更多的客户，其余的作为集中托运人的收益。

（2）提供方便。集中托运人的专业性服务也会使托运人受益,这包括完善的地面服务网络、拓宽的服务项目,以及更高的服务质量。

（3）提早结汇。因为航空公司的主运单与集中托运人的分运单效力相同,集中托运形式下托运人结汇的时间提前,资金的周转加快。

（三）集中托运的局限性

（1）集中托运只适合办理普通货物,对于等级运价的货物,如贵重物品、危险品、活动物以及文物等不能办理集中托运。另外,由于集中托运的情况下,货物的出运时间不能确定,所以不适合易腐烂变质的货物、紧急货物或其他对时间要求高的货物的运输。

（2）目的地相同或临近的可以办理,如某一国家或地区,其他则不宜办理。

（3）对书本等可以享受航空公司优惠运价的货物来讲,使用集中托运的方式不仅不能享受到运费的节省,反而使托运人运费负担加重。

（四）集中托运的程序

集中托运的程序如图 5-1 所示。

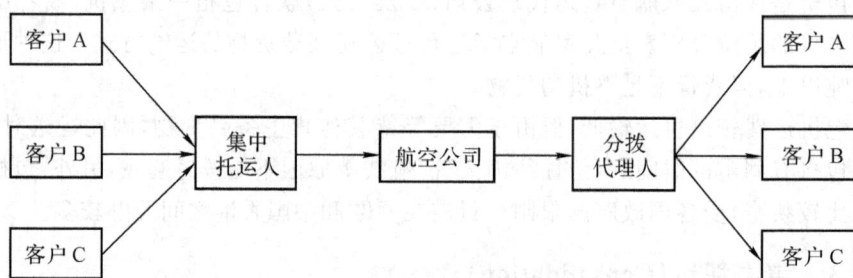

图 5-1　集中托运的程序

（1）客户 A、B、C 将货物分别交给航空运输集中托运人。托运人对每一票货物分别制定航空运输分运单,即出具货运代理的分运单 HAWB(House Air Waybill)。

（2）航空运输集中托运人将所有货物区分方向,按照其目的地相同的同一国家、同一城市来集中,交给航空公司。航空货运公司出具主运单 MAWB(Master Air Waybill)。主运单的发货人和收货人均为航空货运代理公司。

（3）航空货运公司负责将货物从起运地运至目的地。

（4）货物到达目的地站机场后,当地的货运代理公司(分拨代理人)作为总运单的收货人负责接货、分拨,按不同的分运单制定各自的报关单据并代为报关、为实际收货人办理有关接货送货事宜。

（5）实际收货人在分运单上签收以后提货。

集中托运方式已在世界范围内普遍开展,形成较完善、有效的服务系统,为促进国际贸易发展和国际科技文化交流起了良好的作用。集中托运已成为我国进出口货物的主要运输方式之一。

5.2.4　联合运输方式(TAT Combined Transport)

(一)联合运输方式的含义及类型

联合运输方式,又称陆空陆联运,是指包括空运在内的两种以上运输方式的联合运输,主要有三种类型:

(1)火车—飞机—卡车联合的运输方式,简称 TAT(Train-Air-Truck)。

(2)火车—飞机联合的运输方式,简称 TA(Train-Air)。

(3)卡车—飞机联合的运输方式,简称 TA(Truck-Air)。

(二)我国出口货物的联运方式

我国空运出口货物通常采用陆空陆联运方式,这是因为我国幅员辽阔,而国际航空港口岸主要有北京、上海、广州等。虽然省会城市和一些主要城市每天都有班机飞往上海、北京、广州,但班机所带货量有限,费用比较高,如果采用国内包机,则费用更贵。因此在货量较大的情况下,往往采用陆运至航空口岸,再与国际航班衔接。由于汽车具有机动灵活的特点,在运送时间上更可掌握主动,因此一般都采用"TAT"方式组织出运。具体做法是:用火车、卡车或船舶将货物运至香港,然后利用香港的优势,把货物经香港由飞机空运至目的地或中转地航空站,再通过当地代理,用卡车将货物运至目的地。整个运输时间缩短,一般至欧洲15 天左右,且费用为正常班机运费的 1/2 或 2/3。

5.2.5　航空快递业务(Air Express Service)

航空快递(又称快件、快运、速递)业务,是指具有独立法人资格的企业,特别是从事快件运输的专业速递公司与航空公司合作,通过自身或代理的网络,以最快速度在货主、机场、用户之间传送急件的运输服务业务。这种方式又称为"桌至桌"的运输。

(一)航空快递的产生和发展

相对于客户的需要,跨国的邮政服务不仅效率低,安全性、准确性也有明显不足。1969年 3 月的一天,一位美国青年在一家海运公司内等朋友,偶然得知当时正有一艘德国船停泊在夏威夷港等待正在旧金山缮制的提单。如果通过正常的途径,提单需要一个星期才能到达那里,这个年轻人提出他愿意乘飞机将文件送到夏威夷,船公司管理人员通过比较发现此举可以节省昂贵的港口使用费和滞期费用,于是将文件交给了这个年轻人。年轻人完成任务后立即联络朋友创立了世界上第一家快递公司,专门从事银行、航运文件的传送工作,后来又将业务扩大到样品等小包裹服务。由于强调快速、准确的服务,从一出现,快递业就深受从事跨国经营的贸易、金融各界的热烈欢迎,行业发展非常迅速。

(二)航空快递的主要业务形式

1. 门到门(桌到桌)(Door to Door /Deskto Desk)

门到门的服务形式是航空快递公司最常用、最快捷的一种服务形式。首先由发货人在需要时电话通知快递公司,他们立即派人上门取货,然后将所有收到的快件集中到一起,根据其目的地分拣、整理、制单、报关,送至机场委托航空公司空运,货到目的港机场后,再由当地速递公司(或代理)办理清关、提货手续,并送至收货人手中。在这期间,客户还可依靠快递公司的电脑网络随时对快件(主要指包裹)的位置进行查询,快件送达之后,也可以及时通过电脑网络将消息反馈给发件人。

2. 门/桌到机场(Door/Desk to Airport)

门/桌到机场的服务指发货人在飞机始发站将货交给航空公司,然后发货人通知目的地收货人到机场取货。采用这种方式的多是海关当局有特殊规定的货物或物品。

3. 专人派送(Courier on Board)

专人派送是指由快递公司指派专人在最短时间内随机将货物直接送到收货人手中。这是一种特殊服务,一般很少采用。

相比较,第一种方式最普遍、最简单、最方便。在日常业务中如果有什么重要的文件或其他物品要尽快交到客户手中时,你只需拨动电话,很快地,快件公司工作人员就会上门取货,随之其他一切发运手续由快件公司办理。这对于一般发运的文件、成交样品等比较合适。第二种形式在时间上优于普通货运形式,同时又简化了发件人的手续,但需要发件人按自己的方式到机场办理清关、提货手续。第三种方式是一种特殊的服务,一般很少采用,但用这种方式可以免去普通快件的出关、入关手续。

(三)航空快递的特点

航空快递在很多方面与传统的航空货运业务、邮政运送业务有相似之处,但作为一项专门的业务,它又有独到之处,主要表现在以下方面。

1. 收件的范围不同

航空快递的收件范围主要有文件和包裹两大类。其中文件主要是指商业文件和各种印刷品,对于包裹一般要求毛重不超过32千克(含32千克)或外包装单边不超过102厘米,三边相加不超过175厘米。而传统的航空货运业务以贸易货物为主,规定每件货物体积不得小于5厘米×10厘米×20厘米。邮政业务则以私人信函为主要业务对象,对包裹要求每件重量不超过20千克,长度不超过1米。

2. 经营者不同

经营国际航空快递的大多为跨国公司,以独资或合资的形式将业务深入世界各地,建立起全球网络。航空快件的传送基本都是在跨国公司内部完成。而国际邮政业务则通过万国邮政联盟的形式在世界上大多数国家的邮政机构之间取得合作,邮件通过两个以上国家邮政当局的合作完成传送。国际航空货物运输则主要采用集中托运的形式,或直接由发货人委托航空货运代理人进行,货物到达目的地后再通过发货地航空货运代理的关系人代为转交货物到收货人的手中。业务中除涉及航空公司外,还要依赖航空货运代理人的协助。

3. 经营者内部的组织形式不同

邮政运输的传统操作理论是接力式传送。航空快递公司则大多采用中心分拨理论或称转盘分拨理论组织起全球的网络。简单地说,就是快递公司根据自己业务的实际情况在中心地区设立分拨中心(Hub)。各地收集起来的快件,按所到地区分拨完毕,装上飞机。当晚各地飞机飞到分拨中心,各自交换快件后飞回。第二天清晨,快件再由各地分公司用汽车送到收件人办公桌上。

4. 使用的单据不同

航空货运使用的是航空运单,邮政使用的是包裹单,航空快递业则用交付凭证(Proof of Delivery,POD)。交付凭证一式四份。第一联留在始发地并用于出口报关;第二联贴附在货物表面,随货同行,收件人可以在此联签字表示收到货物(交付凭证由此得名),但通常快件的收件人在快递公司提供的送货记录上签字,而将此联保留;第三联作为快递公司内部结算的依据;第四联作为发件凭证留存发件人处,同时该联印有背面条款,一旦产生争议便可作为判定当事各方权益,解决争议的依据。

5. 航空快递的服务质量更高

(1)速度更快。航空快递自诞生之日起就强调快速的服务,速度又被称为整个行业生存之本。一般洲际快件运送在1～5天内完成;地区内部只要1～3天。这样的传送速度无论是传统的航空货运业还是邮政运输都是很难达到的。

(2)更加安全、可靠。因为在航空快递形式下,快件运送自始至终是在同一公司内部完成,各分公司操作规程相同,服务标准也基本相同,而且同一公司内部信息交流更加方便,对客户的高价值易破损货物的保护更加妥帖,所以运输的安全性、可靠性也更好。但邮政运输和航空货物运输因为都牵扯到不止一位经营者,各方服务水平参差不齐,所以较容易出现货损货差的现象。

(3)更方便。航空快递通过将服务由机场延伸至客户的仓库、办公桌,真正实现了门到门服务,方便了客户。此外,航空快递公司对一般包裹代为清关,针对不断发展的电子网络技术,又率先采用了EDI(电子数据交换)报关系统,为客户提供了更为便捷的网上服务,快递公司特有的全球性电脑跟踪查询系统也为有特殊需求的客户带来了极大的便利。

当然,航空快递同样有局限性。如快递服务所覆盖的范围就不如邮政运输广泛。

【思考】 国际贸易哪些领域会使用快递业务?

【知识链接5-5】

全球四大快递公司

UPS[①](United Parcel Service Inc.,联合包裹服务公司)于1907年作为一家信使公司成立于美国,总部设在美国加州亚特兰大市,业务遍布世界200多个国家和地区,于1988年入驻中国。UPS是目前全球最大的快递承运商与包裹递送公司,同时也是专业的运输、物流、资本与电子商务服务的领导者和提供者。该公司已经建立规模庞大、可信度高的全球运输基础设施,开发出全面、富有竞争力并且有担保的服务组合,并不断利用先进技术支持这些服务。

FedEx[②](Federal Express,联邦快递集团)公司创办于1971年,总部位于美国田纳西州孟菲斯。其前身为FDX公司,是全球领先的隔夜航空投递服务商,同时也是环球运输、物流、电子商务和供应链管理的领导者之一,业务遍布全球220多个国家和地区,于1984年进入中国。该公司通过各子公司的独立网络,向客户提供一体化的业务解决方案。

TNT[③]快递(Thomas Nationwide Transport,TNT Express,天地速递)成立

① UPS公司官方网站:http://www.ups.com;UPS公司中国网站:http://www.ups.com/asia/cn/chsindex.html
② FedEx官方网站:http://www.fedex.com
③ TNT公司官方网址:http://www.tnt.com

于1946年,创始人是Ken Thomas,总部设在荷兰阿姆斯特丹。TNT集团是欧洲第二大快递公司,也是全球领先的快递和邮政服务提供商,其国际网络覆盖世界200多个国家和地区,于1988年进入中国。TNT现拥有43架飞机、2万辆货车,全球子公司近1000家,员工超过4万人,每天递送百万件包裹、文件和托盘货物,其宣传口号是"Sure We Can",快递优势体现在操作灵活和高效快捷。

DHL①(DHL Express,敦豪速递)成立于1969年,总部设在德国。作为全球快递、洲际运输和航空货运的领导者,DHL业务遍布全球229个国家和地区,于1986年进入中国。目前DHL共有675000个目的站,20000多辆汽车,285000多名员工并且在美国及欧洲有300多架飞机。

5.3 国际航空货物运单与运费

5.3.1 国际航空货物运单

(一)航空运单(Air Waybill)概述

1. 航空运单的含义

航空运单是由承运人或其代理人签发的一份重要的货物运输单据。作为承托双方的运输合同,其内容对双方均具有约束力。

2. 航运运单的性质和作用

(1)航空运单是发货人与航空承运人之间的运输合同。与海运提单不同,航空运单不仅证明航空运输合同的存在,而且航空运单本身就是发货人与航空运输承运人之间缔结的货物运输合同,在双方共同签署后产生效力,成为签署承运合同的书面证据,并在货物到达目的地交付给运单上所记载的收货人后失效。

(2)航空运单是承运人签发的已接收货物的证明。航空运单也是货物收据,在发货人将货物发运后,承运人或其代理人将其中一份交给发货人(即发货人联),作为已接收货物的证明。除非另外注明,它是承运人收到货物并在良好条件下装运的证明。

(3)航空运单是承运人据以核收运费的账单。航空运单分别记载着属于收货人负担的费用,属于应支付给承运人的费用和应支付给代理人的费用,并详细列明费用的种类、金额,因此可作为运费账单和发票。承运人可将其中的承运人联作为记账凭证。

(4)航空运单是报关单证之一。出口时航空运单是报关单证之一。在货物到达目的地机场进行进口报关时,航空运单通常是海关查验放行的基本单证。

(5)航空运单可作为保险证书。若承运人承办保险或者发货人要求承运人代办保险,则航空运单即可作为保险证书。载有保险条款的航空运单又称为红色航空运单(Red Air Waybill)。

---

① DHL公司官方网站:http://www.cn.dhl.com;DHL来自公司三个创始人Adrian Dalsey, Larry Hillblom及Robert Lynn姓氏的首字母。

（6）航空运单是承运人内部业务的依据。航空运单随货同行，证明了货物的身份。运单上载有有关该票货物发送、转运、交付的事项，承运人会据此对货物的运输作出相应安排。

我国国际航空运单由一式 12 联组成，包括正本 3 联，副本 6 联和额外副本 3 联。每联上都注明该联的用途，具体用途如表 5-1 所示。

表 5-1　我国国际航空运单用途

序　号	名　称	分发对象及作用
A	Original 3，正本 3	托运人联，给托运人。作为托运人支付货物运费、并将货物交由承运人运输的凭证
B	Copy 9，副本 9	给代理人
C	Original 1，正本 1	承运人联，给航空公司。作为运费账单和记账凭证
D	Original 2，正本 2	给收货人
E	Copy 4，副本 4	给收货人。收货人提取货物时在此联签字，由承运人留存，作为货物已经交付收货人的凭证
F	Copy 5，副本 5	给目的地机场
G	Copy 6，副本 6	给第三承运人
H	Copy 7，副本 7	给第二承运人
I	Copy 8，副本 8	给第一承运人
J	Extra Copy，额外副本	供承运人使用
K	Extra Copy，额外副本	供承运人使用
L	Extra Copy，额外副本	供承运人使用

在发货人或其代理和承运人或其代理履行签署手续并注明日期后，运单即开始生效。只要运单上没有注明日期和签字盖章，承运人就可不承担对货物的任何责任，货物也不受承运合同的约束。当货物一旦交给运单上所记载的收货人后，运单作为承运合同即宣布终止，亦即承运人完成了货物的全程运输责任。

【思考】　航空运单和海运提单有什么不同？

（二）航空运单的分类

1. 航空主运单（MAWB，Master Air Waybill）

凡由航空运输公司签发的航空运单称为主（或总）运单。每一批由航空运输公司发运的货物都须备有主运单，它是承运人办理货物运输和交付的依据，是承运人和托运人订立的运输合同。航空主运单如表 5-2 所示。

表 5-2　航空主运单

Shipper's Name and Address	Shipper's Account Number	Not Negotiable **Air Waybill** Issued by	**AIR CHINA** 中国国际航空公司
CHINA NATIONAL FOOD STUFFS IMPORT & EXPORT CORPORATION, HANGZHOU ZHEJIANG, CHINA		**BEIJING CHINA**	

copies 1,2 and 3 of this Air Waybill are originals and have the same validity

Consignee's Name and Address	Consignee's Account Number
TOKYO TRADING CO.LTD TEL:　　　　　　FAX:	It is agreed that the goods described herein are accepted for carriage in apparent good order and condition (excepted as noted) and SUBJECT TO THE CONDITIONS OF CONTRACT ON THE REVERSE HEREOF . ALL GOODS MAY BE CARRIED BY ANY OTHER MEANS INCLUDING ROAD OR ANY OTHER CARRIER UNLESS SPECIFIC CONTRARY INSTRUCTIONS ARE GIVEN HEREON BY THE SHIPPER . THE SHIPPER'S ATTENTION IS DRAWN TO THE NOTICE CONCERNING CARRIER'S LIMITATION OF LIABILITY. Shipper may increase such limitation of liability by declaring a higher value for carriage and paying a supplemental charge if requred.

Issuing Carrier's Agent Name and City
SINOAIR SHANGHAI COMPANY,HANGZHOU

Agent s IATA Code	Account Number	Accounting information
		FREIGHT PREPAID

Airport of Departure(Addr . of First Carrier) and Requested Routing

To NRT	By First Carrier	Routing and Destination	To	By	To	By	Currency	CHGS Code	WT/VAL		Other		Declared Value for Carriage	Declared Value for Customs
									PPD	COLL	PPD	COLL		

Airport of Destination	Flight /Date	For Carrier Use Only	Flight /Date	Amount of Insurance	INSURANCE-If carrier offers in urance.and such insurance is requested in accordance with the conditions thereof. indicate amount to be insured in figures in box marked "Amount of Insurance" .

Handling Information

NOTIFY:SAME AS CONSIGNEE.

THIS SHIPMENT CONTANS NO SOLID WOOD PACKING MATERIALS

(For USA only)These commodities licensed by U.S. for ultimate destination _ _ _ _ _ _ _ _ _ _ _ _ _ . Diversion

contrary to US law is prohibited.

No.of Pieces RCP	Gross Weight	kg lb	Rate Class / Commodity Item number	Chargeable Weight	Rate / Charge	Total	Nature and Quantity of Goods(incl.Dimensions or Volume)
210 CARTONS	3205	k C	0300	3020	20.81	63 342.20	LIVING ARKSHELL

Prepaid / Weight Charge / Collect	Other Charges AWC:60.00
Valuation Charge	
Tax	
Total Other Charges Due Agent	Shipper certifies that the particulars on the page hereof are correct and that insofar as any part of the consignment contains dangerous goods. Such part is properly described by name and is in proper condition for carriage by air according to the applicable Dagerous Goods Regulations.
Total Other Charges Due Carrier	
	Signature of Shipper or his Agent
Total Prepaid / Total Collect	8/NOV/2005 SINOAIR SHANGHAI COMPANY
Currency Conversion Rates / CC Charges in Dest. Currency	Executed on(date) at (place) Signature of Issuing Carrier or his Agent
For Carriers Use only at Destination / Charges at Destination / Total Collect Charges	999-8887 5556 AS AGENTS FOR THE CARRIER AIR CHINA

ORIGINAL 3 (FOR SHIPPER)A

2. 航空分运单(HAWB,House Air Waybill)

航空分运单是由航空货运代理人在办理集中托运业务时签发的航空运单。

在集中托运的情况下,除了航空运输公司签发主运单外,集中托运人还要签发航空分运单。航空分运单作为集中托运人与托运人之间的货物运输合同,合同双方分别为发货人 A、B、C 和集中托运人(一般为航空货运代理公司);而航空主运单作为航空运输公司(实际承运人)与集中托运人之间的货物运输合同,当事人则为集中托运人和航空运输公司。货主与航空运输公司没有直接的契约关系。不仅如此,由于在起运地货物由集中托运人将货物交付航空运输公司,在目的地由集中托运人或其代理凭主运单从当地航空公司提取货物,然后按分运单分别拨交各收货人,因而发货人和收货人与航空运输公司也没有直接的货物交接关系。

(三)航空运单的内容

航空运单与海运提单类似,也有正面、背面条款之分,不同的航空公司也会有自己独特的航空运单格式。所不同的是,航运公司的海运提单可能千差万别,但各航空公司所使用的航空运单则大多借鉴 IATA 所推荐的标准格式(也称中性运单),差别并不大。下面就介绍这种标准格式中有关需要填写的栏目代码及其相应的说明。

1. 始发站机场:需填写 IATA 统一制定的始发站机场或城市的三字代码,这一栏应该和 11 栏相一致。1A:IATA 统一编制的航空公司代码,如我国的国际航空公司的代码就是999;1B:运单号。

2. 发货人姓名和地址(Shipper's Name and Address):填写发货人的全名,地址应填明国家、城市、街道、门牌号码及联络方法。

3. 发货人账号:只在必要时填写。

4. 收货人姓名和地址(Consignee's Name and Address):填写收货人姓名、地址、所在国家及联络方法。与海运提单不同,因为空运单不可转让,所以"凭指示"之类的字样不得出现。

5. 收货人账号:只在必要时填写。

6. 承运人代理的名称和所在城市(Issuing Carrier's Agent Name and City)。

7. 代理人的 IATA 代号。

8. 代理人账号。

9. 始发站机场及所要求的航线(Airport of Departure and Requested Routing):这里的始发站应与 1 栏填写的相一致。

10. 支付信息(Accounting Information):此栏只有采用特殊付款方式时才填写。

11. 去往(To):分别填入第一(二、三)中转站机场的 IATA 代码。

11. 承运人(By):分别填入第一(二、三)段运输的承运人。

12. 货币(Currency):填入 ISO 货币代码。

13. 收费代号:表明支付方式。

14. 航空运费及声明价值费(WT/VAL,Weight Charge/Valuation Charge):此时可以有两种情况:预付(PPD,Prepaid)或到付(COLL,Collect)。如预付在 14A 中填入"X",否则填在 14 栏中。需要注意的是,航空货物运输中运费与声明价值费支付的方式必须一致,不能分别支付。

15. 其他费用(Other):也有预付和到付两种支付方式。

16. 运输声明价值(Declared Value for Carriage):填写发货人要求的用于运输的声明价值。如果发货人不要求声明价值,则填入"NVD"(No Value Declared)。

17. 海关声明价值(Declared Value for Customs):填写托运人向海关申报的货物价值。如符合始发站、目的站海关的规定,可填写"No Customs Valuation,NCV",表明没有海关价值。

18. 目的地机场(Airport of Destination):填写最终目的地机场的全称。

19. 航班及日期(Flight/Date):填入货物所搭乘航班及日期。

20. 保险金额(Amount of Insurance):只有在航空公司提供代保险业务而客户也有此需要时才填写。

21. 操作信息(Handling Information):一般填入承运人对货物处理的有关注意事项,如"Shipper's certification for live animals(托运人提供活动物证明)"等。

22A~22L. 货物运价、运费细节。

22A. 货物件数和运价组成点(No. of Pieces,RCP;Rate Combination Point):填写货物件数。如 10 包即填"10"。当需要组成比例运价或分段相加运价时,在此栏填入运价组成点机场的 IATA 代码。

22B. 毛重(Gross Weight):填写货物总毛重。

22C. 重量单位:可选择千克(kg)或磅(lb)。

22D. 运价等级（Rate Class）：针对不同的航空运价共有 6 种代码，它们是 M（Minimum,起码运费）、C(Specific Commodity Rates,特种运价）、S(Surcharge,加价运价,即高于普通货物运价的等级运价）、R(Reduced,折扣运价,低于普通货物运价的等级运价）、N(Normal,45 千克以下普通货物运价）、Q(Quantity,45 千克以上普通货物运价）。

22E. 商品代码(Commodity Item No.)：在使用特种运价时需要在此栏填写商品代码。

22F. 计费重量（Chargeable Weight）：此栏填入航空公司据以计算运费的计费重量,该重量可以与货物毛重相同也可以不同。

22G. 运价（Rate/Charge）：填入该货物适用的费率。

22H. 运费总额（Total）：此栏数值应为起码运费值或者是运价与计费重量两栏数值的乘积。

22I. 货物的品名、数量,含尺码或体积(Nature and Quantity of Goods incl. Dimensions or Volume)：货物的尺码应以厘米或英寸为单位,尺码分别以货物最长、最宽、最高边为基础。体积则是上述三边的乘积,单位为立方厘米或立方英寸。

22J. 该运单项下货物总件数。

22K. 该运单项下货物总毛重。

22L. 该运单项下货物总运费。

23. 其他费用(Other Charges)：指除运费和声明价值附加费以外的其他费用。根据 IATA 规则各项费用分别用三个英文字母表示。其中前两个字母是某项费用的代码,如运单费就表示为 AW(Air Waybill Fee)。第三个字母是 C 或 A,分别表示费用应支付给承运人(Carrier)或货运代理人(Agent)。

24～26. 分别记录运费、声明价值费和税款金额,有预付与到付两种方式。

27～28. 分别记录需要付与货运代理人(Due Agent)和承运人(Due Carrier)的其他费用合计金额。

29. 需预付或到付的各种费用。

30. 预付、到付的总金额。

31. 发货人的签字。

32. 签单时间（日期）、地点、承运人或其代理人的签字。

33. 货币换算及目的地机场收费纪录。

以上所有内容不一定要全部填入空运单,IATA 也并未反对在运单中写入其他所需的内容。但这种标准化的单证对航空货运经营人提高工作效率,促进航空货运业向电子商务的方向迈进有着积极的意义。

【知识链接 5-6】

表 5-3　国际国内航空公司代码(部分)

两字代码	三字代码	三字数字代码	航空公司英文名	航空公司中文名
AA	AAL	001	American Airlines INC.	美国航空公司
AC	ACA	014	Air Canada	加拿大枫叶航空公司

续表

两字代码	三字代码	三字数字代码	航空公司英文名	航空公司中文名
AF	AFR	057	Air France	法国航空公司
BA	BAW	125	British Airway	英国航空公司
CA	CCA	999	Air China	中国国际航空公司
CZ	CSN	784	China Southern Airlines	中国南方航空公司
HU	CHH	880	Hainan Airlines Co. ,Ltd.	海南航空公司（海航）
JL	JAL	131	Japan Airlines International Co. Ltd	日本航空有限公司
KA	HAD	043	Hong Kong Dragon Airlines Limited	港龙航空公司（中国香港）
KE	KAL	180	Korean Air Lines Co. ,Ltd.	韩国大韩航空公司
LH	DLH	020	Lufthansa German Airlines	德国汉莎航空公司
MF	CXA	731	Xiamen Airlines	中国厦门航空公司
MU	CES	781	China Eastern Airlines	中国东方航空公司
NW	NWA	012	Northwest Airlines, Inc	美国西北航空公司
OZ	AAR	988	ASIANA AIRLINES	韩亚航空公司
UA	UAL	016	United Airlines, Inc	美国联合航空公司
ZH/4G	CSZ	479	SHENZHEN AIRLINES	中国深圳航空公司

【知识链接 5-7】

表 5-4 国内主要国际机场代码

地　区	所在省市	机场名称	三字代码
东北地区	黑龙江	哈尔滨太平国际机场	HRB
	吉　林	长春龙嘉国际机场	CGQ
	辽　宁	大连周水子国际机场	DLC
		沈阳桃仙国际机场	SHE
华北地区	河　北	石家庄正定国际机场	SJW
	北　京	北京首都国际机场	PEK
	天　津	天津滨海国际机场	TSN
	山　西	太原武宿国际机场	TYN
	内　蒙	呼和浩特白塔国际机场	HET

续表

地　　区	所在省市	机场名称	三字代码
华东地区	山　东	济南遥墙国际机场	TNA
	江　西	南昌昌北国际机场	KHN
	安　徽	合肥骆岗机场	HFE
	浙　江	杭州萧山国际机场	HGH
		温州永强机场	WNZ
		宁波栎社国际机场	NGB
	江　苏	南京禄口国际机场	NKG
	上　海	上海虹桥机场	SHA
		上海浦东机场	PVG
	福　建	厦门高崎国际机场	XMN
		福州长乐国际机场	FOC
华南地区	广　东	广州花都新白云国际机场	CAN
		深圳宝安国际机场	SZX
	广　西	南宁吴圩国际机场	NNG
	海　南	海口美兰国际机场	HAK
中南地区	湖　北	武汉天河国际机场	WUH
	湖　南	长沙黄花国际机场	CSX
	河　南	郑州新郑国际机场	CGO
西北地区	陕　西	西安咸阳国际机场	XIY
	甘　肃	兰州中川机场	LHW
	宁　夏	银川河东机场	ING
	青　海	西宁曹家堡机场	XNN
	新　疆	乌鲁木齐地窝堡国际机场	URC
西南地区	重　庆	重庆江北国际机场	CKG
	云　南	昆明巫家坝国际机场	KMG
	贵　州	贵阳龙洞堡国际机场	KWE
	四　川	成都双流国际机场	CTU
	西　藏	拉萨贡嘎机场	LXA

5.3.2　国际航空货物运费

(一)国际航空货物运费概述

1. 航空货运运价和运费的含义

运价(Rates)又称费率,是承运人为运输货物对规定的重量单位(或体积)收取的费用。

运费(Transportation Charges)是航空公司将一票货物自始发地机场运至目的地机场所应收取的航空运输费用,是根据适用运价乘以货物计费重量计得的发货人或收货人应当支付的每批货物的运输费用。

2. 航空货运运价和运费的特点

(1)运价只包括从一机场到另一机场(Airport to Airport)空中费用,而且只适用于单一方向,不包括承运人、代理人或机场收取的其他费用,如提货、报关、交接和仓储费用等。

(2)运价通常使用当地货币公布,运价一般以千克或磅为计算单位。

(3)航空运单中的运价是按出具运单之日所适用的运价。

(4)航空公司按国际航空运输协会所制定的三个区划费率收取国际航空运费。一区主要指南北美洲、格陵兰等;二区主要指欧洲,非洲,伊朗等;三区主要指亚洲,澳大利亚、新西兰等。

(二)计费重量

在实际计算一笔航空货物运输费用时,要考虑货物的计费重量、有关的运价和费用以及货物声明价值。其中,计费重量是按实际重量和体积重量两者之中较高的一个计算。也就是在货物体积小,重量大时,以实际重量作为计费重量;在货物体积大,重量轻的情况下,就以货物的体积重量作为计费重量。在集中托运时,一批货物由几件不同的货物组成,有轻泡货也有重货。其计费重量则采用整批货物的总毛重或总的体积重量,按两者之中较高的一个计算。

1. 实际重量(Actual Weight)

实际重量是指一批货物包括包装在内的实际总重量,即货物毛重。用实际重量作为计费重量的是那些重量大而体积相对小的货物,如机械、金属零件等,这些货物称为重货。

当实际毛重用千克表示时,计费重量最小单位为 0.5 千克。重量不足 0.5 千克的按 0.5 千克计;0.5 千克以上不足 1 千克的按 1 千克计。计费重量的确定要根据每批货物的实际毛重与体积重量的比较,1 千克相当于 6000 立方厘米或 366 立方英寸。

2. 体积重量(Measurement Weight)

体积重量是对那些体积大而重量相对小轻泡货物的计费重量。体积重量的计算方法如下:

(1)分别量出货物的最长、最宽和最高的部分,三者相乘算出体积,尾数四舍五入。

(2)将体积折算成千克(或磅)。国际航空货物运输组织规定,在计算体积重量时,以7000 立方厘米折合为 1 千克。我国民航则规定以 6000 立方厘米折合为 1 千克为计算标准。

3. 体积与重量的确定

计费重量是按货物的实际毛重和体积重量两者中较高的一个计算。如一批货物体积为18000 立方厘米,实际重量为 2 千克,则其体积重量为 18000÷6000＝3(千克)。则以 3 千克计费。

当一批货物由几件不同货物所组成,如集中托运的货物,其中有重货也有轻泡货,其计费重量采用整批货物的总毛重或总的体积重量两者之中较高的一个计算。例如一批货物的总毛重为 500 千克,总体积为 3817800 立方厘米,航空公司便要按 636.5 千克计收运费。尾数不足 0.5 千克的按 0.5 千克计,超过 0.5 千克的按 1 千克计。

(三)主要航空货物运价

1. 普通货物运价(General Cargo Rate,GCR)

普通货物运价,又称一般货物运价,它是为一般货物制定的,仅适用于计收一般普通货物的运价。

一般普通货物运价,以 45 千克作为重量划分点,分为以下几类:

(1)45 千克(或 100 磅)以下的普通货物运价,即标准运价(Normal Rate),运价类别代号为"N"。

(2)45 千克(或 100 磅)及 45 千克(或 100 磅)以上的普通货物运价(Quantity Rate),运价类别代号为"Q"。

(3)45 千克以上的普通货物运价较低于 45 千克以下的普通货物运价。

以北京—芝加哥为例,普通货物运价的每千克运费如表 5-5 所示。

表 5-5 普通货物运价的每千克运费

重 量	代 号	运价(CNY)
45 千克以下	N	77.63
45 千克以上	Q45	60.63
100 千克以上	Q100	53.48
300 千克以上	Q300	49.24
1000 千克以上	Q1000	43.58

由于对大运量货物提供较低的运价,所以对一件 90 千克的货物,按照 45 千克以上货物的运价计算的运费($60.63 \times 90 = 5456.70$ 元)反而高于一件 100 千克货物所应付的运费($53.48 \times 100 = 5348.00$ 元),显然这有些不合理。因此航空公司又规定对航空运输的货物除了要比较其实际的毛重和体积重量并以高的为计费重量以外,如果适用较高的计费重量分界点计算出的运费更低,则也可适用较高的计费重量分界点的费率,此时货物的计费重量为那个较高的计费重量分界点的最低运量。也就是说,在上述例子中,这件 90 千克的货物也可以适用每千克 53.48 元的费率,但货物的计费重量此时应该是 100 千克,费额为5348 元。

当一个较高的起码重量能提供较低运费时,则可使用较高的起码重量作为计费重量。这个原则也适用于那些以一般货物运价加或减一个百分比的等级运价。

2. 货物等级运价(Class Cargo Rate or Commodity Classification Rate,CCR)

货物等级运价是指适用于规定地区或地区间运输特别指定等级的货物所适用的运价。等级货物运价是在普通货物运价的基础上增加或减少一定百分比而构成的。其起码重量规定为 5 千克。货物等级运价的分类如下:

(1)等级运价加价(Surcharge)或者既不附加也不附减,用"S"表示,适用商品包括活动物(Live Animals)、贵重物品(Valuable Cargo)及尸体(Human Remains)。上述物品的运价是按 45 千克以下的普通货物的运价的 200%计收。

(2)等级运价减价,即折扣货物运价(Reduction),用"R"表示,适用商品包括报纸(Newspaper)、杂志(Magazine)、书籍(Books)等出版物;作为货物托运的行李(Baggage

Shipped As Cargo）。上述物品的运价是按 45 千克以下的普通货物运价的 50％计收。

3. 特种货物运价（Special Cargo Rate，SCR）

特种货物运价，又称指定商品运价（Specific Commodity Rate），是指适用于自规定的始发地至规定的目的地运输特定品名货物的运价。该运价是一种优惠性质的运价，通常情况下低于相应的普通货物运价。

特种货物运价原因可归纳为以下两方面：其一，在某特定航线上，一些较为稳定的货主经常地或者是定期地托运特定品名的货物，托运人要求承运人提供一个较低的优惠运价；其二，航空公司为了有效地利用其运力，争取货源并保证飞机有较高的载运率，向市场推出一个较具竞争力的优惠运价。有些特种商品运价也公布了不同的重量等级分界点，旨在鼓励货主托运大宗货物。

使用特种货物运价时，运输的货物必须满足下述三个条件：

（1）运输始发地至目的地之间有公布的特种商品运价；

（2）托运人所交运的货物，其品名与有关特种商品运价的货物品名吻合；

（3）货物的计费重量满足特种商品运价使用时的最低重量要求。

使用特种商品运价计算航空运费的货物，用"C"表示。

4. 最低运价（Minimum Rate，M）

最低运价又称起码运费，是航空公司办理一批货物所能接受的最低运费，不论货物的重量或体积大小，在始发地机场至目的地机场之间运输一批货物应收取的最低金额。它是航空公司在考虑办理一批货物，即使是一笔很小的货物，所必须产生的固定费用而制定的，当货物运价少于起码运费时，就要收起码运费。

不同的国家和地区有不同的起码运费。中国民航的起码运费是按货物从始发港到目的港之间的普通货物运价 5 千克运费为基础，或根据民航和其他国家航空公司洽谈同意的起码运费率征收的。

（四）航空附加费

1. 声明价值附加费（Valuation Charges）

按《统一国际航空运输某些规则的公约》（简称《华沙公约》）规定，对由于承运人的失职而造成的货物损坏、丢失或错误等所承担的责任，其赔偿的金额为每千克 20 美元或 7.675 英镑或相等的当地货币。如果货物的实际价值每千克超过上述限额，若发货人要求在发生货损货差时全额赔偿，则发货人在托运货物时就应向承运人声明货物价值，并向承运人另付一笔"声明价值费"。声明价值费的费率通常为 0.5％。如发货人不办理声明价值，则应在运单的有关栏内填上"NVD"（No Value Declared）字样。

2. 其他附加费

其他附加费包括运单费（Air Waybill Fee）、货到付款劳务费（Charges Collect Fee）、中转手续费（Transit Charges）、地面运输费（Surface Charges）等，一般只有在承运人或航空货运代理人或集中托运人提供服务时才收取。其中，货到付款劳务费是由承运人接受发货人的委托，在货物到达目的地后交给收货人的同时，代为收回运单上规定的金额，承运人则按货到付款金额收取规定的劳务费用。

(五)航空运费的计算

1. 计算运价的术语解释

Volume:体积,指货物的实际体积。

Volume Weight:体积重量,指将体积进行折算后的重量。

Chargeable Weight:计费重量。一般地,采用货物实际毛重和体积重量两者中高的一个。国际航协规定,国际货物的计费重量以 0.5 千克为最小单位,重量尾数不足 0.5 千克的,按 0.5 千克计算;0.5 千克以上不足 1 千克的,按 1 千克计算。例如:103.001 千克直接计为 103.5 千克,105.50 千克计为 106 千克。

Applicable Rate:适用运价。是指适用普通货物运价、货物等级运价、特种货物运价还是最低运价。还需注明适用多少重量级别的运价(即 M、N、Q 中哪个级别)。

Weight Charge:航空运价,即计算出来的总运价。

2. 计算方法

(1)计算体积和体积重量。

(2)计算实际重量。

(3)确定计费重量。注意要考虑如果货物按较高重量分界点的较低运费计算的航空运费较低时,则以较高重量分界点作为计费重量。

(4)确定适用运价。

(5)计算总运费。

【实例 5-1】

一批样品,毛重 25.2 千克,体积 82 厘米×48 厘米×32 厘米,从北京运到东京。该票货物的航空运价公布如表 5-6 所示。

表 5-6 样品的航空运价

BEIJING	CN		PEK
Y. RENMINBI	CNY		KGS
TOKYO	JP	M	230.00
		N	37.51
		45	28.13

求该票货物的总运费。

解:Volume:$84 \times 48 \times 32 = 125952 cm^3$

Volume Weight:$125952 \div 6000 = 20.992kg$

Gross Weight $= 25.2kg > 20.992kg$

Chargeable Weight:$25.2kg \rightarrow 25.5kg$

Applicable Rate:GCR N 37.51 CNY/KG

Weight Charge:$25.5 \times 37.51 = CNY\ 956.51$

航空货物单运费计算栏填制如表 5-7 所示。

表 5-7　航空货物单运费计算栏

No of Pieces RCP	Gross Weight	kg lb	Rate Class		Chargeable Weight	Rate/ Charge	Total	Nature and Quantity of Goods (Incl dimensions or Volume)
				Commodity Item No				
1	25.2	k	N		25.5	37.51	956.51	SAMPLE DIMS：82cm× 48cm×32cm

【实例 5-2】

一批汽车零配件,从北京运到荷兰阿姆斯特丹,毛重 38.6 千克,体积 101 厘米×58 厘米×32 厘米,计算其航空运价。公布的运价如表 5-8 所示。

表 5-8　汽车零配件的航空运价

BEIJING	CN		PEK
Y. RENMINBI	CNY		KGS
AMSTERDAM	NL	M	320.00
		N	50.22
		45	41.53
		300	37.52

解：(1)Volume：$101 \times 58 \times 32 = 187456 cm^3$

Volume Weight：$187456 \div 6000 = 31.24 kg$

Gross Weight $= 38.6 kg > 31.24 kg$

Chargeable Weight：$38.6 kg \rightarrow 39.0 kg$

Applicable Rate：GCR N 50.22CNY/KG

Weight Charge：$39.0 \times 50.22 = CNY\ 1958.58$

(2)采用较高重量分界点的较低运价计算

Chargeable Weight：45kg

Applicable Rate：GCR Q 41.53 CNY/KG

Weight Charge：$41.53 \times 45.0 = CNY\ 1868.85$

(1)和(2)比较,取较低运费。故采用 41.53 元的运价和 45 千克。

航空货物单运费计算栏填制如表 5-9 所示。

表 5-9　航空货物单运费计算栏

No of Pieces RCP	Gross Weight	kg lb	Rate Class		Chargeable Weight	Rate/ Charge	Total	Nature and Quantity of Goods (Incl dimensions or Volume)
				Commodity Item No				
1	38.6	k	Q		45.0	41.53	1868.85	PARTS DIMS：101cm× 58cm×32cm

【实例 5-3】

一批玩具从北京运到巴黎,总毛重 5.6 千克,外箱体积为 40 厘米×28 厘米×

22厘米。计算航空运费。公布的运价如表5-10所示。

表5-10 玩具航空运价

BEIJING	CN		PEK
Y. RENMINBI	CNY		KGS
PARIS	FR	M	320.00
		N	50.37
		45	41.43
		300	37.90
		500	33.42
		1000	30.71

解:Volume:$40 \times 28 \times 22 = 28640cm^3$

Volume Weight:$28640 \div 6000 = 4.11kg$

Gross Weight $= 5.6kg > 4.11kg$

Chargeable Weight:$5.6kg \rightarrow 6.0kg$

Applicable Rate:GCR N 50.37CNY/KG

Weight Charge:$6.0 \times 50.37 = CNY 302.22$

Minimum Charge:CNY 320.00

此时的航空运费应该是最低运费320元。

航空货物单运费计算栏填制如表5-11所示。

表5-11 航空货物单运费计算栏

No of Pieces RCP	Gross Weight	kg lb	Rate Class		Chargeable Weight	Rate/ Charge	Total	Nature and Quantity of Goods (Incl dimensions or Volume)
			M	Commodity Item No				
1	5.6	k			6.0	320.00	320.00	TOYS DIMS:40cm× 28cm×22cm

5.4 国际航空货物运输流程

5.4.1 出口货物航空运输流程

(一)接受委托

出口货物的发货人一般都是委托航空货运代理办理货物托运。委托时,应填制"国际货物托运书",连同贸易合同副本,出口货物明细发票,装箱单以及检疫、检疫和通关所需要的单证和资料交航空货运代理人。

(二)审单订舱

航空货运代理人在受发货人委托后,要指定人员对托运书进行审核。审核无误后向航空公司申请运输并预定舱位。

（三）接单接货

航空货代在订妥舱位后，从发货人手中接过货物出口所需要的一切单证，并将货物接收并运送到自己的仓库。

（四）制单、报关

（1）报关单据一般包括商业发票、装箱单、商检证、出口货物报关单，有的商品则需要动植物检疫证书或产地证、出口外汇核销单、外销合同等。

（2）在海关验收完货物，在报关单上盖验收章后，缮制航空运单。

（3）将收货人提供的货物随行单据订在运单后面；如果是集中托运的货物，要制作集中托运清单，并将清单、所有分运单及随行单据装入一个信袋，订在运单后面。

（4）将制作好的运单标签贴在每一件货物上。如果是集中托运的货物，还必须有分运单标签。

（5）持缮制完的航空运单到海关报关放行。

（五）交接发运

航空货代将盖有海关放行章的运单与货物一齐交给航空公司，航空公司验收单货无误后，在交接单上签字。航空公司负责将货物运到目的地。

（六）通知提货

航空公司通知目的地代理人办理手续提货。

5.4.2　进口货物航空运输流程

进口货物的航空运输可通过空运代理办理，其程序如下：

（1）在国外发货前，进口单位就应将合同副本或订单以及其他有关单证送交进口空港所在地的空运代理，作为委托报关、接货的依据。

（2）货物到达后，空运代理接到航空公司的到货通知时，应从机场或航空公司营业处取单。

（3）空运代理取回运单后应与合同副本或订单核对。

（4）海关审单通过后，空运代理应按海关出具的税单缴纳关税及其他有关费用。然后凭交费收据将所有报关单据送海关放行部，海关对无需验货的货物直接在航空运单上盖章放行；对需要验货的，查验无讹后放行；对单货不符的由海关扣留，另行查处。

（5）海关放行后，属于当地货物则立即送交货主；如为外地货物，立即通知货主到口岸提取或按事先的委托送货上门。

（6）对需办理转运的货物，如不能就地报关，应填制"海关转运单"并附有关单据交海关制作"关封"随货转运。

（7）提货时如发现缺少、残损等情况，空运代理应向航空公司索取商务记录，交货主向航空公司索赔，也可根据货主委托代办索赔。如提货时包装外表完好，但内部货物的质量或数量有问题，则属于"原残"，应由货主向商检部门申请检验出证并向国外发货人交涉赔偿。

（8）如一张运单上有两个或两个以上的收货人，则空运代理应按照合同或分拨单上的品名、数量、规格、型号，开箱办理分拨与分交。收货人应向空运代理出具收货证明并签字、注明日期。

(9)如果货物系样品、样本、礼品,应由进口单位填写样品、礼品单交空运代理办理报关。

(10)如集中托运的货物系驻华使领馆、商社代表或外籍工程技术人员的物品,空运代理应通知收货人自行办理报关提货,如海关同意,空运代理也可接受委托代办报关。

5.5 国际航空运输组织与公约

5.5.1 国际航空运输组织

国际航空运输业发展至今,在世界上已经形成了三大航空运输组织。

(一)国际民用航空组织(International Civil Aviation Organization, ICAO)

1. ICAO 的组成及宗旨

国际民用航空组织,简称国际民航组织,是政府间的国际航空机构,它是根据 1944 年芝加哥国际民用航空公约设立,成立于 1947 年 4 月 4 日,总部设在加拿大的蒙特利尔。其成员方大会是最高权力机构,常设机构是理事会,由大会选出的成员方组成。我国是该组织的成员方,也是理事国之一。该组织的宗旨是发展国际航空的原则和技术,促进国际航空运输的规划和发展,以保证全世界国际民用航空的安全、正常、有效和有序地发展。作为联合国的一个专门机构,它为航空运输的安全、经济、有效和正常制定必要的国际标准和规章,并为 187 个缔约国之间在民航领域内的合作起到桥梁的作用。

2. ICAO 的主要内容

(1)制定并更新航行方面的国际技术标准和建议措施。

(2)修订现行国际民航法规条款并制定新的法律文书。

(3)实施航空安全审计计划。

(4)制止非法干扰,敦促成员国加强机场安全保卫工作,开展安全保卫培训计划。

(5)实施新航行系统及航空运输服务管理制度。

(6)收集、审议和公布民航领域的有关统计资料,进行经济预测并协助各国规划民航发展。

(7)开展并维持民航技术合作项目和有关机制。

(8)向各国和各地区民航训练学院提供援助等。

(二)国际航空运输协会(International Air Transport Association,IATA)

1. IATA 的组成及宗旨

国际航空运输协会,简称国际航协,是世界航空运输企业自愿联合组织的非政府性的国际组织,1945 年 4 月 16 日成立于古巴哈瓦那,总部设在加拿大的蒙特利尔,在蒙特利尔和瑞士的日内瓦设有总办事处。在纽约、巴黎、新加坡、曼谷、内罗毕、北京设有分支机构或办事处。在瑞士日内瓦还设有清算所。其最高权力机构是一年一度的全体大会,大会选举执行委员会主持日常工作,下设财会、法律、技术和运输等专门委员会。其宗旨是为了世界人民的利益,促进安全、正常和经济的航空运输,对于直接或间接从事国际航空运输工作的各空运企业提供合作的途径,与国际民航组织以及其他国际组织协力合作。目的在于促进安全、正点和经济的航空运输,为航空运输企业之间开展协作以及与国际民航组织、其他国际组织和地区航空公司协会合作提供方便。

凡国际民航组织成员方的任一经营定期航班的空运企业,经其政府许可都可成为该协会的会员。经营国际航班的航空运输企业为正式会员,只经营国内航班的航空运输企业为准会员。

2. IATA 的主要活动

(1)协商制定国际航空客货运价。

(2)统一国际航空运输规章制度。

(3)通过清算所,统一结算各会员间以及会员与非会员间联运业务账目。

(4)开展业务代理。

(5)进行技术合作。

(6)协助各会员公司改善机场布局和程序、标准,以提高机场运营效率等。

(三)国际货运代理协会联合会(International Federation of Freight Forwarders Association, FIATA)

1. FIATA 的组成及宗旨

国际货运代理协会联合会的法文缩写为"FIATA",被称为"菲亚塔",是国际货运代理的行业组织。该会由16个国家的货运代理协会于1926年5月31日在奥地利维也纳成立,总部设在瑞士苏黎士。其宗旨是解决日益发展的国际货运代理业务所产生的问题,保障和提高国际货运代理在全球的利益。

FIATA 是一个在世界范围内运输领域最大的非政府和非盈利性组织,具有广泛的国际影响,它的会员不仅限于货运代理企业,还包括海关、船务代理、空运代理、仓库、卡车、集中托运和汽车运输业等,因为这些部门都是国际运输的一部分。其成员包括世界各国的国际货运代理行业,拥有76个一般会员,1751个联系会员,遍布125个国家和地区,包括3500个国际货运代理公司。该会是联合国经济与社会组织及联合国贸易发展大会的咨询者,并被确认为国际货运代理业的代表。中国外运总公司作为国家组织以一般会员的身份,于1985年正式加入该组织。

2. FIATA 的主要任务

FIATA 的任务是协助各国的货运代理组织和同行业联合起来,在各种国际会议中代表货物发运人的利益。FIATA 下设10个技术委员会,其中航空学会的主要任务是促进和维护货运代理在航空货运方面的利益以及协调在世界范围内各国货运代理协会的活动。

5.5.2　国际航空运输公约

(一)有关的国际航空运输公约

航空活动从一开始就需要一定程度的法律规则,航空业的跨国特征,使其必须具有调整这种运输方式的统一实体法律规范的国际公约。据统计,有关航空运输方面的国际公约,迄今为止共有36个。就批准和参加国为数众多、已形成普遍适用的国际统一法律规则的,现正在生效的国际公约主要有三个序列。即:①由1944年芝加哥《国际民用航空公约》为主体的序列。该公约是民用航空的宪章性文件,对国际法在航空领域的具体适用作了整体性规定。②由1929年《华沙公约》(全称为《统一航空运输某些规则的公约》)以及一系列修订文件形成的序列,规定了国际航空运输中有关民事责任的国际私法规则。③由 1963 年东京《关于在航空器上犯罪和其他某些行为的公约》,1970 年海牙《关于制止非法劫持航空器的公约》和 1971 年蒙特利尔《关于制止危害民用航空安全非法行为的公约》等所形成的航空刑法序列。本书主要介绍航空货物运输中有关民事责任的国际公约和法律。

如上所述,有关航空货物运输的国际公约和法律,主要是指由 1929 年《华沙公约》以及由其一系列的修订文件所形成的公约和法律。它是国际航空运输法中调整航空承运人、旅客、托运人和收货人之间所涉及消费者人身与财产损害赔偿等民商事法律关系的责任体系。这一系列的国际公约和法律主要包括以下几种:

(1)《华沙公约》(1929 年)。

(2)《海牙议定书》(1955 年)。

(3)《瓜达拉哈拉公约》(1961 年)。

(4)《危地马拉议定书》(1971 年)。

(5)《蒙特利尔第一号附加议定书》(1975 年)。

(6)《蒙特利尔第二号附加议定书》(1975 年)。

(7)《蒙特利尔第三号附加议定书》(1975 年)。

(8)《蒙特利尔第四号附加议定书》(1975 年)。

这些文件中,《华沙公约》是最基本的,随后的各项议定书都是对《华沙公约》的补充或修改,所以这 8 份文件又被合称为华沙体系,它们彼此内容相关却又各自独立。其中《华沙公约》和《海牙议定书》已经为世界大多数国家所认可。

(二)《华沙公约》和《海牙议定书》的有关规定

《华沙公约》全称为《统一国际航空运输某些规则的公约》,是 1929 年 10 月 12 日由德国、英国、法国、瑞典、苏联、巴西、日本、波兰等国家在华沙签订的。它是最早的国际航空私法,也是世界上大多数国家所接受的航空公约,其目的是为了调整不同国家"在航空运输使用凭证和承运人责任方面"的有关问题。《华沙公约》规定了以航空承运人为一方和以旅客、货物托运人、收货人为另一方的航空运输合同双方的权利、义务关系,确定了国际航空运输的一些基本原则。

第二次世界大战后,由于航空运输业的飞速发展以及世界政治形势的急剧变化,《华沙公约》的某些内容与现实的要求脱节,《修订 1929 年 10 月 12 日在华沙签订的"统一国际航空运输某些规则的公约"的议定书》,即《海牙议定书》正是此时诞生的,该议定书于 1963 年 8 月 1 日生效。我国参加《华沙公约》和《海牙议定书》的时间分别是 1958 年和 1975 年。

这两个公约的主要内容如下。

1. 公约的适用范围

公约不仅适用于商业性的国际航空货物运输,还适用于包括旅客、行李在内的其他取酬的和免费的国际航空运输,但邮件和邮包的运输因为另有国际邮政公约管辖,所以不适用。

所谓国际航空运输,按照《华沙公约》的规定需满足以下两个条件中的任一个。

(1)航空运输的出发地和目的地分别在两个缔约国的领土内。

(2)虽然航空运输的出发地和目的地处于同一个缔约国的领土内,但在另一个国家(无论该国是否是《华沙公约》缔约国)的领土内有一个协议规定的经停地。

2. 运输凭证

航空货物运输的凭证被称为"航空运单"(Air Waybill),是订立合同、接受货物和运输条件的证据,即航空货运单本身就是托运人与承运人订立的航空货物运输合同。

虽然《华沙公约》对签发可转让的航空运单不置可否,《海牙议定书》则明文规定可以签发可转让的航空运单,但在实际业务中航空运单一般都印有"不可转让"(Not Negotiable)字样,所以事实上,航空运单仍不具有可转让性。

3. 航空运输期间

航空运输期间是指货物交由承运人保管的全部期间,"不论在航空站内、在航空器上或在航空站外降停的任何地点"。但对于在机场外陆运、海运或河运过程中发生的货物的灭失或损坏,只有当这种运输是为了履行航空运输合同,或者是为了装货、交货或转运时,承运人才予以负责。

4. 承运人责任和责任限制

按《华沙公约》规定,采用不完全的过失责任制,即在一般问题上采用推定过失原则,一旦出现货物损失,首先假定承运人有过失,但如果承运人能够举证说明自己并无过失,则不必负责。但当承运人的过失是发生在驾驶中、飞机操作中或者在领航时,则承运人虽有过失,也可要求免责。《海牙议定书》保持了过失责任制的基础,但取消了驾驶、飞机操作和领航免责的规定。

公约明确规定"企图免除承运人的责任,或定出一个低于本公约所规定的责任限额的任何条款都属无效",这样避免了承运人在运输合同中随意增加免除或者降低承运人自身赔偿责任的做法。

5. 发货人、收货人的权利和义务

根据《华沙公约》,发货人的权利主要指在收货人提取货物之前或者收货人拒收货物后或者无法与收货人联系的情况下,对货物处理的权利,包括有权在货物运输的途中将货物提回;对已运至目的地的货物要求回运或改运;对在经停机场的货物要求中止运输;要求将货物交付给航空货运单指定的收货人以外的第三人等等。但发货人"不得因行使这种权利而使承运人或其他托运人遭受损失,并应偿付由此产生的一切费用"。在收货人行使提货权后,发货人的上述权力丧失。

发货人或收货人的义务包括:①支付运费。②填写航空货运单、提交必要的单证。同时应对航空货运单中有关货物的各项说明、声明的正确性负责,如因填写不当使承运人或其他任何有关方遭受损失,发货人应予以赔偿。③受领货物。

6. 索赔和诉讼时效

对于索赔时效,《华沙公约》分成货物损害和货物延迟的情况区别对待。前者索赔时效是 7 天,后者的索赔时效是 14 天。《海牙议定书》对此作了全面的修改,将货物损害时的索赔时效延长至 14 天,将货物延迟时的索赔时效延长至 21 天。

至于诉讼时效,《华沙公约》规定的是两年,自"航空器到达目的地之日起,或应该到达之日起,或运输停止之日起"。《海牙议定书》对此未加修改。

▣▷【案例分析】

空运出口货物受骗①

2005 年,某进出口公司与德国一家公司在交易会上订立服装买卖合同,价值 20 万美元,价格术语为 CIF 法兰克福。运输方式为空运,起运地北京,目的地法兰克福。支付方式为 100％不可撤销银行信用证。

合同订立后,买方按时开立了银行信用证,开证行为德国一家银行,通知行和议付行为国内某银行。国内卖方接到信用证后,按合同规定发运了货物,将信用证要求的各种单据提交给国内银行,并办理了议付手续。不料,国内银行在将有关索汇单据寄往德国开证行后第 7 天即收到开证行的拒付通知,理由是单据不符。卖方马上与货物承运人某国际航空公司联系,被告知,货物早已被空运单上写明的收货人提走。再与买方联系,即杳无音信。

卖方与国内通知行一致认为:根据国际商会《跟单信用证统一惯例》(UCP500)的规定,开证行所谓单证不符的说法,是不能成立的。但经多次与开证行联系,该银行均以同样理由推托。后经调查得知,该开证行实力很小。

3 个月后,国内银行以单证不符,遭开证行拒付为由,收回议付款,并加收利息,卖方货款两空。由于卖方的麻痹大意,未能及时发现这是有预谋的欺诈行为,没有及时采取法律措施。等到真相大白,卖方再想抓住骗子追回损失时,买方已经人去楼空。

[问题]

1. 航空运输方式有什么特点?

2. 卖方最后为什么会货款两空?从中可吸取什么经验教训?

[案情分析]

卖方某进出口公司遭遇被动局面的原因,主要是空运承运人交货方式的特点。在空运方式下,空运单不是货物所有权凭证,因为空运速度很快,通常托运人把空运单送交收货人之前,货物就已经运到目的地。货到目的地后,收货人凭承运人的到货通知和有关身份证明提货,并在提货时在随货运到的空运托运单上签收,而不要求收货人凭空运单证提货。

本案卖方货款两空的根本原因,是由于卖方对空运方式缺乏了解,加上麻痹大意,过于信赖银行开出的信用证,最终上当受骗。而且作为卖方最初未能作好开证行的资信调查,案发后又没有及时采取法律措施,错过了及时挽回损失的时机。

由于航空运输交货方式的特殊性,外贸企业在签订和履行以空运方式成交的出口合同时,要注意如下的问题:

(1)注意要对买方进行资信调查,对开证行信用提出要求,保证制单质量。

(2)正确选择贸易术语,便于将来划分买卖双方的责任。在《2000 年国际贸易术语解释通则》中说明:在船舷无实际意义时,使用 CFR,CPT,CIP 更为适宜。在此案例中,应该使用 CIP 术语,卖方只要在规定的时间和地点将货物交付承运人保管,其后货物的费用和风险由买方承担。

(3)选择有利的支付条款。由于空运成交的货物一般具有量小价值高,在途时间短的特

---

① 根据杨长春主编:《国际航运欺诈案例集》,对外经济贸易大学出版社 2004 年版,第 324 页资料修改。

点,因此,在订立合同时,卖方可要求买方预付全部或大部分货款后发货。如争取不到预付货款,则建议采用银行信用证付款。

(4)在采用银行信用证支付方式时,建议由国内银行加以保兑,或由开证行指定国内一银行为指定付款行,这样可保证卖方收汇。

(5)在采用银行信用证支付方式时,建议货物空运单的收货人栏填写为开证行,便于其掌握物权。

▷【本章小结】

1. 航空运输具有运输速度快、安全准确、手续简便、节省费用和运价高的特点。
2. 航空运输方式有班机运输、包机运输、集中托运、联合运输和航空快递业务等方式。
3. 航空快递业务主要采取门到门方式,大大提高了业务流程的速度。
4. 全球四大快递公司分别是 UPS、DHL、FEDEX 和 TNT。
5. 航空运输中的运输单据是航空运单。
6. 航空运单具有运输合同、收货证明的性质,但不是物权凭证。
7. 航空运价在计算时要将体积折算为重量,取折算重量和实际重量中大者来计费。
8. 国际航空三大运输组织分别是国际民用航空组织、国际航空运输协会和国际货运代理协会联合会。

▷【思考练习】

1. 解释如下术语:

航空货物运输　　班机运输　　集中托运　　联合运输　　航空快递　　门到门/桌到桌
航空运单

2. 简述航空运输的特点。

3. 航空货物运输方式有哪些?

4. 简述航空运单的性质和作用。

5. 由上海运往巴黎一件玩具样品 5.3 千克,体积尺寸 41 厘米×33 厘米×20 厘米,计算其航空运费。公布运价如下:

SHANGHAI Y. RENMINBI CNY		KGS
PARIS FR	M	320.00
	N	52.81
	45	44.46
	100	40.93

6. 某公司空运一批出口货物至美国迈阿密,共 115 箱,每箱 15KGS,体积为 44 厘米×46 厘米×60 厘米。已知 M 11.81 美元,N 28.65 美元,Q 45 千克 21.62 美元,100 千克 18.52 美元,500 千克 15.35 美元,1000 千克 15.00 美元,2000 千克 14.60 美元。试计算该批货物的运费。

第 6 章

国际公路、内河、邮政和管道运输 ▷▷▷ ▷

除了海运、铁路运输及空运以外,公路、内河、邮政及管道运输也是国际货物运输的重要方式。本章第一节说明作为陆上运输方式之一的公路运输,具有灵活机动、迅速方便的特点,它能实现"门到门"物流服务,连接铁路、水运、空运的起点与终点,同时介绍公路运输的经营方式和公路运费的核算;第二节介绍内河货物运输的特点以及我国内河运输的发展状况;第三节介绍国际邮政运输的特点、邮包种类、邮资及重要的万国邮政联盟;第四节介绍国际管道运输的优缺点。

6.1 国际公路货物运输

国际公路货物运输(International Road Freight Transport)是陆上运输的两种基本方式之一,它是指国际货物借助一定的运载工具,沿着公路作跨及两个或两个以上国家或地区的移动过程。目前,世界各国的国际公路货运一般以汽车作为运输工具,所以它实际上就是国际汽车货物运输。它既是一个独立的运输体系,也是车站、港口和机场集散物资的重要手段。

全世界机动车总数已近 7 亿辆。全世界现代交通网中,公路线长占 2/3,约达 2000 万千米,公路运输所完成的货运量占整个货运量的 80% 左右,货物周转量占 10%。在一些工业发达国家,公路运输的货运量、周转量在各种运输方式中都名列前茅,公路运输已成为一个不可缺少的重要组成部分。

6.1.1 公路货物运输(Road Freight Transport)的特点和作用

公路货物运输在整个运输领域中占有重要的地位,并发挥着愈来愈重要的作用。

(一)公路货物运输的特点

公路货物运输与其他运输方式相比较,具有以下特点:

(1)机动灵活、简捷方便、应急性强,能深入到其他运输工具到达不了的地方。

(2)适应点多、面广、零星、季节性强的货物运输。

(3)运距短、单程货多。

(4)港口集散可争分夺秒,突击抢运任务多。

（5）随着公路现代化、车辆大型化，公路运输是实现集装箱在一定距离内"门到门"运输的最好运输方式。

（6）汽车的载重量小，不适宜装载重件、大件货物、不适宜走长途运输；车辆运输时震动较大，易造成货损货差事故，费用和成本也比海运和铁路运输高。

（二）公路货物运输的作用

1. 公路货物运输最适合于短途运输

公路货物运输的特点决定了它最适合于短途运输。它可以将两种或多种运输方式衔接起来，实现多种运输方式的联合运输，做到进出口货物运输的"门到门"服务。

2. 公路货物运输是港口、车站、机场集散货物的重要手段

公路货物运输可以配合船舶、火车、飞机等运输工具完成运输的全过程，是港口、车站和机场集散货物的重要手段。尤其是运输鲜活商品、集港疏港抢运，公路运输往往能够起到其他运输方式难以起到的作用。可以说，其他运输方式往往要依赖汽车运输来最终完成两端的运输任务。

3. 公路货物运输是一种独立的运输体系

公路货物运输可以独立完成进出口货物运输的全过程。公路货物运输是欧洲大陆国家之间进出口货物运输的最重要方式之一。我国的边境贸易运输、港澳货物运输，其中有相当一部分也是靠公路运输独立完成的。

4. 集装箱货物通过公路运输实现国际多式联运

集装箱由交货点通过公路运到港口装船，或者相反。美国陆桥运输，我国内地通过香港的多式联运都可以通过公路运输来实现。

【知识链接 6-1】

"浮动公路"运输①

"浮动公路"运输方式，是指利用一段水运衔接两端陆运，衔接方式采用将车辆开上船舶，以整车货载完成这一段水运，到达另一港口后，车辆开下继续利用陆运的联合运输方式。"浮动公路"运输又称车辆渡船方式，这种联合运输的特点是在陆运—水运之间，不需将货物从一种运输工具上卸下，再转换到另一种运输工具上，而仍利用原来的车辆作为货物的载体。其优点是两种运输之间有效衔接，运输方式转换速度快，而且在转换时，不触碰货物，因而有利于减少和防止货损。

随着"浮动公路"的兴起，载货汽车直接开上火车和轮船，节约了装卸费用，并且创新出调整运输时间的"汽车仓库"。

6.1.2 公路货物运输的经营方式

在市场经济条件下，公路货物运输的经营方式一般有以下 4 种类别。

（一）公共运输业（Common Carrier）

这种企业专营汽车货物运输业务，并以整个社会为服务对象，其经营方式包括定期定

---

① 资料来源：邵院生.对提高我国公路运输效益的思考.北方经济，2004（3）。

线、定线不定期和定区不定期。

（二）契约运输业(Contract Carrier)

按照承托双方签订的运输契约运送货物。与之签订契约的一般都是一些大的工矿企业，常年运量较大而又较稳定。契约期限一般都比较长。按契约规定，托运人保证提供一定的货运量，承运人保证提供所需的运力。

（三）自用运输业(Private Operator)

工厂、企业、机关自置汽车，专为运送自己的物资和产品，一般不对外营业。

（四）汽车货运代理(Car Freight Forwarder)

汽车货运代理，大多数货运代理商拥有运输工具，也有不拥有运输工具，他们作为中间人身份向货主揽货的同时向运输公司托运，借此收取手续费用和佣金。有的汽车货运代理专门从事向货主揽取零星货载，加以归纳集中成为整车货物，然后自己以托运人名义向运输公司托运，赚取零担和整车货物运费之间的差额。

6.1.3 公路运费

公路运费一般有两种计算标准：一种是按货物等级规定基本运费费率，另一种是以路面等级规定基本运价。凡是一条运输路线包含两种或两种以上的等级公路时，则以实际行驶里程分别计算运价。如山岭、河床、原野等地段的特殊道路，则由承托双方另议商定。

公路运费费率分为整车(Full Car Load, FCL)和零担(Less than Car Load, LCL)两种，后者一般比前者高 30%～50%。按我国公路运输部门规定，一次托运货物在 2.5 吨以上的为整车运输，适用整车费率；不满 2.5 吨的为零担运输，适用零担费率。凡 1 千克重的货物，体积超过 4 立方分米，或每立方米重量不足 333 千克的为轻泡货物（或尺码货物，Measurement Cargo）。整车轻泡货物的运费按装载车辆核定吨位计算；零担轻泡货物，按其长、宽、高计算体积、每 4 立方分米折合 1 千克，以千克为计费单位。此外，还有包车费率(Lump Sum Rate)，即按车辆使用时间（小时或天）计算。

（一）计费重量

1. 一般货物

整车(FCL)和零担(LCL)的计费重量都是毛重。整车货运以吨为单位，吨以下计至 100 千克，尾数不足 100 千克的四舍五入。零担货运以千克为单位，起码计费重量为 1 千克，尾数不足 1 千克的四舍五入。

2. 轻泡货物

整车轻泡货物的长宽高以不超过有关道路交通安全规定为限，按车辆标记吨位计算重量；零担轻泡货物则以货物最长、最宽、最高部位尺寸计算体积，每立方米折合为 333 千克计算重量。

3. 包车运输

包车运输按车辆标记吨位计算重量。

4. 集装箱运输

集装箱运输以箱为计量单位。

5. 散装货物

散装货物按有关单位统一规定的重量换算标准计算重量。

（二）计费里程

公路计费里程以千米为单位，尾数不足 1 千米的四舍五入，按货物的装货地点至卸货地点的实际运输里程计算。

（三）计价单位

境内运输以人民币元为计价单位，运费尾数不足 1 元时，四舍五入。出入境货运，涉及其他国家货币时，在无法按统一汇率折算的情况下，可使用其他自由货币作为计价单位。

（四）公路货物运输运价

（1）基本运价。基本运价分为整批货物基本运价、零担货物基本运价和集装箱基本运价。

（2）普通货物运价。普通货物运价分为一等货物、二等货物和三等货物。其中，以一等货物为计价基础，二等货物加成 15％，三等货物加成 30％。

（3）特种货物运价。特种货物运价分为长大笨重货物运价、危险货物运价和贵重及鲜活货物运价。其中，一级长大笨重货物运价在整批货物基本运价的基础上加成 40％～60％，二级加成 60％～80％。一级危险货物运价在整批（零担）货物基本运价的基础上加成 60％～80％，二级加成 40％～60％。贵重及鲜活货物运价在整批（零担）货物基本运价的基础上加成 40％～60％。

（4）特种车辆运价以基本运价为基础加成。

（5）快运货物运价按计价类别在相应运价的基础上加成。

（6）集装箱运价。标准集装箱运价按标准重箱不同规格箱型的基本运价计算，标准空箱在标准重箱运价的基础上减成。非标准集装箱重箱运价按不同规格箱型，在标准集装箱基本运价的基础上加成计算，非标准空箱在非标准重箱运价的基础上减成。特种集装箱运价：在箱型基本运价的基础上按装载不同特种货物的加成幅度加成计算。

（7）包车运价按不同的包用车辆分别制定。

（8）非等级公路货物运价在整车（零担）货物基本运价的基础上，加成 10％～20％。

（9）出入境汽车货物运价按双边或多边出入境汽车运输协定，由两国或多国政府主管机关协商确定。

（五）公路货物运输运费计算

（1）整车货物运费＝吨次费×计费重量＋整车货物运价×计费重量×计费里程＋货物运费其他费用

（2）零担货物运费＝计费重量× 计费里程× 零担货物运价＋货物运费其他费用

（3）集装箱运费＝重（空）箱运价×计费箱数×计费里程＋箱次数× 计费箱数＋货物运费其他费用

（4）包车运费＝包车运价× 包用车辆吨位× 计费时间＋货物运费其他费用

其中，吨次费是在计算整批货物运费的同时，按货物重量加收的费用。箱次数是在计算汽车集装箱运费的同时，按不同箱型分别加收的费用。

6.1.4 公路运输责任范围

（一）承运人责任

公路运输承运人的责任期限是从接受货物时起至交付货物时止。在此期限内，承运人对货物的灭失损坏负赔偿责任。但不是由于承运人的责任所造成的货物灭失损坏,承运人不予负责。根据我国公路运输规定,由于下列原因而造成的货物灭失损坏,承运人不负责赔偿:

(1)由于人力不可抗拒的自然灾害或货物本身性质的变化以及货物在运送途中的自然消耗。

(2)包装完好无损,而内部短损变质者。

(3)违反国家法令或规定,被有关部门查扣、弃置或作其他处理者。

(4)收货人逾期提取或拒不提取货物而造成霉烂变质者。

(5)有随车押运人员负责途中保管照料者。

对货物赔偿价格,按实际损失价值赔偿。如货物部分损坏,按损坏货物所减低的金额或按修理费用赔偿。

要求赔偿有效期限,从货物开票之日起,不得超过 6 个月。从提出赔偿要求之日起,责任方应在 2 个月内作出处理。

(二)托运人责任

公路运输托运人应负的责任基本与铁路、海上运输相同,主要如下:

(1)按时提供规定数量的货载;

(2)提供准确的货物详细说明;

(3)货物唛头标志清楚;

(4)包装完整,适于运输;

(5)按规定支付运费。

运输合同中一般均规定有:如因托运人的责任所造成的车辆滞留、空载,托运人须负延滞费和空载费等损失。

6.1.5 国际公路货物运输公约和协定

(一)《国际公路货物运输合同公约》(Convention on the Contract for the International Carriage of goods by Road,简称《公路货运公约》,CMR)

为了统一公路运输所使用的单证和承运人的责任起见,联合国所属欧洲经济委员会负责草拟了《国际公路货物运输合同公约》,并于 1956 年 5 月 19 日在欧洲 17 个国家参加的会议上一致通过签订。该公约共 8 章 51 条,就适用范围、承运人责任、合同的签订与履行、索赔和诉讼以及连续承运人履行合同等作了较详细的规定。

(二)《国际公路车辆运输规定》(Transport International Routine,TIR)

为了开展集装箱联合运输,使集装箱能原封不动地通过经由国,联合国所属欧洲经济委员会成员国于 1956 年缔结了《关于集装箱的关税协定》。参加该协定的签字国,包括欧洲 21 个国家和欧洲以外的 7 个国家。协定的宗旨是相互间允许集装箱免税过境。在这个协定的基础上,根据欧洲经济委员会倡议,缔结了《国际公路车辆运输规定》。根据规定,对集装箱的公路运输承运人,如持有 TIR 手册,允许由发运地到达目的地时,在海关签封下,中途可不受检查、不支付关税、不提供押金。这种 TIR 手册由有关国家政府批准的运输团体发行。1959 年,在联合国欧洲经济委员会主持下制定了《根据 TIR 手册进行国际货物运输的有关关税协定》(Customs Convention on the International Transport of Goods under

Cover of TIR Carnets)。该协定有欧洲 23 个国家参加,并从 1960 年开始实施。

尽管上述公约和协定有地区限制,但它们仍不失为当前国际公路运输的重要国际公约和协定,并对今后国际公路运输的发展具有一定影响。

(三)国际公路运输联盟(International Road Transport Union,IRU)

国际公路运输联盟成立于 1948 年,总部设在日内瓦,现有 69 个正式成员和 100 多个联系成员。在 2002 年 6 月 1 日国际公路运输联盟第 28 届世界大会上,中国道路运输协会被接纳为该联盟的正式成员。

【知识链接 6-2】

我国对外贸易公路运输主要口岸分布①

1. 中俄公路运输口岸:(内蒙古)满洲里—(俄罗斯)后贝加尔,(黑龙江)黑河—布拉格维申斯克,(吉林)珲春—库拉斯基诺

2. 中朝公路运输口岸:(吉林省)图们—(朝鲜)南阳,(吉林省)开山屯—(朝鲜)赛别尔,(吉林省)三合—(朝鲜)会宁,(辽宁)丹东—(朝鲜)新义州。

3. 中巴公路运输口岸:(新疆)红其拉甫—(巴基斯坦)苏斯托。

4. 中尼公路运输口岸(西藏)樟木—尼泊尔。

5. 中印公路运输口岸:(西藏)亚东—印度。

6. 对越南贸易的主要公路口岸:(云南省红河)山腰—(越南)老街,(广西凭祥)友谊关—(越南)同登。

7. 中缅公路运输口岸:(云南省德宏)畹町—缅甸。

8. 对中国香港、澳门地区的公路运输口岸:(广东省深圳)文锦渡—(香港)新界,(广东省珠海)拱北—(澳门)关闸。

6.2 内河运输

6.2.1 内河运输(Inland Water Transport)的特点和作用

内河运输是水上运输的一个重要组成部分,起着陆上运输的分流作用和海上运输的延伸作用,同时,也是连接内陆腹地(Inland Area)和沿海地区(Coastal Region)的纽带。它具有运量大、投资少、成本低、耗能少等特点,对一个国家的国民经济和工业布局起着重要的作用。世界各国都重视本国内河运输系统的建设。

6.2.2 内河运输船舶

内河运输使用的船舶,由于内河吃水浅、河道狭、弯度多、水位涨落幅度大等特点,其结

---

① 资料来源:国际货物陆运分布,http://info.jctrans.com/wl/ly/glys/2006107362592.shtml。

构和要求与海上船舶有所不同。内河使用的船舶主要有以下四种。

（一）内河货船

内河货船是指本身带动力，并有货舱可供装货的船舶，这是内河运输的主要工具之一。内河货船的载重吨位、长度和吃水深浅，视河道条件而异，但一般均比海船小。内河货船具有使用方便、调度灵活的特点，但载重量小、成本大，一般作为内河定期经营船使用。

（二）拖船（Tug Boat）和推船（Tow Boat）

拖船和推船都是动力船，本身一般不装载货物，而起拖带和推动驳船的作用。前者在驳船前面，拖带驳船前进，后者在驳船后面，顶推驳船往前行进。以前内河运输的驳船主要使用拖船带动，称为拖带法。目前，推船已逐渐取代拖船，这是因为顶推法比拖带法具有阻力小、推力大、操纵性能强等优越性。

（三）驳船（Barge or Lighter）

内河驳船按有无动力可分为机动驳船和非机动驳船，按拖带和顶推方法分为拖驳和推驳。推驳船是一种一定尺度的标准型驳船，便于编队分节，所以又称为分节驳。分节驳上没有舵、锚以及生活设施和救生设备，整个驳船是一个长方形的货舱，以供装货。近年来，驳船的发展具有标准化、系列化和专业化的特点。

（四）河/海型船

河/海型船既可在内河，又可在沿海航行，现已发展成为一种独立的船型。在结构上除了吃水较浅外，与海轮相似，它的好处是可以河海直达。

6.2.3　内河运输的发展

（一）内河运输发展简介

内河运输是人类较早采用的一种运输方式，而且历来是一种重要的运输方式。最早人类只能利用自然河道，后来逐渐认识掌握河流的运动规律，才开始整治河道，挖掘运河，建筑船坝，使河流适合人类运输的需要。现代内河航道水流平稳，畅通宽直，吃水较深，一些大的内河可以容纳大型船舶直驶上流。早期内河运输都是单一船舶运输。尽管改进船舶结构，增大载重量吨位，但载重量受内河条件制约有一定的限度。19 世纪中叶，开始采用拖带运输方法，内河运输量成倍增长，成为内河运输发展的一个重要里程碑。至 20 世纪，顶推运输方式取代拖带式。当前，一般高功率的推船已能顶载重量高达三四万吨的驳船。

造船工业的发展，使船舶的结构性能日趋完善。现代化载驳船的出现，使内河驳船运输与海洋运输紧密衔接，融为一体，减少了中间环节，加速了船货周转，降低了运输成本。

内河运输适宜装运大宗货物，如矿砂、粮食、化肥、煤炭等，而且由于航运平稳，在运送石油等危险货物时也较安全。

（二）我国的内河运输发展

我国有 5000 多条大小河流和众多湖泊，是发展我国内河运输十分有利的自然条件。新中国成立以后，国家大力整治河流，疏通水道，沟通水系。根据《2012 年公路水路交通运输行业发展公报》显示，全国内河通航里程数为 12.50 万千米，主要分布在长江、珠江、淮河、黑龙江水系。其中长江水系与淮河水系之间以京杭运河相沟通，从而构成了三个相对独立的内河航道系统。其中能够通航 1000 吨级以上航道 8222 千米，通航 500 吨级以上船舶的航道达到 1.44 万千米，300 吨级以上航道里程约为 2.3 万千米。2012 年全国内河水运完成货运量超过 23.02 亿吨,全国内河港口完成货物吞吐量 38.96 亿吨,主要内河港口拥有万吨级及以上深水泊位 369 座,使水运主通道上的重点港口完善了散货、杂货、外贸码头等建设。

按照国家拟订的水运发展规划,交通部门将大力推进由长江干线、西江航运干线、京杭运河、长江三角洲高等级航道网、珠江三角洲高等级航道网和 18 条主要干支流航道构成的高等级内河航道体系建设,将形成高等级航道约 1.9 万千米。

【知识链接 6-3】

长江水运跃居世界内河运输老大①

目前,长江水运货运量已经超过国外内河水运发达的通航河流,成为世界上内河运输最繁忙、运量最大的通航河流。长江航运自 2003 年货运突破 3 亿吨大关后,连年大幅上升。2005 年,长 2888 千米的长江干线水运货物量逾 7 亿吨,是密西西比河干线水运货物量的 1.6 倍,是莱茵河干线水运货物量的 3.1 倍。长江水系水运货物量为 12.3 亿吨,是密西西比河水系水运货物量的 1.6 倍。2006 年,长江干线水运货物量达到 9.9 亿吨,周转量 3099 亿吨千米,港口集装箱吞吐量 634 标准箱,江海直达运量 5.5 亿吨,与 2005 年相比,分别增长了 15.1%、20.6%、23.6% 和 9.0%。

长江水运的提升得益于三峡大坝的一系列蓄水工程,航道水深增加 40%,宽度增加 2 倍,江水流速减缓 50%,可满足万吨级船队对航道尺度的要求,使长江航道成为连接西南、华中再到华东地区的畅通走廊。

长江沿岸七省二市集聚了我国 41% 以上的经济总量。目前,长江水运承担了沿江企业生产所需 80% 的铁矿石、72% 的原油、83% 的电煤运输。在长江成为世界内河运输老大后,沿江货物水运将占其货物运输总量的 20%,超过六成的货物周转要通过水运完成。

"十一五"期间,交通部将安排 150 亿元资金进行航道治理。到 2020 年,长江航道基本实现现代化,重庆以上建成三级航道,重庆以下建成一级航道,实现 5 万吨级海船直达南京的目标。

6.3 国际邮政运输

邮政运输又称邮包运输(Parcel Post Transport),是一种最简便的运输方式。世界各国的邮政业务均由国家办理,而且均兼办邮包运输业务。各国邮政部门之间订有协定和公约,从而保证了邮件包裹传递的畅通无阻、四通八达,形成了全球性的邮政运输网,使得国际邮政运输成为国际贸易中普遍采用的运输方式之一。

---

① 资料来源:http://info.jctrans.com/zhwl/wlxw/nh/20061126355236.shtml,http://info.jctrans.com/zxwl/tpbb/2006128364122.shtml。

近年来,特快专递业务快速发展。目前快递业务主要有国际特快专递(International Express Mail Service,EMS)和 DHL 信使专递(DHL Courier Service)。

6.3.1　国际邮政运输(International Parcel Post Transport)的特点

国际邮政运输是国际贸易运输不可缺少的渠道。根据它的性质和任务,概括起来主要有以下 4 个特点。

(一)具有广泛的国际性

国际邮政是在国与国之间进行的,在平等互利、相互协作配合的基础上,遵照国际邮政公约和协定的规定,各国相互经转对方的国际邮件。为确保邮政运输的安全、迅速、准确地传送,在办理邮政运输时,必须熟悉并严格遵守本国和国际间的邮政各项规定和制度。

(二)具有国际多式联运性质

国际邮政运输一般要经过两个或两个以上国家的邮政局和两种或两种以上的运输方式的联合作业才能完成。但对于邮政托运人来说,他只要向邮政局办理一次托运,一次付清足额邮资,并取得一张邮政收据,全部手续即告完备。至于邮件运送、交接、保管、传递等一切事宜均由各国邮政局负责办理。邮件运抵目的地,收件人即可凭邮政局到件通知和收据向邮政局提取邮件。所以,国际邮政运输就其性质而论,是一种国际多式联合运输。

(三)具有"门到门"(Door to Door)运输的性质

各国邮政局如星斗密布于全国各地,邮件一般可在当地就近向邮政局办理,邮件到达目的地后,收件人也可在当地就近邮政局提取邮件,所以邮政运输基本上是"门到门"运输。它为邮件托运人和收件人提供了极大的方便。

(四)适用范围较小

国际邮政运输是一种手续简单方便,费用也不高的运输方式,但对邮件重量和体积均有限制,如每件包裹重量不得超过 20 千克,长度不得超过 1 米。所以邮政运输只适宜于重量轻、体积小的商品,如金银首饰、药品以及各种样品和零星物品等。

6.3.2　邮包种类

国际邮件按运输方法分为水陆路邮件和航空邮件。按内容性质和经营方式分为函件和包裹。我国邮政规定,邮包分为:①普通包裹,凡适于邮递的物品,除违反规定禁寄和限寄的以外,都可以作为包裹寄送。②脆弱包裹,容易破损和需要小心处理的包裹,如玻璃器皿、古玩等。③保价包裹,邮局按寄件人申明价值承担补偿责任的包裹。一般适于邮递贵重物品。如金银首饰、珠宝、工艺品等。此外,国际上还有快递包裹、代收货价包裹、收件人免付费用包裹等。以上包裹如以航空方式邮递,即分别称为航空普通包裹、航空脆弱包裹和航空保价包裹。

邮政局在收寄包裹时,均给寄件人以收据,故包裹邮件属于给据邮件。给据邮件均可以办理附寄邮件回执。回执是在邮件投交收件人作为收到凭证。回执尚可按普通、挂号或航空寄送。

6.3.3　邮资和单证

(一)邮资是邮政局为提供邮递服务而收取的费用,各国对邮资采取不同的政策

有些国家把邮政收入作为国家外汇收入来源之一,有些国家要求邮政自给自足,有些国家对邮政实行补贴政策,从而形成不同的邮资水平。

根据《万国邮政公约》(Universal Convention of Post)规定,国际邮资应按照与金法郎接近的等价折成其本国货币制定。作为邮联规定的标准货币,1 金法郎 = 100 金生丁,重 10/31 克,含金率 0.900。邮联以金法郎为单位,规定了基本邮资。以此为基础,允许各国可按基本国情增减。增减幅度最高可增加 70%,最低可减少 50%。

国际邮资均按重量分级为其计算标准。邮资由基本邮资和特别邮资两部分组成。基本邮资是指邮件经水陆路运往寄达国应付的邮资,也是特别邮资计算的基础。基本邮资费率是根据不同邮件种类和国家地区制定的,邮政局对每一邮件都要照章收取基本邮资。特别邮资是为某项附加手续或责任而收取的邮资,如挂号费、回执费、保价费等,是在基本邮资的基础上按每件加收的,但是保价邮资须另按所保价值计收。

(二)邮政运输的主要单证是邮政收据(Post Receipt)

邮政收据是邮政局收到寄件人的邮件后所出具的凭证,是邮件灭失或损坏时凭以向邮政局索赔的凭证,也是收件人凭以提取邮件的凭证。

6.3.4　邮政运输的有关规定

(一)禁寄、限寄范围

国际邮件内容,除必须遵照国际间一般禁止或限制寄递的规定外,还必须遵照本国禁止和限制出口的规定,以及寄达国禁止和限制进口和经转国禁止和限制过境的规定。

1. 禁寄

根据我国海关对进出口邮递物品监督办法和国家法令,如武器、弹药、爆炸品、受管制的无线电器材、中国货币、外国货币、黄金、白银、白金、珍贵文物古玩等,内容涉及国家机密和不准出口的印刷品、手稿,等等,均属于禁止出口的物品。

2. 限寄

限寄出口的物品是指规定数量或经批准方可向外寄递的物品,如粮食、油料等,每次每件以 1 千克为限。对商业性行为的邮件,则按进出口贸易管理条例规定的办法,如规定需要附许可证邮递的物品,寄件人必须向有关当地对外贸易管理机构申请领取许可证,以便海关凭此放行。有些物品,如肉类、种子、昆虫标本等按规定须附卫生检疫证书。

(二)有关重量、尺寸、封装和封面书写要求规定

(1)按照国际和我国邮政规定,每件邮包重量不得超过 20 千克,长度不得超过 1 米。该规定是基于国际邮件交换的需要,邮政业务和交通运输业的分工所制。如不加以限制,邮政业务就无异于货运业务。

(2)邮件封装视邮件内所装物品性质的不同,要求亦有所不同,对封装总的要求以符合邮递方便、安全并保护邮件不受损坏丢失为原则。

(3)封面书写则要求清楚、正确、完整,以利准确、迅速和安全地邮递。

6.3.5　邮政运输的责任范围

（一）邮政运输的范围

邮政部门与寄件人之间是委托与被委托的关系。双方的权利义务和责任豁免是由国家法律和国家授权制定的邮政规章予以明确规定，并受其制约，与此同时，还要受到国际公约和协定的约束。这种关系自邮政部门接受寄件人的委托起建立，并一直至邮件部门交付邮件于收件人而告终止。

（二）邮政运输的责任

（1）寄件人应遵守邮政的有关规定，办理邮件委托手续并照章交付邮资。

（2）邮政部门负有安全、准确、迅速完成接受委托的邮递责任，并对邮件的灭失、短少和损坏负有补偿责任。

（三）邮政运输的免责

但非由于邮政部门的过失所造成的邮件灭失、短少和损坏，邮政部门可不负补偿责任：

（1）不可抗力；

（2）寄达邮局按其国内法令予以扣留或没收；

（3）违反禁寄、限寄规定而被主管当局没收或销毁的；

（4）寄达国声明对普通包裹不负补偿责任；

（5）寄件人的过失或所寄物品性质不符，以及邮件封装不妥；

（6）虚报保价金额；

（7）属于海关监管查验所作的决定；

（8）寄件人未在规定期限 1 年内办理查询。

（四）补偿范围和补偿金额

（1）凡保价包裹和普通包裹，如由于邮政部门责任，邮政部门都负责予以补偿，对保价包裹的补偿金额，最多不超过货价金额。

（2）普通包裹的补偿金额，每件不超过下列标准，如实际损失低于该标准，则按实际损失补偿。

包裹重量 5 千克以下补偿 40 金法郎。

包裹重量 5 千克至 10 千克补偿 60 金法郎。

包裹重量 10 千克至 15 千克补偿 80 金法郎。

包裹重量 15 千克至 20 千克补偿 100 金法郎。

但如有双边协定，则按双边协定的补偿规定办理。

6.3.6　万国邮政联盟组织（Universal Postal Union）

万国邮政联盟简称邮联，宗旨是根据邮联组织法规定，组成一个国际间邮政领域，以便相互交换邮件；组织和改善国际邮政业务，以利国际合作的发展；推广先进经验，给予会员国邮政技术援助。我国于 1972 年加入邮联组织。

邮联的组织机构有：①大会，为邮联的最高权力机构，每 5 年举行一次；②执行理事会，为大会休会期间的执行机构；③邮政研究咨询理事会，研究邮政技术和合作方面的问题，并就此问题提出改进建议以及推广邮政经济和成就；④国际局，为邮联的中央办事机构，设在瑞士伯尔尼,其主要任务是对各国邮政进行联络、情报和咨询,负责大会筹备工作和准备各项年度工作报告。

6.4　国际管道运输

管道运输(Pipeline Transport)是货物在管道内借高压气泵的压力向目的地输送的一种运输方式,是随着石油的生产而产生和发展的。它是一种特殊的运输方式,与普通货物的运输形态完全不同。普通货物运输是货物随着运输工具的移动,货物被运送到目的地,而管道运输的运输工具本身就是管道,是固定不动的,只是货物本身在管道内移动,它是运输通道和运输工具合二为一、高度专业化的一种专门运输方式。

6.4.1　管道运输的发展

(一)国际管道运输的发展

早在公元前 200 多年,我国古人用打通的竹管连接起来运送卤水,这可以说是管道运输的雏形。现代管道运输起源于美国,1861 年美国宾夕法尼亚州最初使用木制油槽,从油矿把原油输送至聚油塔,因木制油槽阻力大,易渗漏,随后改以铁制管道代替。直至 20 世纪初,管道运输得到了迅速的发展。为了增加运量,加速周转,现代管道管径和气压泵功率都有很大增加,管道里程愈来愈长,最长达数千千米。现代管道不仅可以输送原油、各种石油成品、化学品、天然气等液体和气体物品,而且可以输送矿砂、碎煤浆等。

管道运输是国民经济综合运输的重要组成部分之一,也是衡量一个国家的能源与运输业是否发达的特征之一。在全球 230 万千米管道中,输油管道占近 40%,输气管道占 50% 强,化工和其他管道占约 10%。管道运输在世界各国各地区的油田、油港和炼油中心之间起着纽带作用,在原油和油品的进出口贸易中,是与油轮相辅相成的重要运输方式。

管道运输由于具有运量大、运输成本低、易于管理等特点而备受青睐,呈快速发展的趋势。随着科学技术的发展,各国愈来愈重视输煤管道的研究和应用。随着运行管理的自动化,管道运输将会发挥愈来愈大的作用。

(二)我国管道运输的发展

我国管道运输业起步较晚,我国最早的一条石油管道于 20 世纪 40 年代初期铺设,是从印度边境通到我国云南昆明的石油管道,由于该管道质量较差,效率很低,使用时间不长便弃之不用了。新中国成立以后,随着石油工业的发展,我国的管道运输经历了从初始发展(1958—1969 年)到快速发展(1970—1987 年),再从稳步发展(1988—1995 年)到加快发展(1996 年至今)的四个阶段,管道里程从 1958 年的 0.02 万千米增加到 2012 年的近 10 万千米,不少油田已有管道与海湾相通。

【知识链接 6-4】

非洲石油管道是怎样通向美国的?[①]

一、石油新路关乎美国国家战略利益

美国是世界最大的石油消费国,其日均石油消费量占全球总消费量的 1/3。由于自产石油无法满足经济增长的需求,美国所消费的石油 2/3 依赖进口,其中海湾地区为主要石油进口来源。美国对海湾产油国对国际石油市场及油价的控制不满,且海湾地区局势不稳,美国与海湾国家的关系紧张。为改变对中东石油的过度依赖,开辟一条安全、可靠、稳定的油气后备新渠道便成为美国能源战略的优先考虑目标。

二、欲将几内亚湾变成"波斯湾"第二

作为世界八大产油区之一的非洲,近年来由于深海勘探技术的运用和西非几内亚湾地区新油田的发现,探明的石油储量 2002 年达 104.59 亿吨,占世界总储量的 7.4%。据测,未来 5 年内,非洲探明石油储量将增加 150 亿桶。

和世界其他地区的油田相比,其一,几内亚湾不仅石油蕴藏丰富,而且石油品种多、品质高。且西非地理位置优越,不仅油田大多分布在海岸附近或近海海域,可躲避一些非洲国家的战乱冲突,而且石油外运方便,与美国的距离只有中东到美国距离的一半。其二,西非地区石油钻井成功率高达 35%,远超 10% 的世界平均水平,降低开采成本(每桶仅为 5~7 美元)。其三,除尼日利亚以外,非洲产油国都不是"欧佩克"[②]成员国,不受石油生产配额的限制。

非洲石油的上述特点吸引着美国。目前,美国从非洲进口的石油已达其石油进口总量的 16%,相当于从沙特阿拉伯进口的石油数量。

三、曲折的美国非洲石油之路

为确保对非洲产油国家和地区的控制,美国政府从政治、经济、外交以及军事等方面对非洲产油国实行全方位出击。政治外交上,美国政府高官出访非洲产油国以笼络住这些国家。经济上,美国政府和美国跨国石油公司不惜斥巨资开发非洲的油气资源。2003 年美国能源部在非洲石油业的投资预算为 100 亿美元。埃克森—美孚公司铺设了一条耗资 37 亿美元、总长 1080 千米的输油管道,把乍得的石油输往喀麦隆的大西洋海岸。美国埃索公司斥资 30 亿美元,在安哥拉首都罗安达西北海域兴建日产原油 25 万桶的深海油田。能源外交中,美国巩固与尼日利亚、安哥拉、阿尔及利亚和埃及等传统产油国的关系,发展与乍得、赤道几内亚、喀麦隆等新产油国的关系。在军事上,以保护能源供应安全为由,将军事触角伸向西非地区。

---

① 根据 http://www.chemintel.net/archives/2004/200413178.htm 资料修改。

② "欧佩克"是石油输出国组织的意思,英文全称为 Organization of Petroleum Exporting Countries,简称为 OPEC。该组织于 1960 年由伊朗、伊拉克、科威特、沙特阿拉伯和委内瑞拉等国宣告成立。如今,"欧佩克"已发展成为亚、非、拉一些主要石油生产国的国际性石油组织,以协调和统一各成员国的石油政策以及维护共同利益为宗旨。

除此而外,美国加强与非"欧佩克"产油国的关系,力图削弱"欧佩克"的影响,将国际石油价格的主导权逐渐由石油生产国的独家垄断向石油生产国与石油消费国的协商一致过渡,以低油价拉动和刺激美国经济的复苏及增长。

6.4.2　管道运输的种类

管道运输就其铺设工程可分为架空管道、地面管道和地下管道,其中以地下管道应用最为普遍。视地形情况,一条管道也可能三者兼而有之。

管道运输就其地理范围可分为油矿至聚油塔或炼油厂,称为原油管道(Crude Oil Pipeline);从炼油厂至海港或集散中心,称为成品油管道(Product Oil Pipeline);从海港至海上浮筒,称为系泊管道(Buoy Oil Pipeline)。

管道运输就其运输对象又可分为液体管道(Fluid Pipeline)、气体管道(Gas Pipeline)和水浆管道(Scurvy Pipeline)。

此外,管道运输同铁路运输、公路运输一样,也有干线和支线之分。

6.4.3　管道运输的优缺点

(一)管道运输的特征

管道运输多用来输送流体(货物),如原油、成品油、天然气及固体煤浆等。它与其他运输方式(铁路、公路、海运、河运)相比,主要区别在于驱动流体的输送工具是静止不动的泵机组、压缩机组和管道。泵机组和压缩机组给流体以压能,使其沿管道连续不断地向前流动,直至输到指定地点。管道运输的主要特点如下:

(1)运输通道与运输工具合二为一。

(2)高度专业化,适于运输气体和液体货物。

(3)永远是单方向运输。

(二)管道运输的优点

(1)安全密闭,基本上不受地面气候影响并可连续作业,能够长期安全稳定运营。

(2)运输的货物无需包装,节省包装费用。

(3)货物在管道内移动,货损货差小。

(4)能耗少,费用省,成本低,原油管道的单位能耗只相当于铁路的1/12~1/7。

(5)单向运输,无回空运输问题。

(6)劳动生产率高。管道运输可实现远程控制,自动化程度高,经营管理比较简单。

(7)运输量大。一般一条1200毫米直径的管道,1年可输油4000多万吨;一条直径720毫米的管道,可以年输原油2000万吨以上或输煤1200万吨,相当于一条铁路的运量。

(8)占地少,受地形、地物限制小,宜选取短捷路径,缩短运输距离。

(9)基本上不产生废渣废液,不会对环境造成污染。

(三)管道运输的缺点

(1)适用范围小,运输货物过于专门化,仅限于液体和气体货物。

(2)永远单向运输,机动灵活性差。

(3)固定投资大。

6.4.4 管道运输的经营管理

在西方发达国家,管道运输大都为大石油公司所占有和控制,它们为了垄断石油的产供销,均投资建设自己专用的管道,运输自己的产品,管道运输实际上已成为石油公司内部的运输部门,成为石油垄断组织不可缺少的组成部分。

第二次世界大战后,铁路兼营管道运输的现象逐渐增多,这是因为随着管道运输的迅速发展,铁路油罐车运输业务受到很大影响,铁路为了寻找出路,提高竞争能力,挽回失去的货运量,有些铁路也投资建设石油管道,兼营管道运输业务。铁路兼营管道运输较其他单独经营管道运输具有以下有利条件:首先,铁路可在铁路沿线原有土地上铺设管道,不必投资另找土地;其次,可以利用铁路原有人员和设备;第三,可以解决铁路本身所需燃料。因此,可以收到投资少、成本低的良好经济效果。

管道运输由于管道路线和运输是固定的,所以运输费用计算比较简单。按油类不同品种规格规定不同费率。其计算标准多数以桶为单位,有的以吨为单位。此外,一般均规定每批最低托运量。

⤷【案例分析】

船舶触碰水下遗锚,船舱进水致货损[①]

某年 6 月 28 日,武汉某包装公司(下面简称为包装公司)与武汉水运公司的航运营业部联系自武汉运输 56 吨夹板纸至上海,然后出口到马来西亚,并预付了运费。随后,武汉水运公司联系某水运公司"汉川挂机 330 号"水泥船(核定吨位 60 吨)承运。

6 月 30 日,包装公司与武汉水运公司以运单形式签订水路货物运输合同。包装公司在运单"记载事项"栏批注:要求 7 月 10 日以前运抵上海港。同时,包装公司将价值185758.98 元的夹纸板以保险金额 100000 元向武汉市江汉区保险公司投保货物运输险。

7 月 7 日,"汉川挂机 330 号"船装载了包装公司货物后,又加载安庆市果品公司的水果罐头 114 件,每件 18 千克,共重 2052 千克,由武汉起航。7 月 12 日 15:30 时,"汉川挂机 330 号"船停靠安庆时因船底触及水下遗锚,致使船底破损漏水。货物损失 37151.80 元。武汉市江汉区保险公司以意外海损事故和投保不足已按比例赔偿包装公司损失20500.28 元。

[问题]

1. 某水运公司能否加载安庆市果品公司的水果罐头?

2. 某水运公司需要赔偿武汉某包装公司的货物损失吗? 为什么?

[案情分析]

包装公司与武汉水运公司联系运输出口到马来西亚的纸张,并预付了运费。武汉水运公司指定某水运公司的"汉川挂机 330 号"水泥船承运,并办理了水路货物运单。但没有说明包装公司是包船运输。所以,"汉川挂机 330 号"船承运包装公司 56 吨货物的同时,利用空余吨位装运同航货物水果罐头 114 件,某水运公司没有违约。

---

① 根据 http://www.admin18.com/wen/HTML/14710.html 资料修改。

武汉水运公司为武汉包装公司代办货物运输,包装公司与某水运公司签订的货物运单为有效合同。运单上要求货物于 7 月 10 日前运抵上海港。但某水运公司未积极履行义务,在约定的运到期限外,即 7 月 12 日发生意外海损事故。由于期限违约在前,致使包装公司的货物受到损失,某水运公司应负赔偿责任。

【本章小结】

1. 国际公路货物运输具有机动灵活、简捷方便、应急性及适应性强等特点;但汽车不适宜装载重件、大件货物、不适宜走长途运输,且易造成货损货差事故,费用和成本较高。

2. 内河货物运输具有运量较大、投资少、成本低和耗能少等特点。

3. 国际邮政运输具有广泛的国际性、国际多式联运性质、"门到门"运输等特点。

4. 国际邮政运输的主要单证是邮政收据。

5. 管道运输具有运输通道与运输工具合二为一、高度专业化和单方向运输的特点。

【思考练习】

1. 解释如下术语:
   内河运输　邮政收据　管道运输

2. 简述公路运输的主要优势。

3. 简述国际邮政运输的特点。

4. 简述管道运输的优缺点。

第 7 章

国际现代运输方式 ≫≫≫≫ ≫

　　集装箱运输是一种先进的现代化运输方式,在世界范围内得到了飞速发展,已成为世界各国进行国际贸易的最优运输方式。随着国际贸易和运输技术的发展,传统的海洋、铁路、航空、公路和内河等相互独立和单一的运输方式已不能适应国际货物运输迅速发展的要求。因此,在集装箱运输出现以后,在此基础上又出现了一些新的运输方式,其中,国际多式联运和大陆桥运输是使用广泛的联运方式。通过本章学习,掌握集装箱运输、国际多式联运和大陆桥运输等新的运输方式。

7.1　集装箱运输

　　集装箱运输是以集装箱作为运输单位进行货物运输的一种现代化的先进运输方式,具有安全、高效、保质、快捷和节省等优点,是成组运输的高级形态,它可适用于各种运输方式的单独运输和不同运输方式的联合运输。集装箱运输是运输方式上的一大革命,它的出现和广泛运用,对国际贸易产生了很大的影响,目前已成为国际货物运输中的一种重要运输方式。

7.1.1　集装箱运输(Container Transport)概述

(一)集装箱(Container)的含义

　　集装箱又称"货柜"、"货箱",原义是一种容器,具有一定的强度和刚度,且可反复使用,是专用于周转使用并便于机械操作和运输的大型货物容器。由于它的外形像一只箱子,又可以集装货物,因而称为"集装箱"。

　　根据国际标准化组织(International Organization for Standardization, ISO)TC/04 委员会的定义,凡具备下列条件的运输容器,可称为集装箱:

　　(1)具有足够的强度,能长期反复使用;

　　(2)中途转运时,不用搬动箱内的货物,可整体转载;

　　(3)备有便于装卸的特点,能进行快速装卸;

　　(4)便于货物的装入和卸空;

(5)具有 1 立方米(即 35.32 立方英尺)以上的内部容积。

国际标准化组织为了统一集装箱规格,共规定了 3 个系列、13 种规格的集装箱。现在海、陆运普遍使用的 20 英尺和 40 英尺集装箱,是第 1 系列中 1C 和 1A 型。关于集装箱船舶的集装箱装载能力,通常以能装多少个 TEU(即 20 英尺标准集装箱,Twenty-foot Equivalent Unit 译为"20 英尺等量单位 TEU",其宽、高、长分别为 8 英尺、8 英尺、20 英尺)为衡量标准。图 7-1、图 7-2 分别是两种不同规格的集装箱。

图 7-1 40 英尺集装箱

图 7-2 20 英尺集装箱

(二)集装箱运输的产生和发展

集装箱运输始于 20 世纪 30 年代末的一些发达国家,初始行于陆运,自 20 世纪 50 年代中期集装箱从陆上推向海上运输,海上集装箱运输的出现是对世界海上杂货运输的一场革命。

中国的海上集装箱运输始于 20 世纪 70 年代,集装箱运输发展历史较短,但发展较快。据交通部统计,我国集装箱船队总量已居世界第三位,集装箱运量占世界的比重高达 20% 以上。至 2012 年年底,全国港口拥有万吨级以上生产泊位 1886 个,有 29 个港口跻身世界亿吨大港行列。1986 年,全国港口完成集装箱吞吐量 59 万标准箱;2003 年全国港口完成集装箱吞吐量达 4850 万标箱,首次位居世界第一;2007 年全国集装箱吞吐量突破 1 亿标箱,实现了集装箱运输的历史性跨越。

表 7-1 2004—2011 年全国港口集装箱吞吐量[①]

年　份	GDP/万亿元	GDP 年增长(%)	港口吞吐量/亿吨	港口吞吐量年增长(%)	集装箱吞吐量/万 TEU	集装箱吞吐量年增长(%)
2004	13.6	—	25.4	—	5662	—
2005	18.2	33.82	48.5	90.94	7564	33.59
2006	20.9	14.84	55.7	14.85	9361	23.76
2007	24.7	18.18	64.1	15.08	11400	21.78
2008	31.4	27.13	70.2	9.52	12800	12.28
2009	34.1	8.60	73.6	4.84	12240	−4.38
2010	39.8	16.72	80.2	8.97	14500	18.46
2011	46.5	16.83	100.4	25.19	16400	13.10

我国 90% 以上的外贸货物通过海运完成,而中高档商品主要采用集装箱装运。加入

---

① 资料来源:http://wenku.baidu.com/view/03d613b8c77da26925c5b01c.html。

WTO 后,我国与 WTO 成员国间商品交流自由度加大,国外优势商品如计算机、通信器材、建材、仪器和仪表及工业零配件等大量进入中国市场,而我国纺织品、服装、手工艺品和土特产品等具有优势的商品也不受限制地流向国外,这些进出口商品大都为适箱货,从而增加了中国与国际间箱流量,使挂靠我国港口的集装箱班轮数量、集装箱船舶运量,港口集装箱吞吐量、集装箱场站处理量、集装箱多式联运量、物流企业的集装箱物流量、船舶代理业的船箱代理量、货运代理业的集装箱货物代理量、集装箱综合修理服务业的修理量和集装箱租赁业的集装箱租量都有很大的增加,极大地推动了我国集装箱运输的发展,给我国水运经济带来了新的增长点。

【知识链接 7-1】

现代航运业集装箱运输之父——马尔科姆·珀塞尔·麦克莱恩[①]
(Malcom Purcell McLean)(1915—2001)

麦克莱恩曾经是一名美国货车司机,后来创办了世界上最大的集装箱运输公司——海陆联运公司。麦克莱恩通过十几年的不断实践和潜心钻研,1946 年研制发明了储装箱,解决了装船慢、货物累积量小的历史性难题。1955 年,他收购 PAN 和大西泽公司,着手将自己的发明付诸现实,把公司里的油轮改造成储运货物的大金属箱,即现代集装箱的雏形。1956 年 4 月 16 日,他的第一支集装箱船队"理想 6 号"驶出纽瓦克港,从此世界储运史翻开了新的一页。

之后,集装箱被广泛应用于汽车、铁路、轮船和飞机运输,使全球运输业发生了革命性的变革。所以,2000 年,麦克莱恩被"国际海运名人堂"命名为"世纪伟人",被《福布斯》列入 1950 年以来改变世界的 10 个人之一,更是被同行誉称为"集装箱运输之父"。

【知识链接 7-2】

表 7-2　集装箱船型发展[②]

船　型	出现年代	船长(米)	船宽(米)	吃水(米)	载箱量(TEU)	载重量(万吨)
第一代	1966 年前	175	25	8	1000	1~1.5
第二代	1970 年前	200	29	10~11	2000	2~3
第三代	1985 年前	275	32	11~12	3000	4
第四代	1990 年前	295	32	12~13	4000	5.5
第五代	1998 年前	300$^+$	40	13~15	5000	7.5~8
第六代	2002 年后	300$^+$	43	15~17	大于 6000	8~10

(三)集装箱运输的特点

1. 高效益的运输方式

(1)简化包装,大量节约包装费用。集装箱具有坚固、密封的特点,其本身就是一种极好

---

①　资料来源:根据 http://baike.baidu.com/view/489131.htm 整理。

②　资料来源:根据相关资料汇总。

的包装。使用集装箱可以简化包装,有的甚至无须包装,实现件杂货无包装运输,可大大节约包装费用。

(2)减少货损货差,提高货运质量。货物装箱并铅封后,途中无须拆箱倒载,一票到底,即使经过长途运输或多次换装,不易损坏箱内货物。集装箱运输可减少被盗、潮湿、污损等引起的货损和货差,深受货主和船公司的欢迎,减少了社会财富的浪费,具有很大的社会效益。

(3)减少营运费用,降低运输成本。由于集装箱的装卸基本上不受恶劣气候的影响,船舶非生产性停泊时间缩短;又由于装卸效率高,装卸时间缩短,对船公司而言,可提高航行率,降低船舶运输成本,对港口而言,可以提高泊位通过能力,从而提高吞吐量,增加收入。集装箱运费比普通件杂货运费低5%～10%。

2. 高效率的运输方式

(1)普通货船装卸,一般每小时为35吨左右,而集装箱装卸,每小时可达400吨左右,装卸效率大幅度提高。同时,由于集装箱装卸机械化程度很高,因而每班组所需装卸工人数很少,人均劳动生产率大大提高。

(2)由于集装箱装卸效率很高,受气候影响小,船舶在港停留时间大大缩短,因而船舶航次时间缩短,船舶周转加快,航行率大大提高,船舶生产效率随之提高,从而,提高了船舶运输能力,在不增加船舶艘数的情况,可完成更多的运量,增加船公司收入。

3. 高投资的运输方式

(1)船公司必须对船舶和集装箱进行巨额投资。根据有关资料表明,集装箱船每立方英尺的造价约为普通货船的3.7～4倍。

(2)集装箱运输中港口的投资相当大。专用集装箱泊位的码头设施包括码头岸线和前沿、货场、货运站、维修车间、控制塔、门房,以及集装箱装卸机械等,耗资巨大。

(3)为开展集装箱多式联运,还需有相应的内际设施及内陆货运站,为了配套建设,需要兴建、扩建、改造、更新现有的公路、铁路、桥梁等。

4. 高协作的运输方式

集装箱运输涉及面广、环节多、影响大,是一个复杂的运输系统工程。集装箱运输系统包括海运、陆运、空运、港口、货运站以及与集装箱运输有关的海关、商检、船舶代理公司、货运代理公司等单位和部门。只有搞好整个运输系统各环节、各部门之间的高度协作,才能保证集装箱运输系统高效率地运转。

5. 适于组织多式联运

由于集装箱运输在不同运输方式之间换装时,无需搬运箱内货物而只需换装集装箱,这就提高了换装作业效率,适于不同运输方式之间的联合运输。在换装转运时,海关及有关监管单位只需加封或验封转关放行,从而提高了运输效率。

7.1.2 集装箱的种类(箱类,Container Type)

随着集装箱运输的发展,为适应装载不同种类货物的需要,因而出现了不同种类的集装箱。这些集装箱不仅外观不同,而且结构、强度、尺寸等也不相同。

(一)按集装箱的用途分类

1. 干货集装箱(Dry Cargo Container)

干货集装箱常称普通集装箱(General Purpose Container,GP,普柜),又称杂货集装箱和通用集装箱,用以装载除液体货、需要调节温度货物及特种货物以外的一般件杂货,包括日常百货、食品、机械、仪器、医药及各种贵重物品等。干货集装箱是目前使用最多的标准集装箱,占全部集装箱的 80% 以上。其结构特点是封闭式,一般在一端或侧面设有箱门。

普通集装箱作为常见箱型(Cont. Size),其表示方法较多,常见的如:20GP、20′、20 尺柜都表示 20 英尺的标准箱;40GP 和 40′ 表示 40 英尺的普箱。1×20GP 则表示一个 20 尺的普柜。

除了上述箱型外,常用的还有集装箱高柜(High Cube Container,简写 HC,习惯上写 HQ),或称高箱,其高度比普通集装箱高。如 40GP 的高度是 2390 毫米,40HQ 的高度则是 2698 毫米。1×40HQ 表示一个 40 尺的高柜。

2. 开顶集装箱(Open Top Container,OT)

开顶集装箱也称敞顶集装箱,简称开顶箱,适于装载较高的大型货物和需吊装的重货,如玻璃板、钢制品、机械等。该集装箱没有刚性箱顶,但有可折式顶梁支撑的帆布、塑料布或涂塑布制成的顶篷,其他构件与干货集装箱类似。为了使货物在运输中不发生移动,一般在箱内底板两侧各埋入几个索环,用以穿过绳索捆绑箱内货物。

3. 台架式集装箱(Fat Rack Container,FR)和平台式集装箱(Platform Based Container,PF)

台架式集装箱常称柜架集装箱。台架式集装箱没有箱顶和侧壁,甚至有的连端壁也去掉而只有底板和四个角柱。可分为敞侧台架式、全骨架台架式、有完整固定端壁的台架式、无端壁有固定角柱和底板的台架式集装箱等。它们的主要特点是:为了保持其纵向强度,箱底较厚。箱底的强度比普通集装箱大,而其内部高度则比一般集装箱低。在下侧梁和角柱上设有系环,可把装载的货物系紧。该集装箱没有水密性,怕水湿的货物不能装运,适合装载形状不一的货物。平台式集装箱是仅有底板而无上部结构的一种集装箱。该集装箱装卸作业方便,适于装载长、重大件,如重型机械、钢管、木材、钢锭等。

4. 通风集装箱(Ventilated Container)

通风集装箱一般在侧壁或端壁上设有通风孔,适于装载不需要冷冻而需通风、防止汗湿的货物,如水果、蔬菜等。如将通风孔关闭,可作为杂货集装箱使用。

5. 冷藏集装箱(Refrigerated Container,RF)

冷藏集装箱是专为运输要求保持一定温度(-28℃~26℃)的冷冻货或低温货而设计的集装箱,适用装载肉类、水果等货物。冷藏集装箱造价较高,营运费用较高,使用中应注意冷冻装置的技术状态及箱内货物所需的温度。

6. 散货集装箱(Bulk Container)

散货集装箱除有箱门外,在箱顶部还设有 2~3 个装货口,适用于装载粉状或粒状货物,如大豆、大米、面粉、饲料、水泥、化学制品等。使用时要注意保持箱内清洁干净,两侧保持光滑,便于货物从箱门卸货。

7. 牲畜集装箱(Pen Container)

牲畜集装箱专供装运牲畜,如鸡、鸭、鹅等活家禽。为了实现良好的通风,箱壁用金属丝网制造,侧壁下方设有清扫口和排水口,并设有喂食装置。

8. 罐式集装箱(Tank Container,TK)

罐式集装箱适用于酒类、油类、化学品等液体货物的装运。它由罐体和箱体框架两部分组成,装货时货物由罐顶部装货孔进入,卸货时,则由排货孔流出或从顶部装货孔吸出。

9. 汽车集装箱(Car Container)

汽车集装箱是专为装运小型轿车而设计制造的集装箱。其结构特点是无侧壁,仅设有框架和箱底,可装载一层或两层小轿车。

10. 挂式集装箱(Dress Hanger Container,HT)

挂式集装箱又称服装集装箱和挂衣箱。这种集装箱的特点是,在箱内上侧梁上装有许多根横杆,每根横杆上垂下若干条皮带扣、尼龙带扣或绳索,成衣利用衣架上的钩,直接挂在带扣或绳索上。这种服装装载法属于无包装运输,它不仅节约了包装材料和包装费用,而且减少了人工劳动,提高了服装的运输质量。

随着国际贸易的发展,商品结构不断变化,今后还会出现各种不同类型的专用或多用集装箱。

【知识链接 7-3】

表 7-3　标准集装箱尺寸

柜　型		内部尺寸(mm)			柜门尺寸(mm)		负载(千克)			内部容积(m³)
		长	宽	高	长	宽	最大毛重	空箱重量	最大载重	
普通柜	20′GP	5898	2352	2391	2340	2280	24000/30480	2280/2280	21720/28200	33.2
	40′GP	12024	2352	2390	2340	2280	30480	3830	26650	67.7
普通高柜	40′HQ	12031	2352	2698	2340	2585	30480	3980	26500	76.3
	45′HQ	13544	2352	2698	2340	2585	30480	4800	25680	86.0
开顶柜	20′OT	5899	2352	2351	2340	2295	30480	2260	28220	32.2
	40′OT	12024	2350	2351	2338	2279	30480	3980	26500	67.0
挂衣柜	20′HT	5900	2352	2353	2340	2280	24000	2240	21760	33.2
	40′HT	12024	2352	2393	2340	2280	30480	3885	26595	67.7

注释:1. GP. General Purpose Container 普柜/普箱;HQ/HC——High Cube Container 高柜/高箱;OT——Open Top Container 开顶箱;HT——挂衣箱。因船公司的新旧箱差别和不同船公司的区别,实际集装箱尺寸会有差异。

(二)按集装箱制造的主体材料分类

由于集装箱在运输途中常受各种力的作用和环境的影响,因此集装箱的制造材料要有足够的刚度和强度,应尽量采用质量轻、强度高、耐用、维修保养费用低的材料,并且材料既要价格低廉,又要便于取得。

1. 钢制集装箱(Steel Container)

其框架和箱壁板皆用钢材制成。最大优点是强度高、结构牢、焊接性和水密性好、价格低、易修理、不易损坏,主要缺点是自重大、抗腐蚀性差。

2. 铝制集装箱（Aluminium Container）

主要有两种：一种为钢架铝板；另一种仅框架两端用钢材，其余用铝材。主要优点是自重轻、不生锈、外表美观、弹性好、不易变形，主要缺点是造价高、受碰撞时易损坏。

3. 不锈钢制集装箱（Stainless Steel Container）

一般多用不锈钢制作罐式集装箱。不锈钢制集装箱主要优点是强度高、不生锈、耐腐性好，缺点是投资大。

4. 玻璃钢制集装箱（Glass Container）

玻璃钢制集装箱是在钢制框架上装上玻璃钢复合板构成的。主要优点是隔热性、防腐性和耐化学性均较好，强度大，能承受较大压力，易清扫，修理简便，集装箱内容积较大等；主要缺点是自重较大，造价较高。

7.1.3　集装箱运输的关系人

随着集装箱运输的逐步发展，与之相适应的，有别于传统运输方式的管理方法和工作机构也相应地发展起来，形成一套适应集装箱运输特点的运输体系，主要包括如下方面。

（一）实际承运人（Actual Carrier）

实际承运人是指拥有大量集装箱和集装箱船只的轮船公司。包括经营集装箱运输的船公司、联营公司、公路集装箱运输公司、航空集装箱运输公司等等。例如我国中远、中外运等。

（二）无船公共承运人（Non-Vessel Operating Common Carrier, NVOCC）

无船公共承运人又称无船承运人或无船营运公共承运人，是指以承运人身份接受托运人提供的货载并以本人名义与托运人订立海上国际货物运输合同或多式联运合同，签发自己的提单或其他运输单证，承担货物全程运输责任，但不经营用以提供海上运输的船舶，而以本人名义向海运承运人托运货物的公共承运人。在集装箱运输中，无船承运人是经营集装箱货运的揽货、装箱、拆箱、内陆运输及经营中转站或内陆站业务，但不掌握运载工具的专业机构。它在承运人与托运人之间起着中间桥梁作用，它一方面以承运人的身份向货主揽货；另一方面又以托运人的身份向实际承运人托运。

（三）集装箱租赁公司（Container Leasing Co.）

集装箱租赁公司是随集装箱运输发展而兴起的一种新兴行业。它专门经营集装箱的出租业务。

（四）联运保赔协会（Through Transit Club）

一种由船公司互保的保险组织，对集装箱运输中可能遭受的一切损害进行全面统一的保险。这是集装箱运输发展后所产生的新的保险组织。

（五）集装箱码头（堆场）经营人（Container Terminal Operator）

集装箱码头（堆场）经营人是具体办理集装箱在码头的装卸、交接、保管的部门，它受托运人或其代理人以及承运人或其代理人的委托提供各种集装箱运输服务。

（六）集装箱货运站（Container Freight Station, CFS）

集装箱货运站是在内陆交通比较便利的大中城市设立的提供集装箱交接、中转或其他运输服务的专门场所。

【知识链接 7-4】

中远集装箱运输有限公司[①]

中远集装箱运输有限公司(COSCO Container Lines Co. Ltd. 简称中远集运)是全球主要的集装箱班轮运输公司及中国最大的班轮公司,主要经营国际、国内集装箱运输及相关的其他业务。截至 2011 年 12 月 31 日,中远集运拥有集装箱船 157 艘,运力达 667.970 标准箱,挂靠全球 48 个国家和地区的 159 个港口,集装箱运输业务网络遍及全球。中远集运一贯重视服务质量,始终坚持"以市场为导向,以客户满意为中心"的经营理念,不断增强企业适应市场、参与国际竞争的能力,力求为全球客户提供最优质、最高效的服务。

7.1.4 集装箱运输的方式

(一)集装箱货物装箱方式

在集装箱货物的流转过程中,其流转形态可分为整箱货和拼箱货两种。

1. 整箱货(Full Container Load,FCL)

整箱货是指货主向承运人或租赁公司租用的集装箱达到一个集装箱容积的 75% 或集装箱负荷重量的 95%。空箱运到工厂仓库后在海关人员监管下,货主把货装入箱内,加锁铅封后,交承运人并取得站场收据,最后凭收据换取提单或运单。整箱货又习惯理解为一个发货人、一个收货人。

2. 拼箱货(Less Than Container Load,LCL or Consolidated Cargo)

拼箱货是指承运人接受货主托运的数量不足整箱的小票货运后,根据货类性质和目的地进行分类整理,把去同一目的地的货,集中到一定数量,拼装入箱。由于一个箱内有不同货主的货拼装在一起,所以叫拼箱。这种情况在货主托运的货物数量不足装满整箱时采用。拼箱货的分类、整理、集中、装箱(拆箱)、交货等工作均在承运人码头集装箱货运站或内陆集装箱转运站进行。

(二)集装箱的交接方式(Receiving and Delivery System)和交接地点

在集装箱运输中,根据实际交接地点的不同,集装箱货物的交接有多种方式,在不同的交接方式中,集装箱运输经营人与货方承担的责任、义务不同。集装箱货物可以传统的方式在船边进行交接,可以整箱货的方式在集装箱堆场(Container Yard,CY,简称"场")进行交接,可以拼箱货的方式在集装箱货运站(Container Freight Station,CFS,简称"站")进行交接,也可以在多式联运方式下在货主的仓库或工厂(在交接地点中所指的"门")进行交接。

1. 整箱交/整箱收(FCL/FCL)

承运人以整箱为单位负责交接,货物的装箱和拆箱均由货方负责。

(1)门到门交接(Door to Door)。此种交接形式习惯上只有一个发货人、一个收货人,由承运人负责内陆运输。门到门交接的货物系整箱货。

(2)场到场交接(CY to CY)。这是一种在装船港码头堆场接收货箱,并将其运至卸船

---

① 中远集运网站,http://www.coscon.com/about.screen? locale=zh.

港码头堆场的交接方式。

（3）门到场（Door to CY）。门到场交接形式是在发货人的工厂或仓库接收货箱后，由承运人负责运至卸船港集装箱码头堆场交货，目的地的内陆运输则由收货人自己负责安排。

（4）场到门交接（CY to Door）。场到门交接是指在装船港集装箱码头堆场接收货箱，由承运人负责运至收货人工厂或仓库交货的交接方式，即整箱接收，整箱交付。

2. 拼箱交/拆箱收（LCL/LCL）

拼箱交/拆箱收交接方式下，货物的装箱和拆箱均由承运人负责。集装箱的具体交接地点只有一种情况，即站到站（CFS to CFS），即发货人将货物送往起运地或集装箱货运站，货运站将货物拼装后交承运人，承运人负责运至目的地或卸箱港的集装箱货运站进行拆箱，当地的货运站按件拨交各个有关收货人。

3. 整箱交/拆箱收（FCL/LCL）

（1）门到站交接（Door to CFS）。该形式是在发货人的工厂或仓库接收货箱后，由承运人负责运至目的地集装箱货运站交货，即整箱货接收，拼箱货交付。

（2）场到站（CY to CFS）。这是一种在装船港集装箱码头堆放场接收货箱，并将其运至目的地集装箱货运站的交接方式。

4. 拼箱交/整箱收（LCL/FCL）

（1）站到门（CFS to Door）。这是一种发货人在起运地或装箱港的集装箱货运站按件交货，货运站进行拼箱，然后由承运人负责将其运至收货工厂或仓库整箱交货的交接方式。

（2）站到场（CFS to CY）。这是一种发货人在起运地集装箱货运站接收货箱后，承运人负责运至卸船港集装箱码头堆场，整箱交收货人的交接方式。

【思考】 哪种交接方式最能发挥集装箱的优越性？

7.1.5 集装箱运输费用

(一)国际集装箱海运运价的基本形式

目前，国际集装箱海上运输，有几种不同的运价形式，其中主要包括均一费率（FAK）、包箱费率（CBR）以及运量折扣费率（TVC）等。

1. 均一费率（Freight for All Kinds Rates，FAK）

均一费率是指对所有货物均收取统一的运价。它的基本原则是集装箱内装运什么货物与应收的运费无关。换句话说，所有相同航程的货物征收相同的费率，而不管其价值如何。它实际上是承运人将预计的总成本分摊到每个所要运送的集装箱上所得出的基本的平均费率。

2. 包箱费率（Commodity Box Rates，CBR）

包箱费率，或称货物包箱费率，为适应海运集装箱化和多式联运发展的需要而出现的一种运价形式。这种费率形式是按不同的商品和不同的箱型，规定了不同的包干费率，即将各项费率的计算单位由"吨"（重量吨或体积吨）简化为按"箱"计。对于承运人来说，这种费率简化了计算，同时也减少了相关的管理费用。

按不同货物等级制定的包箱费率，等级的划分与件杂货运输的等级分类相同（1～20级）。不过，集装箱货物的费率级别，大致可分为 4 组，如：1～7 级、8～10 级、11～15 级和

16～20级，但也有仅分3个费率等级的，采用这种集装箱费率的有《中远第6号运价表》的中国—澳大利亚航线、中国—新西兰航线、中国—波斯湾航线、中国—地中海航线以及中国—东非航线等。

3. 运量折扣费率（Time-volume Rates，又称 Time-volume Contracts，TVC）

运量折扣费率实际上就是根据托运货物的数量给予托运人一定的费率折扣，即：托运货物的数量越大，支付的运费率就越低。当然，这种费率可以是一种均一费率，也可以是某一特定商品等级费率。由于这种运量激励方式根据托运货物数量确定运费率，因而大的货主通常可以从中受益。

(二)国际集装箱海运运费的计算

国际集装箱海运运费的计算办法与普通班轮运费的计算办法一样，也是根据费率表规定的费率和计费办法计算运费，运费分为基本运费和附加费。不过，由于集装箱货物既可以交集装箱货运站（CFS）装箱，也可以由货主自行装箱整箱托运，因而在运费计算方式上有所不同。主要表现在当集装箱货物是整箱托运，并且使用的是承运人的集装箱时，集装箱海运运费计收有"最低计费吨"和"最高计费吨"的规定，此外，对于特种货物运费的计算以及附加费的计算也有其规定。

1. 拼箱货海运运费的计算

目前，各船公司对集装箱运输的拼箱货运费的计算，基本上是依据件杂货运费的计算标准，按所托运货物的实际运费吨计费，即尺码大的按尺码吨计费，重量大的按重量吨计费；另外，在拼箱货海运运费中还要加收与集装箱有关的费用，如拼箱服务等。由于拼箱货涉及不同的收货人，因而拼箱货不能接受货主提出的有关选港或变更目的港的要求，所以，在拼箱货海运运费中没有选港附加费和变更目的港附加费。

2. 整箱货海运运费的计算

对于整箱托运的集装箱货物运费的计收：一种方法是同拼箱货一样，按实际运费吨计费；另一种方法，也是目前采用较为普遍的方法是，根据集装箱的类型按箱计收运费。

在整箱托运集装箱货物且所使用的集装箱为船公司所有的情况下，承运人则有按"集装箱最低利用率"（Container Minimum Utilization）和"集装箱最高利用率"（Container Maximum Utilization）支付海运运费的规定。

(1)按集装箱最低利用率计费。一般说来，班轮公会在收取集装箱海运运费时通常只计算箱内所装货物的吨数，而不对集装箱自身的重量或体积进行收费，但是对集装箱的装载利用率有一个最低要求，即"最低利用率"。不过，对有些承运人或班轮公会来说，只是当采用专用集装箱船运输集装箱时，才不收取集装箱自身的运费，而当采用常规船运输集装箱时则按集装箱的总重（含箱内货物重量）或总体积收取海运运费。

规定集装箱最低利用率的主要目的是，如果所装货物的吨数（重量或体积）没有达到规定的要求，则仍按该最低利用率时相应的计费吨计算运费，以确保承运人的利益。在确定集装箱的最低利用率时，通常要包括货板的重量或体积。最低利用率的大小主要取决于集装箱的类型、尺寸和集装箱班轮公司所遵循的经营策略。当然，在有些班轮公会的费率表中，集装箱的最低利用率通常仅与箱子的尺寸有关，而不考虑集装箱的类型。目前，按集装箱最低利用率计收运费的形式主要有三种：最低装载吨、最低运费额以及上述两种形式的混合形式。

(2)亏箱运费(Short Fall Freight)的计算。当集装箱内所装载的货物总重或体积没能达到规定的最低重量吨或体积吨,而导致集装箱装载能力未被充分利用时,货主将支付亏箱运费。亏箱运费实际上就是对不足计费吨所计收的运费,即是所规定的最低计费吨与实际装载货物数量之间的差额。在计算亏箱运费时,通常是以箱内所载货物中费率最高者为计算标准。此外,当集装箱最低利用率是以"最低包箱运费"形式表示时,如果根据箱内所载货物吨数与基本费率相乘所得运费数额,再加上有关附加费之后仍低于最低包箱运费,则按后者计收运费。

(3)按集装箱最高利用率计收运费。集装箱最高利用率的含义是,当集装箱内所载货物的体积吨超过集装箱规定的容积装载能力(集装箱内容积)时,运费按规定的集装箱内容积计收,也就是说超出部分免收运费。规定集装箱最高利用率的目的主要是鼓励货主使用集装箱装运货物,并能最大限度地利用集装箱的内容积。为此,在集装箱海运运费的计算中,船公司通常都为各种规格和类型的集装箱规定了一个按集装箱内容积折算的最高利用率,例如,20 英尺集装箱的最高利用率为 31 立方米,而 40 英尺集装箱的最高利用率为 67 立方米。

至于计收的费率标准,如果箱内货物的费率等级只有一种,则按该费率计收;如果箱内装有不同等级的货物,计收运费时通常采用下列两种做法:一种做法是箱内所有货物均按箱内最高费率等级货物所适用的费率计算运费;另一种做法是按费率高低,从高费率起往低费率计算,直至货物的总体积吨与规定的集装箱内容积相等为止。

需指出的是,如果货主没有按照承运人的要求,详细申报箱内所装货物的情况,运费则按集装箱内容积计收,而且,费率按箱内所装货物所适用的最高费率计。如托运人仅提供部分货物的计算运输资料,这部分运费即按规定的等级和费率计算运费,其余未提供资料的货物运费,则按最高运费吨减去已提供资料的货物运费吨计算。那么,未申报部分运费按箱子内容积与已申报货物运费吨之差计收。

【实例 7-1】

一个 20 英尺整箱货运,内装有 8、9、10、11 级四种货物,托运时,仅提供 10 级货物的尺码为 16 立方米,该集装箱运费计算公式如下:

已提供资料的货物运费为 16 立方米×10 级费率＝运费①

未提供资料的 8、9、11 级货物的运费应为:

(31 立方米－16 立方米)×11 级费率＝运费②

箱货的总运费为:运费①＋运费②

3. 附加费的计算

与普通班轮一样,国际集装箱海运运费除计收基本运费外,也要加收各种附加费。附加费的标准与项目,根据航线和货种的不同而有不同的规定。集装箱海运附加费通常包括以下 4 种形式。

(1)货物附加费(Cargo Additional)。某些货物,如钢管之类的超长货物、超重货物、需洗舱(箱)的液体货等,由于它们的运输难度较大或运输费用增高,因而对此类货物要增收货物附加费。当然,对于集装箱运输来讲,计收对象、方法和标准有所不同。例如对超长、超重货物加收的超长、超重、超大件附加费（Heavylift and Over-length Additional）只对由集装箱货运站装箱的拼箱货收取，其费率标准及计收办法与普通班轮相同。如果采用 CFS/CY 条款，则对超长、超重、超大件附加费减半计取。

（2）变更目的港附加费（Alternational of Destination Charge）。变更目的港仅适用于整箱货，并按箱计收变更目的港附加费。提出变更目的港的全套正本提单持有人，必须在船舶抵达提单上所指定的卸货港 48 小时前以书面形式提出申请，经船方同意变更。如变更目的港的运费超出原目的港的运费时，申请人应补交运费差额，反之，承运人不予退还。由于变更目的港所引起的翻舱及其他费用也应由申请人负担。

（3）选卸港附加费（Optional Additional）。选择卸货港或交货地点仅适用于整箱托运整箱交付的货物，而且一张提单的货物只能选定在一个交货地点交货，并按箱收取选卸港附加费。选港货应在订舱时提出，经承运人同意后，托运人可指定承运人经营范围内直航的或经转运的三个交货地点内选择指定卸货港，其选卸范围必须按照船舶挂靠顺序排列。此外，提单持有人还必须在船舶抵达选卸范围内第一个卸货港 96 小时前向船舶代理人宣布交货地点，否则船长有权在第一个或任何一个选卸港将选卸货卸下，即应认为承运人已终止其责任。

（4）服务附加费（Service Additional）。当承运人为货主提供了诸如货物仓储对已关或转船运输以及内陆运输等附加服务时，承运人将加收服务附加费。对于集装箱货物的转船运输，包括支线运输转干线运输，都应收取转船附加费（Trans-shipment Additional）。

除上述各项附加费外，其他有关的附加费计收规定与普通班轮运输的附加费计收规定相同。这些附加费包括：因港口情况复杂或出现特殊情况所产生的港口附加费（Port Additional）；因国际市场上燃油价格上涨而增收燃油附加费（Bunker Adjustment Factor，BAF）；为防止货币贬值造成运费收入上的损失而收取货币贬值附加费（Currency Adjustment Factor，CAF）；因战争、运河关闭等原因迫使船舶绕道航行而增收绕航附加费（Deviation Surcharge）；因港口拥挤致使船舶抵港后不能很快装卸而需长时间待泊所增收的港口拥挤附加费（Port Congestion Surcharge）等。此外，对于贵重货物，如果托运人要求船方承担超过提单上规定的责任限额时，船方要增收超额责任附加费（Additional for Excess of Liability）。

7.1.6　集装箱货运进出口程序

（一）集装箱运输出口程序

1. 订舱（即订箱）

发货人或货物托运人根据贸易合同和信用证的有关条款，在货物托运前一定的时间内，填制定舱单向船公司或其代理人申请订舱。通常发货人委托货运代理人办理，填写出口货运代理委托书。

2. 签发装货单

船公司或其代理人，或负责运输的其他人在决定是否接受发货人的托运申请时，首先要考虑其航线、船舶、运输要求、港口条件、运输时间等方面能否满足发货人的要求。在接收托运申请后，签发装货单，分送集装箱堆场和集装箱货运站，据以安排空箱及办理货运交接。

3. 发送空箱

整箱货运所需的空箱通常由发货人领取,拼装箱的空箱一般由货运站领取。在由发货人到集装箱码头堆场领取空箱时,发货人与集装箱码头堆场对空箱办理交接,并填制设备交接单。

4. 拼装货装箱

集装箱货运站根据订舱单核收托运货物并签发场站货物收据,经分类整理,然后在站内装箱。

5. 整箱货装箱

发货人收到空箱后,自行装箱并加海关封志后按时运到集装箱码头堆场,并将签署的场站收据交还给发货人,据此换取提单。

6. 换取提单结汇

发货人凭经签署的场站收据,向负责集装箱运输的人或其代理换取提单,然后去银行结汇。

7. 装船

集装箱码头根据待装的货箱情况,制定出装船计划,待船舶靠泊后即行装船。

(二)集装箱进口程序

1. 货运单证及分发

集装箱码头根据装船港承运人代理寄发的有关货运单证,并分别发至集装箱货运站和集装箱堆场。

2. 发到货通知

通知收货人有关船舶到港时间,便于准备接货,并于船舶到港以后,发出到货通知。

3. 换取提货单

收货人按到货通知持正本提单向船公司(或代理)换取提货单。船公司核对正本提单无讹后,即签发提货单。

4. 卸船提货

收货人凭提货单连同进口许可证,到集装箱码头堆场提货及办理提箱或提货的手续。

5. 拼箱货交付

集装箱货运站凭提单交货。

6. 整箱交

集装箱堆场根据提货单交收货人集装箱并与货方代表办理设备交接单手续。

7.1.7 集装箱货物进出口主要货运单证

(一)订舱单(Booking Note,B/N)

订舱单是船公司或其他承运人或其代理人在接受发货人或货物托运人的订舱时,根据发货人的口头或书面申请货物托运的情况据以安排集装箱货物运输而制定的单证。该单证一经承运人确认,便作为承、托双方订舱的凭证。

订舱单的主要内容有:①货名、件数、包装式样、标志、重量、尺码;②目的港;③装运期限;④结汇期限;⑤能否分批运输、转船运输等。

订舱单上填写的装运条件必须与信用证条件一致。

（二）集装箱装箱单（Container Load Plan, CLP）

集装箱装箱单是详细记载集装箱内货物的名称、数量等内容的单据,每一个载货的集装箱都要制作这一单据,它是根据已装进集装箱内的货物制作的。

无论是货主自行装载的整箱货,还是由集装箱货运站负责装载的拼箱货,负责装箱的人都要制作装箱单。装箱单的主要作用如下:

(1)在装货地点,作为向海关申报货物出口的代用单据;

(2)作为发货人、集装箱货运站与集装箱码头堆场之间的货物交接单;

(3)作为承运人通知集装箱内所装货物的明细表;

(4)在卸货地作为办理集装箱保税运输手段的单据之一;

(5)该单据上所记载的货物与集装箱的总重量是计算船舶稳定性的基本数据。

（三）码头收据（场站收据,港站收据）（Dock Receipt,D/R）

码头收据一般都由发货人或其代理人根据船公司或其他运输经营人制定的规定格式填制,并跟随货物一起运至集装箱码头堆场或集装箱货运站,由接受货物的人在收据上签字后交还给发货人,证明托运的货物已收到。场站收据一式九联,包括:港站收据联、发货人副本联、通知船长联、海关联、场站副本联、代理公司副本、运费计算联、运费收据联和卸船港副本联。

（四）提单（Bill of Lading,B/L）

承运人在接管货物或把货物装船之后签发给托运人,证明双方已订立运输合同,并保证在目的港按照提单所载明的条件交付货物的一种凭证。而集装箱运输下的货运提单则是以场站收据换取的,是一张收货待运提单。在大多数情况下,船公司根据发货人的要求,在提单上填注具体的装船日期和船名后,该收货待运提单也便具有了装船提单同样的性质和作用。

为此,现行的集装箱提单中都有正面条款,说明货物在使用集装箱运输下所签发的提单的性质和作用。该条款由"确认条款、承诺条款、签署条款"组成。

（五）设备收据（设备交接单）（Equipment Receipt,E/R）

设备收据是作为集装箱,以及其他机构载货设备交接的证书,由借方和出借方共同签字。当集装箱或机械设备在集装箱码头堆场或集装箱货运站出借或回收时,由码头堆场制作设备交接单,经双方签字后,作为两者之间设备交接的证书。设备收据分进场和出场两种,交接手续均在堆场大门口办理。

（六）进出口货物海关申报单

根据集装箱运输的特点,国际上有许多国家修改了本国海关法令规章和手续,使它适应集装箱成组化运输,也有不少国家共同缔结了关于集装箱货物运输的海关公约。在这些规章和公约中,海关手续被简化到最低限度,集装箱货物只要在起运国内陆地点经海关检验,并在箱子加注海关封志后就可以一直运到进口国家最终交货地点,由目的地海关检验放行。在运输过程中所经国家的海关仅对集装箱做记录,并不检查箱子内货物的实际情况。

我国海关对进出口集装箱及所装货物规定如下:凡进口的集装箱货物直接运往内地设有海关地点的,则由口岸货运代理向海关申请办理转运(转关)手续,口岸海关将有关申报单证(关封)转交承运人负责带交内陆地海关,由内陆地海关查验放行。凡出口的集装箱货物,如果是在内地设有海关的地点装箱,则可由当地发货人或货运代理向当地海关申报,由该海关将有关申报单证(关封)转交承运人负责带给出境地海关凭以监督装船。

7.2　国际多式联运

国际多式联运（International Multimodal Transport 或 International Combined Transport，美国称为 International Intermodal Transport）是在集装箱运输的基础上产生和发展起来的，以集装箱装载形式把海洋运输、铁路运输、公路运输、航空运输等单一运输方式有机结合起来的综合、连贯的一种新型运输方式，是实现门到门运输的有效方式。自 20 世纪 60 年代初在美国首先出现后，很快在欧洲及亚洲的一些地区广为采用。我国自 20 世纪 80 年代初开展多式联运业务，已建立了几十条联运路线。

7.2.1　国际多式联运的概念与特征

（一）国际多式联运的概念

根据《联合国国际多式联运公约》的解释，国际多式联运是指由多式联运经营人按照国际多式联运合同，以至少两种不同的运输方式，将货物从一国境内接管货物的地点运往另一国境内指定交付货物地点的运输方式。

（二）国际多式联运的特征

（1）必须具有一份多式联运合同，明确规定多式联运经营人（承运人）和联运人之间的权利、义务、责任与豁免的合同关系和多式联运的性质，这是区别多式联运与一般货物运输方式的主要依据。

（2）必须使用一份全程多式联运单据，即证明多式联运合同及证明多式联运经营人已接管货物并负责按照合同条款交付货物所签发的单据，该单据既是物权凭证，也是有价证券。

（3）必须是至少两种不同运输方式的连贯运输。这是确定货运是否属于多式联运的最重要的特征。

（4）必须是跨越国境的国际间的货物运输。这是区别国内运输和国际运输的限制条件，主要是涉及国际运输法规的适用问题。

（5）必须有一个多式联运经营人对货物运输的全程负责。由多式联运经营人去寻找分承运人实现分段运输。

（6）必须对货主实现全程单一运费费率。多式联运经营人在对货主负全程运输责任的基础上，制定一个货物发运地至目的地全程单一费率并以包干形式一次向货主收取。

（三）国际多式联运的优点

国际多式联运中，不管运程多远或运输方式转变多次，货主只签订一份运输合同，一次支付，一次保险，一次托运。多式联运经营人负责全程运输，从而减少了中间环节，简化了制单和结算手续，加速了货物资金周转与货运速度，提高了货运质量，真正为货主提供了"快速、准时、便捷、价廉、安全、优质"的服务。国际多式联运的优越性具体体现如下。

1. 手续简便，责任统一

在国际多式联运方式下，货物运程不论多远，不论由几种运输方式共同完成货运，也不论货物在途中经过多少次转运，所有运输事项均由多式联运承运人负责办理。而货主只需办理一次托运,订立一份运输合同,支付一次运费,办理一次保险,并取得一份联运提单。与各运输方式相关的单证和手续上的麻烦被减少到最低限度。发货人只需与多式联运经营人进行交涉。

由于责任统一,一旦在运输过程中发生货物灭失或损坏时,由多式联运经营人对全程运输负责,而每一运输区段的分承运人仅对自己运输区段的货物损失承担责任。

2. 安全可靠,加快运送

多式联运作为一个单独的运输过程而被安排和协调运作,能减少在运转地的时间损失和货物灭失、损坏以及被盗的风险。多式联运经营人通过他的通信联络和协调,在运转地各种运输方式的交接可连续进行,使货物更快速地运输,从而弥补了与市场距离远和资金积压的缺陷。

3. 提早结汇,节省费用

由于多式联运大都为"门到门"运输,从而减少了中间环节,节省了运杂费。国际多式联运由于使用了集装箱,集装箱运输的优点都体现在多式联运中,多式联运经营人一次性收取全程运输费用和保险费用。货物装箱后装上一程运输工具后即可用联运提单结汇,一般可提前 7～10 天结汇,有利于加快货物资金周转,减少利息损失。同时也节省了人、财、物资源,从而降低了运输成本。这有利于减少货物的出口费用,提高商品在国际市场上的竞争能力。

4. "门到门",合理运输

多式联运可以提高运输的组织水平,改善不同运输方式间的衔接工作,实现各种运输方式的连续运输,可以把货物从发货人的工厂或仓库运到收货人的内地仓库或工厂,做到门到门的运输,使合理运输成为现实。

7.2.2　国际多式联运经营人的性质和责任范围

(一)国际多式联运经营人的性质

国际多式联运经营人(International Multimodal Transport Operator)是指本人或通过其代表订立多式联运合同的任何人。他既不是发货人的代理或代表,也不是承运人的代理或代表,而是多式联运的当事人,是一个独立的法律实体。这具有双重身份,对货主来说他是承运人,对实际承运人来说,他又是托运人。他一方面与货主签订多式联运合同,另一方面又与实际承运人签订运输合同。按照国际商会《联合运输单证统一规则》的规定,多式联运经营人是总承运人,对全程运输负责,对货物灭失、损坏、延迟交付等均承担责任。而接受委托分段承担运输的实际承运人称为分承运人。

在国际上经营国际多式联运业务的都是些规模较大、实力雄厚的国际货运公司。在我国,"中外运"、"中远"等航运公司经营国际多式联运业务。

(二)国际多式联运经营人的责任范围

1. 国际多式联运经营人的责任范围

国际多式联运经营人从接管货物起至交付货物止都对货主负责。其主要责任如下:

(1)托运人委托多式联运经营人负责装箱、计数的,应对箱内货物不是由于商品自身包装和质量问题而造成的污损和灭失负责。

(2)托运人委托装箱时,对未按托运人要求,结果因积载不当、衬垫捆扎不良而造成串味、污损、倒塌、碰撞等货损负责。

(3)在责任期间内因责任事故,致使货物损坏或灭失负责。

(4)对货物延迟交付负责。

2. 国际多式联运经营人的除外责任

国际多式联运经营人对下列原因造成的货损或灭失不负责。

(1)托运人所提供的货名、种类、包装、件数、重量、尺码及标志不实,或由于托运人的过失和疏忽而造成的货损或灭失,则为托运人自行承担责任。如对多式联运经营人或第三者造成损失,即使托运人已将多式联运单转让,托运人仍应承担责任。

(2)由托运人或其代理装箱、计数或封箱的。

(3)货物品质不良,外包装完好而内装货物短缺变质。

(4)货物装载于托运人自备的集装箱内的损坏或短少。

(5)由于运输标志不清而造成的损失。

(6)对危险品等特殊货物的说明及注意事项不清或不正确而造成的损失。

(7)对有特殊装载要求的货物未加标明而引起的损失。

(8)由于海关、商检、承运人等行使检查权所引起的损失。

7.2.3 国际多式联运的运输组织形式

国际多式联运是采用两种或两种以上不同运输方式进行联运的运输组织形式。这里所指的至少两种运输方式可以是海陆、陆空、海空等,这与海海、陆陆、空空等联运有着本质区别。后者虽也是联运,但仍是同一种运输工具间的联运。

由于国际多式联运具有其他运输组织形式无可比拟的优越性,因而这种国际运输新技术已在世界各国和地区得到广泛的推广和应用。目前,有代表性的国际多式联运主要有远东/欧洲,远东/北美等海陆空联运,其组织形式如下。

(一)海陆联运(Sea Land Service)

海陆联运是国际多式联运的主要组织形式,也是远东/欧洲多式联运的主要组织形式之一。目前组织和经营远东/欧洲海陆联运业务的主要有班轮公会的三联集团、北荷、冠航和丹麦马士基等国际航运公司,以及非班轮公会的中国远洋运输公司、中国台湾长荣航运公司和德国那亚航运公司等。这种组织形式以航运公司为主体,签发联运提单,与航线两端的内陆运输部门开展联运业务,与大陆桥运输展开竞争。

(二)陆桥运输(Land Bridge Service)

陆桥运输是指采用集装箱专用列车或卡车,把横贯大陆的铁路或公路作为中间"桥梁",使大陆两端的集装箱海运航线与专用列车或卡车连接起来的一种连贯运输方式,是远东/欧洲国际多式联运的主要形式。严格地讲,陆桥运输也是一种海陆联运形式。只是因为其在国际多式联运中的独特地位,故在此将其单独作为一种运输组织形式。目前,远东/欧洲的陆桥运输线路有西伯利亚大陆桥和北美大陆桥。

(三)海空联运(Airbridge Service)

海空联运又被称为空桥运输。在运输组织方式上,空桥运输与陆桥运输有所不同:陆桥运输在整个货运过程中使用的是同一个集装箱,不用换装,而空桥运输的货物通常要在航空港换入航空集装箱。不过两者的目标是一致的,即以低费率提供快捷、可靠的运输服务。

采用海空联运方式,运输时间比全程海运少,运输费用比全程空运便宜。20 世纪 60 年代,将远东船运至美国西海岸的货物,再通过航空运至美国内陆地区或美国东海岸,从而出现了海空联运。当然,这种联运组织形式是以海运为主,只是最终交货运输区段由空运承担,1960 年年底,苏联航空公司开辟了经由西伯利亚至欧洲的航空线,1968 年,加拿大航空公司参加了国际多式联运,20 世纪 80 年代,出现了经由中国香港、新加坡、泰国等至欧洲的航空线。目前,国际海空联运线主要如下。

1. 远东—欧洲线

目前,远东与欧洲间的航线有以温哥华、西雅图、洛杉矶、香港、曼谷、海参崴、旧金山、新加坡为中转地。

2. 远东—中南美线

近年来,远东至中南美的海空联运发展较快,因为此处港口和内陆运输不稳定,所以对海空运输的需求很大。该联运线以迈阿密、洛杉矶、温哥华为中转地。

3. 远东—中近东、非洲、澳洲线

这是以香港、曼谷为中转地至中近东、非洲的运输服务。在特殊情况下,还有经马赛至非洲、经曼谷至印度、经香港至澳洲等联运线,但这些线路货运量较小。

总的来讲,运输距离越远,采用海空联运的优越性就越大,因为同完全采用海运相比,其运输时间更短。同直接采用空运相比,其费率更低。

7.2.4 国际多式联运与一般国际货物运输的主要不同点

(一)货物单证的内容与制作方法不同

国际多式联运大都为"门到门"运输,故货物于装船(或装车,装机)后应同时由实际承运人签发提单或运单,多式联运经营人签发多式联运提单。这是多式联运与任何一种单一的国际货运方式的根本不同之处。在此情况下,海运提单或运单的发货人,应为多式联运经营人,收货人及通知方一般应为多式联运经营人的国外分支机构或其代理;多式联运提单上的收货人和发货人则是真正的实际的收货人和发货人,通知方则是目的港或最终交货地点的收货人或该收货人的代理人。

(二)多式联运提单的适用性与可转让性与一般海运提单不同

多式联运单据(Multimodal Transport Documents,MTD),我国现在使用的 C. T. B/L 是多式联运合同的证明,也是多式联运经营人收到货物后签发给托运人的单据和凭以交付货物的凭证。根据发货人的要求,它可以做成可转让,也可做成不可转让的。多式联运单据如签发一份以上的正本单据,应注明份数,其中一份完成交货后,其余各份即失效。

一般海运提单只适用于海运,从这个意义上说多式联运提单只有在海运与其他运输方式结合时才适用。多式联运提单把海运提单的可转让性与其他运输方式下的运单不可转让性合并在一起,因此,多式联运经营人根据托运人的要求既可签发可转让,也可签发不可转让的多式联运提单。如属前者收货人一栏应采用指示抬头,如属后者收货人一栏应具体列明收货人名称,并在提单上注明不可转让。

(三)信用证上的条款不同

根据多式联运的需要,信用证上的条款应有以下三点变动:

(1)向银行议付时不能使用船公司签发的已装船清洁提单,而应凭多式联运经营人签发的多式联运提单,同时应注明该提单的抬头如何制作,以明确可否转让。

（2）多式联运一般采用集装箱运输（特殊情况除外）,因此,应在信用证上增加指定采用集装箱运输条款。

（3）如不由银行转单,以便收货人或代理人能尽早取得货运单证,加快在目的港（地）提货的速度,则应在信用证上加列"装船单据由发货人或由多式联运直接寄收货人或其代理"之条款。如由多式联运经营人寄单,发货人出于议付结汇的需要应由多式联运经营人出具一份"收到货运单据已寄出"的证明。

（四）海关验放的手续不同

一般国际货物运输交货地点大都在装货港,目的地大多在卸货港,因而办理报关和通关手续都是在货物进出境的港口。而国际多式联运货物的起运地大都在内陆城市。因此,内陆海关只对货物办理转关监管手续,由出境地的海关进行查验放行。进口货物的最终目的地如为内陆城市,进境港口的海关一般不进行查验,只办理转关监管手续,待货物到达最终目的地后由当地海关查验放行。

7.2.5 我国的国际多式联运

近年来,为适用和配合我国对外贸易运输的发展需要,我国对某些国家和地区已开始采用国际多式联运方式。目前,我国已开展的国际多式联运路线主要包括我国内地经海运往返日本内地、美国内地、非洲内地、西欧内地与澳洲内地等联运线以及经蒙古或苏联至伊朗和往返西、北欧各国的西伯利亚大陆桥运输线。其中西伯利亚大陆桥集装箱运输业务发展较快,目前每年维持在 10000 标准箱左右,我国办理西伯利亚大陆桥运输主要采用铁/铁（Transrail）、铁/海（Transea）、铁/卡（Tracons）三种方式。

7.3 大陆桥运输

7.3.1 大陆桥运输（Land Bridge Transport）的概念及特点

（一）大陆桥运输的概念

大陆桥运输是指利用横贯大陆的铁路或公路运输系统作为中间桥梁,把大陆两端的海洋运输连接起来,按照海—陆—海这样的运输路线,进行多式联运的一种形式。一般是以集装箱为运输单位,所以又称"大陆集装箱运输"。大陆桥运输是一种主要采用集装箱技术,由海、铁、公、航空组成的现代化多式联合运输方式,是一个大的系统工程。广义的大陆桥运输还包括小路桥运输和微型路桥运输。目前运用较广的是西伯利亚大陆桥及亚欧大陆桥。

【思考】 集装箱运输、国际多式联运和大陆桥运输之间的关系是怎样的?

（二）大陆桥运输的优点

大陆桥运输是一种经济、迅速、高效的现代化运输方式。与传统的国际运输方式相比,大陆桥运输具有明显的优越性。

1. 简化作业手续

大陆桥运输手续简便,可以一次托运,一票到底,一次结汇。货物委托给一个货物运输代理人,即可帮其办理国际集装箱运输的全程手续。

2. 物流速度快、时间省

由于大陆桥运距较近,且能使用铁路集装箱专用直达列车,中间环节少,运行速度快,从而节省了大量的途中运输时间,并使运行时间有了保证。

3. 物流风险小,时间保证程度高

大陆桥运输与海运比,受气候、季节等自然因素的影响小。

4. 资金周转速度快、成本低

由于大陆桥运输系统健全,比海运可提前 10~15 天结汇,有利于资金周转,成本可降低 3%~5%。同时,大陆桥运输减少了行程的迂回,简化了中间环节和包装,降低了运输费用。

5. 运输质量好

由于实行"一票到底"的"门到门"运输,手续简便,责任明确,加上陆上运输安全可靠,采用集装箱运输货损货差率小,从而保证了货物的运输安全。

7.3.2 大陆桥运输产生的历史背景

大陆桥运输起始于 20 世纪 50 年代初期。世界上出现最早的大陆桥是横贯北美大陆的北美大陆桥。当时,一方面由于日本通向西方的海路受到严重威胁,另一方面由于美国独立战争以后,需要加速发展西部地区经济,于是日美联合利用美国港口和铁路网,开辟了世界上第一条大陆桥运输通道。这条大陆桥全长 4500 千米,东起纽约,西至旧金山,它西接太平洋,东连大西洋,缩短了两大水域之间的距离,省去了货物由水路绕道巴拿马运河的麻烦,对恢复和发展美、日经济发挥了重要作用。

大陆桥正式诞生于 1967 年。当时由于埃以战争,苏伊士运河被迫关闭,而巴拿马运河又拥挤堵塞,远东与欧洲之间的海上货船不得不改道绕航非洲好望角或南美洲德雷克海峡,导致航程和运输时间大大延长。加上油价猛涨,海运成本增加,而当时正值集装箱运输兴起。所以大陆桥运输应运而生,产生了两条远东、日本至欧洲的大陆桥路线:

第一条:远东、日本海运至美国西海岸港口,换装到铁路专用列车,横跨北美大陆至美国东海岸港口,然后由海运至欧洲。

第二条:日本和东南亚海运至苏联太平洋港口,转西伯利亚铁路,横跨欧洲大陆,然后由海运、铁路和公路运至欧洲各国。

7.3.3 大陆桥运输线路

(一)西伯利亚大陆桥(Siberian Landbridge, SLB)

西伯利亚大陆桥即远东—欧洲大陆桥,是使用国际标准集装箱,利用俄罗斯的西伯利亚铁路作为陆地桥梁,把太平洋远东地区与波罗的海和黑海沿岸以及西欧大西洋口岸连起来,此条大陆桥运输线东自海参崴的纳霍特卡港口起,横贯欧亚五大陆,至莫斯科,然后分三路,一路自莫斯科至波罗的海沿岸的圣彼得堡港,转船往西欧、北欧港口;一路从莫斯科至俄罗斯西部国境站,转欧洲其他国家铁路(公路)直运欧洲各国;另一路从莫斯科至黑海沿洋转船往中东、地中海沿岸。

西伯利亚大陆桥于 1971 年由苏联对外贸易运输公司正式确立。现在全年货运量高达 10 万标准箱(TEU),最多时达 15 万标准箱。使用这条陆桥运输线的经营者主要是日本、中国和欧洲各国的货运代理公司。其中,日本出口欧洲杂货的 1/3,欧洲出口亚洲杂货的 1/5 是经这条陆桥运输的。由此可见,它在沟通亚欧大陆,促进国际贸易中所处的重要地位。

西伯利亚大陆桥运输包括"海铁铁"、"海铁海"、"海铁公"和"海公空"等四种运输方式。由俄罗斯的过境运输总公司(Sojuztransit)担当总经营人,它拥有签发货物过境许可证的权利,并签发统一的全程联运提单,承担全程运输责任。至于参加联运的各运输区段,则采用"互为托、承运"的接力方式完成全程联运任务。可以说,西伯利亚大陆桥是较为典型的一条过境多式联运线路。

西伯利亚大陆桥是目前世界上最长的一条陆桥运输线。它大大缩短了从日本、远东、东南亚及大洋洲到欧洲的运输距离,节省了运输时间。从远东经俄罗斯太平洋沿岸港口去欧洲的陆桥运输线全长 13000 千米,而相应的全程水路运输距离(经苏伊士运河)约为 20000 千米。从日本横滨到欧洲鹿特丹,采用陆桥运输不仅可使运距缩短 1/3,运输时间也可节省 1/2。此外,在一般情况下,运输费用还可节省 20%~30%。

西伯利亚大陆桥运输流程如图 7-3 所示。

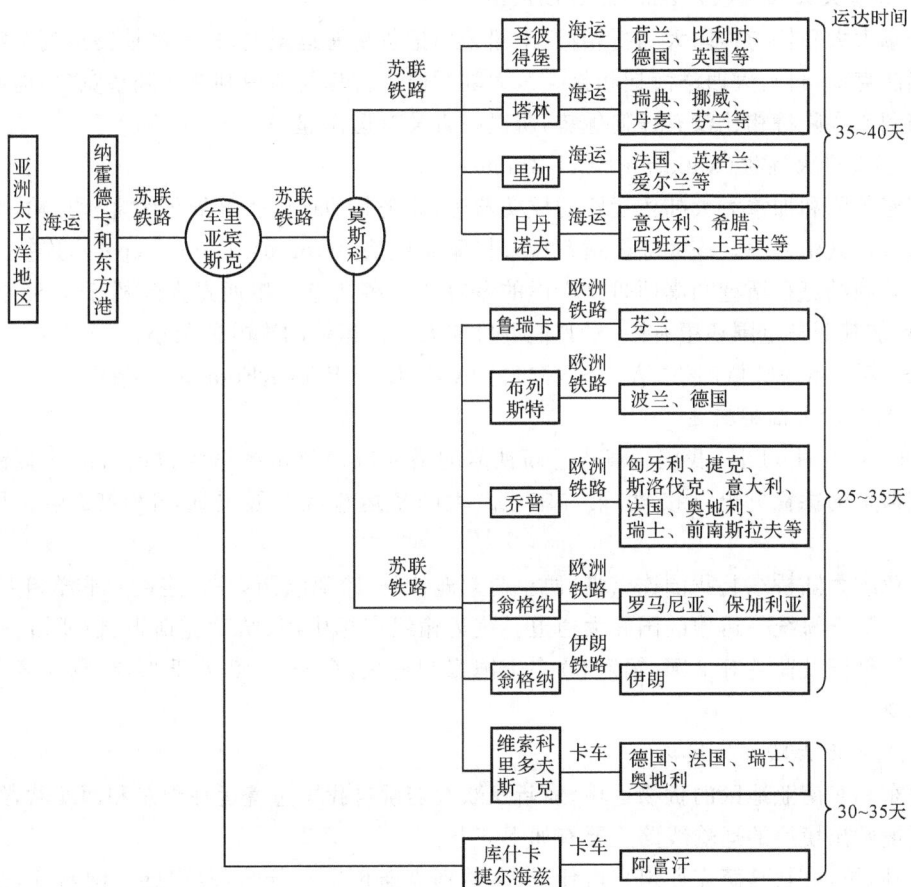

图 7-3　西伯利亚大陆桥运输流程

（二）北美大陆桥（North American Landbridge）

北美大陆桥是指利用北美的大铁路从远东到欧洲的"海陆海"联运。该陆桥运输包括美国大陆桥运输和加拿大大陆桥运输。北美大陆桥是世界上历史最悠久、影响最大、服务范围最广的陆桥运输线。据统计，从远东到北美东海岸的货物有大约50％以上是采用双层列车进行运输的，因为采用这种陆桥运输方式比采用全程水运方式通常要快1～2周。例如，集装箱货从日本东京到欧洲鹿特丹港，采用全程水运（经巴拿马运河或苏伊士运河）通常约需5～6周时间，而采用北美陆桥运输仅需3周左右的时间。

1. 美国大陆桥（U. S. Land Bridge）

美国大陆桥运输始于1967年，它包括两条路线：一条是从西部太平洋口岸至东部大西洋口岸的铁路（公路）运输系统，全长约3200千米；另一条是西部太平洋口岸至南部墨西哥港口岸的铁路（公路）运输系统，长约500～1000千米。

美国大陆桥于1971年年底由经营远东/欧洲航线的船公司和铁路承运人联合开办"海陆海"多式联运线，后来美国几家班轮公司也投入营运。目前，主要有4个集团经营远东经美国大陆桥至欧洲的国际多式联运业务。这些集团均以经营人的身份，签发多式联运单证，对全程运输负责。

2. 加拿大大陆桥（Canada Land Bridge）

加拿大大陆桥与美国大陆桥相似，由船公司把货物海运至温哥华，经铁路运到蒙特利尔或哈利法克斯，再与大西洋海运相接。该大陆桥原来打算与西伯利亚大陆桥竞争，但由于它与西伯利亚大陆桥相比没有任何优势，所以一直没有运作起来。

3. 墨西哥大陆桥（Mexican Land Bridge）

随着美国和加拿大大陆桥运输的成功营运，北美其他地区也开展了大陆桥运输，墨西哥大陆桥就是其中之一。该大陆桥横跨特万特佩克地峡（Isthmus Tehuantepec），连接太平洋沿岸的萨利纳克鲁斯港和墨西哥湾沿岸的夸察夸尔科斯港。墨西哥大陆桥于1982年开始营运，目前其服务范围还很有限，对其他港口和大陆桥运输的影响还很小。

（三）新亚欧大陆桥（亚欧第二条大陆桥）（A-E. Land Bridge，Eurasia Bridge）

1. 新亚欧大陆桥概述

1990年9月11日，我国陇海—兰新铁路的最西段乌鲁木齐至阿拉山口的北疆铁路与哈萨克斯坦的德鲁贝巴站接轨，第二座亚欧大陆桥运输线全线贯通，于1992年9月正式通车。

新亚欧大陆桥东起我国连云港，西至荷兰鹿特丹，跨亚欧两大洲，连接太平洋和大西洋，实现海—陆—海统一运输的国际大通道。该运输线穿越中国、哈萨克斯坦、俄罗斯、白俄罗斯、波兰、德国及荷兰等7国，辐射30多个国家和地区，全长1.08万千米，在我国境内全长4134千米。

2. 新亚欧大陆桥的线路

远东和东南亚地区的货物运输，经新亚欧大陆桥自我国过境运往中东和西北欧，经阿拉山口国境站出境后的运输线路主要有如下6条：

（1）阿拉木图（哈萨克斯坦）、塔什干（乌兹别克斯坦）、马什哈德（伊朗）、阿富汗，运输方式为海铁联运。

（2）切力诺格勒（哈萨克斯坦）、奥伦堡（俄罗斯）、新罗西斯克、马里乌波尔港、巴尔干地区,运输方式为海、铁、海联运。

(3)阿拉木图(哈萨克斯坦)、莫斯科里加、塔林、圣彼得堡港、德国、荷兰、英国、比利时、瑞典、丹麦、挪威和葡萄牙等国,运输方式为海、铁、海或海铁联运。

(4)阿拉木图(哈萨克斯坦)、莫斯科、布列斯特(白俄罗斯)、波兰、德国、法国等国,运输方式为海铁联运。

(5)克孜勒奥尔达(哈萨克斯坦)、伏尔加格勒、乔普(白俄罗斯)、捷克、斯洛伐克、匈牙利、奥地利、瑞士等国,运输方式为海铁联运。

(6)基辅(乌克兰)、翁格纳、罗马尼亚、保加利亚、土耳其、希腊等国,运输方式为海铁联运。

3. 新亚欧大陆桥的优势

与西伯利亚大陆桥相比,新亚欧大陆桥具有明显的优势:第一,地理位置和气候条件优越。整个大陆桥避开了高寒地区,港口无封冻期,自然条件好,吞吐能力大,可以常年作业。第二,运输距离短。新亚欧大陆桥比西伯利亚大陆桥缩短陆上运距 2000~2500 千米,到中亚、西亚各国,优势更为突出。一般情况下,陆桥运输比海上运输运费节省 20%~25%,而时间缩短 1 个月左右。第三,辐射面广。新亚欧大陆桥辐射亚欧大陆 30 多个国家和地区,总面积达 5071 万平方千米,居住人口占世界总人口的 75%左右。第四,对亚太地区吸引力大。

4. 发展新亚欧大陆桥的意义

新亚欧大陆桥区域经济发展具有明显的互补性:一方面,对于日本和西欧等发达国家来说,这一区域是一个人口众多、资源丰富的巨大市场,是它们输出资金、技术和管理的理想之地;对中国、中亚和东欧国家来说,通过沿桥开放,可以更好地吸收国际资本、技术和管理经验,加快经济振兴。另一方面,亚太地区经济的迅速增长,越来越需要开拓欧洲市场,而欧盟为谋求发展也需要到亚太地区寻求贸易伙伴,选择投资对象,亚太与欧洲的双向辐射越来越明显。

新亚欧大陆桥的发展,为沿桥国家和亚欧两大洲经济贸易交流提供了一条便捷的大通道、对于促进陆桥经济走廊的形成,扩大亚太地区与欧洲的经贸合作,促进亚欧经济的发展与繁荣,进而开创世界经济的新格局,具有重要意义。

7.3.4　其他陆桥运输形式

(一)小陆桥运输(Mini land Bridge, MLB)

小陆桥运输从运输组织方式上看与大陆桥运输并无大的区别,只是其运送货物的目的地为沿海港口。目前,北美小陆桥运送的主要是日本经北美太平洋沿岸到大西洋沿岸和墨西哥湾地区港口的集装箱货物。当然也承运从欧洲到美西及海湾地区各港的大西洋航线的转运货物。北美小陆桥在缩短运输距离、节省运输时间上效果是显著的。以日本/美东航线为例,从大阪至纽约全程水运(经巴拿马运河)航线距离 9700 n mile,运输时间 21~24 天。而采用小陆桥运输,运输距离仅 7400 n mile,运输时间 16 天,可节省 1 周左右的时间。

(二)微桥运输(Micro-land Bridge)

微桥运输与小陆桥运输基本相似,只是其交货地点在内陆地区。北美微桥运输是指经北美东、西海岸及墨西哥湾沿岸港口到美国、加拿大内陆地区的联运服务。进出美、加内陆城市的货物采用微桥运输既可节省运输时间,也可避免双重港口收费,从而节省费用。例如,往来于日本和美东内陆城市匹兹堡的集装箱货,可从日本海运至美国西海岸港口,如奥克兰,然后通过铁路直接联运至匹兹堡,这样可完全避免进入美东的费城港,从而节省了在该港的港口费支出。

(三)美国 O. C. P 运输(内陆公共点运输,Overland Common Points)

O. C. P. 是 Overland Common Points 的缩写,译作"内陆公共点",意为"内陆地区"。O. C. P. 的运输过程就是出口到美国的货物海运到美国西部港口(旧金山、西雅图等)卸货,再通过陆路交通(主要是铁路)向东运至指定的内陆地点。美国内陆区域,是以落基山脉为界,即除紧临太平洋的美国西部九个州以外,其以东地区均适用 O. C. P. 。

O. C. P. 运输是一种特殊的国际运输方式。它虽然由海运、陆运两种运输形式来完成,但其海运、陆运段分别由两个承运人签发单据,运输与责任风险也是分段负责,所以它并不是国际多式联运,而是一种国际多式的联营运输。

O. C. P. 是一种成熟的国际航运惯例。按规定,凡是经过美国西海岸指定港口转往内陆地区的货物,如果按照该条款运输,可以享受内陆地区运输的优惠运费率,即陆路共通点运费率(O. C. P. RATE),比当地运费率(LOCAL RATE)约低 3‰~5‰,同时可享有比直达美国东海岸港口每尺码吨约低 3.5 美元的海运费,内陆转运费、码头费、装卸费等已附含其中。因此,采用 O. C. P. 运输,对进出口双方都有利。

O. C. P. 运输只适用于美国或加拿大内陆区域。所以,货物的最终目的地必须属于 O. C. P. 地区范围,签订贸易合同时应在运输条款中予以明确,同时也要明确是集装箱运输的 O. C. P. 运输方式;必须经由美国西海岸港口中转,以 CFR/CIF 美国西岸港口作为价格条款。为方便制单结汇,信用证也要作出相应规定:"自×××(装运港)至×××(美国西部港口)O. C. P. ×××(内陆地点)"("Shipment from ××× to ××× O. C. P. ×××")

在 O. C. P. 运输单据中必须注明 O. C. P. 字样。以卸装港美国西雅图(Seattle),最终目的地底特律(Detroit)为例。提单中卸货港栏填制 Seattle O. C. P. ,目的地栏填制 O. C. P. Detroit,货物品名、唛头及货物包装上也应注明 Seattle O. C. P. Detroit,在提单中间空白处也要加打 O. C. P. Detroit,以便在装卸、转运时识别。

【思考】 你能说出 MLB 运输和 OCP 运输的区别吗?

7.3.5 大陆桥运输进出口业务办理流程

(一)大陆桥进口运输业务

大陆桥运输业务按交货点不同,外运公司的地位及承担的责任和义务也不同。如欧洲某铁路车站交货或工厂交货的货运。外运公司接到中国买方的委托后,即以收货人全权代理人身份负责组织安排全程运输。分公司作为总公司的分承运人接到总公司发来的发箱电传后,即与当地收货人联系安排到箱报关、完税及核放等工作。如 CIF 或 CFR 中国过境或内陆城市交货的运输,外运公司接收国外货运代理的委托,以分承运人的身份办理中国境内的运输工作,直至将货物送至货主手中或通知货主到外运箱站提货。

(二)大陆桥出口运输业务

1. **整箱货物运输(FCL)**

接受发货人委托;进行配箱、配载;装箱制单,同时通知发货人将货物运至外运公司集装箱堆场(CFS),并签发收据;然后将全套单据送海关办理随车发运的海关关封;最后请车发运。

2.拼箱货物运输(LCL)

不同货类,不同收货人,不同到站的货物合装于一个集装箱内的运输。

⑤►【案例分析】

集装箱海上运输[①]

2000 年,发货人中国 A 进出口公司委托 B 对外贸易运输公司将 750 箱海产品从上海港出口运往印度,B 对外贸易运输公司又委托其下属 S 分公司代理出口。S 分公司接受委托后,向 P 远洋运输公司申请舱位,远洋运输公司指派了箱号为 TM－5005 等 3 个满载集装箱后签发了清洁提单,同时发货人在中国人民保险公司处投保海上货物运输的战争险和一切险。货物运抵印度港口,收货人拆箱后发现部分海产品因箱内不清洁而腐烂变质,即向中国人民保险公司在印度的代理人申请查验。检验表明,250 箱海产品被污染。检验货物时,船方的代表也在场。为此中国人民保险公司在印度的代理人赔付了收货人的损失之后,中国人民保险公司向人民法院提起诉讼。

[问题]

1.在集装箱运输中,远洋运输公司应负有什么义务?它是否应对损失负责?

2.在集装箱运输中,分公司应负有什么义务?它是否应对损失负责?

3.中国人民保险公司是否是适合的原告?为什么?

4.如果中国人民保险公司有资格作原告,它应将谁列为被告?

[案情分析]

1.在海上集装箱运输中,根据国际惯例,集装集箱应该清洁、干燥、无残留物和前批货物留下的持久性气味。P 远洋运输公司的提单适用《海牙规则》的规定,承运人须在航次开始前和开始时履行应尽职责,以便使货舱、冷藏舱和该船装载货物的其他部分适于并能安全地收受、承运和保管货物。作为提供集装箱的承运人,明知发货人托运的是易于腐烂的海产品,而将未能彻底清除、残留有前一航次货物污染的不适载集装箱交给发货人装箱,违反了《中华人民共和国民法通则》第 111 条关于"履行合同义务不符合约定条件"的规定,对本案海产品的货损,犯有疏忽大意的过错,应该承担海产品损失的赔偿责任。对此《海商法》第47 条也有规定:"承运人在船舶开航前和开航当时,应当谨慎处理,使船舶处于适航状态,妥善配备船员、装备船舶和配备供应品,并使货舱、冷藏舱、冷气舱和其他载货处所适于并能安全收受、载运和保管货物。"

2.P 远洋运输公司签发的提单下 3 个集装箱的运输条件为集装箱运输,即由 S 分公司全权代理发货人发货、点数、装船、铅封。S 分公司明知对于集装箱的检验,应是其作为发货人、代理人的职责,但是,本航行海产品装箱前,S 分公司没有申请商检,认为其对装箱的集装箱的适载性有充分的把握,没有尽到认真检查集装箱体的责任,违反了《中华人民共和国民法通则》的规定,有过失,也应承担相应的货损赔偿责任。

---

① 根据 http://www.examda.com/sf/sijuan/anli/20070320/133558830.html 资料修改。

3.中国人民保险公司可以作为适合的原告。《海商法》规定:"保险标的发生保险责任范围内的损失是由第三人造成的,被保险人向第三人要求赔偿的权利,自保险人支付赔偿之日起,相应转移给保险人。"即保险人取得代位求偿权,所以中国人民保险公司有权作为原告提起诉讼。

4.中国人民保险公司应将 P 远洋运输公司和 S 公司都作为被告提起诉讼,至于它们各自承担责任的大小,则由法院依据实际情况和法律的有关规定作出判断。

▷【本章小结】

1.集装箱运输是以集装箱作为运输单位进行货物运输的一种现代化的先进运输方式,具有安全、高效、保质、快捷和节省等优点,可适用于各种运输方式的单独运输和不同运输方式的联合运输。

2.集装箱运输方式根据货物装箱数量和方式分为整箱(FCL)和拼箱(LCL)两种。集装箱的交接方式有四类:FCL/FCL、LCL/LCL、FCL/LCL、LCL/FCL,其中以 FCL/FCL 交接效果最好,也最能发挥集装箱的优越性。

3.国际多式联运是在集装箱运输的基础上产生和发展起来的,以集装箱装载形式把海洋运输、铁路运输、公路运输、航空运输等单一运输方式有机结合起来的综合、连贯的一种新型运输方式,

4.国际多式联运必须具有一份多式联运合同,必须使用一份全程多式联运单据,必须是至少两种不同运输方式的连贯运输,必须是跨越国境的国际间的货物运输,必须有一个多式联运经营人对货物运输的全程负责,必须对货主实现全程单一运费费率。

5.大陆桥运输是指利用横贯大陆的铁路或公路运输系统作为中间桥梁,把大陆两端的海洋运输连接起来,按照海—陆—海这样的运输路线,进行多式联运的运输方式。

6.目前主要的大陆桥运输线路有西伯利亚大陆桥、北美大陆桥以及新亚欧大陆桥。北美地区的陆桥运输还包括小陆桥运输和微桥运输等运输组织形式,这些都是国际贸易运输的重要渠道。

▷【思考练习】

1.解释如下术语:
集装箱　国际多式联运　"OCP"运输条款　大陆桥运输　CY　CFS　FCL
LCL　TEU　D/R

2.简述集装箱货物交接的形式和地点。

3.简述集装箱货物的出口程序。

4.国际多式联运的特征是什么?

5.使用 OCP 运输方式应注意哪些问题?

6.当今世界上大陆桥运输路线主要有哪几条?

7.案例分析:

上海某公司从国外进口 6 个集装箱的废铜,进口提单上注明 CY-CY;"SLAC"字样,该公司从码头堆场将箱子拉到拆箱地点,打开箱门发现箱内装载的是废钢铁。在收到这批货 6 个月后,该公司才迟迟向国外发货人提出索赔。国外发货人事后 2 个月向该公司出具了

两份证书:一份是该国的海关出具的"海关监装证书",另一份是公证行出具的"装箱证明书"。这两份证书分别证明货主实际装载出口的货物确系废铜,而且数量与单证记载相符。

在发货人出具有效证书并明确表示不承担责任情况下,该公司向国外保险人提出保险赔偿(因该批货物成交价是 CIF 价,由国外卖方投保),但国外保险人拒赔,理由:一是投保人向保险人申报的标的是废铜,并非废钢铁,而箱内实际装载的是废钢铁,标的不一。二是投保人有可能向保险公司做欺诈保险,如果这样,保险公司不但不赔,必要时保留追诉权利。显然,该公司也无法从保险人那里得到赔偿。于是该公司向承运人提出赔偿要求,但船公司同样拒赔。

(1)本案例中 CY-CY、"SLAC"是什么含义?

(2)本案中的承运人是否应该承担责任?

(3)收货人在索赔时犯了什么错误,损失发生时应该怎样查证原因和追究责任人?

下 篇
国际贸易保险

Transportation & Insurance in Foreign Trade

　　保险作为一种经济补偿手段，在人们的经济活动和日常生活中占有重要地位，而国际贸易保险则更是国际货物买卖中不可缺少的重要环节。首先，货物在国际运输过程中，可能因遇到自然灾害和意外事故而遭受损失，为了转嫁货物在运输过程中的风险损失，就需要办理货物运输保险。其次，货物通过投保运输险，将不确定的损失变为固定的费用，在货物遭到承保范围内的损失时，货主可以从保险公司及时得到经济上的补偿，这不仅有利于进出口企业加强经济核算，而且也有利于进出口企业保持正常营业，从而有效地促进国际贸易的发展。

　　由于进出口货物需要通过海洋运输、陆上运输、航空运输和邮包运输，因此，国际货物运输保险也相应地分为海运货物保险、陆运货物保险、空运货物保险和邮包运输保险。

第8章

保险基础知识

▷▷▷ ▷

在国际贸易中,买卖双方相距遥远,货物在长途运输过程中难免遭遇各种灾难事故而导致损失。保险作为一种常见的风险转移方式和经济补偿手段,可以为货物运输起到保驾护航的作用,解除贸易双方的后顾之忧。那么保险究竟是什么?其运行机制是如何建立的?怎样才能有效地运用货物运输保险来确保货物在运输过程中的安全性呢?要回答这一系列问题,首先需要对保险的基本概念和基本原理有所了解。本章将主要针对保险的定义,保险的职能及其分类,以及保险经营中必须遵循的基本原则进行讨论,使读者尽快对保险有个初步认识,深入理解保险的意义和作用。

8.1 风险与保险

"无风险,无保险",这句已为社会公认的至理名言,说出了风险与保险两者的依存关系。风险是保险产生和发展的基础,保险是人类社会用来应付风险和处理风险发生后所造成的经济损失的一种有效手段。因此,学习保险,首先需要了解风险以及风险与保险的关系。

8.1.1 风险与风险管理

(一)风险的概念

风险,是经济学、保险学、社会学等众多学科研究的对象,是现实生活中运用极为广泛的概念。但究竟什么是风险,学术界和实务界目前尚未有一个统一的说法。较为一致的看法是风险具有不确定性,或风险带来不确定性。这个不确定性主要体现在预期的未来结果与实际结果间的潜在的相对变化。所谓确定性,即不存在怀疑。而确定性的反义词即为不确定性,当个体无法确切知道结局时,不确定性就产生了。这种预期结果与实际结果的随机变动或不确定性可能带来三种结果:一是两种结果完全一致;二是实际结果小于预期结果,可称之为负收益,即损失;三是实际结果大于预期结果,称之为正收益,即盈利。显然,第一种情况,可以说是没有风险,或风险为零,后两种情况则都表现出风险的存在。按照这一不确定性,进而可以将风险分为三类。

第一类:收益风险,即只会产生收益而不会导致损失的可能性。其风险在于具体的收益规模无法确定。例如受教育的风险问题,现代社会凡正常接受教育,一般不会带来损失而只会使受教育者获益,但究竟能带来多大收益,则无法预计,这和受教育者本身的个人因素有关。

第二类:只会带来损失的可能,而没有任何收益,这类风险可称之为纯粹风险。比如常见的自然灾害,它的发生只会带给人们巨大的财产甚至人身伤害和损失,如不发生这种灾害,人们也不会因此而获利(正常工作生活的受益除外);再如,一辆汽车的拥有者可能面临撞车的损失,一旦发生撞车,车主会遭受一定的经济损失,而如果没有发生撞车,车主也不会有收入。这种损失的发生显然无法预料,因而成为一种风险。

第三类:既有损失可能,又有盈利机会的风险,可以称之为投机风险。比如各种投资行为、股票买卖等。

(二)风险的定义与特性

1. 风险的定义

在保险学中所涉及的风险,属于狭义的风险概念,即主要指那些只有损失可能而无获利可能的纯粹风险。这样,损失的不确定性就可以被用来描述风险,而且排除了损失不可能存在和损失必然发生的情况,因而,损失的不确定性是风险的本质。这种不确定性体现为以下方面:

(1)导致损失的随机事件是否发生不确定;

(2)发生的时间不确定;

(3)发生的地点不确定;

(4)损失发生后造成的损失程度和范围不确定,即不可预见和不可控制。

总体而言,这里的风险和损失及不确定性相联系,因此,也可以这样定义:风险是损失发生及其程度的不确定性。

2. 风险的特性

根据风险的内在本质和外在表现形态,可以概括出风险的主要特性或特征。

(1)风险存在客观性。风险是一种客观存在,是不以人的意志为转移的客观现实。尽管人们在一定的时间和空间内可以发挥主观能动性改变风险存在和发生的条件,进而降低风险发生的频率和损失程度,但绝对无法消灭风险。这也可以说是风险的一种自然属性。然而,在一定的环境下,风险的发生又具有一定的规律性。人们可以通过对这些风险发生规律的认识,评估和衡量风险,进而选择风险的管理方式,将其对经济的冲击减至最少。所以,风险的客观性也决定了可以对其进行风险管理,它也是保险产生和发展的自然基础。

(2)风险存在普遍性。人类的历史就是与风险相伴的历史,可见风险无处不在,无时不有。在人类的经济生产和日常生活中,面临着各种各样的风险,如各种自然灾害、疾病、伤害、战争等。伴随着科学技术的发展、生产力水平的提高、社会的进步,人们也同时面临着很多前所未见的新风险,风险事故造成的损失也越来越大。当今社会,不论人们的性别、年龄、职业或职位高低的不同,也无论个人、家庭,还是企业、国家,都面临各种风险。这种风险是普遍和长期存在的。

(3)单一风险发生的不确定性。尽管风险是客观和普遍的,但就某一具体风险而言,其发生是不确定的,是一种随机现象。比如:汽车碰撞是一种意外交通事故,而且是普遍发生的,但就某一辆车而言,是否发生交通事故,就是无法预料和不确定的。风险的不确定性主要体现在如下方面:①损失是否发生不确定;②损失发生的时间不确定;③损失发生的地点不确定;④损失的程度不确定;⑤损失的承担主体不确定。

(4)风险的损害性。风险的损害性即风险的损失,风险所造成的后果必然是对人们的经济造成损失,以及对人的生命本身造成伤害。对这种损害应注意把握:在时间上是发生在将来的事件,并且是无法预料的;在质上这种损害程度可以用货币计量,即只体现为经济损失;在量上是比较大的经济损失,属于非正常的经济损耗。这也可以说是风险的经济属性,同时,这种损害性也是保险产生的原因。

此外,风险还表现出一定的社会性(没有人和人类社会,是谈不上所谓风险的)、可测性(亦即风险的规律性,这也是保险存在的前提之一)和可变性(风险在一定条件下的变化)。

(三)风险管理概述

纯粹风险是损失及其发生的不确定性,带给人们的只有损失的可能,因而对这种风险的认识与了解,根本目的就在于对其进行管理。所谓风险管理,就是个人或组织对所面临的损失风险进行识别和评估,并选择和执行处理此风险的最佳技术方法的一个系列过程。风险管理的目标是以最小的成本获得最大的安全保障。对于企业而言,风险管理可以保持财务的稳定性,提升企业产品和服务的价值;对于个人来说,利用风险管理也可以防范各种意外风险损失事故的发生,有效减少或降低疾病和意外事故给人们带来的危害,使日常生活更具安全感。

风险管理的方法,也就是风险管理的基本程序。一般都要经过风险管理目标的确定、风险识别、风险衡量、风险处理和最终风险管理效果的评估、实施计划的检查和修正等几个阶段。

1. 风险管理目标确定

风险管理目标可分为损前目标和损后目标。

损前管理目标是减少或避免危险的发生,以及将风险发生的可能性和严重性尽可能地降至最低。前者是预防和控制损失的发生,后者则是减低损失的无形成本,从而有利于社会或家庭的稳定。

损后管理目标是尽可能减少直接损失和间接损失,使其尽快恢复到损前状态。对企业而言,需维持企业生存,保持企业经营的连续性和收入的稳定性。同时尽可能减轻企业受损对他人和整个社会的不利影响。

2. 风险识别

风险识别是人们对面临的以及潜在的风险加以判断、归类和鉴定性质的过程。风险识别一方面可以通过感知认识和历史经验来判断,另一方面也可以通过对各种客观的风险资料和风险事故的记录来分析、归纳和整理。

3. 风险衡量

风险衡量包括风险的估测和评价,在风险识别的基础上,通过对收集的大量损失数据或资料加以分析,运用概率和数理统计方法,测定某种特定风险的损失频率(损失机会)和损失程度,为进一步选择风险处理方法进行管理决策提供依据。

这里的风险损失频率是指一定数量的标的,在确定时间内损失发生的次数,公式为:

损失频率=损失发生次数/风险单位总量×100%

例如:某时间段内 2000 幢房屋中有 6 幢发生火灾,则损失频率为 3/1000。

损失程度则指一次事故所造成的损失规模。公式为：

损失程度＝ 损毁价值/风险标的总价值量×100％

在实际中通常用"高"和"低"这两个指标来衡量损失频率,用"大"和"小"这两个指标来衡量损失程度。通常情况下,发生风险的损失频率和损失程度成反比。例如:某企业面临火灾的风险,1 年发生事故的频率只有千分之一,但是,一旦发生火灾,损失规模将达上千万元。

4. 风险处理

对风险进行了识别和衡量后,要采取的措施就是风险处理过程,也可以说是风险管理的方式或对策。一般来说有控制型对策和财务型对策。

前者主要着眼于风险发生前对其采取预防或减少损失的技术措施以降低损失频率或减少损失程度;后者则主要是在损失发生前通过财务计划,筹措资金,以便对风险发生后所造成的损失进行及时、充分地弥补。

(1)控制型措施。控制型措施包括:①风险回避或损失危险避免。放弃某项活动以达到回避损失发生的可能性,从根本上消除特定危险的措施。显然,这是最简单的,但也是最消极的。局限性在于:一是有些危险无法回避;二是为了避免风险,有时可能意味着同时放弃相应的收益;三是回避了一种风险,可能导致另一种风险的产生。②风险预防。损失发生前为消除或减少可能引起损失的各项因素所采取的措施,目的在于降低损失发生的概率(减少损失频率),并不能完全消除风险。主要方法有:工程物理法,比如防火结构的设计、防盗装置的设置等;人类行为法,侧重于对人们行为的教育,如职业安全教育、消防教育等;程序制度法,以制度化的程序作业方式进行损失控制,如汽车年检制度、消防安全检查制度等。③风险抑制。风险事故发生前或发生后采取各种措施,以防止损失扩大的控制方式。目的在于减少损失发生程度(降低损失程度)。比如,在建筑物上安装火灾自动喷淋装置和火灾报警系统等。

风险预防和风险抑制都属于损失控制范畴。

(2)财务型措施。财务型措施包括:①风险自留。也称风险自担,是经济单位或个人自己承担全部危险事故所致的损失。适用于损失频率低、损失程度小,损失在短期内可以预测,其最大损失在企业财务平衡之内,不会产生财务危机的损失。自留风险的局限性是显而易见的。②风险转移。通过合理的措施,有意识地将一些风险及其损失从一个主体转移或转嫁到另一个主体的方式。分为控制型转移,如将风险标的主动卖掉等;财务型转移,又可分为非保险方式转移和保险方式转移。前者如出租、承包、转让等合同方式,将风险的结果转移给合同第三方;后者即参加保险,通过保险合同的订立,将风险转嫁给保险人。由此可见保险是风险管理中以财务安排方式进行风险转移的重要手段之一。

对于损失频率低、损失程度大的风险一般应采用这种风险转移方式。

5. 风险管理方法的评估

主要是对风险对策的适用性和效益性进行分析、检查、修正和评估。可以是管理者发现风险管理措施中的错误,并及时纠正,减少成本,提高效率。

8.1.2　风险管理与保险

(一)保险的定义

作为风险管理中的重要方法之一,保险是一种非常有效的手段。客观上看,保险是商品经济发展到一定阶段的产物,是商品经济的一种特殊表现形式。

在人们的日常生活中,"保险"一词具有多种含义,寓有"稳妥可靠"、"保证安全"等意思。但这些都不是保险学中的科学定义。保险学中研究的保险一词,是从英文"insurance"或"assurance"翻译而来。据考证,保险一词最初是 14 世纪意大利的商业用语,后传到英国有了很大发展,英文原意为"以交付保费为代价换取损失补偿"。尽管这一表述只勾画出经济活动的一个轮廓,但也从一定程度上反映了保险的特性。

从"保险"的字面上理解,是对风险的一种保障措施。但是不是有了保险,就不会产生风险呢? 显然不是,保险只是应对风险并将其进行财务转移的一种方式。通常意义上的保险,还可以有广义和狭义之分。广义的保险,指保险人向投保人收取保险费,建立专门用途的保险基金,并对投保人负有法律或合同规定范围内的赔偿和给付责任。一般包括由国家政府部门经办的社会保险,由专门机构经办的商业保险和由被保险人集资合办、体现自保互助精神的合作保险等。

狭义的保险主要指商业保险,即通过合同形式、运用商业化经营原则,由专门机构向投保人收取保险费,建立保险基金,用作对被保险人在合同范围内的财产损失进行补偿、人身伤亡以及年老丧失劳动力者的经济损失予以给付。

由上可知,保险既是一种经济制度,又是一种法律关系。可以将其定义为:保险是集合同类危险,聚集多数人资金建立保险基金,对特定危险的后果提供经济保障的一种危险损失的财务转移机制。

更简洁地,也可将保险概括为:保险是一种以合同为依据建立起来的补偿损失的经济制度。

(二)风险管理与保险的关系

风险是风险管理与保险的共同基础。"没有风险即没有保险",但应注意的是,风险管理与保险并非完全相同,两者覆盖的范围或程度是不同的。

1. 风险管理涵盖保险,保险是风险管理的重要手段

一般而言,可将风险管理看作是企业或组织的一种经济管理活动,而把保险看作是一种社会风险损失的经济补偿制度。

2. 风险管理与保险相辅相成,相得益彰

一方面,保险人对风险管理有丰富的经验和知识,经济单位(包括个人或组织)与保险人合作,能使其更好地了解风险,并通过对风险的系统分析,提出哪些需要保险,保什么险种等,从而促进了风险管理;另一方面,经济单位加强和完善了风险管理,就要求保险公司能提供更好的保险服务,来满足其自身的发展要求,这也促进了保险业的进一步发展。

(三)可保风险的条件

尽管选择保险是人们日常对付风险的重要手段,但与此同时也要看到,并非所有可能带来损失的风险都是保险能够承担的。一般而言,保险只承保纯粹风险,不会对投机风险给予保障。但即便是纯粹风险,也并非全部列为承保范围,保险承保的只是可保风险。事实上,

人们选择保险是有代价的,换句话说,保险提供服务也是有成本的,尤其是商业保险机构,其自身作为市场经济活动中的一个主体,在向社会提供保险服务的同时,也必须关注自身发展过程的风险管理。概括起来,可保风险必须具备以下一些条件。

1. 风险损失必须是可以用货币来计量的

保险是一种经济补偿行为,且补偿的形式只有货币形式。保险商品的交换都是通过一定的货币计量来衡量的。因此,不能表示为一定货币计量的风险损失不能作为可保风险。需要注意的是,财产保险可以用价值衡量,人身保险标的不能用价值确定。但可以用定额保险合同来明确保险金额作为双方交易的经济基础,也就是说从经济角度仍然可以用货币来衡量损失。

2. 风险的发生必须具有偶然性

这是针对单一风险的发生情况而定的,风险发生与否、发生后造成损失的程度等是不可知的、偶然的。经济生活中不可能发生的损失,不会产生保险需求,而必定会发生的损失,保险人也不会承保。比如,很难想象保险人会同意一个已经病入膏肓的人参加死亡保险,或一个投保人在其隔壁邻居家着火的情况下向保险人投保房屋火灾保险等。单一的风险虽具偶然性,但保险人对大量的这种风险进行统计分析,则能够找出其发生损失的规律性,从而可以从中预测风险的发生。

3. 风险发生必须是意外的

所谓意外,是指非故意行为所致的风险损失和非必然发生的风险损失。对主体而言不是故意行为导致的风险损失。故意行为属于道德风险,而且发生的损失也是可以预知的,与法律和保险定义的规定相悖。对客体而言,标的损失是非必然的。例如机器设备的折旧和自然磨损、低值易耗品的损耗等属于必然损失,这类风险是不可以通过保险方式转移的,不能作为可保风险。

4. 风险必须是大量标的均具有遭受损失的可能性

这是有效应用大数定理的条件。保险经营的科学基础是大数定理,而大数定理有效性的前提条件,是所有观测样本必须产生于本质相同的条件,即所观测样本应具有风险的"同质性"和"足够多"的样本即数量要求。要达到这一要求,显然不能以少量的风险标的作为研究对象,而必须是某一风险损失的发生具有普遍性,才能产生大量的共同的转移风险的保险需求,形成一定规模,才能将某一风险损失的不确定性,在同质风险的总体样本中进行分散。由此推算出的保险费,既能使投保人有支付能力,又能满足保险人建立充足保险基金的要求。从某种意义上说,这不仅表明了保险经营的科学性,也表明了可保风险的经济需求规律。

5. 风险的发生必须有重大损失的可能性

如果风险发生了,但并未造成什么损失,显然也就没有了保险的需求。只有风险可能导致重大经济损失的可能性存在,才会产生转移风险的需求,才会通过保险,以小额保险费的支出换取对巨额风险损失的经济保障。

6. 承保的标的必须有助维护社会公德

保险作为经济活动的一种形式,揭示的是保险双方根据保险合同约定的权利义务的法律关系。这种权利和义务必须合法,否则不受法律保护。比如,保险不能承保来路不明的标的、走私物品和违章建筑等不受法律保障的财物。否则对社会道德的建设以及人类的进步会产生极为不利的影响。

由此可见,可保风险绝大多数都是纯粹风险,但某些可能给人们带来损失的纯粹风险也不一定能投保,像可以预见的风险、道德风险、某些巨灾性风险等。同时,可保风险的概念又是相对的,随着保险市场需求的不断扩大,保险技术的不断成熟,经济市场化程度的深化和法律制度的健全等,可保风险的条件会随之调整,以前不可保的风险可以变为可保。

8.2 保险的职能和作用

8.2.1 保险的职能

保险作为应对风险的方法,早在风险管理的理念出现之前就得到了广泛的应用。保险在其发展过程中,其职能和作用也早已超越了原先最基本的对风险的转移和集中,而覆盖了风险管理的许多方面。保险的职能可分为基本职能与派生职能。

(一)保险的基本职能

保险的基本职能概括为用收取保险费的方法来分摊灾害事故损失,以实现经济补偿的目的。因此,分摊损失和经济补偿是保险机制的不可分割的两个部分。

1.分摊损失或分担风险

保险是一种分摊损失的方法,这种分摊损失必须建立在灾害事故的偶然性和必然性辩证统一的基础上。对个别单位或个人而言,灾害事故的发生是偶然的和不确定的,但对所有投保单位和个人来说,灾害事故的发生却是必然的和确定的。

保险的损失分摊作用,实际就是把参加保险的保户中,少数成员因自然灾害或意外事故所造成的损失,分摊给多数成员来承担。起到"千家万户保一家"的互助共济作用。这也是保险有别于其他保障制度的根本标志。

保险组织敢于承担这么多风险的前提是,必须对大量的风险单位可能遭受的风险损失进行准确预估,以确定收取保险费的标准。太高,则被保险人的积极性受到影响,参保人数不够多,无法体现大数法则的效用;太低,则收取保费与实际可能发生的损失不匹配,同样无法正常运作。

2.经济补偿或保险金给付

按照保险合同,对遭受灾害事故的单位或个人进行经济补偿是保险的目的。而分摊损失只是经济补偿的一种手段,根本目的还是经济补偿,损失的分摊也必须通过经济补偿来得以体现。

需要说明的是,通常的经济补偿主要是针对财产损失和责任损失而言。人身保险中,一般没有经济补偿一说,因为人的价值是无法正确估量的,再则,许多人身保险还具有返还性的储蓄功能,所以人身保险中的补偿实际是以保险金的给付来表现的。

(二)保险的派生职能

保险的派生职能是指在保险基本职能的基础上,为了适应社会经济条件的要求所派生出来的特殊职能。这些职能通常体现为投资与防灾防损。

1. 金融投资

为应对风险损失或保险事故的发生,保险公司一般都要提取各种责任准备金。而运用暂时的闲置资金是保险资金运动的重要一环。有效的投资不仅能增加收益,还能增强保险公司的赔付能力,使保险资金进入良性循环。

从被保险人的角度来看,保险机制可以使他们利用保险公司的资金来应付不确定的损失,减少后顾之忧,至少不需要企业内部准备大量的备用资金。这样,被释放出来的资金就可用于另外的投资。因此,从某种意义上说,保险机制激励了新的投资。

2. 防灾防损

防灾防损,顾名思义就是防止灾害事故的发生和防止损失的扩大。保险的防灾防损职能实际上就是提供风险管理的服务。

保险公司是经营危险的单位,防灾防损工作的好坏直接关系到其经营成本和利益。站在保险人角度来看待灾害事故,很明显,保险人最不愿意看到事故的发生。当然,从广义上说,防灾防损是社会的共同任务,而不应是保险公司一家的事,社会上还有不少专职的防灾防损部门,如公安消防、交通安全、劳动保护、防汛防洪部门等。但防灾防损也是保险经营的重要手段,把防灾防损列为保险职能之一,有助于将其放到经营中的重要位置,使保险和防灾防损紧密结合。

8.2.2 保险的作用

(一)保险在微观层面上的作用

保险的微观作用主要指对作为经济个体的组织或个人产生的影响。大致体现在以下方面。

1. 保险有利于受灾企业及时恢复生产与经营

风险所造成的损失是无法估计的,且这些灾害和事故又是客观存在和不可避免的。灾害事故一旦发生,单凭企业自身力量很难在短时间内恢复到受灾前的生产水平。而通过保险,企业将无法预测的损失以交付保险费的形式固定下来,将保费作为一项固定的支出列入成本,既可以保证企业的财务核算和生产经营计划的执行,又可让企业在遇到意外灾害时能在最短的时间内获得经济上的补偿,及时恢复生产和经营。

2. 保险有助于安定人民生活

家庭是社会的基本单位,家庭的稳定是人们安心从事社会生产的重要前提,对全社会的稳定具有重要意义。面对大自然和社会的种种灾害和意外事故,家庭参加保险,如家庭财产保险和各种人身保险,就可在一定程度上解除对风险的恐惧和各种后顾之忧,对人民生活起到保障作用。

3. 保险有助于均衡个人财务收支

这一点主要针对人身保险而言,利用其长期险的储蓄性质,将现在的财富积累下来以满足将来经济上的需要。实际上也是让渡现在的消费权利,获得未来的消费权利。这样可以更加有力地解决收入与消费间的不平衡问题。

(二)保险在宏观层面上的作用

保险的宏观作用更多地体现在对全社会和国民经济产生的影响方面。

1. 保险保障社会再生产的进行

在现代商品经济社会,企业是相对独立的经济实体,其经营成果的好坏,由企业自行承担。但现实社会中,各生产部门之间乃至各个经济主体之间都存在着密切的联系,一家企业能否稳定生产,不仅关系到它自身,也对与之相关的其他企业或行业有非常大的影响。任何一点受到震动,都会产生类似"多米诺骨牌"的效应,将局部的动荡传递到经济的其他方面,并将损失放大。这无疑会带来一种连锁影响,破坏社会再生产过程的正常进行。通过保险来转嫁风险,是保障社会再生产正常进行的必要条件。

2. 保险促进风险管理和防灾防损

保险公司作为社会上专门与风险打交道的经济企业,利用其丰富的风险处理经验,对社会各界提供保险服务的同时,通过不同的费率厘定原则,督促被保险人加强风险管理,减少损失发生的可能性。一定程度上促进了全社会的风险防范意识,增强了社会的抗灾能力。

3. 保险推动科学技术的发展

在各项经济活动中,采用新技术比采用落后技术显然具有更高的劳动生产率,当代的商品竞争也越来越趋向于高新技术的竞争,技术附加值的比重日益增大。但是,新技术的采用意味着新的风险。而保险正可以从多角度、多渠道对新技术风险提供保障,为企业开发新技术、新产品及使用新专利壮胆,促进新技术的推广运用。

4. 保险保障财政收入的正常与稳定

现代社会的各种所有制形式相互渗透、相互联合,为社会经济繁荣带来生机,使国家财政税收稳步增长。但是,由于风险的偶然性与客观性,每个层次的独立的经济实体,都不能排除遭遇意外风险损失的可能性,使国家当年的财政预算存在潜在的不稳定因素。通过参加保险,可以在一旦发生灾害事故时,由保险公司承担损失的后果,保障财政收入的正常与稳定。另一方面,保险基金的累积,通过其资金运用的形式,参与到社会资金的总运营,成为国家建设资金的一项重要来源,从而也增加了国家的财政收入。

8.3　保险的分类

保险业历经几百年的发展,保险种类日益增多,保险领域不断扩大,保险的内容也不断得到扩展。人们在选择保险、运用保险的时候,必须清楚地了解各个险种之间的联系与区别,并在此基础上作出正确的选择。保险的分类正是建立在这一前提下,从不同的角度对其进行细分。

8.3.1　按保险性质分类

按保险的宏观性质,可将保险分为商业保险、社会保险和政策保险。

(一)商业保险(Commercial Insurance)

商业保险是指商业保险公司为获取保险经营利润,按商业经营原则组织经营的保险业务。具体来讲就是投保人与被保险人订立保险合同,按合同约定投保人向保险人支付保险费,保险人对可能发生的风险事故因其发生所造成的损失承担赔偿责任,或当被保险人死亡、伤残或达到约定年龄给付保险金。商业保险是一种自愿的经济行为,在法律上遵循《保险法》的约束,通常所说的财产保险、人身保险、责任保险等都属于商业保险范畴。

(二)社会保险(Social Insurance)

社会保险是社会保障(Social Security)的重要组成部分,是指国家通过立法对社会劳动者在年老、疾病、残废、伤亡、生育、失业等情况下,给予基本的经济保障的一种社会保障制度。与商业保险不同的是,社会保险是一种强制性的制度,在我国,凡符合法律规定的成员都须参加。社会保险的主要特点是强制性、保障性、普遍性、互济性和非盈利性。

(三)政策保险(Policy Insurance)

政策保险是指政府为了贯彻或实施某项特定政策,以商业保险的经营方式来实施的保险。这里的政策性主要体现在经营政策的优惠性和经营目标的非营利性,现阶段主要的政策保险有促进出口贸易的出口信用保险、扶助农牧、渔业增产增收的种植业和养殖业保险(即农业保险)等。

8.3.2 按保险保障范围分类

这种分类方式主要针对商业保险,将其进一步细分为财产保险、责任保险、信用保证保险和人身保险,由此构成商业保险的主要大类。

(一)财产保险(Property Insurance)

主要指狭义的财产保险,专指以各种有形物质财产为保险对象的保险。包括除了责任保险和信用保证保险以外的各种财产保险,如海上保险、火灾保险、货物运输保险、盗窃保险、工程保险等。

(二)责任保险(Liability Insurance)

责任保险是以被保险人的各种民事损害赔偿责任为保险对象,以第三者(受伤害者)向被保险人(肇事者)提出损害赔偿请求为保险事故的保险。保险人负责赔偿因被保险人的疏忽或过失,造成第三者的人身伤亡或财产损失依法应负的经济赔偿责任。

责任保险根据承担责任的不同,又可细分为公众责任保险、产品责任保险、雇主责任保险和各种职业责任保险等。

(三)信用保证保险

信用保证保险实际上是信用保险和保证保险两类不同性质的保险。

1. 信用保险(Credit Insurance)

信用保险是债权人投保债务人信用的一种保险。即以在商品赊销和货币借贷中的债务人的信用为保险标的,以债务人到期不履行债务清偿义务为保险事故,由保险人承担被保险人(债权人)因此遭受经济损失的赔偿的保险。前述的政策保险中的出口信用保险即属于信用保险的一种。

2. 保证保险(Bonds)

保证保险则是以债务人向保险人投保自己的信用的保险。因此,保证保险体现的是一种担保的概念,当被保证人(投保人)的作为或不作为致使被保险人(权利人)遭受经济损失时,由保险人(担保人)向被保险人承担经济赔偿责任。常见的保证保险有忠诚保证保险、履约保证保险等。

（四）人身保险

人身保险是以人的生命或身体的健康状况为保险对象的保险。按照具体的保障范围还可细分如下。

1. 人寿保险（Life Insurance）

人寿保险，简称寿险，是指以人的死亡或生存为保险对象的保险。

2. 人身意外伤害保险（Personal Accident Insurance）

人身意外伤害保险是指被保险人在保险有效期内，因遭遇非本意的、外来的、突然的意外事故，致使其身体蒙受伤害而残疾或死亡时，保险人按照合约约定给付保险金的保险。该险种可以单独投保，也可附加在各种以死亡为保险条件的人寿保险中。

3. 健康保险（Health Insurance）

健康保险又称疾病保险，是指被保险人在保险单有效期内，因疾病、分娩等支付的医疗费用，或被保险人丧失劳动能力时，保险人按合同约定给付保险金的保险。健康保险一般包括意外伤害保险所致的各项损失，还可细分为住院费用保险、普通医疗费用保险和残疾金保障等。

8.3.3　按保险实施方式分类

按保险的实施方式，可将保险分为自愿保险和法定（强制）保险。

（一）自愿保险（Voluntary Insurance）

自愿保险是保险人与被保险人双方在自愿的基础上，通过签订保险合同而建立的保险关系。自愿保险是相对于强制保险而言的，主要的特点有：①保险双方以自愿方式签订保险合同；②保险责任不是自动产生，而是以是否缴纳保险费为条件的；③有关保险险别、保险对象、保险金额、保险期限等条件是由保险双方议定的；④保险合同成立后，一般情况下被保险人可以中途退保，保险人在承保后，除非被保险人有违约行为，保险人一般不得中途解除合同。

（二）法定保险

法定保险也称强制保险，是指国家通过颁布法律法规，规定必须参加的保险。开办法定保险通常为实现以下目标：

（1）解决某些普遍存在的社会问题所需资金。如社会保险中的养老保险、失业保险、基本医疗保险等，从而减少政府承担的社会保障负担。

（2）维护公共利益或无故受害人的利益。如机动车辆第三者责任保险（俗称交强险）、建筑工人人身意外伤害保险等。

8.3.4　按保险转移层次的不同分类

按保险的风险转移层次，可将保险分为原保险和再保险。

（一）原保险（Original Insurance）

原保险是指投保人与保险人之间直接订立保险合同，建立保险关系。原保险的投保人不能是保险机构，即原保险合同是保险人与一般的企事业单位或个人之间开展的保险业务活动。

(二)再保险(Reinsurance)

再保险,也称"分保",是原保险的保险人为了分散本身风险责任,而将自己承保的风险责任的一部分分给其他的一个或多个保险机构的保险行为。通俗地讲,再保险就是对保险人的保险。再保险的投保人本身就是保险人,即原保险人,也称保险分出公司;而再保险业务中的保险接受人,即所谓再保人,或称保险分入公司。再保险是保险业务中不可缺少的组成部分,任何从事直接保险业务的保险组织,不论其资历如何,只要其承担的风险可能造成的损失特别巨大,超过自身的承受能力时,保险人就可将超过自身能力部分的风险通过再保险来分散、转移出去,从而能减轻自身承担风险的保险赔偿责任,也间接提升了自身的承保能力。

8.3.5 其他常见分类方式

其他一些常见的保险分类方法还有:按保险经营主体划分为国营保险公司和私营保险公司;按保险对象划分为财产保险和人身保险;按保险的营利性划分为营利保险和非营利保险;按保险客户划分为个人保险和团体保险等。

8.4 保险的基本原则

保险在其历史发展的过程中,逐渐形成了一系列为人们所公认的基本原则。这些原则是保险活动的准则,始终贯穿于整个保险业务中,是保险各方当事人都必须遵守的。坚持和贯彻这些基本原则,有利于维护保险各方的合法权益,更好地发挥和体现保险的职能和作用,从而保证保险业的健康发展,保障社会经济生活的安定。

8.4.1 保险利益原则(Principle of Insurance Interest)

(一)保险利益的概念

保险利益,也称可保利益,是指投保人或被保险人对保险标的具有的法律上承认的利益。它体现了投保人或被保险人与保险标的之间的利害关系,如果保险标的安全,投保人或被保险人可以从中获益;而一旦保险标的受损,投保人或被保险人必然会蒙受经济损失。正是由于保险标的维系着被保险人的经济利益,投保人才会将保险标的投保以求转嫁各种可能发生的风险,而保险公司可以通过风险分摊来保障被保险人的经济利益。需要注意的是保险标的与保险利益之间的关系,保险利益是建立在保险标的之上的,而不是保险标的本身。

保险利益具有以下性质:

(1)保险利益是保险合同的客体。

(2)保险利益是保险合同生效的依据。

(3)保险利益不是保险合同的利益。保险利益体现的是投保人或被保险人与保险标的之间存在的利益关系,而保险合同利益是指合同生效后当事人取得的利益,是保险权益。

（二）保险利益原则及其作用

保险利益原则又称可保利益原则（Principle of Insurable Interest）。其含义是指投保人或被保险人必须对保险标的具有保险利益，才能同保险人订立有效的保险合同；如果投保人或被保险人对标的没有保险利益，则他同保险人所签订的保险合同就是非法的或无效的合同。保险利益原则是保险经营中的最重要的原则之一。早在海上保险诞生初期，当时并未规定投保人对保险标的具有保险利益，曾诱发大量道德风险和保险赌博等现象，给保险市场造成极大混乱。直到随后对海上保险和人寿保险规定了不得签发不具有可保利益的保险单后，保险业才重新走上正轨。

由此可见，在保险的实际业务中，贯彻保险利益原则具有以下几方面的重要作用。

1. 可以防止变保险合同为赌博合同

赌博是有悖于社会利益和社会公共秩序的不良行为，其目的、手段和结果与保险截然不同：保险的目的在于求得经济上的保障，而赌博则是谋取经济上的侥幸获利；保险的经营建立在科学的基础之上，其结果是在自然灾害、意外事故发生后为被保险人提供经济补偿或保险金给付，赌博的结果只能是损人利己。有了保险利益，被保险人就不可能通过不具有保险利益的保险合同获取额外利益，从而避免了把保险合同变为赌博合同的可能性。

2. 可以防止被保险人的道德风险

这里的道德风险是指投保的目的不是为了获得保险保障，而是为了谋取保险赔款。这种人极少，但危害极大，他们不是积极防止保险事故的发生，而是希望促使保险事故发生，甚至故意制造保险事故。保险利益原则消除了产生这种道德风险的根源，从这个角度出发，保险利益原则的遵循，不仅是保险合同双方当事人的要求，也是社会利益的要求。

3. 可以限制保险补偿的程度

根据保险利益原则，不仅要定性，即投保人或被保险人对保险标的是否有可保利益，而且要定量，即投保人的保险利益有多少。投保人或被保险人对超过其实际保险价值的部分依然没有保险利益。如某车主，将其价值 10 万元的汽车投保，那么，保险事故发生后车主最多只能得到 10 万元的保险赔偿，即使他投保 15 万元，他除了多交保费外，不可能获得更多的保险赔款。因为他对超过汽车实际价值部分的金额没有可保利益，投保也无效。

（三）构成保险利益的条件

1. 必须是法律所认可的利益

即得到法律认可，受到法律保护的利益受到损害才能构成保险利益。不法利益，如盗窃、非法占有、走私、不当获利等都不构成保险利益。

2. 保险利益必须是确定的利益，即客观存在的利益

所谓确定的利益，包含两层含义：首先，这一利益是可以用货币形式估价的，如古董、名人字画等，尽管可能价值连城，但如果投保，则必须有一个明确的货币金额。而利益的多少就是以这一价格来确定的。若属于无价之宝，没有办法确定其价格，保险公司也无法承保。其次，确定的利益是指事实上的或客观上的利益，而不是当事人主观估计的利益。事实上的利益包括现有利益和期得利益。现有利益容易理解，而期得利益即期望利益，随着保险技术的发展，现在也可以某种方式加以确定，如海上保险中的加成 10% 投保，就考虑了预期的利润收益。此外各种利润损失保险，也是直接以预期利润来投保的。

3. 保险利益必须是经济上的利益

该利益指能用货币计算和衡量。保险的实质是对被保险人遭受的经济上的损失给予补偿。保险并不能避免被保险人遭受损失，也不能弥补被保险人遭受的非经济损失，比如政治利益损失、行政处分、精神创伤、感情痛苦等，即便这些都与当事人有利害关系。当然，如这些情况构成当事人经济损失，则可构成保险利益。有时行政处分、刑事处罚等也可造成当事人经济损失，但从公共利益出发，对于这类经济损失，保险不予保障。

(四)货物运输保险中的保险利益

由于各类保险的保险标的不同，承保风险及保险责任各异，所以各类保险的保险利益及其有效时间也不尽相同。比如，对于财产保险的保险利益，通常产生于财产的所有权。投保时谁对标的拥有所有权，谁就具有保险利益。同时必须注意这种可保利益并不限于所有权，凡因标的发生事故而蒙受经济损失，或因财产安全而可以获得利益者，均具有保险利益。另外，凡财产保险在投保与索赔时，都要求投保人或索赔者对标的拥有保险利益，尤其是索赔时，被保险人必须对受损标的具有可保利益，才能享有索赔权，这与人身保险中更强调投保人对被保险人具有可保利益是不同的。

在国际贸易中的货物运输过程中，保险利益的确定与贸易中使用的贸易术语有直接的关系，即谁对标的物承担责任，谁就拥有保险利益。简单地说，国际贸易中买卖双方所采用的贸易术语决定着双方承担风险的转移时间，从而也影响到保险利益的拥有以及保险利益的转移时效问题。根据2010年国际贸易术语解释通则(简称Incoterms2010，2011年1月1日正式实施)的规定如下。

1. EXW(工厂交货)

这一贸易术语规定，卖方在合同规定的日期或期间内，于指定的地点将货物置于买方的支配之下，风险即告转移。因此，对货物的可保利益也同时转移给买方。此时实际的货物运输尚未开始，卖方一般也无需办理货物运输保险。而买方则应办理货物从指定地点运送到买方仓库的运输保险，此后货物若发生风险损失，即可由买方负责向保险人索赔(买方对货物拥有保险利益)。

2. D组术语

D组术语包括DAT(终点站交货……指定目的港或目的地)、DAP(目的地交货……指定目的地)和DDP(完税后交货……指定目的地)。这组贸易术语均属于到货合同，即卖方于规定时间或期限内，在指定目的地的约定地点，将货物置于买方的支配之下，风险即告转移。在此之前的风险由卖方承担，卖方可办理保险，其间发生的损失，也只能由卖方向保险人索赔；而在货物置于买方支配之后，风险已发生转移，保险利益亦发生转移，货物若再发生损失，只能由办理了保险的买方向保险公司索赔。

3. FAS(装货港船边交货)与FCA(货交承运人)

FAS贸易方式中，买卖双方承担的费用及风险均以船边为界，在货物运抵起运港船边之前，卖方承担货物的风险责任，享有货物的保险利益，可以向保险人投保；货物一旦运抵港口(码头)船边，卖方即完成交货义务，风险同时转移至买方，此时即使买方因种种原因预定的船舶未到码头，或者船虽已到港因故无法装运，如果发生意外造成损失，也与卖方无关，因为风险已转移至买方。因此，买方在此方式下应对交至船边的货物及时投保，以保障货物安全。

　　FCA 的贸易方式则强调在买卖双方规定的时间、地点由卖方将货物交给买方，显然，交货前的风险责任由卖方负责，交货后的风险则由买方承担。而保险利益同样随风险的转移而发生变更。

　　4. FOB(装运港船上交货)和 CFR(成本加运费)

　　在这两种贸易术语下，卖方承担货物在装运港越过船舷之前的风险，即货物自发货人仓库运出至装运港码头越过船舷之前，卖方对其拥有可保利益。货物越过船舷后，风险由卖方转移到买方，此时买方享有可保利益。

　　由于按惯例，这两种贸易术语下是由买方办理货物运输保险，但由于买方只是在货物越过船舷之后对货物才享有可保利益，所以其办理的保险也只承担了货物实际装船后的风险，若货物在装船前(实际越过船舷之前)发生损失，买方所办理的保险是无法进行索赔的，因在此时买方对货物并不享有保险利益，货物的风险仍然应由卖方来承担。

　　5. CIF 与 CIP 术语

　　CIF 指成本加运费和保险费，在此术语下，买卖双方关于货物风险转移时间的规定及可保利益的转移时间与前述 FOB 及 CFR 条件相同，也是从货物在起运港越过船舷后转移的，但与其不同的是，CIF 贸易条件规定卖方办理保险(贸易价格中已含保险费)，且在货物越过船舷转移给买方时，保单(保险合同)通过卖方背书的形式也可同时转移给买方，即保险利益也同时随保单转移到买方。因此，若货物在实际装船前发生损失，除了卖方可向保险人提出索赔外，买方也可在事后凭背书转让的保单向保险人提出索赔。即在 CIF 条件下，买方可以完全按照"仓至仓"的原则，对全程运输过程中发生的损失享有向保险人索赔的权利。

　　CIP 术语的含义为"运费及保险费付至指定目的地"，与 CIF 术语十分相似，其价格构成中均含有通常的运费和保险费，所不同的是，CIP 只强调交货地点在卖方所在地或承运人所在地，不限于港口(码头)，因此，该贸易术语适用的运输方式更广，风险及责任的转移也不限于货物越过船舷，只要在约定地点交给承运人即完成风险和责任的转移，但其保险利益的转移与 CIF 一样，被保险人的索赔方式也类似。

8.4.2　最大诚信原则(Principle of Utmost Good Faith)

　　最大诚信原则也称诚实信用原则，是任何一项民事活动中，各方当事人都应该遵循的基本原则，也是保险活动应该遵循的主要原则之一。

　　保险中的最大诚信原则，最早源于海上保险。当时，由于造船技术、航海技术等比较落后，船舶远航在广袤的大海上，遭遇各种意外事故和因恶劣气候导致船货的损失比较常见，加上通信手段的落后，所有在海外的出险情况往往都要等到船及货主返回后，保险商人通过其叙述才能得知。这样，作为被保险人的船及货主是否如实叙述灾害事故发生的情况，对于保险商人来讲就尤为重要了，因为这牵涉到是否赔偿的问题。现在的最大诚信原则更多地体现在保险合同的订立过程中，保险双方当事人的诚实信用。

　　(一)最大诚信原则含义

　　我国《保险法》第 4 条明确规定："从事保险活动必须遵守法律、行政法规，遵循自愿和诚实信用的原则。"可见遵循诚实信用的原则是保险经营活动的基本前提。

　　最大诚信原则可以表述为：在保险合同的签订和履行过程中，当事人双方均应本着绝对的诚意，恪守信用，互不隐瞒和欺骗，特别是在签订合同时，双方均应主动把与投保标的相关的情况向对方做充分、准确的披露(告知)。尽管这里对当事人双方都有诚信的要求,但通常情况下,最大诚信原则更多的是强调对投保人或被保险人的要求。这样做的目的,是为了保证双方当事人在对保险标的有同等了解的基础上平等地订立保险合同。

(二)最大诚信原则的基本内容

最大诚信原则的基本内容主要包括告知、陈述和保证3个方面。

1. 告知(Disclosure)

告知也称披露。根据英国1906年《海上保险法》第18条规定:"在保险契约订立前被保险人应依本条的规定,将他所知悉的各项重要事实尽量告知保险人。"这里的"重要事实"一般是指对保险人决定是否承保或以何种条件承保起影响作用的事实,它影响保险人决定是否接受投保人的投保和确定收取多少保险费。

评判重要事实的标准有以下3条:

(1)凡是影响保险人作出是否承保决定的事实就是重要事实。

(2)凡是影响到保险人制定保险费率的事实也是重要事实。

(3)凡是影响到保险人对承保条件考虑的事实同样是重要事实。

对于投保人的如实告知,可以贯穿于3个环节:在申请投保时,投保人要主动申报;签约时,投保人要如实回答保险人的询问;签约后,若标的情况发生变化,被保险人必须及时通知保险人。

在保险经营实务中,告知的形式一般有两种:一种形式是无限告知,即保险人不明确告知的内容,要求投保人将有关重要事实进行告知。这种告知对投保人要求严格,又称为客观告知。海上保险一般采用无限告知。另一种告知是询问回答告知,即投保人根据保险人的书面询问作出回答,并根据要求填写好投保单或要保单,其余的没有告知的义务。相对于前面的无限告知,要求要低些,所以这种告知又称为主观告知。

对于保险人的告知,主要在于主动向投保人说明保险合同条款的内容,特别是免责条款的内容必须明确说明。

2. 陈述(Representation)

陈述是指被保险人在与保险人磋商保险合同或在保险合同订立前对其所知道的有关保险标的的情况,向保险人所作的说明。若所作的说明不真实,则为错误陈述(Misrepresentation)。根据英国1906年《海上保险法》的规定,陈述也可分为以下3种类型:对重要事实的陈述、对一般事实的陈述和对希望或想法的陈述。我国《保险法》中没有陈述的概念,通常将其与告知等同看待。

3. 保证(Warranty)

保证也是最大诚信原则的重要内容之一。所谓保证,是指被保险人在保险期限内,对某种特定事项的作为或不作为。也就是说被保险人应承诺做某事或不做某事。所以保证带有一种承诺的性质。值得注意的是,保证的要求,比告知更严格,一旦保险人把某一方面的询问列为保证条款,投保人必须遵循,不管是有意还是无意,不管是否对保险人有利,一旦投保人(被保险人)违反了保证,保险人就有权取消合同。

【知识链接 8-1】

"保证"的重要性

我国台湾地区出版的一本名为《保险法论》的书中曾引用过美国一桩著名的保险案例,很好地说明了保证对保险双方的重要性和严肃性。案情是这样的:有个美国人甲向某人寿保险公司 A 投保保险金额为 5000 美元的某种人寿保险,A 采用书面询问的方式问甲的婚姻状况,甲在投保时实际上已经结婚了,但不知怎的填写未婚。按照人寿保险的一般经验,已婚者和未婚者之间的风险是不一样的。在其他条件相同的情况下,已婚者的危险性小于未婚者。反映在保险费率上,保险公司对未婚者收取的保费费率高于已婚者。现在甲已婚却谎称未婚,也不知道这种行为对保险公司是有利的,但是他的说明已列入了保证条款。当甲死亡后,其受益人在向 A 请求保险金给付时,A 在理赔过程中发现甲投保时就已婚,却谎称未婚,于是就以甲违反保证条款为由拒赔,从而引发一场全美著名的保险诉讼。初审法院支持了甲的请求,判决 A 支付保险金,A 不服,上诉至联邦最高法院,最后美国联邦最高法院判决 A 胜诉,判词是这样写的:甲的谎言虽然对保险公司有利,但是以其有利而承认为合法,这就违背了法律重视诚信的精神,这样的法就不是"善法"。甲已婚却说是未婚,与本案固然无关紧要,但如果是未婚而谎称已婚,就至关重要了。问题的重要性在于,对保险公司的询问,作出正确的回答,是保险公司赖以决定承担危险责任的依据。况且,此次询问又已列入保证条款,被保险人自应严格遵守。现在被保险人有自己不诚实之处,故无论其结果是否对保险公司有利,A 均可据此解除合同。

按照国际惯例,保证还可以分为明示保证(Express Warranty)和默示保证(Implied Warranty)。明示保证包含在保险单内,或包含在保单所附的某项文件中,可以用任何措辞来表示,并非一定包含"保证"二字。默示保证是在保险合同中虽未明文规定,但按照法律或惯例,不言而喻地必然包括在合同内的保证,如海上运输中的船舶适航默示保证等。

(三)违反最大诚信原则的后果

我国《海商法》对在海上保险活动中违反最大诚信原则的后果有明确规定。

1. 对投保人违反告知的法律后果

投保人或被保险人违反告知义务有 4 种情况:漏报、误告、隐瞒和欺诈。对以上几种情况,保险人可根据其行为的故意或过失区别对待,并依法宣布合同无效或不承担赔偿责任。如《海商法》中规定,当这种不告知是故意所为,"保险人有权解除合同,并不退还保险费。合同解除前发生保险事故造成损失的,保险人不负赔偿责任";若不告知不是被保险人的故意所为,但足以影响保险人决定是否同样承保或者提高保险费率的,保险人同样有权解除保险合同,对在合同解除前发生的保险事故,保险人不承担赔偿或给付保险金责任,但可以退还保险费。这在《保险法》的第 17 条和第 54 条都有相应规定。

2. 对保险人违反告知义务的法律后果

如果保险人在订立合同时未尽告知义务,如对免责条款没有明确说明,则《保险法》第

17 条规定,该免责条款无效。

3. 违反保证的法律后果

各国立法对投保人或被保险人遵守保证事项的要求极为严格,凡是投保人或被保险人违反保证,无论其是否有过失,也无论其是否对保险人造成损害,保险人均有权解除合同,不予承担责任。但在下列情况下,保险人不得以被保险人破坏保证为由视保险合同无效或解除保险合同:一是因环境变化使被保险人无法履行保证事项;二是因国家法律法规变更使被保险人不能履行保证事项;三是被保险人破坏保证是由保险人事先弃权所致,或保险人发现破坏保证仍保持沉默,也视为弃权。

8.4.3 损失补偿原则(Principle of Indemnity)

(一)损失补偿原则的含义

保险的基本职能之一就是经济补偿,这也是保险产生和发展的主要目的。所以,损失补偿原则就成了保险的基本原则之一。当然,这种损失补偿,只适用于保险的补偿性合同,如财产保险合同,而对多数的人身保险合同并不适用。

损失补偿原则的含义:投保人与保险人订立保险合同后,当保险事故发生时,保险人给予被保险人的经济赔偿恰好填补被保险人因遭受保险事故所造成的经济损失。

这里的"补偿"包含两层意思:其一,投保人与保险人订立保险合同后,一旦发生保险事故造成经济损失,被保险人就有权获得全面、充分的赔偿。如果低于保险标的实际损失,补偿即为不充分。其二,保险人对被保险人的赔偿恰好能使被保险标的回复到保险事故发生之前的状况,保险赔偿不能高于保险标的的实际损失,否则,就会使被保险人因保险事故的发生而获得额外的利益。

保险补偿原则的意义正在于此。一方面维护了保险双方的正当权益,真正发挥保险的损失补偿作用;另一方面,防止被保险人因保险而额外获利,从而预防道德风险的发生。

(二)损失补偿的方法和限制

1. 损失补偿的实施方法

损失补偿的方法主要有现金、修理、重置和恢复原状四种。四种方法所需费用一致时,可以由被保险人征得保险人同意后选择其中的一种。

在保险实务中,确定赔偿损失的方法大多不超过以上 4 种,最终往往都通过货币补偿来解决。而货币价值的确定常采用以下几种方式:①按市场价格确定实际损失;②按恢复原状所需费用确定实际损失;③按重置成本减折旧确定实际损失;④根据被保险人实际损失的费用确定实际损失。

2. 损失补偿的限制

(1)以实际损失为限。这是一个基本限制条件,保险标的受损后,无论保险金额多大,都应以实际损失为限。比如,某保单约定保险金额为 12 万元,遭灾后实际损害 10 万元,则所获得的赔偿为 10 万元。

(2)以保险金额为限。保险金额是保险人计算和收取保险费的基础和依据,也是其履行赔偿责任的最高限额,因此,保险人的赔偿金额在任何情况下均不能超过保险金额。

(3)以保险利益为限。保险人的赔付是以被保险人对保险标的的具有的保险利益为条件的,如果发生保险事故时,被保险人对标的已不具有保险利益,则保险人不予赔付。

以上三种限制在实际操作中同时起作用,以保险利益为基本条件。

（三）损失补偿原则的派生原则

1. 代位原则

代位原则是损失补偿原则的派生原则之一。代位,即取得别人的某种地位。保险的代位,指的是保险人取代投保人或被保险人的求偿权和所有权。

代位原则是指保险人按照法律或合同的约定,对被保险人所遭受的损失进行赔偿后,依法取得向对财产损失负有责任的第三者进行追偿的权利,或取得被保险人对保险标的的所有权。代位原则通常包括代位求偿和物上代位。

保险人获得代位求偿的前提条件:第一,保险标的的损失原因是保险责任范围内的,且该损失由第三者造成;第二,保险人已经履行向被保险人的赔偿责任;第三,被保险人必须对第三者拥有索赔权利。

需在此强调的是,代位原则仍然只适用于财产保险合同,不适用于人寿保险合同。因为人的价值是无法确定的,不存在额外受益问题。寿险中的被保险人死亡,受益人可以同时获得保险人的给付保险金和加害人支付的赔偿金。

2. 分摊原则

分摊原则是损失补偿原则的又一个派生原则,主要针对重复保险。所谓重复保险,是指投保人对同一保险标的、同一保险利益、同一保险事故分别与两个以上的保险公司订立保险合同。通常总的保险金额大于实际的保险价值。

分摊原则的含义是:在重复保险情况下,如果发生保险事故,被保险人的索赔只能在保险人之间分摊,赔偿金额总和不得超过损失金额。显然,这一原则的遵循,正是为了体现和维护损失补偿原则,即被保险人不得因保险事故的发生而额外获利。

重复保险赔偿分摊的方式如下:

（1）最大责任分摊法,也称比例责任制,即各保险人按各自的保险金额占所有保险人的保险金额总额的比例与损失金额相乘来计算赔款。公式为:

$$某保险人分摊的赔偿责任 = \frac{某保险人承保的保额}{所有保险人承保金额总和} \times 损失金额$$

例如:某保险标的的保险价值为 60 万元,投保人分别向保险人 A 投保 50 万元,向保险人 B 投保 30 万元。保险事故发生后标的的实际损失为 40 万元,则:

保险人 A 的赔偿金额为:

$$\frac{50}{50+30} \times 40 = 25（万元）$$

保险人 B 的赔偿金额为:

$$\frac{30}{50+30} \times 40 = 15（万元）$$

（2）独立责任制:各保险人按无他保时单独应负的限额赔偿责任比例进行分摊,所以又称限额责任制。公式为:

$$某保险人赔偿责任 = \frac{某保险人独立赔偿限额}{所有保险人独立赔偿总额} \times 损失金额$$

式中,独立赔偿限额是指某保险人若独立承保（按其独自的保额计算）,在该项损失发生后应承担的最大赔偿限额。

例如:在上例中,保险人 A 的赔偿金额为:

$$\frac{40}{40+30} \times 40 = 22.86(万元)$$

保险人 B 的赔偿金额为:$\frac{30}{40+30} \times 40 = 17.14(万元)$

(3)共同责任分摊法:首先是将重复保险部分的承保损失视为共同责任,由保险人均摊,而后超过共同责任部分的承保损失由承担了较高保险责任的保险人承担。例如:上例中,A、B 两家公司重复保险的承保损失部分为 30 万元,则实际损失 40 万中的 30 万元由两家平摊,超过共同责任部分的余下的 10 万元损失由保额更大的 A 公司承担。

(4)顺序责任制:以各家保险人出立保单的顺序来确定赔偿责任。即先由第一个出单的保险人在其保险金额限度内进行赔偿,再由第二个出单的保险人在超过第一个保险人赔偿限额的损失部分在其保额限度内赔偿,以此类推,直至将被保险人的损失全部赔偿。

显然,第四种方法对所有保险人来讲并不公平,因而现在很少被采用。而第一种方式最能体现各保险人的权利和义务对等关系,所以为绝大多数国家保险理赔所采用,我国保险法中对重复保险的分摊也明确采用比例责任分摊制。

8.4.4 近因原则

(一)近因原则的含义

近因原则是判断保险事故与保险标的损失之间的因果关系,从而确定保险赔偿责任的一项基本原则。是保险经营实务中处理赔案所必须遵循的重要原则。

1. 近因的概念

在现实工作中,保险标的的致损原因往往不是一眼就能看出的,有时会十分复杂,并且难以判断出真正造成标的损失的原因。而确定保险标的致损的真正原因,对保险双方来说,却又是非常重要的。

保险中的近因是指对保险标的的损失起决定作用的、有支配力的或者是直接促成损失后果的原因,而不是仅仅从时间上或空间上最接近损失的原因。因此,"近因"是直接造成事件发生的关键因素,而"远因"则指那些虽然对事故的发生有一定的影响,但并非起主导作用的原因。

例如:一辆汽车意外撞倒一棵大树,树不堪撞击,倒向建筑物,该建筑物不堪重负,屋顶被压塌,塌下的屋顶压死了屋内的居民。则该居民的致死原因到底是什么? 显然,根据近因的定义,导致该居民死亡的近因不是屋顶塌下,也不是树压房屋,而是汽车撞击所致。有时近因也可称之为主因或重要原因。

2. 近因原则的含义

近因原则的基本含义是:若引起保险事故发生、造成保险标的的损失的近因是保险责任,则保险人负责赔偿;若近因属于除外责任,则保险人不负赔偿责任。近因原则在保险理赔中具有普遍意义,也就是说,在处理赔案时,赔偿和给付保险金的条件是:造成保险标的的损失的近因必须是保险责任。

(二)近因原则的应用

近因原则的法理虽然较为简单,但在保险原则中却是较难掌握的一条原则。实际操作中,如何判断引起损失的近因,是顺利完成理赔工作的关键。

损失与近因存在直接的因果关系,所以,在确定近因时,首先要确定损失的因果关系,基本方法有两种,即从原因推断结果或者从结果推断原因。这种推断为逻辑推断,最初事由与最终结果当中是连续的、无中断的。

在保险理赔实践中,近因的判断与保险责任内近因的确定可以分以下几种情况:

1. 单一原因造成损失

这种情况比较简单,单一原因就是近因,只有两种可能:要么属于保险责任,要么属于除外责任。前者保险公司负责赔偿,后者则不负赔偿责任。比如一条船投保火灾险,船舶损坏的原因是火灾,则保险公司应该赔偿损失。

2. 多种原因造成损失

多种原因存在时的近因认定,可以进一步分成几种情况:

(1)多种原因同时发生。若多种原因都属于保险责任,则保险公司应承担赔偿责任;若都不属保险责任,则可拒赔。若多种原因中既有保险责任,又有除外责任,如果两者可以区分,则保险公司只负责赔偿责任范围内的损失;如果两者不能区分,则一般按除外责任处理。

(2)多种原因连续发生造成损失。这里的连续表明前后因之间有直接的因果关系,显然最初的前因是近因,若它是承保责任,则保险标的的最终损失可获赔偿;若其不属承保责任,保险人可不对最终损失进行赔偿。比如:某船装载皮革和烟草两种货物投保水渍险,在一次暴风中,由于船舶进水使得皮革被水浸泡并发生腐烂,产生的气味使烟草串味,造成损失。烟草损失的原因是皮革腐烂,而皮革腐烂正是因为海水浸泡,所以烟草损失的近因是海水入仓,应属海上风险,并非一般外来因素造成的串味,因此保险人应予赔偿。

(3)一连串原因间断发生造成损失。这种情况与上述类似,只是连续事件中有中断情况,则以造成中断后的新的原因为分析对象。与最早的原因无关,新介入的原因为近因,只需判断该近因是否属于保险责任,由此判定是否赔付。

虽然确定近因有原则性的规定,但在实践中,要真正正确判定致损原因和损失结果的因果关系错综复杂,判定近因还是远因也不是件轻而易举的事,一定要根据实际案情,认真辨别,仔细分析,并遵循国际惯例,尤其是援用重要的判例。

▷ 【案例分析】

一起海上保险的货物损害索赔案[①]

某年 12 月 3 日,某保险公司与香港某贸易公司就一批花生仁的货物运输达成一项保险协议,并规定贸易公司在货物起运前申请对货物进行检验,确保货物的水分含量在 8% 以下,并将检验结果通知保险人。

同年 12 月 9 日,贸易公司将准备交予某远洋运输公司所属 A 轮由山东运往英国的 8000 余吨花生仁向保险公司投保,并提交了相关单据,保险公司出具了正式保单。

次年 3 月 6 日,A 轮抵达目的地,收货人发现部分货品发生霉损,经检验证实损失属实,贸易公司遂向保险公司提出索赔。

---

① 根据:黄华明主编:《中外保险案例分析》,对外经贸大学出版社 2004 年版资料修改。

保险公司在接到索赔通知后,经调查取证,获取了贸易公司向商检局出具的接收不符合保险协议和信用证要求的货物的保函。保险公司据此认为,保险标的物在起运前即存在水分过高、不符合要求等严重问题,贸易公司对其投保的标的物存在问题应该非常清楚,但其并未在投保时将此情况告知保险人,于是,保险公司作出了拒赔的决定。

贸易公司对此结果不服,协商无效后将保险公司告上了法庭。

一审法院认为:保险人提供的证据不能证明 5 份质检证书是贸易公司伪造的。贸易公司致函商检局是为了修改信用证,商检局并未因接函而出具水分含量符合标准的质检证书,保险人所谓贸易公司为取得水分含量达标的质检证书而向商检局出具保函的证据不足。另 4 份保函是托运人与承运人为履行运输合同的行为,而非贸易公司所为,因此,保险人所谓贸易公司明知花生仁水分含量超标而向承运人提供了保函,却故意隐瞒这一重要情况向保险人投保,缺少证据。保险人在收到贸易公司投保时提交的有关单据时应询问贸易公司,保险公司当时并未这样做。而在事故发生后称贸易公司投保时隐瞒了水分含量超标的说法理由不充分,缺少证据。因此,一审法院判保险公司应赔付 A 轮所载货物损失金额共计 51 万多美元。

保险公司不服一审判决,提起上诉。二审法院经审理后认为,贸易公司没有履行如实告知的义务,保险公司不承担赔偿责任。于是最终撤销一审判决,驳回贸易公司的诉讼请求。

[案情分析]

贸易公司是否履行了如实告知义务,该批货物受损失费属于保险责任是双方争议的焦点。对这个问题有两种方式,一种是"有限(主观)告知主义",即按保险人的询问告知主要危险情况。我国《保险法》第 17 条规定:"订立保险合同,保险人应当向投保人说明保险合同的条款内容,并可以就保险标的或者被保险人的有关情况提出询问,投保人应当如实告知。"可见,我国的《保险法》采用有限告知主义。另一种是"无限(客观)告知主义"。我国《海商法》第 222 条规定:"合同订立前,被保险人应当将其知道的或者在通常业务中应当知道的有关影响保险人据以确定保险法律或者确定是否同意承保的重要情况,如实告知保险人。"本案中,贸易公司投保的是货物运输保险,应按《海商法》中有关海上保险的相关法律进行调整。因此,贸易公司严重违反了海上保险中的如实告知义务。

本案中,保险公司经过调查取得的证据已充分证明了贸易公司违背如实告知义务,因此,保险公司作出拒赔的决定是正确的,二审法院的判决也是正确的。

[讨论]

1. 如何看待保险合同签订中的最大诚信原则?

2. 海上保险是否适用我国的《保险法》?

☞【本章小结】

1. 风险是保险产生的直接原因,没有风险就没有保险。

2. 保险是风险管理的重要手段之一,但只有可保风险才能通过保险达到转移风险的作用。

3. 保险的基本职能体现在风险的分摊和损失的补偿方面。

4. 从不同角度出发可以将保险进行分类,如商业保险和社会保险、财产保险和人身保险、强制保险和自愿保险等,常见机动车保险、运输货物保险、火灾保险、责任保险等都属于财产保险的范畴,而意外伤害、健康保险等则属于人身保险。

5. 保险在其发展的过程中逐渐形成了具有特色鲜明的四大基本原则:保险利益原则、最大诚信原则、损失补偿原则和近因原则。其中的损失赔偿原则还可派生出代位原则和重复保险分摊原则。其中的一些原则已经以法律的形式加以明确,成为人们在参与各种商业保险活动时必须遵循的基本原则。

☞【思考练习】

1. 解释下列术语:

风险　纯粹风险　保险　可保利益　代理求偿　近因

2. 可保风险的基本条件有哪些?

3. 保险的职能是什么? 如何对保险进行分类?

4. 被保险人在投保时一般应向保险人如实告知哪些事实?

5. 如何界定海上保险中的可保利益?

6. 保险人获取代位追偿权的条件是什么?

7. 重复保险分摊的具体方式有哪些?

8. 近因原则在保险理赔中的作用是什么? 怎样判断损失的近因?

第9章

海上保险合同

>>> >

海上保险以船舶、货物及其他海上标的为保险标的，对在运输途中可能遭受约定风险而造成的损失提供保障，而海上保险合同正是为这一保险经济关系而建立的法律协议。本章主要介绍海上保险和海上保险合同相关内容，包括海上保险的起源及发展，海上保险的分类，海上保险合同的特点、主体、客体、基本内容，海上保险单的种类，海上保险合同的订立、变更、解除及终止等。

9.1 海上保险概述

9.1.1 海上保险的起源及发展

（一）海上保险的起源

在所有的保险种类中，海上保险的起源最早，而且它是随着海上贸易的发展而兴旺发达起来的。关于海上保险究竟起源于何时，也无法确切考证，但目前比较一致的观点有两个：一是认为海上保险起源于公元 2000 年出现于地中海一带的共同海损分摊原则（General Average Contribution），它强调损失分摊；另一种观点认为其起源于公元前 800～700 年在古希腊雅典一带流行的船货抵押借款制度（Bottomry or Respondentia Loans），它强调损失的补偿。而从保存完好的世界上第一张书面形式保险单来看，意大利可以算作是海上保险的发源地，因为这张仍保存于热那亚博物馆的保单，是在 1341 年 10 月 23 日，由意大利商人乔治·勒克维伦签发的承保"圣·克拉拉"船舶的一张保险单。而保险单（Policy）一词也源自意大利语的 Polizza，即"承诺"的意思。

（二）海上保险的发展

1. 英国海上保险的发展

现代海上保险虽然源自意大利，但发展于英国。美洲新大陆发现以后，世界贸易中心开始由地中海一带向大西洋沿岸的荷兰、英国、法国等国转移，尤其是英国，贸易发展相当迅速，带动了海上保险的发展。1554 年，英国商人得到国王特许组织贸易公司垄断海上业务，1568 年 12 月，伦敦市长批准成立了第一家皇家交易所，为海上保险提供了交易场所。1575年，英国女王特许在英国皇家交易所内设立保险商会，办理各类保险单的登记，制定了标准保单。在政府的支持下,英国的保险业务迅速发展,随之而来的海上保险纠纷案件也日益增多,1601 年,英国女王又批准颁布了有关海上保险的第一部成文法,即《涉及保险单的立法》,在保险商会内设立仲裁会,解决日益增多的保险纠纷。1720 年,英国政府特许"英国皇家交易保险公司"和"伦敦保险公司"独享海上保险业务,为英国公司经营世界范围内的海上保险业务提供了便利条件。1906 年 12 月 21 日公布施行的《海上保险法》,更是近代最为完整和最有影响力的海上保险法规,不但所涉及的内容较为广泛,且条例清晰,有很高的权威性。

在海上保险的发展过程中,英国劳合社的形成和发展占有重要地位。1863 年,英国人埃德华·劳埃德在伦敦泰晤士河畔开设了一家咖啡馆,这家咖啡馆位于航海、贸易机构较为集中的地段,顾客主要是经营远洋航海业的船东、船长、贸易商人、经纪人及高利贷者,这些人经常聚集在咖啡馆谈论并交换航海和贸易信息。一些保险商人也利用这一场所与被保险人洽谈保险业务,达成海上保险交易。根据这一情况,劳埃德编了一份小报,登载各种有关海上航运或海上交易的消息,成为贸易、商人和保险商的信息来源,引起顾客的极大兴趣,扩大了咖啡馆的名声和影响力,并使其成为伦敦海上保险交易的重要场所。1769 年,劳埃德咖啡馆的 79 名保险商和经纪人,联合起来成立了新的劳埃德咖啡馆,继续沿用了劳埃德的名称,专门从事海上保险业务,并出版了集海商、航运、保险为一体的报刊《劳合动态》(Lloyd's List)。当时,那些需要保险的船主或货主来到咖啡馆,将他们要求保险的文件置于桌上,任何愿意承保一部分的保险商可以在文件上签名,并写明愿意承担保险的金额。这种在要求保险的文件下方签名的习惯,就是"承保人"(Underwriter)一词的由来。后来,随着贸易的发展和海上保险业务的不断扩大,原有咖啡馆已经不能满足商人的交易需要,于是,1771 年这些保险商和经纪人又合资成立了劳合社委员会,并于 1774 年选择皇家交易所为新的馆址,正式成立劳合社。

劳合社不是一个保险公司,而是一个保险社团,确切地说更是一个保险市场。本身并不直接承保任何保险业务,而只是向其会员提供保险业务交易场所和与交易有关的各种服务。劳埃德对保险和保险法发展的影响是非常大的。例如,当时的劳埃德标准海上保险单就被后来制定的《1906 年海上保险法》作为法定的保险单。现今的劳合社是个庞大的组织,由承保辛迪加、经纪人、劳合社委员、管理公司和代理人等组成。

除了劳合社外,英国保险市场上的其他公司组成了一个公司市场,其经营运作对英国的保险业发展,尤其是使英国成为海上保险中心,起到很大的作用。这个组织就是 1884 年由经营海上保险业务的保险公司在伦敦成立的伦敦保险人协会。该组织在保险条款的标准化方面做了大量工作,其制定的海上保险条款(简称"协会条款")在国际保险市场上得到了广泛应用,成为一个标准范本。

2. 我国海上保险的发展

中国的海上保险是随着帝国主义的经济入侵而逐渐兴起的。1805 年,外商洋行在中国香港联合组织广州保险协会,作为外国保险公司的代理行,专门办理中国产品运销海外的保险业务。

1835 年,英国商人在香港开设保安保险公司,专门经营当时广州中外贸易机构的海外贸易保险业务。鸦片战争后,经济入侵日益深入,1848 年上海英租界划定后,英国商人开办的扬子保险公司和上海保安保险公司相继成立,上海成为中国海上保险的中心。

19世纪末叶,清政府洋务派大兴洋务运动时,曾经命令"招商局"先后设立仁和、济和保险公司,之后又将这两家保险公司合并为仁济和保险公司,它们是中国办理货物运输保险的最早的公司之一,也是中国民族资本经营的第一家保险公司。此后,中国民族资本保险公司逐渐增加,到20世纪30年代,中国民族资本的保险公司发展到30多家。至新中国成立前,在上海的232家保险公司中,外商公司仅占64家。

中国民族资本的保险公司绝大多数是由私营银行投资创办的,力量薄弱,根本无法同外商保险公司相抗衡,即使是民族资本的保险公司所出具的海上保险单也都使用伦敦劳埃德保险单的格式,如遇海上损失案件,也只能根据英国的保险法律处理。1931年,国民党政府公布的《海商法》,第八章为海上保险,共30条,其内容与英国海上保险法的原则大致相同,因此得以实施。1935年与1937年公布的《保险业法》与《保险法》,则由于外商保险公司的反对而未能施行,这是我国当时正处于半殖民地半封建社会,立法自主权薄弱的表现。

新中国成立后,我国对旧中国遗留下来的保险业进行了整顿和社会主义改造,成立了全新的保险公司——中国人民保险公司,统一了国内的保险市场。首先开办了火灾保险和海上运输保险业务。尤其是海上运输保险的开展,有力地支持了新中国成立初期的对外贸易,从1949年到1952年的3年间,国家保险机构先后开办了兵险、共同海损、平安险、水渍险、淡水险、潮湿险、盗窃险、碰损险和短少险等。1953年开始办理船舶保险,从1956年起,中国人民保险公司开始制定自己的海洋运输货物保险条款,1972年又制定了自己的船舶保险条款。

"文革"中,由于受"左"倾思想的影响,中央决定停办国内保险业务,只保留了海上保险的涉外保险业务,中国的保险业基本处于停止状况。1980年1月1日,国务院批准全面恢复国内保险业务,并大力开展涉外保险业务。

随着改革开放的不断深入,中国对外贸易的迅猛发展,国际经济活动范围迅速扩大,中国的海上保险业务也得到了空前的发展,保费收入大幅增加,保险险种日益丰富完善。中国人民保险公司结合中国情况和国际惯例,分别于1981年和1986年再次修订了中国人民保险公司海洋运输保险条款、海洋运输货物战争险条款和船舶保险条款等,并在原海上保险基础上,又陆续开办了海上石油开发保险、造船保险、集装箱保险等新险种。

1985年,随着国务院颁发《保险企业管理暂行条例》,新的保险主体不断加入保险经营行列,海上保险业务也打破了由中国人民保险公司独家经营的局面,尤其近年来外资保险的引入,使得中国海上保险市场主体不断增多,保险市场初具规模。目前,国内保险市场中经营海上保险业务的全国性财产险公司就超过20家。今后,随着外资保险的进入,海上保险业的竞争将更加激烈,中国海上保险的相关法律和条款必将与国际海上保险法律和惯例进一步趋向一致。

9.1.2 现代海上保险定义及分类

(一)现代海上保险定义及特点

1. 海上保险的定义

海上保险是保险人和被保险人通过协商,对船舶、货物及其他海上标的所可能遭遇的风险进行约定,被保险人在约定保险费后,保险人承诺一旦上述风险在约定的时间内发生并对被保险人造成损失,保险人将按约定给予被保险人经济补偿的商务活动。海上保险属于财产保险的范畴,是对由于海上自然灾害和意外事故给人们造成的财产损失给予经济补偿的一项法律制度。

2. 海上保险的特点

海上保险主要以运输工具和运输途中货物为保险标的,尤其以海洋运输工具和海洋运输货物为主。随着时代的发展,海上保险的保障范围从原来的海上运输风险与责任,发展到陆上、航空运输,以及多式联运的风险与责任,形成了广义的海上保险。由于海上保险承保的空间范围广阔,承保风险复杂巨大,保险标的品种繁多且技术性强,费率因素复杂,又往往受国际法规、条约与惯例的约束。因而海上保险就具有了与其他财产保险不同的一些特征,主要如下:

(1)海上保险承保的风险具有综合性,致损原因复杂;

(2)保险的标的具有流动性;

(3)海上保险具有国际性;

(4)海上保险具有多变性;

(5)海上保险种类繁多,险种划分详细。

(二)海上保险的分类

海上保险也可根据角度的不同,对其作不同的分类。其中最常见的分类方式就是根据保险对象进行的分类。

1. 船舶保险(Hull Insurance)

所谓船舶保险,是指以船舶为保险标的的保险。这里的船舶指的是除包含船壳以外,还包括机器、锅炉、设备、燃料、粮食以及供给船舶及其使用的各项储备物品等。但其中有些项目,如燃料、粮食等,在保险单上有除外不保条款的,则不包含在内。

船舶保险大都按期间投保,通常以 1 年为期,有时也按照航程投保,即承包某一特定航程,或连续数个航程。

2. 货物运输保险(Cargo Transportation Insurance)

海上货物运输保险,即进出口货物的运输保险。这种保险所承保的标的是货物。但一般情况下,所载货物必须于投保时向保险人特别声明。海上货物运输保险大都采取定值保险单,通常以约定保险价值额作为保险金额。

海上货物运输保险都按照航程投保,即采取航程保险单,以一定航程为保险期间。但如果全部的航程中包括陆上运输时,路上运输也在承保范围内。

3. 运费保险(Freight Insurance)

所谓运费保险,是指以运费为保险标的的保险。海上保险中的运费主要指承运人为托运人运输货物所得的报酬。运费交付方式,主要有预付和到付两种。在上述两种运费中,成为运费保险标的的,通常只有在目的港支付的到付运费。

4. 责任保险(Liability Insurance)

船舶在海上经营运送货物业务,难免因技术上的原因以及其他无法预料或控制的突发事故而致使第三者遭受损失。这种损失一旦发生,则加害者依法应负赔偿责任。例如在船舶碰撞事件下,对其他船及船上货物所导致的损失,应负赔偿责任。

9.1.3　海上保险与国际贸易的关系

在国际贸易中,买卖双方成交的商品一般都需要通过长途运输,货物在整个运输过程中,可能遇到自然灾害或意外事故而使途中货物遭受损失,货主为了转嫁货物在运输过程中的风险损失,就需要办理货物运输保险。可见,办理国际货物运输保险,是人们同自然灾害和意外事故作斗争的一种经济措施。国际贸易中的货物通过投保运输险,将可能发生的损失变为固定的费用,在货物遭到承保范围内的损失时,可以从有关保险公司及时得到经济上的补偿,这不仅有利于进出口企业加强经济核算,而且也有利于进出口企业保持正常营业,从而有效地促进国际贸易的发展。

9.2　海上保险合同

9.2.1　海上保险合同的概念

海上保险合同(Contract of Marine Insurance)是指保险人按照约定,对被保险人海上保险标的遭受保险事故造成保险标的的损失和产生的责任负责赔偿,而由被保险人支付保险费的合同。海上保险合同首先适用《海商法》的规定。海商法没有规定的,适用《保险法》。《保险法》仍没有规定的,适用《新合同法》的相关规定。

9.2.2　海上保险合同的特点

海上保险合同是经济合同的一种。它具有一般经济合同的特点,但又不同于一般的经济合同,它有自己的特殊性。

(一)保险合同是最大诚信合同

任何合同都是合同双方当事人真实意思的表示,都应遵循诚实信用原则,而最大诚信原则更是保险的基本原则。保险人在决定承保与否和承保条件时,主要以被保险人的申报和保证事项为依据,被保险人的任何欺诈或隐瞒,都可能使保险人蒙受损失。如果保险人和被保险人在订立保险合同时,缺乏诚意,被保险人不主动提供保险标的的危险情况或程度,或者提供了不实的资料等,都会使保险人受损害。在早期的海上保险中,其契约约束力之所以能远及海外,全在于当事人双方有超出一般交易契约的最大诚意与守信。

(二)保险合同是保障性合同

投保人向保险人交纳保险费的目的,在于通过保险保障其对保险标的的所具有的经济利益,而保险人收取保险费的承诺是在保险标的遭受损失后,向被保险人提供保单规定的经济保障,这就构成了保险合同的保障性。正是由于保险合同的保障性使其不同于具有交换性的买卖合同。

就单一的保险合同而言,保险合同的保障性是相对的,这种相对性是由保险标的的发生损失的偶然性决定的;而就保险人承保的全部保险合同而言,保险合同的保障性是绝对的,这种绝对性是由风险存在的客观性和普遍性决定的。风险造成的损失是不可能完全避免的,只要损失出现,保险人就要承担向被保险人提供经济保障的责任。

(三)保险合同是有条件的双务合同

保险合同的双务性是指合同双方当事人都因合同的签订而承担合同义务。投保人或被保险人的义务是,按时缴付约定数量的保险费及履行合同规定的其他义务;保险人的义务是承担责任范围内的灾害事故所致损失的经济补偿或给付保险金。一般而言,投保人或被保险人履行合同义务是无条件的,而保险人履行赔偿义务则不同,若保险标的在保险有效期内没有发生损失,保险人则不必履行损失赔偿义务。因此保险合同是有条件的双务合同。

(四)保险合同是附和合同

保险合同的附和性是指保险合同的基本条款不是通过当事人双方协商后确定的,而是由保险人根据国际保险惯例、掌握的承保技术以及长期积累的承保和理赔经验制定,并印成保险合同。投保人在投保时,只能以保险人订立的保险条款为准作出选择。一般来讲,投保人不能要求保险人修改保险条款,即使有特殊的情况,需要修改或变更基本条款的某项内容,通常也只能采用保险人事先准备的附加条款,而原定的条款,基本上不能改变。之所以这样做,是因为投保人往往不熟悉保险业务,因此不能完全依照投保人的意思来改变原条款。由于保险合同是格式合同,因此保险当事人双方就保险合同条款的解释存在争议时,法院通常会作出有利于被保险人的解释或判决。

(五)保险合同是射幸合同

射幸合同是合同效果在订约时不能确定的合同,即合同当事人一方的履约有赖于偶然事件的发生。保险合同是一种典型的射幸合同。投保人根据保险合同支付保险费的义务是确定的,而保险人仅在保险事故发生时,承担赔偿或给付义务,即保险人的义务是否履行在保险合同订立时尚不确定,而是取决于偶然的、不确定的自然灾害、意外事故是否发生,亦即取决于保险事故是否发生。但需注意,保险合同的射幸性也是就单个保险合同而言的。

9.2.3 海上保险合同的主体

海上保险合同的主体是指所有参与保险合同订立和履行的人,包括与海上保险合同有直接关系的当事人,如保险人、投保人/被保险人,以及与保险合同发生间接关系的中介人,如保险代理人、保险经纪人和保险公估人等保险中介。

(一)保险合同的当事人

1. 保险人(Insurer or Underwriter)

保险人也称"承保人",是指与投保人订立保险合同并承担保险标的风险的当事人。《保险法》第 9 条第 2 款规定:"保险人是指与投保人订立保险合同,并承担赔偿或者给付保险金责任的保险公司。"世界各国对保险人的资格一般都有法律规定。目前除少数国家允许个人经营保险业务外,大多以法人经营为主,而这些法人组织,大多称为保险公司,而且多采用股份有限公司形式。在我国,设立保险机构必须获得中国保险监督管理委员会的批准,其他任何人未经登记和未经政府批准的都不得擅自经营保险业务。

【知识链接 9-1】

我国主要财产保险公司及相关网站

我国目前经营海上保险的财产保险公司已有:中国人民财产保险股份有限公

司（www.picc.com.cn）、中国平安财产保险股份有限公司（www.paic.com.cn）、中国太平洋财产保险股份有限公司（www.cpic.com.cn）、中国大地财产保险股份有限公司（www.ccic-net.com.cn）、天安保险股份有限公司（www.tianan-insurance.com）、华安保险股份有限公司（www.sinosafe.com.cn）、中华联合财产保险股份有限公司（www.cicsh.com）、华泰财产保险股份有限公司（www.ehuatai.com）、永安财产保险股份有限公司（www.yaic.com.cn）、都邦财产保险股份有限公司（www.dbic.com.cn）、安邦财产保险股份有限公司（www.ab-insurance.com）和中国再保险公司（www.chinare.com.cn）等数十家，已形成了多家办保险的局面，为保险业的发展提供了平等竞争的市场机制。

2. 投保人（Applicant）

投保人是指与保险人签订保险合同，并承担交付保险费义务的人。他可以是自然人，也可以是法人。投保人除了应具有相应的民事行为能力外，最重要的是投保人对保险标的具有保险利益。如不具有保险利益，则保险合同无效。《海商法》对什么是保险利益及如何判定保险利益并无规定。对此应适用《保险法》的规定。我国《保险法》第11条规定："投保人对保险标的应当具有保险利益。投保人对保险标的不具备保险利益的，保险合同无效。"

3. 被保险人（Insured）

被保险人俗称"保户"。按《保险法》第21条规定："被保险人指在保险事故发生而使其财产或身体受损时，有权向保险人要求偿付的人。"当投保人为自己的利益而订立海上保险合同时，也就成为了被保险人。在有些国家的海上保险法中，投保人和被保险人统称为"被保险人"，在保险法条文中不出现"投保人"字样。英国1906年的《海上保险法》和我国的《海商法》就是如此。普通的财产保险一般要求被保险人在投保时及损失发生时都要对保险标的具有可保利益，否则保险公司可以拒赔。但鉴于海上保险的特点，为了解决船舶、货物以及其他财产在产权转移过程中所引起的不便，英国1906年的《海上保险法》规定，海上保险的保险人在投保时对保险标的无须取得可保利益，但在保险标的发生损失时必须对保险标的具有保险利益。

（二）保险合同的中介人

保险合同的中介人是指协助保险合同当事人或利害关系人（被保险人、受益人）办理保险合同有关事项的人。保险合同的中介人包括保险代理人、保险经纪人和保险公估人。

保险代理人，是保险人的代理人，根据与保险人签订的代理合同，在授权的范围内代表保险人办理保险业务，帮助保险人招揽客户，诸如签订保险合同、解决保险合同争议、处理理赔检验工作，保险人则以手续费或佣金的形式给予保险代理人一定的劳务报酬。保险代理人由保险人选定，保险代理人的活动依据是保险人的授权。代理权的授权是按法律程序办理的，一般通过签订代理合同，明确代理权的范围和职责。代理人所进行的保险代理行为产生的权力义务后果，直接由被代理人承担。保险代理人除保险人明确授权外，还享有默示权力和显有权力。默示权力即代理人应具有的一般公众合理地相信他们能有的权力。显有权力则是对代理人超出授权范围的代理行为未加拒绝即认为保险人默认代理人的权力。代理人依默示权力和显有权力而进行的保险代理，保险人均应负责。

保险经纪人，是投保人的代理人。它为投保人的经济利益，向保险人洽谈签订保险合同,并向保险人收取佣金。保险经纪人的行为后果不能约束保险人。如保费已由经纪人代交,并不意味着已交付保险人;告知经纪人的情况,并不能认为投保人已履行告知义务,推定保险人已知。对于保险经纪人过失造成投保人的损害,保险经纪人必须承担赔偿责任。

保险公估人,是指办理保险公估事务的第三人,即办理保险标的的勘验、鉴定、估价及风险测算、赔款计算等事务的人。由于上述业务活动直接涉及保险人和被保险人的利益,由第三人办理既公正又快捷,还可避免当事人利益冲突,保证今后业务的继续开展。保险公估人一般应具备特定资格,并办理开业手续方可从事活动。

9.2.4 海上保险合同的客体

法律规定,民事法律关系的客体是民事法律关系中,主体的权利和义务共同指向的事物。保险合同的客体不是保险标的本身,而是投保人或被保险人对保险标的所具有的可保利益。例如,货物运输保险合同的客体是买卖双方对运输的货物所具有的可保利益。正是因为投保人对保险标的存在这种利害关系,为了不使保险标的遭受损失时影响自己的利益,投保人才与保险人订立保险合同加以保障。

订立保险合同的目的,并非一定要保障保险标的的本身完好存在,而是在于保障投保人对保险标的所具有的保险利益遭受损失(或损害)时能及时地得到补偿。所以说,保险合同的客体是保险利益,而不是保险标的,其原因就在于此。

9.3 海上保险合同的内容和形式

9.3.1 海上保险合同的内容

海上保险合同的内容就是保险人和被保险人因保险合同而产生的权利和义务关系。保险合同的内容具体由两部分构成:一是声明部分的各项内容;二是保险条款中的各项内容。

(一)声明部分

保险合同的声明部分,即保险单正面所列的各项内容,也称为保险单格式。海上货运保险单格式中的主要内容有声明条款、投保人的姓名及地址、被保险人的姓名、保险标的、保险金额、保险费、保险期限和赔款支付地点等。

1. 保险标的

在订立海运货物保险合同时,必须明确投保的对象,即保险标的(Subject Matter of Insurance)。保险标的是指保险合同双方当事人提供或要求保险保障的目标或对象。

在海洋运输货物保险合同中,保险标的可以是有形的货物,也可以是与货物有关的无形的利益,如运费、保险费和利润。例如,按照货物 CIF 价格的 110% 投保海运货物保险,其中就包括货物成本、运费、保险费和合理的利润。

2. 保险价值

在订立海运货物保险合同时,被保险人应申明保险标的的保险价值(Insured Value)和保险金额。保险价值是确定保险金额的依据。一般来说,保险标的的保险价值应同市价一致,但被保险人与保险人订立保险合同时,也可以约定一个保险价值,这种保险称为定值保险。有时在投保时,保险单上并不确定保险标的的保险价值,而是留到以后再依法另行确定,这种保险单称为不定值保险单。海运货物保险通常都采用定值保险方式。

3. 保险金额

保险金额(Insured Amount)是投保人(被保险人)对保险标的的实际投保金额,是保险人计算保险费的依据,也是保险人赔偿或给付的最高限额。保险金额可以用两种方式来确定其投保的金额:一是以保险标的的保险价值作为保险金额;二是以自行对保险标的的估价作为保险金额。

依照《海商法》的规定,保险金额不得超过保险价值,超过保险价值的,超过部分无效。我国《保险法》第 39 条除重复了《海商法》的这条规定外,又规定:保险金额低于保险价值的,除合同另外规定外,保险人按照保险金额与保险价值的比例承担赔偿责任。

4. 保险费

保险费是投保人或被保险人为请求保险人对其保险标的及其利益承担风险保障,而支付的与保险责任大小相适应的对价金额,也是按照保险人对保险利益保障的程度即保险金额的一定比率(保险费率)而向保险人缴付的费用。保险合同是双务合同,支付保险费是投保人或被保险人的基本义务,保险人是在投保人或被保险人同意支付或者已经支付保险费的前提下才承担合同订明的责任,投保人支付保险费是保险合同生效的重要条件之一。保险费率一般由保险人制定或由保险人与投保人协商确定,某些重要险种的保险费也可以是由国家的保险监督部门制定。

(二)保险条款

保险条款是对保险合同当事人权利义务的具体规定,是保险合同中专业性很强的内容。因保险的种类不同,合同条款也有所不同。但无论是什么种类的保险合同,都包括承保风险条款、除外责任条款、保险期限条款、投保人和被保险人义务条款和索赔条款等。

1. 承担风险条款

承担风险条款是保险合同的一个重要条款,分两类:一类是列明条款;一类是一切风险。

(1)列明风险。是指保险人将保险合同所承担的风险都明确地列举出来,保险人承担列明风险造成的保险标的的损失。对于采用列明风险的保险合同,凡是未被列入在风险条款中的灾害事故均为该保险合同不予承担的风险,例如 ICC(B)和 ICC(C)。

(2)一切风险。是指保险人承保除合同规定的除外责任以外的所有风险。对于采用"一切风险"的保险单,保险人为明确保单的承保风险,往往在保险单内列出一个详细的除外风险条款,如 ICC(A)中关于除外风险责任的规定。

2. 除外责任条款

除外责任是保险人用以明确和限制保险承保责任的一种方法。通常,保险人采用除外责任条款对保险责任范围进行以下四方面的限制。

(1)将特定的灾害事故或损失原因除外。几乎所有的保险合同都将某些特定的灾害事故列为除外责任或限制造成损失的原因,之所以这样规定的原因如下所述:①造成损失的灾害事故本身是不可保的。②造成损失的原因是被保险人的道德风险。③有些灾害事故被列为除外责任,是因为有专门的保险条款承保这类灾害事故。例如,海洋货运保险将海洋战争列为除外责任,因为有专门的海洋战争险条款承保战争风险。④有些灾害事故被列为除外责任,是因为承保这些灾害事故需要多收保险费。对于这种除外责任,报保人可以通过增缴保费而获得保险。

(2)将特定的损失列为除外责任。很多保险单都明确规定将特定的损失列为除外责任。如罢工险条款规定只负责保单承保风险造成保险标的的直接经济损失,而对引起的间接损失不负赔偿责任。

(3)将某些标的列为除外不保的标的。很多保险合同根据承保对象的特性,在保险合同中明确规定了不予承保的标的。将某些标的列为除外不保的标的有以下几个原因:①可能有专门的保险单承保这些标的;②这些标的的价值难以衡量和计算;③这些标的面临的风险因素很大。

(4)将保险标的存放地点列为除外不保的地点。几乎所有的财产保险单都将保险标的的存放地点、活动范围作为衡量保险标的的风险大小的一个重要因素。因此,财产保险单对处于静态的保险标的的存放地点都规定在其所在地,对处于动态的保险标的的承保,保险合同对标的的运动或运输的地理范围加以限制,对保险标的的发生的超出保险规定的地理范围的损失,保险人不承担赔偿责任。

3. 保险期限条款

保险期限(Period of Insurance)亦称保险期间,我国保险条款称之为责任起讫,是指保险人承担保险责任的起讫期间(即保险合同的有效期限),保险人只对在保险期限内发生的保险事故才承担赔偿或给付责任。因此,保险责任的起讫时间均应在保险合同中明确规定。

对保险期限的规定,各国海上保险条款中有不同的名称,具体规定也各异,但基本上分为定期保险和航程保险两大类。

定期保险(Term Insurance)是以时间作为保险人承担保险责任的起讫期限。海上保险中,船舶保险主要采用这种方式。保险期限一般为 12 个月,有时也可以多于或少于 12 个月。起讫日期以保险单上注明的日期为准,习惯上把起保日和期满日都包括在内。

航程保险(Voyage Insurance)是以所规定的航程作为保险人承担保险责任的起讫期限,以运输货物保险为主。此外,一些不定期航行的船舶和作为贸易物品进出口的新船也采用航程保险。这种保险不规定起讫日期,不受时间限制,[①]但在保险单上必须注明保险责任在起运港开始的情形或条件,以及保险责任在目的港终止的情形或条件,以免造成保险人在责任承担上的不明。航程保险的保险期限有单次航程、往返航程和多次航程之分。

4. 投保人和被保险人义务条款

详细规定投保人和被保险人在投保时以及在保险有效期内应尽的各项合同义务。

5. 索赔条款

具体规定保险人对保险标的的损失赔偿金额的计算法方法、理赔的手续及索赔的时效等。

9.3.2 海上保险合同的形式

保险合同均以书面形式签订。随着保险业的扩大发展,逐渐出现对保险合同内容、格式标准化的要求。标准化是指保险合同的凭证即保险单主要内容与格式的基本统一。例如,承保危险、保额确定、责任起讫、费用负担、除外责任、事故处理、索赔追偿等的统一规定。保

---

① 有时规定船舶必须在合理的时间内起航。

险单标准化的形成,是在不断的实践过程中自然定型的,如国际上所熟悉的劳合社标准格式。也有的是以同行业协议的方式,大家商定保险单的格式,共同采用。此外,还有以政府法令的形式制定保险单格式或者规定一些必须采用的保险条款。

依照各国法律,保险单是保险合同的法定格式形式,但在实践中保险合同也包括在订立合同之前的预备性文件。

（一）投保单

投保单是投保人申请保险的一种书面形式。如果投保单填写不实或者有意隐瞒、欺诈,都将影响合同的效力。投保单中载明的内容,即为告知的主要内容,保险人借此作为风险选择、保费计费及合同订立的依据。投保单一般是保险人根据不同险种需要事先设计内容格式,投保人在投保时按所列内容进行填写,保险人据此核实情况,决定承保后记载在保险合同上。同时投保单也构成保险合同的法律文件之一,如果投保单上有记载,而保险单有遗漏的,则投保单的内容与记载在保险单上的内容具有同等法律效力。

（二）保险单

保险单俗称"大保单",是保险人与被保险人之间订立保险合同的一种正式证明,是保险合同中最重要的书面形式。保险单载明当事人双方在法律上的权利、义务和责任,应将保险合同的全部内容详尽列明,包括保险人的保险责任与被保险人双方的权利义务。因为保险单是保险人制定出具的,其中不乏格式条款,所以当保险人和被保险人双方对保险单条款文字的解释有争议时,应该作有利于被保险人的解释。海上保险单可以按不同的分类方式作如下划分。

1. 按承保期间来划分的保险单

（1）航程保险单（Voyage Policy）。航程保险单是指保险人和投保人双方约定,由保险人承保一定航程内风险的保险单。在这种保险下,保险人对保险标的所负责任的期限,一般不是以某一段时间,而是以航程来限定的。航程保险单一般用于海上货物运输保险。

（2）定期保险单（Time Policy）。定期保险单是指保险人承担保险标的的责任起讫为某一个指定时期的保险单。这种保险单一般用于船舶保险中。例如协会船舶定期保险的保险期限为 12 个月,国外某些保险公司承保船舶定期险也有 3 个月或 6 个月的,但一般不超过1年。

2. 按保险标的类型来划分的保险单

海上保险单按照保险标的可以分为货物保险单、船舶保险单和运费保险单。其中货物保险单又可以从不同角度分为多种类型。

（1）按照形式分类。按照形式分类,货物保险单可以分为保险单、保险凭证、联合凭证和暂保单。

①保险单（Policy）俗称"大保单",是保险人与被保险人之间订立保险合同的一种正式证明,是保险合同中最重要的书面形式。保险单正面是保险合同的声明部分,背面载明当事人双方在法律上的权利、义务和责任。

②保险凭证（Insurance Certificate）俗称"小保单",也是保险合同的一种书面证明。但只是在少数几种保险业务中使用,如货物运输保险和机动车第三者责任保险等。它是一种简化了的保险单,只包括保险单的正面内容,背面没有载明保险条款的详细内容,凡保险凭证上没有列明的内容,均以同类保险单所载内容为准,与保险单具有同样的效力。在我国以

及伦敦海上保险市场中,保险凭证常在预约保险单下使用。保险人将预约保险单的详细条款印在已签署好的空白保险凭证上交给被保险人。被保险人于每批货物起运前自行在保险凭证上填上载货船舶名称、航程、开航日期、货物名称、标志和数量以及保险金额等项目并加副署。经副署后的一份副本,须立即送交保险人,用以代替起运通知书和预约保险单中所规定的向保险人的申报。

③联合凭证(Combined Certificate)亦称联合发票,是一种发票和保险单相结合的比保险凭证更为简化的保险单证。在我国,为了简化手续,保险公司同外贸公司合作,曾经在对港澳地区的出口货运保险中采用过一种联合保险。它把承保险别、保险金额、检验和理赔代理人的名称及地址附注在外贸公司的发票上,并加盖保险公司的印戳,其他项目按外贸公司发票所列内容,当保险标的发生损失时,保险人据以理赔。这种简化凭证可节省人力,但由于与国际习惯做法不符,目前已停止使用。

④暂保单(Binder/Cover Note)又称临时保险书,是在保险单或保险凭证还没有出立之前,给被保险人发出的临时单证,内容比较简单,只载明保险标的等重要事项以及保险单以外的特别保险条件。若某种保险无标准保险单者,暂保单可以证明保险人在正式保险单签发前所负的责任范围。暂保单内载明保险金额及保险费率,其保险费率通常与正式保险单的费率相同;载明被保险人姓名、承保危险种类、被保险标的等有关事项,是危险估计的基础;载明其有效起讫日期,通常大约在 30 天以内;还载明各种特约条款。暂保单在正式保险单签发后,即行时效。暂保单是正式保险单签发前保险合同订立的证明。

(2)按照承保方式分类。在海运货物保险实践中,投保人可以就零星分散的货物逐笔向保险人申请保险。在投保时,载货船舶的船名已经确定,并在保险单上载明船名和开航日期,这样的保险就是逐笔保险,这样的保险单通常叫做船名已定保险单。而有时,投保人有大量的货物需要在一定时期内或长期多次装运,为了简化手续,提高效率,就需要有一种不同于逐笔保险的承保方式,遂采用船名未定保险单。船名未定保险单可以分为流动保险单、预约保险单和总括保险单。

①流动保险单(Floating Policy)是一种持续有效的保险单,适用于长期有相同类型货物需要分批装运的情况。在流动保险单中,保险人与被保险人事先约定一个总的保险金额,载明保险标的的名称、投保险别、保险费率、保险航程等条件。至于每批出运货物的具体数量、金额、运输工具名称、卸货地点等,要在货物出运时以起运通知书的形式向保险公司申报。每批货物申报的出运金额要在流动保险单保险总额内扣除。当保险总额被扣完后,保险责任宣告终止。因此流动保险单不是定期保险单,而是多个运程保险单的总和。

在流动保险情况下,保险人为防止承保风险过于集中,通常在保险单内加列"险额条款"和"地点条款"等限制型条款。保险人对超过限额部分、超过每一装运地点保险货物限额部分的风险不予承保,也就是超额部分发生损失不予赔偿。另外,流动保险单还规定"注销条款",在总保险金额扣完之后,任何一方均可按注销条款的规定通知对方注销该保险。

流动保险单比逐笔办理保险更省时省力,手续也更方便。但流动保险单采用预付保险费的方式,对被保险人不利,所以近年来流动保险单在国际市场上的应用已日益减少,并逐渐为预约保险单所代替。

②预约保险单(Open Policy)又称开口保险单,它一般适用于经常有相同类型货物需要陆续分批装运时的保险。目前,我国各大专业外贸公司均与保险公司订有进口货物预约保

险合同。凡是由该公司进口的货物,均在预约保险的保障范围之内。预约保险没有总保险金额的限制,只要货物属于合同范围,就自动得到保障。投保预约保险,每次货物发运后,投保人都要将货物的名称、数量、价格、包装,以及装运港、目的港、运输工具名称、起运日期等有关内容通知保险人,保险人则按约定承保,并每月按具体运输情况结算保险费。投保人的申报如有遗漏或错误,只要不是出于恶意,即使货物已发生损失,而后仍可向保险人要求更正,保险公司应予负责。如果投保人申报时该批货物已安全到达目的地,仍需缴纳货运保险费。

预约保险单一般也订有"限额条款"和"地点条款"以限制保险人的责任。另外,预约保险单可以是定期的,也可以是永久的,但双方均可按"注销条款"的规定中途终止合同。

③总括保险单(Blanket Policy)又称闭口保险单,是保险人在约定的保险期间内,对一定保险标的的总承保单,适用于整批成交多次分批出运、运输距离短、每次出运货物的种类及价值相近的货物保险。采用这种保险方式,被保险人只要向保险公司商定一个承保范围,明确保险标的、保险总额、航程、险别等,支付一笔总保险费,双方约定一个保险期,在期限内凡属保险范围内的货物,全部承保在内。每批货物出运时被保险人不必通知保险人,保险人也不为每批货物计算保险费。发生赔偿即在保险总额内扣除,总额扣完,保险责任终止。被保险人如果希望继续得到保险保障,可加贴"恢复条款",按比例加缴保险费后,即可恢复原保险责任。

9.4　海上保险合同的订立、变更、解除及终止

9.4.1　海上保险合同的订立

保险合同的订立是当事人双方(投保人和保险人)意思表达一致的法律行为。投保人提出保险要求,经保险人同意承保,并就合同的条款达成协议,保险合同即可成立。《海商法》第 221 条第 1 款规定"被保险人提出保险要求,经保险人同意承保,并就合同的主要条款达成协议后,合同成立"。因为保险合同是附和合同,保险条款都由保险人单方拟订,投保人没有讨价还价的余地。所以,只要双方对保险标的协商一致,合同即告成立。

海上保险合同的订立与其他经济合同一样,必须经过要约与承诺两个法律程序。填写投保单的投保人可以是要约人,也可以是受要约人;保险人同样既可以是受要约人,也可以是要约人。这里有两种情形:

(1)如果投保人在填写投保单时已经知道保险人所定的保险费率,或者在投保单上已经写明有保险费率,投保人填妥后交给保险人的这种投保单,通常即为要约,投保人即被认为是要约人,也称要保人。保险人若无条件地接受投保人填写的投保单,这时保险人即为受要约人。投保人(要约人)的要约,一经保险人(受要约人)承诺并在投保单上签章,保险合同即告成立。

(2)如果投保人不知道,投保单上也没有列明保险费率,或者保险人对投保人的要约需增加新的条件,例如,投保人投保海洋运输货物险"一切险",货物装运至欧洲某地,保险人对

此提出货物的短少要有一定的免赔率。保险人对此投保单增加一定免赔率的意思表示即为反要约,这时保险人即被认为是新要约的要约人,投保人为新要约的受要约人,投保人不再受填写好的投保单的约束。只有投保人(受要约人)接受保险人(要约人)的要约,保险合同才告成立。如果在投保单已经保险人事先印制好的条件下,一般来说,投保人为要约人,而保险人则是受要约人,保险人(受要约人)一经在投保单上签章表示承诺,保险合同即告成立。

9.4.2　海上保险合同的变更

海上保险合同成立后,双方当事人应认真履行合同,如果其中一方确实需要变更保险合同,必须经过双方的同意。保险合同的变更可分为保险主体的变更和内容的变更。

(一)海上保险合同保险主体的变更

海上保险合同保险主体的变更主要是被保险人的变更,而非保险人的变更。由于海运货物保险的流动特性,保险标的所有权经常发生转移,从而导致被保险人的变更,这就会引起海上保险单的转让。保险单的转让是指保险单项下的权利的转让,也就是被保险人把保险单赋予的损害索赔权及相应的诉讼权转让给受让人。

保险单并不是保险标的附属物,所以海上保险标的的所有权发生变更时,保险单并不因保险标的所有权的转移而随之转让。被保险人要明确表示他转让保险单的意图,保险单的转让需要用一定的方式来表示,一般要进行背书。

有关转让货物保险单的规定,英、美两国货物保险合同条款有所不同。美国的货物保险单有一个转让条款,即货物保险单的转让要经过保险人的书面同意,否则会使合同无效。我国《海商法》的规定类似于英国 1906 年的《海上保险法》,海运货物保险合同可以由被保险人背书或以其他方式转让,并不需要取得保险人的同意。

【思考】　甲、乙、丙分别对一艘船拥有 1/3 的股份,甲和乙一起把他们的股份投保了一份 500 英镑的保险。乙把自己的股份卖给了丙,但并没有对保险单进行转让,后来船损失了,请问他们分别可以获得保险公司多少赔偿?

(二)海上保险合同内容的变更

海上保险单签发以后,在保险期限内被保险人如果发现投保时的申报有错误或遗漏,或者出现新的或意外的情况,使得保险单的内容需要变更,被保险人必须以书面的形式向保险人提出批改的申请。海运货物保险中,被保险人申请更改的内容一般有商品名称、标记、包装及数量、被保险人的名称、保险险别、保险金额、保险期限、船名、航程、开航日期、赔付地点等。保险人同意后,大多通过在保险合同上批注或以出立批单(Endorsement)的形式变更有关事项。变更后的内容具有法律效力。

批单是指在保险单开立后,保险人应投保人的要求而签发的修改、补充保险合同内容的凭证。保险单一经在批单上批注,批单即成为保险单不可分割的组成部分,保险人即须按批改后的内容承担责任。批改内容如涉及增加保险金额或扩大保险责任范围,则只有在证实保险货物未发生保险事故情况下保险人才同意办理。在实践中,批单须粘贴在保险单上,并加盖骑缝章,如保险单已寄往国外,一时无法退回,也可单独签发。[1]

---

① 参见《中华人民共和国保险法》第 20 条。

9.4.3　海上保险合同的解除

保险合同的解除是指在合同没有履行或没有完全履行时,当事人一方基于合同成立后所发生的情况使合同无效的一种单独行为。

对海上保险合同的解除,我国《海商法》有下列规定。

(1)对保险责任开始之前,所有海上保险合同的被保险人均可要求解除合同,但应向保险人支付手续费,保险人则应将保险费退还被保险人。

(2)在保险责任开始之后,货物运输和船舶航次的被保险人不得要求解除合同;其他海上保险合同,如合同中规定在保险责任开始以后可以解约者,被保险人可以要求解约,但保险人有权取得自保险责任开始之日起至合同解除之日止的保险费;在保险人方面,也可以要求解约,但须将自合同解约之日起至保险期间届满之日的保险费退还被保险人。

9.4.4　海上保险合同的终止

(一)自然终止

自然终止也称届期终止。保险合同都订有明确的保险期限,在有效期间没有发生保险事故,保险期限届满,保险合同效力自行终止。这是海上保险合同终止的最普遍原因。

(二)合同已履行而终止

合同履行而终止,是指在合同有效期间内,一旦保险事故发生,保险人在履行赔偿财产损失或人身伤亡给付保险金,达到保险金额全数时,保险合同终止。但船舶保险例外,若船舶连续数次部分损失,每次损失都在保险金额限度内赔付,经数次赔付后即使赔款总额已达到或超过保险金额,保险人仍需负责到保险合同自然终止,这是国际通行惯例,以保证遭受保险事故的船舶修复后继续航行。

(三)协议注销

协议注销,是在保险合同终止前,一方当事人提出终止合同的申请,经另一方同意,保险合同终止;或在保险合同订立时规定的保险合同终止条件一经达成,保险合同终止。例如,保险人提出注销合同,应书面通知被保险人,保险费按日计退给被保险人;被保险人提出注销合同,保险人按短期费计收保险费,其余部分保险费退还被保险人;若遇特殊情况,如我国船舶战争险规定的"任何原子、氢弹或核武器的敌对爆炸发生,本保险自动终止"。在货物运输和运输工具的航程保险合同中,保险责任一开始,除非保险合同另有规定,投保人不能要求终止保险合同,也不能要求退还保险费。

(四)保险合同终止的其他原因

保险合同终止的其他原因有合同的解除、违约、失效、保险合同的无效等。

⮧【案例分析】

海上货物运输保险合同案例[①]

原告山东蓬莱晨光五金集团有限公司(山东晨光五金集团有限公司),于 1998 年 11 月

---

① 资料来源:中国水运报,2001-03-14(3).

3 日向第三人订舱,委托第三人将 2800 箱锯条自烟台市运往广州黄埔港,双方于当日签订了订舱协议,次日由第三人派车将货物运至烟台港。11 月 5 日,原告向被告(中国太平洋保险公司烟台分公司)投保,并由被告出具了订舱单,被告据此出具了国内水路、陆路货物运输保险单,运单号 YH-9819-021,其中船名为"汇波泉"轮第 9819 航次。被告出具的保险单背面为保险条款,正面有 9 个填充栏目。有关栏目均由被告填写。"货票、运单号码"栏,被告方填写的是"汇波泉 9819 YH 9819-021","运输工具"栏填写的是"船"。保险单中列明的投保人和被保险人均为原告。

原告托运的货物,由山东省青岛海运总公司所属船舶承运。该公司原计划由"汇波泉"轮运输,并由原告出具了运单,运单未注明签发日期。后由于该船临时检修而取消,改由"静水泉"轮替代。换船后,该公司和第三人并未通知原告。1998 年 11 月 18 日,"静水泉"轮在厦门海域沉没。

为协助原告追偿,青岛海运总公司据实向被告出具了换船原因及货物所在集装箱号码的书面说明。该公司的代理人大连三峰船务有限公司烟台办事处亦将"静水泉"填入运单"第一接转船"栏中,并加盖公章。原告持保险单和该运单向被告申请支付保险金。被告以换船未通知为由,拒绝支付。

青岛海事法院认为:保险单即保险合同。"运输工具"一栏仅仅填写"船"或"船舶"未注明船名和航次,即使投保人投保时告知了保险人承运该批货物的船名和航次,保险人承保货物的运输工具也不能认为仅仅限于该船舶。将船名和航次填写到其他栏目不具有确定某一特定船舶的效力。只要货物运载的工具是船舶,且该船舶具有国家规定的运输资格,即属该保险人承保的范围。

原告未提供证据证明,本案保险合同系由本案第三人代为订立。即使该保险合同系由本案第三人代为订立,该第三人与本案原、被告双方的争议亦无关。因此,原告要求第三人承担责任的主张不予支持。

青岛海事法院依据《保险法》第 147 条和《海商法》第 237 条的规定,判决如下:被告中国太平洋保险公司烟台分公司支付原告蓬莱晨光五金集团有限公司保险金 20 万元人民币,于本判决生效之日起十日内付清。逾期不付,应加倍支付延迟履行期间的债务利息。诉讼费5510 元,由被告中国太平洋保险公司烟台分公司承担。

被告不服一审判决,向山东省高级人民法院提出上诉。

二审查明的事实和证据与一审相同。山东省高院认为:保险单未对运输船舶加以限定,该运输船舶应理解成符合法定运输条件的一切承运船舶,而非指特定船舶或特定船舶的特定航次,承运晨光公司投保货物的"静水泉"轮符合保险单中"运输工具"的约定,因该轮沉没,保险标的物随船沉没灭失,太平洋保险公司烟台分公司应当以保险单的约定向蓬莱晨光公司支付相应的保险金。

山东省高院依据《民事诉讼法》第 153 条第 1 款(一)项之规定,判决如下:驳回上诉,维持原判。二审案件受理费 5510 元,由上诉人承担。

▷【本章小结】

1. 海上保险合同是指保险人按照约定,对被保险人海上保险标的遭受保险事故造成保险标的的损失而产生的责任负责赔偿,而由被保险人支付保险费的合同。海上保险合同是有条件的双务合同,是最大诚信合同,是保障性合同,是附和性合同,是射幸合同。

2. 海上保险合同的主体包括保险人、投保人和被保险人。涉及的中介人有保险代理人、保险经纪人和保险公估人。海上保险的客体是指保险人对保险标的所具有的保险利益。

3. 海上保险合同的内容就是保险人和被保险人因保险合同而产生的权利和义务。具体由两部分构成:一是声明部分的各项内容;二是保险条款中的各项内容。保险单是保险合同的法定格式形式。

4. 海上保险合同的订立要经过要约和接受两个环节。被保险人填写并向保险人递交投保书构成要约,保险人在投保单上签字盖章或出具保险单等凭证的行为构成接受。合同成立后保险人一般要签发书面的保险单。合同成立后经双方同意后可以进行合同变更,包括合同主体和合同内容的变更。在海运货物保险中,被保险人一般采取背书方式转让保险单。保险合同内容的变更采用保险人签发批单的形式。保险合同的解除是指在合同没有履行或没有完全履行时,当事人一方基于合同成立后所发生的情况使合同无效的一种单独行为。保险合同的终止包括自然终止、合同已履行而终止、协议注销、违约失效和自始无效等。

【思考练习】

1. 解释下列术语:

保险人　投保人　被保险人　保险中介人　保险代理人　保险经纪人　保险公估人
保险单　保险凭证　流动保单　预约保单　总括保单

2. 什么是海上保险合同,它有哪些特点?

3. 某外贸公司为其出口的一批花生仁与保险公司签订了海运货物保险合同,请问此保险合同的主体、客体以及保险标的各是什么?

4. 保险合同的成立必须经过哪两个环节?保险公司为了招揽业务向客户所提供的宣传资料是否是要约?

5. 请比较流动保单、预约保单和总括保单在应用的场合、保险费支付和保险金额的规定三方面有何不同?

6. 保险合同终止的原因主要有哪些?

7. 一批工艺品投保了足额定值保险,投保金额为 28000 英镑。但货物的真实价值是 900 英镑,在投保时被保险人并没有向保险人说明超额投保的情况。之后货物在海运途中损坏,保险人是否应该按投保金额赔偿,为什么?

8. ×年6月,我国沿海某省 A 公司向英国 B 公司按 FOB 条件出口一批家用电器。装运前,进口方 B 公司在当地向保险公司按 ICC(A)办理了保险。货物在 A 公司仓库用卡车运往装运港码头途中不慎翻车,致使大部分货物毁损。事后,A 公司以保险合同含有"仓至仓"条款为由,向保险公司提出索赔,遭到保险公司拒绝;后在 A 公司请求下,B 公司又以自己的名义凭保险单向保险公司提出索赔,同样遭到拒赔。请分析为什么保险公司拒绝 A 公司和 B 公司提出的索赔要求?从中我们可以吸取什么教训?

第 10 章

海运货物保险的保障范围 〉〉〉 〉

海上保险，又称水险，是指以同海洋运输有关的财产（船舶或货物）、利益或责任为保险标的的一种保险。国际贸易中的货物运输主要以海洋运输为主，而海洋运输具有历时长、风险大等特点，因此，海运货物保险即成为海上保险的最主要内容之一。

海运货物保险保障的范围，包括各种海上风险、损失与费用以及外来原因所引起的风险损失。对于海运货物保险的投保人而言，了解在海运货物保险中，保险人承保范围中的可保风险、可补偿的损失以及可承担的费用，有助于更好地理解和掌握保险条款以及保险实务中的投保与索赔等内容。

10.1 海运货物保险保障的风险

货物在海上运输过程中可能遇到的风险种类很多，但海运货物保险并不是对所有的海上风险造成的货物损失都负责赔偿，只有当造成损失的原因属于保险单上所列明的风险或费用种类时，保险人才承担相应的赔偿责任。海上运输货物保险所保障的风险一般可以分为两大类，即海上风险和外来原因引起的外来风险。

10.1.1 海上风险

海上风险又称为海难（Perils of Sea），主要是指船舶或货物在海上运输过程中发生的或随海上运输所发生的风险，一般包括自然灾害和海上意外事故两种。按照国际保险市场的一般解释，这些风险所指的内容大致如下。

（一）自然灾害（Natural Calamities）

自然灾害是指不以人的意志为转移的自然界的力量所引起的灾害。但在海上保险中，并不泛指一切由于自然力量所致灾害，按照我国 1981 年 1 月 1 日修订的《海上货物运输条款》中的规定，自然灾害包括：恶劣气候、雷电、海啸、地震、洪水等人力不可抗拒的灾害；根据 1982 年伦敦《协会货物条款》规定，自然灾害包括：雷电、地震、火山爆发、浪击入海，以及海水、潮水、河水进入驳船、运输工具、集装箱、大型海运箱或储存处所等。综上所述，运输货物的风险中自然灾害的主要含义如下：

(1)恶劣气候(Heavy Weather)。这里的恶劣气候,特指载运货物的船舶在海上偶然遭受的不寻常的、未能预测到的、不可抗拒的气候条件,如暴风、飓风和大浪等,它们足以使船舶倾覆、船舱进水,造成船体破裂、船舶及其设备损坏,进而造成货物湿潮、倒垛、散包等损失。对于集装箱货运方式而言,恶劣气候会导致箱体互撞、货物移动、箱体从高处跌落等,从而导致内部货物的损害。但不同时间、不同地点,恶劣气候的构成标准也有所不同,例如在冬季的太平洋水域,气候条件一般均为风力 8 级以上,浪高 10 米,此时的气候条件虽然恶劣,但却是可预防的,不构成海运货物保险所承保的恶劣气候;如果保险货物因此受损,则保险人不负责赔偿;而在春季的太平洋水域航线上,气候条件一般为风力 2~3 级,浪高 2~3 米,这时船舶如突然遭受风力 8 级以上,浪高 10 米的气候条件,就构成所谓的恶劣气候了。[①]

恶劣气候这一概念来自 S.G. 保单,是保险人承保海难中的一项灾难。但因当时没有一个明确的定义,加上该灾难发生时造成载货船舶颠簸、倾斜,致使所载货物在船舱内倒垛或移位而受损,常常很难与船方对货物配载不当导致的倒垛或移位损失明确区分,而后者又不属于保险责任。所以,在 1982 年的英国伦敦《协会货物条款》中,已不再使用恶劣气候的概念,而中国海运货物条款中仍采用该概念(详见第 11 章)。

(2)海啸(Tsunami)。海啸主要是指由于地震、火山爆发或风暴而引起的海水巨大涨落现象,导致航行于海上的船舶及其所载货物的损毁或灭失。2004 年 12 月的印度洋大海啸即属于地震海啸,而风暴海啸则是因强大低气压通过海面时,引起海面异常升起,形成巨浪。

海啸发生时,海面水位剧烈涨落,破坏力巨大,尤其是大浪袭击拥挤的港口地区,会使船舶互撞,船只沉没,甚至将大船冲向海滩。

(3)地震或火山爆发(Earthquake or Volcanic Eniption)。直接或归因于地震或火山爆发所致货物或船舶的损失。

(4)洪水(Flood)。山洪暴发、江河泛滥、潮水上岸及倒灌使保险标的受浸泡、冲散、冲毁等损失。

(5)其他人力不可抗拒的灾害。包括浪击入海(washing overboard)和海水、湖水、河水进入船舶、驳船、运输工具、集装箱或大型海运箱及储存所等。

(二)海上意外事故(Marine Fortuitous Accident)

海上意外事故是指海上运输工具遭遇外来的、突然的、不可预料的事故。这里的运输工具不仅指船舶,还包括延伸至与海上运输相关联的内陆运输工具。根据我国《海洋运输货物保险条款》和英国伦敦《协会货物条款》的规定,属于海上意外事故范畴的主要有船舶沉没、碰撞、触礁、搁浅、倾覆和失踪等。

(1)沉没(sinking)。沉没是指船舶由于海水进入舱内而失去浮力,船体的全部或大部分已经浸入水面以下,并失去继续航行能力的一种状态。船舶沉没通常由恶劣的气候引发,尽管现代化的集装箱船发生沉没的可能性较小,但那些过于陈旧的、配置较差的船舶在恶劣气候的海上航行中仍面临沉没的风险。

(2)碰撞(Collision)。碰撞也包括碰触(Contact),指船舶在航行中与其他可航行的物体发生猛烈接触,或船舶与任何漂浮物体、航行物体、沉船残骸以及港口、码头、河堤等建筑

---

① 马鸣家.保险费率条款辞释大全.北京:中国商业出版社,1995.

物的接触而导致船上货物的损失。

(3)触礁(Stranding)。触礁是指船舶航行中船身或船底擦过水中岩礁或其他障碍物而仍能继续前进的一种状态。

(4)搁浅(Grounding)。船舶在航行或锚泊中由于意外原因使船体与海中岩礁、海岸或其他障碍物(如沉船、木桩等)发生接触,而且持续一定时间,如停航达 12 小时以上,使其处于失去进退自由的状态。

触礁和搁浅是船货运输中常见的风险,机械故障、恶劣气候、船员操作过失等都会引致该类损失。虽然像 GPS(全球定位系统)等新技术的发展极大地提升了船舶海上航行的精确性,但 GPS 的数据地图并不完备:全球海洋最多不过 35% 被绘成海图,何况其中有些数据收集的来源过于陈旧,加上海流、海岸边河流甚至海上风暴等因素的影响,使得沿岸区域的变化非常频繁,极易引致触礁或搁浅,这也正是许多港口需要雇用引水员的原因。船舶搁浅可能并不会直接造成所载货物的损坏,但其延误的时间会引发货物损失,尤其是冷冻货物。此外,解除搁浅或触礁船舶采用"起浮"等措施,也需要减轻船舶重量,反复搬运货物也会带来装卸致损的风险。

(5)倾覆(Over Turn)。倾覆是指船舶遭受灾害事故,船身失去平衡导致倾覆或倾斜,处于非正常的、非经施救或救助而不能继续航行的状态。

(6)失踪(Missing)。失踪是指船舶在海上航行,失去联络超过一定期限的一种情况;所谓一定期限,各国有不同的定义,国际上一般视为 6 个月。我国的《船舶保险条款》中规定,若超过 2 个月没有音讯,即构成全损。船舶失踪,船上所载货物自然也因下落不明而灭失。

(7)火灾(Fire)。火灾是指保险标的被烧毁、烧焦、烧裂、烟熏以及救火等行为所致的损失。火灾虽然不是海上保险所特有的危险,但确实是海上航行中可能遭遇的最严重的危险之一。大约占失事船舶损失原因的 1/4。不论现代造船材料和防火技术如何进步,船货一旦失火,常造成严重损失。

(8)爆炸(Explosion)。爆炸是指货物在海上运输过程中因自身性质并在外界因素的作用下发生武力或化学变化引起的爆炸,也包括载货船舶的锅炉或设备装置发生爆炸而殃及所载货物。

(9)抛货(Jettison)。抛货也称投弃,共同海损的损失之一,指船舶和其他承载的货物均处于紧急危险情况下,船长为了保全船舶与货物的共同安全,故意将船上部分货物或设备投弃海中所造成的损失。以下几种情况不属于赔偿责任:①被抛弃货物不是习惯上装载在舱面上或甲板上,而又没有加保舱面险的;②除非保单另有规定,货物固有瑕疵而被抛弃;③货物因装载不当而被抛弃。

(10)船长或船员的恶意行为(Barratry of the Master and Mariners)。船长或船员的恶意行为是指船长或船员故意损害船东或租船人利益的一种非法行为,从而导致船舶或货物受损。比如在航行途中恶意弃船,或破坏船上设施,或纵火焚烧或凿沉船身,非法将货物变卖以及走私等等。一般情况需满足下面 3 个条件才能构成该行为:①必须是故意的;②必须是违反了船东或货主的利益,使船东或货主受到损失;③这种行为必须没有船东或货主的默许或参与。

10.1.2 外来风险(Extraneous Risks)

所谓外来风险,是指由于海上风险以外的其他外来原因所致的风险。外来风险又可分为一般外来风险和特殊外来风险两类。

(一)一般外来风险

一般外来风险是指货物在运输途中遭遇意外的外来因素导致的事故,通常包括以下风险:

(1)偷窃(Theft,Pilferage)。偷窃是指整件货物或包装内一部分货物被人暗中偷走,但不包括公开的暴力抢劫行为所致的损失。

(2)短少和提货不着(Short-Delivery & Non-Delivery)。短少和提货不着是指货物在运输途中由于不明原因而被遗失,造成货物未能运抵目的地,或运抵目的地时发现整件短少,无法交付给收货人。

(3)渗漏(Leakage)。渗漏是指盛在容器中的流质或半流质货物在运输途中由于外来原因造成容器损坏而引起的渗漏损失,或用液体盛装的货物,例如酱菜,因液体外流而引起的货物的变质、霉烂等损失。

(4)短量(Shortage in Weight)。短量是指货物在运输途中或抵达目的地后发现包装内货物部分短少或散装货物重量短缺。

(5)碰损、破碎(Clashing and Breakage)。碰损、破碎是指货物在运输途中因受震动、颠簸、碰撞、挤压或搬运不慎而导致的凹瘪、变形、弯曲或引起货物本身破裂和破碎等损失。

(6)钩损(Hook Damage)。钩损是指袋装或捆装货物在装卸、搬运过程中,因使用手钩、吊钩操作而遭受的损失。

(7)淡水雨淋(Fresh and Water Damage)。淡水雨淋是指直接由于淡水、雨水以及冰雪融化造成货物的损失。

(8)锈损(Rusting)。锈损是指金属或金属制品等货物在装运时无生锈现象,在保险期内发生锈损。

(9)玷污(Contamination)。玷污是指货物在运输途中因被其他货物污染而导致的损失。如布匹、纸张、食物、服装等被油类或带色的物质污染。

(10)受潮受热(Sweating and/or Heating)。受潮受热是指由于气温变化或船上通风设备失灵而使船舱内水汽凝结,货物因此发潮或发热而导致霉烂等损失。

(11)串味(Taint of Odour)。串味是指货物因受到其他带异味物质的影响,引起串味而使价值受损。例如茶叶和樟脑丸放在一起,会使茶叶吸收樟脑丸的气味而失去引用价值。

(二)特殊外来风险

特殊外来风险是指除一般外来风险以外的其他外来原因导致的风险,往往是与政治、军事、社会动荡、国家政策法令以及行政措施等有关的风险。常见的特殊外来风险主要有战争风险、罢工风险、拒收风险、交货不到和暴力盗窃等。

10.2　海运货物保险保障的损失

海上损失,简称海损(Average),是指被保险货物在海运过程中,由于海上风险所造成的损坏或灭失,通常表现为两种形式:一种是货物本身遭到损失或灭失的损失;另一种是为营救货物而支出的费用。根据国际保险市场的一般解释,凡与海陆连接的陆运过程中所发生的损坏或灭失,也属海损范围。就货物损失的程度而言,海损可分为全部损失和部分损失;就货物损失的性质而言,海损可分为共同海损和单独海损。

10.2.1　全部损失(Total Loss)

全部损失简称"全损",指运输途中的整批货物或不可分割的一批被保险货物在运输途中全部遭受损失,分实际全损和推定全损。

(一)实际全损(Actual Total Loss,ATL)

实际全损是指保险标的在实际上完全灭失或损毁。我国《海商法》中对实际全损的规定是"保险标的发生保险事故后灭失,或受到严重损坏完全失去原有形体、效用,或不能再归还被保险人所拥有"。根据这一含义,下列情况发生的损失都可构成实际全损。

(1)保险标的物即货物的实体已经完全灭失。如:船舶因恶劣气候或碰撞而沉入海底、无法打捞修复;大火烧掉船舶和货物;糖、盐等这类易溶货物被海水溶解等。如若保险标的能够恢复原状(不考虑所花费用),则不能算是实际全损,这是判定是否构成实际全损的基本原则。

(2)被保险货物遭到了严重损失,已失去原有用途和价值。尽管其实体还存在,但保险标的的属性已彻底改变,不再是投保时所描述的内容,保险标的的原商业价值已不复存在。如,水泥经海水浸泡变成硬块,香烟和茶叶经海水浸泡无法正常使用,皮革经海水浸泡腐烂发臭而失去原有价值等。

(3)被保险人对保险货物的所有权已丧失,并且已无挽回可能。这种情况下,保险标的虽然仍实际存在,并没有完全灭失,即保险标的的物的价值或使用价值未受到影响,但被保险人已丧失了对它的所有权,并且不可挽回。如货物被敌人没收并宣布为战利品、船舶被海盗劫走等。

(4)载货船舶失踪达一定时期仍无音讯。该情况在联合国 1985 年草拟的《海上船货保险条款范本》中称之为"假定全损"(Presumed Total Loss)。对于船舶失踪的"一定时期",现行协会船舶保险条款没有明确规定,但根据英国的有关判例,该时间一般被认为是 6 个月。我国《海商法》第 248 条则规定,船舶失踪 2 个月的,可按实际全损处理。船舶若失踪,则船上货物也随之"失踪",货主也可以向货物保险人索赔实际全损。

实际全损不仅指整船货物全部灭失,也包括一张保单所保货物全部灭失,一张保单所保的分类货物完全损失,装卸中一个整件货物完全灭失,使用驳船时,一条驳船所载货物完全灭失。

（二）推定全损(Constructive Total Loss，CTL)

1. 推定全损的定义

推定全损也称商业全损，我国《海商法》第246条规定："货物发生保险事故后，认为实际全损已经不可避免，或者为避免发生实际全损所需支付的费用与继续将货物运抵目的地的费用之和超过保险价值的，为推定全损。"按照这一定义，可以将推定全损理解为：虽未达到物质上的完全灭失、损毁或变质的状态，但已失去价值；或者虽有一定价值，但对其进行施救、整理和恢复原状所需的费用，以及续运该批货物至目的地的费用总和将接近或超过货物实际价值的一种状态。所以，构成推定全损主要有以下几种情况：

（1）保险标的受损后的实际全损已经无法避免。比如当船舶在航行途中被风浪冲上礁石搁浅，船壳受损严重，而因此地远离主航道，加上当地的地理和气候条件很差，救助船无法驶近对其进行救助，船舶沉没将不可避免，船上所载货物也将随船沉入海底。

（2）为防止实际全损的发生所需要支付的费用将超过货物的保险价值。即船舶遇险后，采用施救或救助措施得不偿失。例如，载货船舶在航行途中遭遇巨浪袭击，海水进舱，若采取措施以避免货物湿损的费用需花费50万元，而该批货物运往目的地的实际价值仅为40万元。

（3）修理受损货物的费用将超过货物修复后的价值。这里指货物受损后，估计用于修复和整理的费用加上其他必须支出的费用，总成本将大于货物本身的价值。

（4）为收回已经丧失所有权的货物所需支出的费用将超过货物的价值。例如，战争期间，载货船遭遇海上封锁被困，货主已实际丧失货物的支配和处理权，而要收回这一所有权，所发生的费用估计要超过收回之后保险标的物的价值。

2. 推定全损与委付

在发生推定全损的情况下，被保险人既可以要求保险人按部分损失赔偿，也可要求按全损赔偿。如果要求按全损赔付，被保险人必须向保险人发出委付通知，即办理委付手续。所谓委付(Abandonment)是指被保险人在保险标的处于推定全损状态时，表示愿意将保险标的物的全部权益，包括财产权和一切由此产生的权利和义务转移给保险人，而要求保险人按全损进行赔偿的行为。委付必须经保险人明示或默示的承诺才能生效。保险人对是否接受委付有选择权，即可以选择接受，也可以选择放弃接受。但一般都要求保险人将结果在合理的时间内通知被保险人，而一经承诺就不得撤销。

按照英国1906年《海上保险法》的规定，有效的委付一般应具备以下条件：

（1）委付通知必须在得到损失的可靠消息后，合理而谨慎地发出；

（2）委付通知的形式可以是书面，也可以是口头的，关键在于清楚地表达给被保险人无条件转让其在保险标的中所具有的权益的意思；

（3）委付通知必须是无条件的；

（4）委付通知应直接向保险人转交，而不应交给未经保险人授权的代理人。

实务中保险人对是否接受委付，往往持谨慎的态度。因为委付一旦同意并成立，就不能反悔。但由于保险人接受了委付，就意味着在取得被保险标的物的权益的同时，也接受了与该标的物有关的各种责任和义务，如清理航道的责任或因污染海域而引起的罚款。所以很多情况下，保险人宁可同意按实际全损进行赔付而不愿意接受委付。

从上述讨论中可知，对于实际全损，保险人给予赔偿。对推定全损，由被保险人选择：按实际全损进行索赔,则必须向保险人发出委付通知(Notice of abandonment);否则,按部分损失进行索赔。

【思考】 实际全损与推定全损的区别表现在哪些方面?

10.2.2 部分损失(Partial Loss)

部分损失是指被保险货物的损失没有达到全部损失的程度,是不属于实际全损和推定全损的损失。对于任何损失,不是全部损失,即是部分损失。这一概念非常重要,因为在海洋运输货物条款中,有些险种对部分损失不负赔偿责任。按照损失的性质,部分损失可分为单独海损与共同海损。

(一)单独海损(Particular Average)

单独海损是指货物受损后,未达到全损程度,而且是单独一方的利益受损并只能由该利益所有者单独负担的一种部分损失。也可以说,单独海损是指货物因承保风险引起的不属于共同海损的部分损失。通常单独海损造成的损失只能由受损方自己承担,是否能从保险公司得到补偿取决于当事人投保的险别及保险单的条款是如何制定的。

构成单独海损一般需具备以下两个条件:一是特定的保险标的单独遭受损失,由对此标的具有保险利益的一方单独承担因此而引起的损失;二是损失是由于偶然的和意外的海上灾害事故所致,而并非人们故意采取的行为造成的。例如,一艘船舶满载袋装砂糖驶往某地,途中因气候恶劣,海水涌进船舱,致使部分糖包浸水,砂糖被溶解,这项货物损失即属于单独海损。

在现行的伦敦《协会货物保险》条款中,已经不再使用"单独海损"一词,但在海上保险的实务中,它仍被用来表示除共同海损以外的部分损失。

(二)共同海损(General Average)

1. 共同海损的定义

共同海损是指载货船舶在海运途中遇到危及船、货的共同危险、船方为了维护船舶和货物的共同安全或使航程得以继续完成,有意地并且合理地作出的某些特殊牺牲或支出的特殊费用。

共同海损的成立应具备以下条件:

(1)船方在采取措施时,必须确有危及船、货共同安全的危险存在,不能主观臆测可能有危险发生而采取措施。

(2)船方所采取的措施必须是有意的、合理的。有意的是指共同海损的发生必须是人为的、有意识行为的结果,而不是一种意外的损失。

(3)所作出的牺牲或支出的费用必须是特殊的和非常性质的,且是共同海损行为的直接后果。非常性质是指这种牺牲或费用不是通常业务中所必然会遇到或支出的。

(4)构成共同海损的牺牲和费用支出必须是有效的。即经过采取某种措施后,船舶和货物的全部或一部分最后安全抵达航程的终点港或目的港,避免了船货的同归于尽。

以上四条是构成共同海损的先决条件,必须同时具备才行。由于共同海损的成立与否直接关系到船货双方的利益,所以,也常常成为双方争议的焦点。解决这类海事争端,一定要熟练掌握上述四条原则,并仔细进行判断。

【思考】

1. 共同海损与单独海损有什么联系和区别？

2. 船舶在航行途中,发现前方有一艘船非常可疑,船长误以为是海盗船,命令本船立即掉头远离该船,却因意外而触礁,事后得知遇到的并非海盗船。请问此例中的损失是共同海损吗？

2. 共同海损的牺牲和费用

共同海损所致的损失通常有两种,即共同海损牺牲和共同海损费用。

(1)共同海损牺牲。共同海损牺牲主要包括:①抛弃货物。抛弃是最古老的一种共同海损措施,抛弃的最主要形式就是抛货,此外也有可能抛弃船上工具、燃料等。值得注意的是,抛弃舱面货与抛弃舱内货是有区别的。因为抛弃舱面货一般情况下不构成共同海损,除非是在习惯上被认为可以装载在甲板上的货物,如木材、钢材等。②灭火。为扑灭船上火灾而采取的措施所造成的船舶或货物的损失,可列入共同海损。如为灭火而被水浇湿的易潮货物的受损等。③有意搁浅。为了避免碰撞、沉没,或为了灭火等原因,船长会下令将船有意开往浅滩,造成搁浅。这种措施往往也会带来船体本身或船上货物的受损,这类损失可归于共同海损。④切除残留部分。按规定,切除因意外事故原已折断或实际上已经毁损的船舶残留部分,不得作为共同海损而受到补偿。但由于切除残留部分而造成船舶其他部分的损失,可以作为共同海损得以赔偿。⑤起浮脱浅。船舶在意外搁浅或自主搁浅后,为避免船舶和货物处于危险当中,采取措施尽快脱浅,由此造成的损失可作为共同海损。这实际上更多地指船舶因此而受的损失,如船上机器或锅炉的损坏以及因此而产生的额外费用等。此外还有一些如作为燃料烧掉的货物、船用材料和物料以及运费等损失,也可列入共同海损牺牲。

(2)共同海损费用。共同海损费用主要是指由于采取了共同海损措施而支付的额外费用,如救助报酬、搁浅船舶减载费用、与避难港有关的费用(船员工资、伙食开支等)及一些修理费用等。

3. 共同海损分摊及理算

船舶发生共同海损事故后,对于共同海损的案件是否能成立,哪些损失及费用属于共同海损范围,哪些不属于共同海损范围;属于共同海损损失范围内的损失和费用,应由哪些利益方按照什么标准予以分摊？这是一项复杂细致的调查研究和计算工作。这项工作一般由船东委托专业的共同海损理算机构或人员进行理算,这些共同海损理算人专门负责办理共同海损的审核、损失伏击和损失费用的补偿分摊工作。其主要的理算依据是国际上通用的理算规则——《约克—安特卫普规则》和我国相应的理算规则——《北京理算规则》。若在运输或保险合同中没有约定适用理算规则的则可直接参照《海商法》的相关内容进行。经理算人员计算后得出各项牺牲应获得的补偿金额,以及有关利益方应分摊的共同海损金额后,编制出理算报告分别送到船、货各方及保险人,凭此结算。

【知识链接 10-1】

《约克—安特卫普规则》与《北京理算规则》

从 19 世纪中叶开始,国际上出现了共同海损法律的统一活动。1860 年欧洲主要航运国家在英国格拉斯哥城召开会议,制定了格拉斯哥决议(Glasgow Resolution),初步确立制定统一的国际性共同海损理算规则的必要性和方向。1864 年国际共同海损大会在英国的约克城继续召开,并通过了关于共同海损的 11 条规则,称为《约克规则》(York Rules)。1877 年又在比利时的安特卫普召开会议,对 1864 年的《约克规则》作了修改,并改名为《约克—安特卫普规则》(York and Antwerp Rules,1877)。以后,该规则又根据实际情况的变化不断进行修改,分别在 1890 年、1924 年、1950 年、1974 年、1990 年和 1994 年进行修改,最近的一次修改是在 2004 年的 12 月份。

《约克—安特卫普规则》本身并不是法律或国际公约,只是一个有关共同海损的国际惯例,反映了国际上最新的共同海损的立法趋势。在今天的国际航运市场上,海运提单以及租船合同中大多订有按照《约克—安特卫普规则》进行共同海损理算的条款。该规则对于各国共同海损的立法有着深刻的影响,实际上在相当程度上起着统一各国共同海损理算立法的作用。

《北京理算规则》是 1969 年我国在中国国际贸易促进委员会内设置海损理算处后,参照国际惯例于 1975 年颁布的关于共同海损的理算规则,其全称是《中国国际贸易促进委员会共同海损理算暂行规则》,这也是国际上为数不多的进入实用的共同海损理算规则之一。

对于共同海损所作牺牲和支出的费用,按比例在获救船舶、货物、运费收入等各受益人之间进行分摊。一般海运货物保险条款中都将共同海损列为承保责任,即保险公司对共同海损牺牲和支付的费用以及共同海损分摊都给予赔偿。

下面这个简单的共同海损分摊实例可以粗略说明这个分摊过程:

一艘价值 107 万美元的散装货轮,由于其轮舵故障失去动力后搁浅在某一浅滩。船的前舱中装载有价值 10 万美元的铁矿石,后舱装载了价值 8 万美元的煤。船长请求拖船施救,但其获救的前提是必须抛弃掉部分铁矿石以使得船首解脱困境。之后该轮被拖至邻近的港口,经过数天的维修后恢复原状。事后船东宣布共同海损并委请专业理算人员进行理算。

首先,理算人先要计算被抛弃的货物的市场价,本案中,被抛弃的铁矿石的市价约为 10000 美元;第二,计算施救费用,包括船舶脱浅时的损害,再加上拖船费 4.5 万美元,船体、引擎及轮船推进器的损坏约 2 万美元。最后,事故中船货损失比例计算如下:

$$\frac{(10000+45000+20000)}{(1070000+100000+80000)}=\frac{75000}{1250000}=0.06=6\%$$

理算人再根据上述比例分别计算出货主及船东承担的共同海损分摊责任比例:

(1)铁矿石公司的分摊为:$100000 \times 6\% = 6000$ 美元。但因解救过程中已被抛掉价值 10000 美元的矿石,所以,铁矿石的货主还能从理算人这里要回差额:$10000-6000=4000$ 美元。事实上,如果货主投了保险,他可以从保险公司获得 10000 美元的赔偿,而后者则可从共同海损理算人处索回 4000 美元。

(2)煤的货主(公司)承担的分摊额为:$80000 \times 6\%=4800$ 美元,因此他(或其保险人)将付给理算人这笔费用。

(3)船东的分摊额为:1070000×6‰=64200美元,扣减已经支付的费用(拖船及维修等)后,其最终应支付的分摊额为:65000-64200=800美元,正常情况下,船舶的保险人将会赔偿这个剩余的部分。

上例也说明,发生共同海损后,对于船上的货物而言,未受损失安全抵达目的地的货物必须分担那些未能按期到港的货物的损失,而已经受损的货物方(如被抛弃部分货物)同样必须参与整个分摊的计算过程。

10.3　海运货物保险保障的费用

海上保险除了可能造成标的的损失外,还有可能带来大量的费用支出。保险人能承担的费用主要是指保险标的发生保险事故后,为减少货物的实际损失而支出的合理费用,包括施救费用、救助费用和一些其他费用。

10.3.1　施救费用(Sue and Labour Charges)

(一)施救费用的概念

施救是指被保险人为了避免损失的发生或降低损失程度而采取的适当行动。最早只是海上保险中所特有的概念,现在已扩展到许多财产保险中。

由此可见,所谓施救费用(Sue and Labor Charges),是指在遭遇保险责任范围内的灾害事故时,被保险人或其代理人、雇佣人员和保险单证受让人等为抢救保险标的物,以防止其损失扩大所采取的措施而支出的合理费用。

为了鼓励被保险人对受损的保险标的采取积极的抢救措施,减少灾害事故对被保险货物的损坏和影响,防止损失的进一步扩大,减少保险赔款的支出,世界各国的保险法规及保险条款一般都规定,保险人对被保险人所支出的施救费用承担赔偿责任。如劳合社船货保险单(S.G.保单)对施救费用的规定是:被保险人、其雇用人和代理人在不损害本保险的前提下必须采取措施避免或减少承保损失,保险人则负责补偿为此支付的费用。

我国保险人对于施救费用的赔偿,也明确规定了赔偿金额"以不超过该批被救货物的保险金额为限",意思是保险人对保险标的的赔偿和施救费用的赔偿应各有一个保险金额,即对一次保险事故的责任,最高可达到两个保险金额。这也是施救费用的赔偿限度。事实上早在英国1906年的《海上保险法》第78条第1款中即已规定,当保险合同总列有施救条款时,这个条款的内容应视为海上保险合同的一个补充合同。被保险人按施救条款所正当支出的费用,可以要求保险人偿还。尽管保险人可能已经赔偿了保险货物的全部损失。保险人按照这个补充合同的规定,在原保险责任的基础上,又独立承担了一项费用损失赔偿责任。

(二)构成施救费用的条件

鉴于施救费用的特殊性,保险人在对施救费用进行赔偿时,对一项费用是否为施救费用有严格的规定,一般而言,保险赔偿的施救费用必须符合下列条件。

(1)对保险标的进行施救必须是被保险人或其代理人或受让人,其目的是为了减少标的物遭受的损失，其他人采取此项措施必须是受被保险人委托，否则不视为施救费用。

（2）保险标的遭受的损失必须是保单承保风险造成的，否则，被保险人对货物进行抢救所支出的费用，保险人不予承担责任。如果为避免或减轻保险标的的损失并非由保险人承保的风险所致，其支出的费用同样也不能视为施救费用。

（3）施救费用的支出必须是合理的，一般认为施救费用的支出不应超过保险额，超过的部分则视为不合理。

（4）施救费用的赔偿并不考虑措施是否成功。

10.3.2　救助费用

（一）救助费用的概念

救助又称海上救助或海难救助，是指在海上由外来力量对遇险船舶、货物或人命所实行的救助。

海上救助是海商法中所特有的制度，它是建立在人道主义基础上的，其目的是为了鼓励人们对海上遇难的船舶、货物和人命进行救助以维护海上航行的安全。早先的海上救助是一种自愿行为，属于应尽的义务。按照国际惯例，任何在海上航行的船舶都有义务和责任援助其他遇难船舶，如果对遇难船舶见死不救，根据国际法的原则，轻者吊销船长船员的资格证书，重者则给予刑事处分。由于救助人在进行海难救助工作时，常承担巨大的风险，并消耗大量人力物力，因此法律赋予救助人在救助成功后有请求救助报酬的特殊权利，以补偿其船舶设施的损耗，这一制度的确定不仅鼓励了人们对遇难的船舶、货物或人命进行救助，而且也防止了救助人将获救财物据为己有的现象。

海上救助根据救助对象不同可分为财产救助和人命救助。对遇难人员的救助是所有航海船舶的义务，见死不救不仅会受到道义上的谴责，甚至要受到法律的制裁。按照国际惯例，在人命救助中救助方不得向获救人员索取报酬，对财产救助则有权获得这种报酬。

救助费用（Salvage Expenses）是指保险标的物遇到各种海上灾害事故时，由保险人和被保险人以外的第三者采取救助行为救助或保全船货的安全，而由被救助者向其支付的报酬。

（二）救助费用的特点

海上保险人负责赔偿的救助费用是指载货船舶在航行中遭遇海难时，由独立于保险合同以外的第三者前来救助并获得成功后，根据"无效果、无报酬"原则由载货船舶的承运人支付给救助方的那一部分救助报酬。在多数情况下，救助报酬是为船、货各方的共同安全而支付的，属于船舶正常航行以外的费用，救助费用作为共同海损性质的费用由受益的船、货各方共同分摊。根据船舶保险条款及海洋货运保险条款的规定，船方和货方分摊的救助费用部分可以向保险人索赔。

救助费用的产生一般应具备下列条件：

（1）被救助财产处于危险之中。

（2）救助人必须是海难中相关财产关系方之外的第三者。除非船长宣布弃船，否则船员、水手的救助不能算救助行为。

（3）救助行为是自愿行为。

（4）救助行为必须具有实际效果。即遵循"无效果，无报酬（No Cure，No Pay）"原则。

（三）海上救助合同

在海上救助中，救助人与被救助人之间为明确双方的权利与义务，一般都在救助开始之前或在救助的过程中签订救助合同。海上救助合同分为两种：一种是"无效果、无报酬"救助合同；一种是雇用性救助合同。

1."无效果、无报酬"合同（No Cure，No Pay）

"无效果，无报酬"是 1910 年的《救助公约》所规定的为绝大多数海运国家所采用的一项重要原则，1989 年的《救助公约》又继续援用这一原则。"无效果，无报酬"合同是一种只有当救助取得效果才给付报酬的合同，如果救助没有效果，则被救助方就没有向救助方支付报酬的义务。

"无效果，无报酬"合同在订立时并不确定救助报酬的金额，而须待救助方提供救助服务后再由当事双方协商确定。救助报酬的确定考虑的因素有：救助的效果、获救财产的价值、救助工作的难度和危险程度、救助工作所花费的时间和耗费的费用等等，但救助报酬最多不得超过获救财产的价值。

救助人为了保证在实施救助之后获得报酬，一般都要求被救方提供担保，对未提供担保的被救财产救助人享有留置权，如果救助完成后，双方因报酬数额达不成协议，则由法院或仲裁机构进行裁决。各国采用的"无效果，无报酬"的救助合同格式虽不完全相同，但基本精神是一致的，世界主要海运国家广泛采用的合同格式是"劳氏"救助合同标准格式。我国采用的是"中国贸促会海事仲裁委员会救助合同标准格式"。

自 1980 年以来，这一原则有些变化，主要是为了鼓励救助人对造成油污的船舶进行救助，对全部或部分装载石油的油船进行救助等，即使救助不成功，也可索取合理费用。其目的是鼓励救助人尽其所能对船舶与货物进行救助，尤其是当被救船舶或货物可能对海洋环境、人的生命等造成严重威胁和损害时，救助人有义务尽可能地防止或减少对环境的污染或损害，即使救助不成功，救助人也有权获得特殊补偿。1990 年对此规定又作了进一步的修订。我国《海商法》还规定，救助人如"取得防止或减少环境污染损害效果，船舶所有人应当向救助方支付的特别补偿可以另行增加，增加的数额可以达到救助费用的 30％"。

2. 雇用性救助合同

雇用性救助合同是救助人与被救助人在救助前或救助过程中签订的，按实际支出计算报酬的合同。

雇用性救助合同的救助费用计算以救助人花费的人力、物力和时间为依据，救助船舶在遇难船舶的指挥下进行救助，而救助效果不是取得救助报酬的前提条件，不论救助成功与否，遇难船舶（被救助船舶）均须向救助船舶支付实际费用。

一般来说，"无效果，无报酬"合同对被救助人有利，而雇用救助合同对救助人有利。但雇用救助合同的报酬相对较低，遇难船舶的船主和货主只有在救助有把握的情况下，才会签订雇用救助合同。

【思考】 施救费用与救助费用的区别是什么？

10.3.3　其他有关费用

（一）特别费用

特别费用是指运输工具在海上遭遇海难后，在中途港或避难港卸货、存包、重装及续运货物所产生的费用。这种费用按照国际惯例，也都列入海上保险责任范围。保险人对特别费用的补偿可以单独负责。

【知识链接 10-2】

续运费用

续运费用是指承保的运输航程在保险单规定的目的地（或港口）之外因承保风险而中止时，被保险人因此而产生的卸货、储存及继续送到保险单载明的目的地（或港口）的有关费用。这种费用在 ICC(1982) 中予以承保。在此之前，旧协会货物保险条款对此无明确规定，对于这种费用是否应予赔偿，双方经常发生争议。ICC(1982) 针对上述情况而增设给予赔偿的规定。按 ICC(1982) 的规定，保险人的赔偿责任仍以承保风险事故引起的费用为限，但这种费用涉及共同海损和救助行为时，则依照共同海损和救助的规定处理。

（二）额外费用

额外费用是指为了证明损失索赔的成立而支付的费用。比如检验费用、拍卖受损货物的销售费用、公正费用、查勘费用、海损理算师费用等等。额外费用一般只有在索赔成立时，保险人才对这些与索赔有关的费用负赔偿责任。但是，如果保险合同双方对某些额外费用事先另有约定，如船舶搁浅后检查船底的费用，不论有无损失发生，保险人都要负责赔偿。又如公证、勘察等由保险人授权进行的，也不论索赔是否成立，保险人也须承担额外费用的赔偿。

额外费用不能加在保险标的损失金额内，以达到或超过规定的免赔额（率）而要求索赔，但只要索赔成立，额外费用就应该获得赔偿。

【案例分析】

"海达"轮火灾受损引起的共同海损案[①]

1988 年 5 月 23 日，中国籍船舶"海达"轮满载木材，从欧洲驶往天津新港，于 6 月 11 日到达印度洋洋面。上午 10 时左右，装运在甲板上的木材部分突然起火，火势逐渐蔓延，船长立即下令浇水灭火，但火势凶猛，装运在甲板上的未燃木材也有随时着火的危险。如果未燃的木材也起火，后果将不堪设想。为了防止火势进一步蔓延，船长又下令将甲板上未燃的木材都抛入海中，这样使险情得以缓解。经过船员全力扑救，10 时 30 分左右，大火被扑灭。装运于甲板上的木材全部损失，装运于船舱内的木材也有一部分因水湿变形而受损。船舶到达天津新港后，船长宣布了共同海损。

共同海损总额为 73531.26 元，共同海损分摊价值总和为 13400081.67 元，其中船舶分摊价值为 5757539.00 元，货物分摊价值为 7642542.67 元。据此，计算所得共同海损的百分率为 0.5487374%。

---

① 资料来源：http://www.legalcare.cn/zhuanti/ald.asp? id＝148.

经过理算后确定的船舶和货物各自的分摊金额为：

船舶分摊金额为 5757539.00 元×0.5487374‰＝31593.77 元；

货物分摊金额为 7642542.67 元×0.5487374‰＝41937.49 元。

运费预付，不参与分摊。

[案情分析]

本案涉及的问题主要有以下几方面。

1. 确定共同海损成立

第一，甲板上的部分木材突然起火，如不及时扑灭，将使船舶和货物遭受全部损失的危险，严重威胁着船舶和货物的安全，构成共同危险，而且这一危险是真实存在的。

第二，船长命令将甲板上的未燃木材抛入海中，以防止火势蔓延，同时浇水灭火，这些措施是有意、积极而合理的，也是有效的，火势得以控制并最终被扑灭，避免了船货全损。

第三，被抛入海中的未燃木材的损失以及因浇水灭火所造成的装运于船舱内的木材部分水湿变形受损，都是在发生火灾这一特定海损事故的情况下发生的，是特殊牺牲，并且是由这一海损事故直接造成的。

2. 确定共损牺牲及费用

在确定共同海损成立后，就要确定由于采取共同海损措施所造成的特殊牺牲和支付的费用。

特殊牺牲，是指在船舶和货物面临共同危险时，共同海损措施所造成的或共同海损措施直接后果所导致的部分货物和船舶设备在形态上的灭失或损坏。包括对船货造成的直接损害，将船、货改变其常用状态所发生的损害、运费牺牲等。

特殊费用，是指由于采取共同海损措施而支付的额外费用包括救助费用、在避难港等地的费用、临时性修理费用、代替费用等。

共同海损总金额是指船、货、运费的共同海损损失和共同海损费用的总和。其中，船舶损失的金额是指因共同海损损害的合理修理费用或估价修理费，如船舶遭受实际全损、或修理费用超过修复后的船舶价值，则应从该船的估计完好价值中减去不属于共同海损损失的估计修理费用和船舶在受损状态下的价值，以该余额为共同海损的数额。

"MARENI"轮货物救助报酬仲裁案[①]

土耳其籍的"MARENI"轮于 1988 年 9 月在西班牙装载了近 2700 吨聚乙烯，并于 10 月 1 日抵意大利热那亚港加装机械设备、尼龙和腈纶丝等货物。装货期间该轮机舱起火，意大利港务局为了港口安全，下令强行将该轮拖到港外炸沉灭火。船上所载原中国人民保险公司（以下简称被诉方）承保的货物除其广西分公司的货物幸免于难外，其余全部浸入海水中。船方代表（被诉方）与荷兰 SMITTAK 救捞公司（以下简称申诉方）签订了劳合社救助契约，两个星期后，"MARENI"轮经申诉方救助后起浮，爆破点被补救，并将该轮拖到热那亚码头，事后申诉方向被诉方索取货物救助报酬 92.5 万美元。

申诉方认为按英国法律规定，救助报酬的确定是按救助服务终止时的货值计算，按申诉方货物检验人的估价，被诉方的货物获救价值为 275 万美元。而为了打捞船、货，申诉方已

---

① 资料来源：黄华明. 中外保险案例分析. 北京：对外经济贸易大学出版社，2004.

支出费用 60 多万美元,救助服务历时 28 天,9 名救助人员、1 条拖轮和 3 条驳船参与了救助服务。另外加 8 万美元利息(自 1989 年 5 月 11 日救助服务终止时起至 1990 年 6 月 30 日止共计 416 天,利率为 9%),另有 4 万美元费用,共计 92.5 万美元。

而被诉方则认为:按英国法律和仲裁人的习惯做法,是以救助服务终止时的市场货价扣除卖货的费用为货物实际获救价值;国际救助公约规定应以被救助财产的价值,面临的危险程度,以及救助人所冒的危险程度,救助服务所用时间、费用等因素为依据来确定救助报酬;此案提供救助船、货服务的当时无风险,天气良好,该轮炸沉后没有沉入深海,重新起浮沉船难度不大,救助作业时间应为 20 天。其中部分费用与救助无关;申诉方支出 60 多万美元的费用只能供仲裁人裁决时参考,申诉方无权要求被诉方全部支出费用。

基于上述理由,被诉方认为货物获救价值应为 150 万美元,并提出按货值 1/3 即 50 万美元支付救助报酬。

为了争取降低救助报酬,避免额外的律师费用和仲裁费用,在开庭前被诉方专门派代表赴伦敦与申诉方及其律师进行了会谈。经当时双方反复协商,最后于 1990 年 6 月 29 日在庭外达成和解协议,由被诉方赔偿申诉方 66 万美元(包括利息和费用)结案。

[案情分析]

此案情况相对复杂,货损严重。因此,被诉方抓住时机直接与申诉方律师协商解决争议是比较明智之举。既在最终达到了减少 26 万美元的目的,又避免了另聘律师的费用和仲裁人费用。当然,处理水险案件(尤其是进出口货运险)经常需要与国外利益方,如国外客户、船方救助人、保协等各方面交涉。许多时候也需要审时度势,既要有根有据,维护自己的利益,又必须尊重国际公约或惯例;既要精明细致,又要灵活机动,掌握交涉的主动权;既要周密考察,又要力求快捷,当机立断。任何时间的延长都要负担相应的利息,表面看起来合算,实际是失算。

【本章小结】

1. 海上保险种类主要有船舶保险、货物保险、运费保险和责任保险,其中对于海洋运输而言,最重要的就是货物保险。

2. 海运货物保险保障的范围包括海上风险和外来风险。海上风险主要包括自然灾害和意外事故;外来风险主要包括一般外来风险和特殊外来风险。

3. 海运货物保险保障的损失主要包括全部损失、部分损失和外来风险的损失三部分。其中全部损失又可以分为实际全损和推定全损;部分损失包括共同海损和单独海损两种。

4. 共同海损与单独海损都属于部分损失,但它们在以下三方面存在区别:①共同海损所涉及的海上危险应该是共同的,必须涉及船舶及货物共同的安全;而单独海损中的危险只涉及船舶或货物中一方的利益。②共同海损有人为的因素,是明知采取措施会导致标的的损失,但为了共同的安全仍有意采取该措施而引起的损失;而单独海损则纯粹是偶然的意外事故造成的标的的损失,无人为的因素。③共同海损的损失由于是为大家的利益而牺牲,所以应由受益的各方来分摊,而单独海损的损失则由单方来承担。

5. 海运货物保险保障的费用主要包括施救费用和救助费用。

☞【思考练习】

1. 解释下列术语:

自然灾害　意外事故　恶劣气候　实际全损　推定全损　委付　共同海损

单独海损　施救费用　救助费用

2. 简述海上保险的种类。

3. 什么是风险,风险如何分类?

4. 简述海上风险的概念及其分类。

5. 分析共同海损与单独海损的区别。

6. 分析共同海损的概念、产生的原因以及构成共同海损的条件。

7. 什么是施救费用,施救费用具有什么特点以及构成施救费用的条件。

8. 分析施救费用和救助费用的异同。

9. 一条载货船从青岛港出发驶往日本,在航行途中货船起火,大火蔓延到机舱。船长为了船货的共同安全,命令采取紧急措施,往舱中灌水灭火。火扑灭后,由于主机受损,无法继续航行。船长雇用拖轮将货船拖回青岛修理,检修后重新将货物运往日本。事后经调查,此次事件造成损失有如下几项:①500 箱货物被火烧毁;②1500 箱货物因灌水灭火受到损失;③主机和部分甲板被烧坏;④雇用拖船费用;⑤额外增加的燃料和船长、船员工资。

试问:以上各项损失,哪些属共同海损,哪些属单独海损,如在日本进行理算,应适用哪个国家的法律?

10. 我国诺华公司与新加坡金鼎公司于 1999 年 10 月 20 日签订购买 52500 吨饲料的 CFR 合同,诺华公司开出信用证,装船期限为 2000 年 1 月 1 日至 1 月 10 日,由于金鼎公司租来运货的"亨利号"在开往某外国港口运货途中遇到飓风,结果装货至 2000 年 1 月 20 日才完成。承运人在取得金鼎公司出具的保函的情况下,签发了与信用证条款一致的提单。"亨利号"途经某海峡时起火,造成部分饲料烧毁。船长在命令救火过程中又造成部分饮料湿毁。由于船在装货港口的迟延,使该船到达目的地时赶上了饲料价格下跌,诺华公司在出售余下的饲料时价格不得不大幅度下降,给诺华公司造成很大的损失。

根据上述事例,回答以下问题:

(1)途中烧毁的饲料损失属于什么损失,应由谁承担? 为什么?

(2)途中湿毁的饲料损失属于什么损失,应由谁承担? 为什么?

(3)诺华公司可否向承运人追偿由于饲料价格下跌而造成的损失? 为什么?

第 11 章

海运货物保险条款 ＞＞＞＞ ＞

　　货物在海运途中可能遭受的风险种类繁多,而不同的货物可能遭受的风险又各有不同,不同的投保人对保险的需求也有所不同。因此,为适应保险选择的需要,各国保险界大都按照保险人所承担的不同的保险责任范围而制定保险条款。伦敦协会货物保险条款是当今国际保险界普遍采用的规则,而中国的海洋货物保险条款是在协会条款的基础上制定的,并且已成为当前我国在国际货物运输中主要采取的保险条款。本章将在对比协会条款的基础上,对中国的海运货物保险条款进行详细介绍。

11.1　伦敦《协会货物条款》

11.1.1　伦敦《协会货物条款》概述

(一)伦敦《协会货物条款》的产生背景

　　在国际保险市场上,各国保险组织都分别有自己的保险条款。其中影响较大、应用最为广泛的是英国伦敦保险协会所制定的《协会货物条款》(Institute Cargo Clause,ICC)。

　　1795 年,英国劳合社的 S. G. 保单取代了当时许多的其他保单而成为最常被使用的保险单,到了 1906 年的英国《海上保险法》的颁布,更是将其定为该法的第一附件,成为英国法定的标准保单,其主要原因之一就是由于 S. G. 保单附有详细的 16 项条款,初步体现了保险单的承保责任和损失赔偿责任。然而就保险单本身而言,S. G. 保单仍只是一种附有部分条款的古老保险单而已,并不能适应现代国际贸易和国际航运的迅速发展。因此,英国伦敦保险协会早在 1912 年就开始制定协会货物条款作为 S. G. 保单的附加条款,而且,为了适应贸易、航运、法律、判例等的发展和变化,ICC 也经过多次修订,其中很重要的一次修订是在 1963 年,其条款被称作 ICC1963,从这套条款开始,保险人将承保责任分为不包括部分损失(Free From Particular Average,FPA)和包括部分损失(With Average, WA)。其规定基本沿用 S. G. 保单内容,只是稍有放松,被保险人可以选择承担全部部分损失(FPA 条件),或者只承担小于 3％ 或 5％ 的部分损失(WA 条件)。但需注意的是,在 FPA 条件下,承保责任并不只是其表面意思"不保单独海损",实际上,在货船发生搁浅、沉没和焚毁等主要海难事故和火灾、爆炸等意外事故时的单独海损也是要负责赔偿的。此外,ICC 条款还有一套一切险条款(All Risk),进一步扩大了保险人的责任。1963 年的 ICC 条款也是后来我国制定海运货物保险条款的主要参考条款。

ICC1963 虽然对 S.G. 保单进行了修订,但基本上还是原先的条款,只是字面上稍加润色,真正的修订还是 1982 年 1 月 1 日开始使用的条款,即 ICC1982。所以,习惯上把 1963 年的条款称为协会旧条款,1982 年的条款称为协会新条款。目前世界上许多国家采用的协会条款是指 1982 年的 ICC 条款。

(二)1982 年伦敦《协会货物条款》的主要特点

1. ICC 新条款的险别

1982 年协会条款共有 6 套,分别如下:

(1)协会货物(A)险条款,即 ICC(A);

(2)协会货物(B)险条款,即 ICC(B);

(3)协会货物(C)险条款,即 ICC(C);

(4)协会货物战争险条款(Institute War Clauses Cargo);

(5)协会货物罢工险条款(Institute Strike Clauses Cargo);

(6)恶意损害险条款(Malicious Damage Clause)。

上述 6 种险别中,(A)险、(B)险、(C)险属于基本险,其他属于附加险。但除恶意损害险外,前 5 种险别都可以单独投保。在 ICC 条款中,上述前 5 种险别均按条款的性质统一划分为 8 项主要内容,即承保风险、险外责任、保险期限、索赔、保险利益、减少损失、防止延迟以及法律与惯例等。

2. ICC 新条款的特点

与 ICC(63)的旧协会条款相比,ICC(82)新条款的主要变化如下:

(1)新条款名称改用英文字母表示。取消原先的一切险、"负责单独海损"和"单独海损不赔"的名称,而代之以 ICC(A)、ICC(B)和 ICC(C)的命名,克服了旧条款名称与内容不符,易使人产生误解的弊病。

(2)新条款对于保险人承保的风险损失,不再作全部损失和部分损失的划分。只要是承保责任范围内的损失,都负责赔偿,而不属于承保范围的,不论损失如何都不负赔偿责任。

(3)将一些条款的内容,改用现代英语表达,更易理解。

(4)新的协会货物战争险和罢工险,成为独立的险种,可以单独投保,不再依附于所谓的主险或基本险。

(5)新条款承保责任采用"列明风险"和"一切险减除外责任"方式。

此外,新的 ICC 条款还有以下特点:

(1)各种险别赔偿时不计免赔率。

(2)ICC 条款规定的保单是一种空白格式的保险单,其内容简洁、明确,不包括保险条件,也取消了附注。

(3)ICC 条款增加了可保利益条款、续运费条款、增值条款、放弃条款以及法律与惯例条款等 5 个条款。

11.1.2 1982 年伦敦协会货物基本险

伦敦协会货物基本险共有 8 部分 19 个具体的条款,除承保风险、除外责任和保险期限三部分略有不同外,其余各部分基本相同。

(一)ICC(A)的承保风险与除外责任

1. 承保风险(Risks Covered)

ICC(A)险的承保范围较广,具体包括 3 个条款,即风险条款、共同海损条款和船舶互撞责任条款。

(1)风险条款(Risks Clause)。该条款采用"一切风险减除外责任"的方式,即除了"除外责任"项下所列的风险保险人不予负责外,其他风险均予负责。这里的其他风险仅指船舶航行中可能遇到的各类海上风险,即意外风险或外来风险。

(2)共同海损条款(General Average Clause)。该条款承保根据运输合同、管辖法律或惯例所理算或确定的共同海损和救助费用,同样,对于条款规定的除外责任不负赔偿责任。

(3)双方有责碰撞条款(Both-to-Blame Collision Clause)。该条款根据货物运输合同中的同名条款而设,目的在于保护被保险人即货方,使其不至于在面临承运人根据运输合同中的该条款规定向其追偿时遭受损失。

2. 除外责任(Risks Excluded)

除外责任共包括四个条款,即一般除外责任、不适航不适货除外责任、战争除外责任和罢工除外责任。因为 ICC(A)对其所承保的风险是采用列明除外责任的方式来明确,所以只要了解它具体列出的除外责任,减去这些除外责任后的一切风险就是其承保的责任范围。

(1)一般除外责任(General Exclusion Clause),一般除外责任包括以下 7 项:①因被保险人的故意违法行为所致的灭失、损害或费用。若被保险人故意或恶意造成保险标的损失,其动机就是骗取保险赔偿,属于保险上的道德危险,而这是保险人必须防范和禁止的行为,因此这一项是各种保险规定的除外责任。②保险标的正常漏损、重量或容量的正常减少,如自然损耗。③由于保险标的包装或准备不充分或不适当引起的灭失、损害或费用。④由于保险标的固有缺陷或性质而导致的灭失、损害或费用。⑤以运输迟延为近因的灭失、损害或费用,即使迟延是由承保风险造成的。⑥由船舶所有人、管理人、租船人或经营人的破产或不履行债务造成的灭失、损失或费用。⑦因使用任何原子或热核武器所造成的货物的灭失、损失或费用。

上述第②③④⑤条规定的各种情况造成的货物损失是一种可以预见的必然事件,而不是一种偶然发生的意外事故。保险对必然发生的损失不予承保。固有缺陷,如货物的自然氧化、变质、腐烂、发酵等现象导致的货物损失,应视为正常损耗。市价跌落,是商业经营活动中的正常风险,属于投机性风险,货运保险不予承保。

(2)不适航、不适货除外责任(Unseaworthiness and Unfitness Exclusion Clause)。主要是指被保险人在被保险货物装船时已知船舶不适航,以及船舶、运输工具、集装箱等不适货。

(3)战争除外责任(War Exclusion Clause)。

(4)罢工除外责任(Strikes Exclusion Clause)。

以上的(3)(4)两项因已有专门的战争险和罢工险单独承保,故在此将其列为除外责任。

但由于在战争除外责任里有"海盗行为除外"几个字,除外的除外,意即不除外,则意味着"海盗"风险属于 ICC(A)的承保责任。

(二)ICC(B)与 ICC(C)的承保风险与除外责任

ICC(B)与 ICC(C)条款,除承保范围不同外,其他条款与 ICC(A)基本完全一致,个别条款因承保范围的不同,法律解释上存在一些差别。ICC(B)和 ICC(C)均采用了列明风险的保险责任方式,与 ICC(A)条款相比,属于限制条件条款。ICC(B)共列出了 10 项承保风险,包括了大多数的海上风险和意外事故;而 ICC(C)的承保范围更加窄,同样是列明风险承保,但其只承担重大意外事故而不承担自然灾害及非重大意外事故,共列出了 7 项风险。

ICC(B)险的除外责任与 ICC(A)基本相同,只是新增了一项,规定对"由于任何个人或数人非法行动故意损坏或故意破坏保险标的或其任何部分"的损失或费用,保险人不承担赔偿责任。在 ICC(A)中,保险人只对被保险人的故意不法行为所致损失列入除外,也就是说并未将其他人的恶意行为除外,而 ICC(B)则明确地把包括被保险人在内的任何人的故意行为所造成的损失排除在承保范围之外。此外,因战争除外责任中同样将"海盗"风险除外,而前面列明风险中并未提及这一风险,从而表明 ICC(B)不承保海盗行为所致损失。ICC(C)险的除外责任与 ICC(B)险的除外责任完全相同。

为便于理解,现将 ICC(A)、ICC(B)和 ICC(C)的承保责任列入表 11-1。

表 11-1 ICC(A)、ICC(B)、ICC(C)承保责任范围对照

承保风险	ICC(A)	ICC(B)	ICC(C)
(1) 火灾、爆炸	√	√	√
(2) 船舶、驳船的触礁、搁浅、沉没、倾覆	√	√	√
(3) 陆上运输工具的倾覆或出轨	√	√	√
(4) 船舶、驳船或运输工具同除水以外的人和外界物体碰撞	√	√	√
(5) 在避难港卸货	√	√	√
(6) 地震、火山爆发或雷电	√	√	×
(7) 共同海损牺牲	√	√	√
(8) 共同海损分摊和救助费用	√	√	√
(9) 运输合同订有"船舶互撞责任"条款,根据该条款的规定应由货方偿还船方的损失	√	√	√
(10) 投弃	√	√	√
(11) 浪击落海	√	√	×
(12) 海水、湖水或河水进入船舶、驳船、运输工具、集装箱大型海运箱或贮存处所	√	√	×
(13) 货物在船舶或驳船装卸时落海或跌落造成任何整件的全损	√	√	×
(14) 由于被保险人以外的其他人(如船长、船员等)的故意违法行为所造成的损失或费用	√	×	×
(15) 海盗行为	√	×	×
(16) 由于一般外来原因造成的损失	√	×	×

(三)保险期限(Duration)

ICC(A)、ICC(B)和 ICC(C)3 个条款有关保险期限的规定是完全相同的,主要反映在

"运输条款"、"运输契约终止条款"及"航程变更条款"3 个条款之中。

1. 运输条款(Transit Clause)

运输条款将人们熟悉的"仓至仓"条款和扩展责任条款的内容合并在一起。按该条款规定,保险人对保险货物所承担的保险责任,是从货物运离保险单所载明的起运地仓库或储存处所开始运输时生效,并在正常运输过程中继续有效,直至该项货物被运到保险单所载明的目的港(地)收货人的最后仓库或储存处所;或被保险人用作分配、分派或非正常运输的其他储存处所为止;如未抵达上述仓库或储存处所,则以被保险货物在最后的卸载港全部卸离海轮后满 60 天内。将被保险货物转运到非保险单所载明的目的地时,则于货物开始转运时终止。

同时,该条款还规定在被保险人无法控制的情况下载货船舶发生的船舶绕航、运输迟延、重新装载、转运,或由承运人行使运输契约所赋予的自由处置权而发生变更航程等情况,保险人扩展对保险货物的保险责任的规定。这与我国相应条款规定发生类似情况后,被保险人须及时将获知的情况通知保险人并加缴保险费情况下,保险人方可继续承担责任是不同的。

2. 运输契约终止条款

运输契约终止条款主要规定:由于被保险人无法控制的原因,被保险货物在运抵保险单载明的目的地之前,运输契约即在其他港口或处所终止。这时,在被保险人立即通知保险人并在必要时加缴一定保险费的条件下,保险继续有效,直到货物在这个卸载港口或处所出售或交货之时为止。但最长时间以不超过货到该港口或处所满 60 天。若在 60 天内继续运往保单载明目的地或其他目的地,保险责任仍按正常运输情况下的规定终止。

3. 航程变更条款

航程变更条款规定:在保险责任开始之后,若被保险人要求变更保险单所载明的目的地,则在立即通知保险人并另行确定保险费及保险条件的情况下,保险责任继续有效。

(四)索赔事宜(Claims)

这一部分涉及与出险后索赔有关的事宜。包括可保利益、续运费、推定全损和增值条款等 4 个条款。

可保利益条款(Insurable Interest Clause)强调了保险标的发生损失时,被保险人必须对标的享有可保利益,以及当保险合同签订之前,若保险标的已经发生损失,只要被保险人对此不知情且具有可保利益,他就有权对损失要求赔偿。

续运费条款(Forwarding Charge Clause)规定了由于发生承保风险,致使保险标的被运送到保单载明目的地以外的港口或地点,因而发生的装卸货、储存等其他额外的费用,待航程终止时可向保险人索赔。

推定全损条款(Constructive Total Loss Clause)规定了按推定全损索赔的前提条件,即必须构成推定全损,并及时进行委付。

增值条款(Increased Value Clause)则是针对有增值保险的情况下,原保险人与增值保险人在理赔时的赔偿金额计算方法。

(五)保险权益(Benefit of Insurance)

保险权益规定承运人或其他受托人不得享受保险利益,否则影响保险人正常的代位追偿。

（六）减少损失（Minimizing Losses）

减少损失包括两个条款：被保险人义务条款和放弃条款。前者明确了被保险人所负有的两项义务：采取合理措施避免和减少承保损失；保护保险人的代位追偿权。后者表明当保险标的发生损失时，被保险人或保险人为施救、保护或修复保险标的所采取的措施，不应视为放弃或接受委付，或影响任何一方的利益。

（七）防止迟延（Avoidance of Delay）

主要是防止运送迟延，敦促被保险人合理迅速处置运输行为。

（八）法律与惯例（Law and Practice）

在新条款中的每一险别，都对应一条"英国法律和惯例"条款，主要作为海事诉讼时法庭的依据，避免纠纷。

11.1.3 协会货物战争险、罢工险和恶意损害险

（一）《协会货物战争险条款》介绍

1982年1月1日起使用的《协会货物战争险条款》共分8部分14条，具有完整的结构体系，故可以单独投保。

1. 承保范围

《协会货物战争险条款》承保由于下列原因造成的保险标的的损失或损害：

（1）战争、内战、革命、造反、叛乱或由此引起的内乱或任何交战方之间的敌对行为。

（2）由上述承保风险引起的捕获、拘留、扣留、禁制或扣押，以及这些行动的后果或任何进行这种行为的企图。

（3）被遗弃的水雷、鱼雷、炸弹、或其他被遗弃的战争武器。

此外，协会货物战争险还承保为避免风险所造成的共同海损和救助费用。

2. 除外责任

战争险条款的除外责任包括"一般除外责任"和"不适航、不适货除外责任"两部分。"一般除外责任"部分和《协会货物条款》（A）相比，新增了"航程挫折条款"，即对由于战争原因导致航程终止，货物未能运到保单载明的目的地而引起的间接损失，保险人不予负责。此外，在战争险条款中，"核武器除外责任"的内容中特别强调"由于敌对性地"使用核战争武器所致损失不予负责。其他内容和《协会货物条款》（A）中的有关规定完全一致。

3. 保险期限

协会货物战争险关于保险期限的规定比较特殊，主要包括以下几方面：一是规定保险期限以"水上危险"为限，即保险责任自货物装上海轮时开始，直到卸离海轮时终止；若货物不及时卸离海轮，以海轮到最后港口或卸货港当日午夜起满15天为限，保险责任终止，如果在中途港转运，也以到港15天为限。二是规定当保险责任中途终止时，如果货物继续运往保险单载明的目的地，通过支付保险人所要求的额外保险费，自续运开始后，保险单可以重新恢复效力。三是规定如果由驳船向海轮装卸货物，保险人承保装卸时的水雷和鱼雷风险，但最长不超过卸离海轮后60天。

协会战争险的其他内容与ICC（A）条款相同。

（二）协会货物罢工险条款

伦敦《协会货物罢工险条款》也由8部分共14个条款组成，同样可以单独投保。

1. 承保范围

罢工险对下列原因造成的保险标的的损失或损害负责：

(1)罢工者、被迫停工工人或参与工潮、暴动或民变的人员所致。

(2)任何恐怖分子或任何出于政治目的采取行动的人所致。

此外,协会罢工险条款也承保为避免承保风险所致的共同海损和救助费用。

2. 除外责任

罢工险的除外责任同样包括 ICC(A)条款列出的"一般除外责任"和"不适航、不适货除外责任"两部分。只是由于罢工险只负责货物因罢工而造成的直接损失,对罢工引起工人缺勤、缺员等情况导致的货物的间接损失,保险人不承担责任。故增加了三项不保的内容,分别如下：

(1)由于罢工导致的航程终止,致使货物未运抵保单载明目的地而引起的间接损失;

(2)由于罢工、停工、工潮、暴动或民变造成的各种劳动力缺乏、短缺或抵制引起的间接损失;

(3)对战争风险所致的损失后果。

罢工险的其他内容和 ICC(A)条款相同。

(三)协会货物恶意损害险条款

协会货物恶意损害险条款是新的协会条款新增的附加险条款。它没有完整的结构,不能单独投保,而只能在投保其他险别的基础上加保。

恶意损害险主要承保被保险人以外的其他人的故意损害、故意破坏、恶意行为所致保险标的的损失或损害。如果恶意行为是出于政治动机,则不属于本条款的承保范围,但可以在罢工险条款中得到保障。

协会 A 条款只对被保险人的恶意行为予以除外不保,显然已将恶意损害险的内容包括在其承保范围之内,而在 B 条款和 C 条款中,被保险人以外的任何他人的恶意行为所致的损失均被列入除外责任,因此,若想转嫁恶意损害风险,除非已经投保 A 险,否则须加保恶意损害险。

11.2 中国海运货物基本险

中国现行的海运货物运输保险条款,主要是指 1981 年 1 月 1 日起生效的由原中国人民保险公司参照国际保险市场的习惯做法,结合我国保险工作的实际情况制定的海上货物运输保险条款(Ocean Marine Cargo Clauses 1/1/81)。作为目前的中国保险条款(China Insurance Clauses, CIC)的重要组成部分,该条款主要参考了伦敦协会货物条款的 1963 年版本,而现在伦敦协会条款已于 1982 年进行了修订,更加符合当前的海上货物保险。我国的条款也在酝酿进行修订,但目前基本上还是以上述条款作为国内条款的标准,其他财产保险公司的海运货物保险条款都引用该条款。我国的海运货物保险条款,按照能否单独投保,分为基本险和附加险两类。基本险可以单独投保,而附加险则只有在投保基本险的基础上才能附加投保。习惯上,我国海运货物保险中还包括专门险。详细险别种类如图 11-1 所示。

```
                        ┌── 平安险 (FPA)
                ┌─基本险 ├── 水渍险 (WPA)
                │       └── 一切险 (ALL RISKS)
                │
                │       ┌─ 一般附加险 ┌──────────────────────────────┐
                │       │            │偷窃、提货不着险  淡水雨淋险  短量险│
                │       │            │混杂、沾污险  渗漏险  碰损、破碎险 │
  海             │       │            │串味险  受热、受潮险  钩损险  包装破裂险│
  洋             │       │            │锈损险                          │
  货    ┌─附加险 ┤            └──────────────────────────────┘
  物    │       │ 特别附加险 ┌──────────────────────────────┐
  运    │       ├            │黄曲霉素险  交货不到险  舱面险   │
  输    │       │            │进口关税险  拒收险  港澳存仓火险 │
  险    │       │            └──────────────────────────────┘
  种    │       │ 特殊附加险 ┌──────────────────────────────┐
        │       └            │战争险  战争险的附加费用险      │
        │                    │罢工险                          │
        │                    └──────────────────────────────┘
        │
        └─专门险 ┌── 海洋运输冷藏货物险
                └── 海洋运输散装桐油险
```

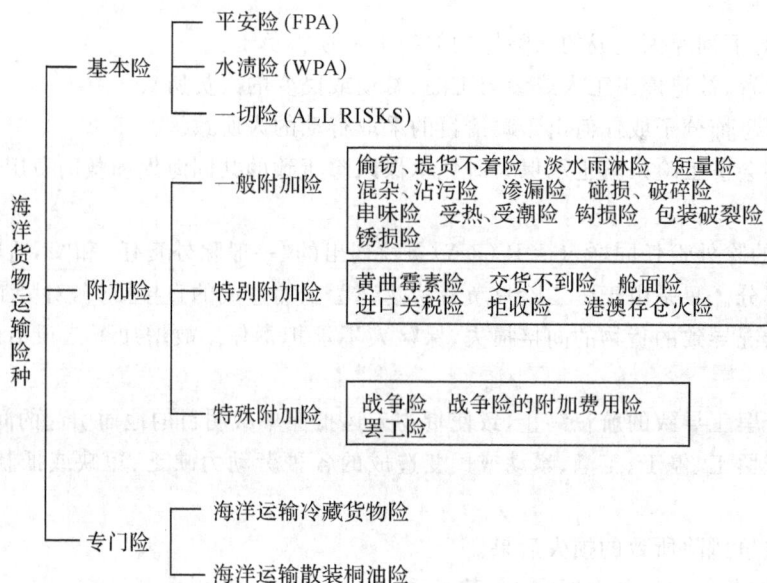

图 11-1　我国现行海运货物保险主要险种

本节主要介绍基本险,主要包括平安险、水渍险和一切险。

11.2.1　责任范围

(一)平安险(Free From Particular Average,FPA)

平安险原意为"单独海损不赔",是三种基本险别中保险人责任最小的一种,一般适用于大宗、低值、粗糙、无包装的货物,如废铁、木材、矿砂等的海上运输。平安险的责任范围主要包括如下方面:

(1)被保险货物在运输途中由于恶劣气候、雷电、海啸、地震、洪水等自然灾害造成的整批货物的全部损失。

显然这主要是针对自然灾害的责任,同时,本条中强调的是整批货物的全损,即实际全损或推定全损,或者一张保单项下分类保额的货物全损等,当然也包括驳船卸货时整条驳船所载的整批货物,若是整批货物中的一部分损失,保险人是不负责赔偿的。

(2)由于运输工具遭到搁浅、触礁、沉没、互撞、与流冰或其他物体碰撞以及失火、爆炸等意外事故所造成的货物全部或部分损失。

本项主要针对一些意外事故所负的责任。"货物损失"包括全损和部分损失。"运输工具"指船舶,但不限于海轮,还包括运输过程中所使用的驳船和内河船只等。"互撞"是指船舶之间发生的碰撞,而"碰撞"包括与船舶以外的如流冰等其他漂浮物或者码头等的碰撞。

"火灾"与"爆炸"不仅限于船舶失火或爆炸所致货物损失,还包括正常运输过程中延伸至陆上的运输和仓储阶段发生火灾、爆炸所致的损失和损害。

(3)在运输工具已经发生搁浅、触礁、沉没、焚毁等意外事故的情况下,货物在此前后又在海上遭受恶劣气候、雷电、海啸等自然灾害而造成的部分损失。

本条规定主要对第1条作了一定补充,即货物遭受自然灾害所致的部分损失,保险人负赔偿责任的前提条件是,在之前或之后,运输工具必须又发生上述四种意外事故之一,并对运输工具造成一定损失。比如船舶触礁或搁浅，当时舱内货物并无损失，后来遇到恶劣气候，造成货物部分损失。

（4）在装卸或转运时由于一件或数件货物整件落海所造成的全部或部分损失。

这一条中的全损获赔不难理解，但对于部分损失应理解为：为了鼓励被保险人积极施救被保险货物，保险人对由此（比如施救）造成的部分损失也负责赔偿。但是，由于一件或整件货物的一部分散落在海里所致损失，保险人不负赔偿责任。

（5）被保险人对遭受承保责任内危险的货物采取抢救、防止或减少货损的措施所支付的合理费用，但以不超过该批被救货物的保险金额为限。

（6）运输工具遭遇海难后，在避难港由于卸货引起的损失以及在中途港或避难港由于卸货、存仓和运送货物所产生的特殊费用。

本条所指的海难，并非包括航海所发生的一切灾难或意外事故，仅仅是指海上意外事故，如：沉没、碰撞、触礁、飓风以及一般偶发的灾难，对于像火灾、爆炸、战争、海盗、抢劫、盗窃、船长或船员的不法行为等均不算在海难之中。需要注意的是在避难港的特殊费用，主要指在中途港、避难港为卸货和卸货后的存仓及转运而产生的卸货费用、存仓费用和转运费用，以及与此过程直接相关的其他费用，如人工费用等，保险人均予以赔偿。

（7）共同海损的牺牲、分摊和救助费用。

本项规定是指保险人在平安险下，只负责承担被保险货物因共同海损行为所做的牺牲和被保险人所分摊到的那部分金额及救助费用。

（8）运输契约订有"船舶互撞责任"条款，则根据该条款规定应由货方偿还船方的损失。

此项规定与 ICC 条款中的"双方有责碰撞条款"规定相同，使得被保险人最终能够就其遭受的损失获得全面充分的赔偿。

上述责任范围表明了平安险的三个主要特点：保险人负责赔偿由于海上自然灾害所造成的全部损失；因意外事故所造成的全部或部分损失；在海上意外事故发生前后，由于海上自然灾害所造成的部分损失。

（二）水渍险（With Average 或 with Particular Average，WA 或 WPA）

水渍险原意为"负单独海损责任"。投保水渍险后，保险公司除承担上述平安险的各项责任外，还对被保险货物由于恶劣气候、雷电、海啸、地震、洪水等自然灾害所造成的部分损失负赔偿责任。

（三）一切险（All Risks）

一切险的责任范围除包括"平安险"、"水渍险"外，还包括货物在运输过程中，因各种外来原因所造成的保险货物的全损或部分损失，但不包括由于运输延迟、货物本身特性所造成的损失，物价下跌的损失，以及战争和罢工所造成的损失等。所谓外来原因是指由一般附加险承担的损失，而不包括特别附加险和特殊附加险。

（四）三种险别责任范围的比较

从三种基本险别的责任范围来看，平安险范围最小，它对自然灾害造成的全部损失和意外事故造成的全部和部分损失负赔偿责任。水渍险的责任范围比平安险的责任范围大，凡因自然灾害和意外事故所造成的全部和部分损失，保险公司均负责赔偿。一切险的责任范围是三种基本险别中最大的一种，它除平安险、水渍险的责任范围外，还包括被保险货物在运输过程中，由于一般外来风险所造成的全部或部分损失，如货物被盗窃、钩损、碰损、受潮、受热、淡水雨淋、短量、包装破裂和提货不当等等。由此可见,一切险是平安险和水渍险加一般附加险的总和。

11.2.2　除外责任(Exclusion)

除外保险责任是指保险公司明确规定不予承保的损失和费用。根据我国《海运货物保险条款》,保险公司对于下列损失不负责赔偿:

(1)被保险人的故意行为或过失所造成的损失。

(2)属于发货人责任引起的损失。

(3)在保险责任开始前,被保险货物已存在品质不良或数量短差所造成的损失。

(4)被保险货物的自然损耗、本质缺陷、特性以及市价跌落、运输延迟所引起的损失和费用。

(5)战争险和罢工险条款所规定的责任范围和除外责任。

11.2.3　保险责任的起讫

我国现行的《海洋运输货物保险条款》是参照 1963 年英国协会货运险条款制定的。关于保险责任期间以"责任起讫"的条文加以规定,由于海运货物保险是对特定航程中货物的保险,没有固定的具体的起讫时期。与国际保险市场的习惯做法一样,我国海运货物基本险的保险期限通常也采取"仓至仓"的原则(也称"仓至仓"条款),包括保险责任的开始、在正常和非正常运输情况下的保险责任的持续和终止。

(一)保险责任的开始

保险人对于保险货物所承担的保险责任,从货物运离保险单所载明的起运地仓库或储存处所开始运输时生效,包括正常运输过程中的海上、陆上、内河驳船运输,保险责任持续有效。这里的"运离",是指货物以装船为目的发生的实际移动。如果货物没有运离保险单载明地点的仓库或储存处所,那么保险责任并没有开始。如货物被装上了卡车,但卡车留在仓库中过夜,这并不构成保险责任的开始;再如货物被运离仓库,但并非直接装船,而是运往打包厂进行整理打包,也不构成保险责任的开始。所谓的正常运输过程,指按照正常的运输航程、航线行驶并停靠港口,包括途中正常的延迟和转船。

(二)保险责任的终止

1. 正常运输情况

在正常的运输情况下,一旦货物到达收货人的最后仓库,保险责任即行终止。但由于在保险实务中,保险货物所运往的目的地有的就在卸货港,有的是在内陆,保险人对保险责任的终止也有不同的规定:

(1)被保险货物运抵目的港并全部卸离货轮后,并未立即运到自己的仓库。则保险责任从货物全部卸离货轮时起算满 60 天为止,若在 60 天内又被运达收货人仓库,则在达到仓库时终止。

(2)被保险货物运抵卸货港,该港即为目的地,收货人提货后并不将货物运往自己的仓库,而是将货物进行分配、分派或分散转运。则保险责任在开始分配或分派时立即终止。

(3)若被保险货物以内陆为目的地,收货人提货后运到内陆目的地自己的仓库,保险责任自货物运达仓库后终止;若在运达内陆仓库之前,就在途中的某一个仓库中开始对货物进行分配、分散转运,则途中的这个仓库即被视为最后仓库,保险责任在货物到达该仓库时终止。

2. 非正常运输情况

非正常运输是指在运输过程中由于遇到被保险人无法控制的情况,致使被保险货物无法运往原定卸货港,而在途中被迫卸货、重装或转运,以及由此而发生的运输迟延、船舶绕道或运输合同终止等情况。保险人要求被保险人在获知货物被迫卸货、重装或转运等情况时,要及时通知保险人,并在必要时加缴保险费的情况下,本保险仍继续有效,且保险责任按下列规定终止:

(1)被保险货物如在非保险单所载明的目的地出售,保险责任至交货时为止,但不论任何情况,均以被保险货物在卸载港全部卸离海轮后满 60 天为止。

(2)被保险货物如在上述 60 天期限内继续运往保险单所载原目的地或其他目的地时,保险责任仍按前述的正常情况下的"仓至仓"条款的规定办理。

由上述规定可知,我国的条款中虽然也扩展了在非常情况(被保险人无法控制的情况)下的保险责任,但需要被保险人及时将所知的情况通报保险人,这一点比伦敦卸货条款中的扩展责任更加严格。

【知识链接 11-1】

美国《协会货物保险条款》中的保险期限规定

创立于 1898 年的美国海上保险人协会制定了一套海上保险条款,常用于针对美国的贸易货物运输。与伦敦《协会货物条款》相比,美国的条款有其自身的特色。该条款包含的内容很庞杂,它包括了英国货运险条款中的运输条款、航程终止条款、航程变更条款,以及合理速办条款等内容。本条款除了适用海上运输之外,也适用于航空运输。它与英国货运险条款中相应内容的主要区别在于保险责任终止方面。

(1)60 天期限后的续保。英国货运险条款规定了被保险货物在最后卸货港全部卸离海船满 60 天后,保险自动终止。之后的风险需要另外再保,这与续保方式不一样。而美国货运险条款规定,如果由于被保险人无法控制的原因,货物自卸离目的港海轮后满 60 天,仍未进入收货人仓库,只要被保险人及时通知保险人并加缴保险费,保险责任可最多继续延长 30 天,但无论如何在扩展的 30 天届满终止。

(2)在最后卸货港货物的重新出售。英国运送条款规定了在最终卸货港货物一旦被转运到其他目的地,自后续转运开始,保单就终止。美国却详细规定了期限安排:如果在保险责任继续有效期间,货物在最后卸货港卸港后 15 天内被出售并转运至非保险单所载明的目的地,保险人仍负责该货物在卸货港储存期内的风险,直至货物在该卸货港卸离海轮当日午夜满 15 天,或者货物开始重新运输时终止,以先发生者为准。如果货物在卸离海轮后 15 天以后出售,那么保险责任自货物出售时终止。

(3)对船舶、航程和被保险货物的非故意的错误描述。英国航程变更条款允许保险人在被保险人对保险标的(货物)、船名或航程表述错误时不再负担续保的责任。而美国"仓至仓"条款宽松很多。在发生航程变更或在保险标的、船舶或航程的申报上出现遗漏或错误时,在加付保费的条件下保险继续有效。

11.2.4　被保险人的义务

我国现行的海洋运输货物保险条款中,特地规定了被保险人对已保货物应该履行的义务,在被保险人未履行规定的义务而影响保险人利益时,保险人有权对有关损失拒绝赔偿。在 ICC 条款中的"减少损失"和"避免迟延"条款,也强调了被保险人的义务。

(1)及时提货,尽快报损,保留向责任方的追偿权。当被保险货物运抵保险单所载明的目的港(地)以后,被保险人应及时提货,当发现被保险货物遭受任何损失,应立即向保险单上所载明的检验、理赔代理人申请检验,如发现被保险货物整件短少或有明显残损痕迹应立即向承运人、受托人或有关当局(海关、港务当局等)索取货损货差证明。如果货损货差是由于承运人、受托人或其他有关方面的责任所造成,应以书面方式向他们提出索赔,必要时还须取得延长时效的认证。

(2)合理施救,减少损失。对遭受承保责任内危险的货物,被保险人和保险人都应迅速采取合理的抢救措施,防止或减少货物的损失。被保险人采取此项措施,不应视为放弃委付的表示;保险人采取此项措施,也不得视为接受委付的表示。

(3)变更内容,及时通知。如遇航程变更或发现保险单所载明的货物、船名或航程有遗漏或错误时,被保险人应在获悉后立即通知保险人并在必要时加缴保险费,以使保险合同继续有效。

(4)备齐并提供索赔单证。如果被保险货物遭受损失,在向保险人索赔时,必须提供下列单证:保险单正本、提单、发票、装箱单、磅码单、货损货差证明、检验报告及索赔清单。如涉及第三者责任,还须提供向责任方追偿的有关函电及其他必要单证或文件。

(5)在获悉有关运输契约中"船舶互撞责任"条款的实际责任后,应及时通知保险人。

11.2.5　索赔期限

我国海运货物保险条款规定的保险索赔时效,从被保险货物在最后卸载港全部卸离海轮后起算,最多不超过两年。

11.3　中国海运货物附加险

附加险是对基本险的补充和扩大。在海运保险业务中,投保人除了投保货物的上述基本险别外,还可根据货物的特点和实际需要,酌情再选择若干附加险别。附加险只能在投保某一种基本险的基础上才可加保。目前,我国现行的《海洋运输货物保险条款》中的附加险主要有一般附加险、特别附加险和特殊附加险。

11.3.1　一般附加险(General Additional Risk)

一般附加险所承保的是由于一般外来风险所造成的全部或部分损失。一般附加险不能作为一个单独的项目投保,而只能在投保平安险或水渍险的基础上,根据货物的特性和需要加保一种或若干种一般附加险。一般附加险的种类主要包括如下 11 种:

(1)偷窃、提货不着险(Theft,Pilferage and Non-Delivery Risk,T. P. N. D.)。保险有效期内,保险货物被偷走或窃走,以及货物运抵目的地以后,整件未交的损失,由保险公司负责赔偿。

(2)淡水雨淋险(Fresh Water and/or Rain Damage Risk,F. W. R. D.)。货物在运输中,由于淡水、雨水以及雪溶所造成的损失,保险公司都应负责赔偿。

(3)短量险(Shortage Risk)。负责保险货物数量短少和重量损失,通常包括货物的短少,保险公司必须要查清外包装是否发现异常现象,如破口、破袋、扯缝等。如属散装货物,往往将装船和卸船重量之间的差额作为计算短量的依据。

(4)混杂、玷污险(Intermixture and Contamination Risk)。保险货物在运输过程中,混进了杂质所造成的损失。此外保险货物因为和其他物质接触而被玷污所造成的损失。例如矿石等混进了泥土、草屑等,因而使质量受到影响。此外保险货物因为和其他物质接触而被玷污,例如布匹、纸第、食物、服装等被油类或带色的物质污染而引起的经济损失。

(5)渗漏险(Leakage Risk)。流质、半流质的液体物质和油类物质,在运输过程中因为容器损坏而引起的渗漏损失。如以液体装存的湿肠衣,因为液体渗漏而使肠发生腐烂、变质等损失,均由保险公司负责赔偿。

(6)碰损、破碎险(Clash and Breakage Risk)。碰损主要是对金属、木质等货物而言,破碎则主要是对易碎性物质而言。前者是指在运输途中,因为受到震动、颠簸、挤压而造成货物本身的损失;后者是在运输途中由于装卸野蛮、粗鲁、运输工具的颠震而造成货物本身的破裂、断碎的损失。

(7)串味险(Taint of Odour Risk)。例如,茶叶、香料、药材等在运输途中受到一起堆储的皮第、樟脑等异味的影响使品质受到损失。

(8)受潮、受热险(Sweating and Heating Risk)。例如,船舶在航行途中,由于气温骤变,或者因为船上通风设备失灵等使舱内水汽凝结、发潮、发热引起货物的损失。

(9)钩损险(Hook Damage Risk)。保险货物在装卸过程中因为使用手钩、吊钩等工具所造成的损失,例如粮食包装袋因吊钩钩坏而造成粮食外漏所造成的损失,保险公司在承保该险的情况下,应予赔偿。

(10)包装破裂险(Breakage of Packing Risk)。因为包装破裂造成物资的短少、玷污等损失。此外,对于因保险货物运输过程中续运安全需要而产生的修补包装、调换包装所支付的费用,保险公司也应负责。

(11)锈损险(Rust Risk)。保险公司负责保险货物在运输过程中因为生锈造成的损失。不过这种生锈必须在保险期内发生,如原装时就已生锈,保险公司不负责。

上述 11 种附加险不能独立承保,必须附属于主要险种下。也就是说,只有在投保了主要险别以后,投保人才允许投保附加险。投保"一切险"后,上述险别均包括在内。

11.3.2 特别附加险(Special Additional Risks)

特别附加险属于附加险类,但不属于一切险的范围之内。它往往与政治、国家行政管理规章所引起的风险相关联。我国承保的特别附加险别有 6 种类型:

(1)黄曲霉素险(Aflatoxin Risk)。对被保险货物因所含黄曲霉素超过进口国的限制标准被拒绝进口、没收或强制改变用途而遭受的损失负责赔偿。

(2)交货不到险(Failure to Deliver Risk)。对不论由于任何原因,从被保险货物装上船舶时开始,6个月内不能在预定目的地交货的,负责按全损赔偿。这与一般附加险种的"偷窃或提货不着"是不同的,它往往是由某些政治因素引起的,而不是承运人运输上的原因。此外,该项险别的承保责任在某些地方与偷窃或提货不着险及战争险存在着重复,所以,凡偷窃提货不着险和战争险给予了赔偿的,本险就不再赔偿。

(3)舱面险(On Deck Risk)。装载于舱面的货物因被抛弃或被风浪冲击入海所造成的损失,由保险人负责赔偿。

(4)进口关税险(Import Duty Risk)。当被保险货物遭受保险责任范围以内的损失,而被保险人仍须按完好货物价值完税时,保险公司对这部分已受损货物的进口关税负责赔偿。

(5)拒收险(Rejection Risk)。承保纯粹由于进口国的原因而造成的拒收货物风险,被保险人必须保证货物所应具备的完备的进口许可文件以及货物符合进出口的有关规定。保险人承担的费用也仅限于货物被拒后运回出口国或转运到其他目的地而增加的运费,且最多不超过货物的保险价值。货物起运前已得知进口国禁运令的不在此列。

(6)货物出口到香港(包括九龙在内)或澳门存仓火险责任扩展条款(Fire Risk Extension Clause For Storage of Cargo at Destination HongKong, Including Kowloon, or Macao,F. R. E. C)。我国内地出口港澳地区并在驻港澳地区办理押汇的货物,在卸离运输工具后,如直接存放于保单载明的过户银行所指定的仓库,本保险承担货物在存仓期间的火险责任。保险责任自货物运入该仓库时开始,至银行收回押款解除货物的权益为止,或运输险责任终止时起计算满30天为止。

11.3.3　特殊附加险(Specific Additional Risks)

与特别附加险一样,特殊附加险不属于一切险的责任范畴。我国现有的特殊附加险主要有两项,即战争险和罢工险。

(1)战争险(War Risk)。与协会货物战争险类似,我国的战争险负责赔偿直接由于战争、类似战争行为和敌对行为、武装冲突或海盗行为所致的货物损失;以及由此引起的捕获、拘留、扣留、禁制、扣押所造成的损失;各种常规武器(包括水雷、鱼雷、炸弹)所致的损失;以及由上述责任范围而引起的共同海损的牺牲、分摊和救助费用。不负责赔偿使用原子或热核武器造成的损失。

与协会战争险一样,战争附加险适用"水上风险"原则。此外,一般只承担由于战争而直接导致的货损,对因战争而引起的一些费用,如战争风险引起的航程中断或挫折,或者货物在保单载明的目的地(港)以外卸货、存仓、转运以及关税、保险等费用都不负赔偿责任。

为了满足被保险人转嫁这类损失的要求,一些保险人也制定了海运货物战争附加费用险条款作为特殊附加险,专门承保由于战争险后果所引起的上述附加费用。

(2)罢工险(Strikes Risk)。罢工附加险与ICC的罢工险类似,承保被保险货物由于罢工工人被迫停工或参加工潮暴动等因人员的行动或任何人的恶意行为所造成的直接损失,以及上述行动或行为所引起的共同海损的牺牲、分摊和救助费用负责。对罢工期间由于劳动力短缺或不能使用劳动力所造成的被保险货物的损失、因罢工引起的动力或燃料缺乏使冷藏机停止工作所致的冷藏货物的损失、无劳动力搬运货物,使货物堆积在码头淋湿受损等间接性损失不负赔偿责任。

按国际保险业惯例,已投保战争险后另加保罢工险,不另增收保险费,如仅要求加保罢工险,则按战争险费率收费。

11.4 中国海运货物专门险

中国海运货物专门险是针对某些性质特殊的货物而制定的,主要有《海洋运输冷藏货物保险条款》和《散装桐油保险条款》,均可单独投保。

11.4.1 海洋运输冷藏货物保险条款(Ocean Marine Insurance Clause, Frozen Products)

本条款是专门为冷藏货物设计的。对于新鲜的水果、蔬菜、肉类以及水产品等货物,为保持新鲜程度,运输时均需置于专门的冷藏箱。这些货物在运输途中,除会遇到和其他货物相同的风险外,还会因冷藏机可能发生的故障而致腐烂、变质,因而需要通过投保海运冷藏货物保险得到全面的保障。

(一)海洋运输冷藏货物保险险别

海洋运输冷藏货物保险分为冷藏险(Risks for Frozen Products)和冷藏一切险(All Risks for Frozen Products)两个险别。冷藏险除包括水渍险的承包责任外,还负责由于冷藏机器停止工作连续达到 24 小时以上所造成的货物腐烂或损失。这里所说的冷藏机器包括载运货物的冷藏车、冷藏集装箱以及冷藏船上的制冷设备。冷藏一切险的责任范围更广,除包括冷藏险的各项责任外,还负责被保险鲜货在运输途中由于外来原因所致的腐烂或损失。

(二)海洋运输冷藏货物保险的除外责任

海洋运输冷藏货物保险的除外责任在海运货物保险条款的基础上稍有改变,一是新增了一项除外责任,将"被保险鲜货在运输途中的任何阶段,因未存放在有冷藏设备的仓库或运输工具,或辅助运输工具没有隔湿设备所造成的鲜货腐烂的损失"列入除外责任;二是将海运货物保险条款除外责任中的"在保险责任开始前,被保险货物已经存在的品质不良或数量短差所造成的损失"改为"被保险鲜货在保险责任开始时,因未保持良好状态(包括整理加工和包装不妥,冷冻上的不合规定等)所引起的鲜货腐烂的损失"。

(三)海洋运输冷藏货物保险的保险期限

海洋运输冷藏货物保险的保险期限与海运货物保险的保险期限大致相同,区别仅在于冷藏险关于责任终止期限的规定有所改动,具体如下:

(1)货物到达保险单载明目的地后,须在 30 天内卸离海轮,否则保险责任终止。而在海运保险中没有此种限制。

(2)货物全部卸离海轮后,保险人最多负责 10 天,即使货物已经存入冷藏仓库,仍以卸离海轮后 10 天为限。而在海运保险中,自货物卸离海轮后,保险人最多可负责 60 天,但一且货物存入目的地指定收货人仓库,保险责任即终止。

(3)如果货物卸离海轮后不存入冷藏仓库,保险责任自卸离海轮时即终止。而在海运保险中,货物如果未运往目的地指定仓库,保险责任至货物分派、分配或转运时才终止。

11.4.2 海洋运输散装桐油保险条款(Ocean Marine Insurance Clause, Woodoil Bulk)

本条款是专门为散装桐油设计的。散装桐油因自身特性,在运输途中非常容易发生污染、变质等损失,若要获得全面保障,就须投保海运散装桐油保险。

(一)海运散装桐油保险的责任范围

海运散装桐油保险的责任范围只有一个险别,负责不论任何原因所致的桐油超过保险单规定的短少、渗漏损失和不论任何原因所致的桐油的污染或变质损失。

(二)海运散装桐油保险的保险期限

海运散装桐油保险的责任自桐油运离保险单载明的起运港的岸上油库或盛装容器开始,至保险单载明的目的地岸上油库时终止,而且最多只负责海轮到达目的港后15天。

(三)特别约定

由于海运散装桐油非常容易损失,而且保险人承包的责任广泛,对于任何原因造成的桐油变质、污染、短少、渗漏损失均须负责,为控制自身承保的风险,避免承担桐油装运前的质量缺陷及容器的不洁导致的损失,保险人在保险条款中对桐油的检验规定了一系列严格的要求:

(1)被保险人在起运港必须取得船上油仓的清洁合格证书,桐油装船后的质量、重量、温度的证书和装船桐油的品质检验合格证书。

(2)如果发生意外而须在中途港卸货时,同样要求在卸货前对桐油进行品质检验,取得证书,还要对接受所卸桐油的油驳、岸上油库及重新装载桐油的船舶油仓等接收容器进行检验并取得合格证书。

(3)桐油到达指定目的港后,在卸货前,还须由保险单指定检验人对油仓温度、容量、重量及品质进行检验,出具证书。

被保险人必须取得上述检验证书,才能在桐油发生品质上的损失时获得保险赔款。

⇨【案例分析】

"仓至仓"条款拒赔纠纷[①]

2002年6月17日,某进出口公司就一批化肥与国内某保险公司签订了海洋运输货物保险合同,条款为一切险。化肥总重量为35460吨,按CIF加一成投保,保额为7659360美元。8月19日该船抵达目的港,所载化肥全部卸入港属仓库。在船舶到港前,该进出口公司就委托一运输公司代办提货,运输公司遂在船到港后开始陆续提货并分散给用户。9月1日,发生特大海潮,大量海水进入存放化肥的仓库。除海潮发生前已被提走的9674吨外,剩下的24084吨化肥大部分被水浸泡,损失严重。最后虽经进出口公司采取一系列施救措施,

---

① 案例改编自:保险研究,2003(增刊):153.

还是发生损失 167.7 万美元,外加施救费 65000 元人民币。

事故发生后,该进出口公司向保险公司索赔。保险公司则以该批货物出险前保险责任已经终止为由拒赔。于是被保险人向某海事法院提起诉讼。

[争议]

原告进出口公司认为,海潮所造成的损失属于一切险的责任范围,根据"仓至仓"条款的规定,在货物出现时保险责任尚未终止,保险公司对保险货物的损失要负赔偿责任。因此,请求法院判令被告赔偿其保险标的损失 1676916 美元,段中损失 10725 美元,施救费用 64520 元人民币以及迟付赔款的相应利息。

被告保险公司则认为,第一,根据我国海运货物一切险条款规定,货物到达保单载明的目的地后,收货人提货后不运往自己的仓库,而是对货物进行分配、分派或转运时,保险责任即行终止。而本案在出险前,被保险人已经将被保险货物中的 9674 吨提出并分散给客户,已经构成"分配、分派或转运"的事实,所以在出险前保险责任就已经终止。第二,原告被保险人在目的港没有自己的仓库,当其提货后并把全部货物存放在港区仓库时,港区仓库即可视为收货人自己的仓库。按照"仓至仓"条款的规定,被保险货物抵达收货人仓时,保险责任随之终止。基于上述理由,保险人的拒赔是合理的。

[案情分析]

首先,保险人提出的港区的仓库视为被保险人的仓库显然是不成立的,两者是明显不同的概念,何况条款中明确规定,货物全部卸离海轮后有 60 天的宽限期,只有当在此期间货物进入收货人自己的最终仓库时,保险责任才告终止。

其次,虽然被保险人在出险前已将部分货物(9674 吨)分散给客户,实际构成了货物的分配、分派,但只是所提出的 9674 吨货物而已。条款中并未说明,只要分配、分派行为一经发生,无论是否已分配和分派的货物,保险责任都立即终止。而针对这一条款未明确的事宜,《保险法》规定应作有利于被保险人的解释,所以保险人据此提出的拒赔理由也无法成立。

最终法院判保险公司的拒赔不合理。

[讨论]

1. 如何理解海运货物保险中的"仓至仓"条款?

2. 上例中被保险人早在被保险货物起运前就已将全部货物卖给某生产企业,并在货物抵达目的地后已将提单转让,是否该进出口公司已不具保险利益,无权提出索赔?

➪【本章小结】

1. 在国际保险市场上应用最为广泛的是英国伦敦保险协会所制定的《协会货物条款》,它规定了 A 险、B 险、C 险、战争险、罢工险和恶意损害险等 6 种险别。

2.《协会货物条款》A 险相当于原中国人民保险公司中的一切险。其责任范围最广,采用承保"除外责任"之外的一切风险的概括式规定办法。B 险和 C 险则采用列明风险的办法,即把承保的风险一一列举出来,B 险大体相当于水渍险,C 险承保的责任范围最小。

3.《协会货物战争险条款》共分 8 部分 14 条,具有完整的结构体系,可以单独投保,主要承保由于战争、内战、革命、造反、叛乱或由此引起的内乱或任何交战方之间的敌对行为;由上述承包风险引起的捕获、拘留、扣留、禁制或扣押,以及这些行动的后果或任何进行这种行为的企图;被遗弃的水雷、鱼雷、炸弹或其他被遗弃的战争武器。

4. 伦敦货物罢工险条款也由 8 部分,共 14 条款组成,结构完整,可以单独投保。主要承保罢工者、被迫停工工人或参与工潮、暴动或民变的人员所致以及任何恐怖分子或任何出于政治目的采取行动的人所致的损失或损害。

5. 协会货物恶意损害险条款没有完整的结构,不能单独投保,而只能在投保其他险别的基础上加保。主要承保被保险人以外的其他人故意损害、故意破坏、恶意行为所致保险标的的损失或损害。

6. 中国海运货物基本险主要包括平安险、水渍险和一切险,它们的承保范围依次增大。

7. 中国海运附加险主要包括一般附加险和特殊附加险。一般附加险主要承保一般外来风险造成的损失或损害;特殊附加险主要承保特殊外来风险造成的损失或损害。

8. 针对某些性质特殊的货物,中国海运货物保险还制定了海运货物专门险,主要指《海洋运输冷藏货物保险条款》和《散装桐油保险条款》,均可单独投保。

▷【思考练习】

1. 解释下列术语:
　　平安险　水渍险　一切险　一般附加险　特别附加险　特殊附加险
2.《协会货物条款》主要有哪些特点?
3.《协会货物条款》各险种的承保责任范围与除外责任是如何规定的?
4. 分析说明 ICC(A)、ICC(B)、ICC(C)在承保范围和除外责任上的区别。
5. 分析说明中国海运货物三种基本险在承保范围和除外责任上的异同。
6. 分析海上货物运输战争险的特殊性。
7. 某外贸公司出口意大利的箱包以集装箱方式运输。出运前在某保险公司投保了海运货物一切险(未加保战争险)。该集装箱于某日凌晨 5 时运达保单载明的目的港收货人仓库,因仓库早晨 7 点上班,驾驶员便在驾驶室打盹等待卸车。在此过程中,集装箱卡车被 3 名武装分子劫持。驾驶员和汽车未受到大的损害,但车上货物全部被劫,损失金额达 4 万多美元。上述事实经当地警察部门和保险检验人证实。外贸公司遂向某保险公司提出了索赔,保险公司应如何应对?

第 12 章

其他运输方式下的保险条款 >>> >

国际贸易的货物运输，除了主要采用海上运输方式外，还可以采用陆上运输、航空运输、邮政包裹运输以及在集装箱运输方式下发展起来的国际多式联运的方式。随着中国与其他国家之间贸易量的急剧增加，这些运输方式下的货运比例也呈上升趋势，因此，与其相关的运输保险业务在整个国际贸易保险中的重要性也日益明显。尽管这些运输方式的保险业务也是从海上运输保险中发展而来，但因其运输性质的不同，尤其是运输过程中可能遭遇的风险状况的不同，所以陆、空、邮及集装箱等货运保险与海上货运保险在险别、承保方式、责任范围及保险期限等方面也有所不同。本章将主要针对这些不同的特点介绍陆运、空运、邮包以及集装箱和国际多式联运等货物运输的保险。

12.1 陆上运输货物保险

陆上运输货物保险（Overland Transportation Cargo Insurance）是货物运输保险的一种，主要承保以火车、汽车等陆上运输工具进行货物运输的保险。

目前我国与周边毗邻国家之间的进出口贸易，以及通过"大陆桥"方式运往欧洲等地的货物，绝大多数通过陆上运输来实现。相对海上运输而言，陆上运输过程中货物面临的各种自然灾害和意外事故等风险有其自身的特点。常见的风险有：运输工具发生碰撞、倾覆或出轨、路基坍塌、桥梁折断和道路损坏以及火灾和爆炸等意外事故；雷电、地震、洪水、火山爆发、暴风雨、霜雪冰雹等自然灾害；同时，海上运输可能产生的偷窃、货物残损、短少、渗漏以及战争、罢工等外来原因所造成的风险，陆上运输时也同样存在。

陆上运输主要包括铁路和公路运输两种，运输工具主要是火车和汽车。国际上各国保险公司对于采用人力和牲口托运等落后工具运输货物的风险一般都不予承保。我国现行的陆上运输货物保险条款也明确规定以火车、汽车为限。

根据 1981 年 1 月 1 日正式生效实施的原中国人民保险公司（其他财产公司目前也参照执行）陆上运输货物保险条款，陆上运输货物保险分为基本险和附加险，其中基本险险种有"陆运险"和"陆运一切险"两种，为适应冷藏运输货物的需要，还专设了"陆上运输冷藏货物险"（也属基本险），附加险主要指陆上运输货物战争险、罢工险等。

12.1.1　陆运险与陆运一切险

（一）责任范围

陆运险的承保责任范围类似海洋运输货物保险条款中的"水渍险"，保险公司负责对下列损失提供赔偿：

（1）因被保险货物在运输途中遭受暴雨、雷电、洪水、地震等自然灾害或由于运输工具遭受碰撞、倾覆、出轨或在驳运过程中因驳运工具遭受搁浅、触礁、沉没、互撞；或由于遭受隧道坍塌、崖崩或失火、爆炸等意外事故造成的全部或部分损失。

（2）被保险人对遭受承保责任范围内危险的货物采取抢救、防止或减少货损的措施而支付的合理费用，但以不超过该批被救货物的保险金额为限。

陆运一切险则类似于海上运输货物保险条款中的"一切险"，即它的承保责任除了包括上述陆运险的责任外，还负责被保险货物在运输途中由于外来原因所致的全部或部分损失。

（二）除外责任

陆运险和陆运一切险除外责任与海洋运输货物保险中的除外责任基本相同，可参见前面有关章节。

（三）责任起讫

与海洋运输货物保险相同，陆运货物保险的责任起讫也采取"仓至仓"责任条款，即从被保险货物运离保险单所载明的起运地发货人的仓库或储存处所开始运输时生效。包括正常陆运和有关水上驳运等联运在内，直至该项货物送交保险单所载明的目的地收货人仓库或储存处所，或被保险人用作分配、分派或非正常运输的其他储存处所为止。但如未运抵上述仓库或储存处所，则以被保险货物运抵最后卸载的车站满60天为止。

陆上运输货物的索赔时效，一般是从被保险货物在最后目的地车站全部卸离车辆后起计算，最多不超过两年。

【思考】　陆运险与海运险有何主要区别？

12.1.2　陆上运输冷藏货物保险（Overland Transportation Insurance-Frozen Products）

该险种是陆运货物保险中的一种专门险，其责任范围除了负责赔偿上述陆运险中列举的自然灾害和意外事故造成的全部或部分损失以及施救费用外，还负责赔偿被保险货物在运输途中由于冷藏机器或隔温设备的损坏或者车厢内贮存冰块的溶化所造成的被保险货物解冻溶化而腐败的损失。

除外责任除适用一般除外责任外，还特别强调被保险货物在运输过程中的任何阶段，因未存放在有冷藏设备的仓库或运输工具中，或辅助运输工具没有隔温设备或没有在车厢内贮存足够的冰块所致的货物腐败损失，以及被保险货物在保险责任开始时因未保持良好状态，包括整理加工和包扎不妥，冷冻上的不合规定及骨头变质所引起的货物腐败和损失等均免予赔偿。

陆运冷藏险的保险责任自被保险货物运离保险单所载起运地点的冷藏仓库装入运送工具开始运输时生效。包括正常陆运和与其有关的水上驳运在内，直至该项货物到达保险单所载明的目的地收货人仓库为止,但最长保险责任的有效期限以被保险货物运抵目的地车站后 10 天为限。

12.1.3　陆上运输货物战争险(Overland Transportation Cargo War Risks)

在陆上运输货物保险中,被保险货物除保陆运险和陆运一切险外,经过协商还可以加保陆上运输货物险的附加险,如陆运战争险、罢工险等。陆运战争险与海运战争险类似,由于运输工具有其本身的特点,具体责任有一些差别,但就战争险的共同负责范围来说,基本上一致。即对直接由于战争、类似战争行为、武装冲突、敌对行为以及常规武器所导致的货物损失,包括货物由于被捕获、扣留、禁制和扣押等行为引起的损失。需要注意的是,该附加险目前虽能承保,但仅限于火车运输的情形,如果采用汽车运输,则一般不予加保。

陆运战争险责任期限自货物装上火车时开始,至目的地卸离火车时为止。如不卸离火车,以火车到达目的地的当日午夜起满 48 小时为止。如在中途转车,不论货物在当地卸载与否,以火车到达中途站的当日午夜起满 10 天为止。如货物在 10 天内重新装车续运,保险责任继续有效。

陆上运输附加险中,还可加保罢工险,与海运货物保险相同,一般在加保了战争险的前提下,加保罢工险不另行收费,若仅加保罢工险,则按战争险费率收费。陆上运输货物罢工险的责任范围与海运货物罢工险的责任范围基本相同。

12.2　航空运输货物保险

国际航空运输货物保险是指以飞机为运输工具的货物运输保险,主要承保运输货物在飞行中因遭受各种自然灾害或意外事故造成的损失以及由货主承担的费用。

12.2.1　我国航空运输货物保险

为满足我国的国际贸易发展需要,目前我国的各家财产保险公司都接受和办理航空运输货物的保险业务,并采用原中国人民保险公司参照协会航空货运条款制定的中国航空运输保险条款,而且,一些在海运货物保险中的附加险也可选择性地在航空运输中使用。

我国现行使用的国际航空运输保险可分为航空运输险(Air Transportation Risks)和航空运输一切险(Air Transportation All Risks)两种。

(一)主要承保责任范围

被保险货物遭受损失时,国际航空运输保险只按照保险单上订明承保险别的条款负赔偿责任。

1. 航空运输险

航空运输险的承保责任与海运货物保险条款中的“水渍险”基本相同,主要负责赔偿以下方面:

(1)被保险货物在运输途中遭受雷电、火灾、爆炸或由于飞机遭受恶劣气候或其他危难事故而被抛弃,或由于飞机遭受碰撞、倾覆、坠落或失踪意外事故所造成的全部或部分损失。

（2）被保险人对遭受承保责任内危险的货物采取抢救、防止或减少货损的措施而支付的合理费用，但以不超过该批被救货物的保险金额为限。

2. 航空运输一切险

航空运输一切险的承保责任除包括上述航空运输险的责任外，还包括被保险货物由于被偷窃、短少等外来原因所致的全部或部分损失。

（二）免责条款

即除外责任，与海运货物保险的除外责任也基本一致，主要有以下方面：

（1）被保险人的故意行为或过失所造成的损失。

（2）属于发货人责任所引起的损失。

（3）保险责任开始前，被保险货物已存在的品质不良或数量短差所造成的损失。

（4）被保险货物的自然损耗、本质缺陷、特性以及市价跌落、运输延迟所引起的损失或费用。

（5）航空运输货物战争险条款及罢工险条款规定的责任范围和除外责任。

（三）责任起讫

上述两种航空运输货物基本险的保险责任也采用"仓至仓"条款，但与海运货物保险中的"仓至仓"条款相比，主要存在以下几方面的不同：

（1）如被保险货物运达保单所载目的地但未运抵保单载明的收货人的仓库或储存处所，则以被保险货物在最后卸载地卸离飞机后满30天为止。如在上述30天内被保险的货物需转送到非保险单所载明的目的地时，则以该项货物开始转运时终止。

（2）由于被保险人无法控制的运输延迟、绕道、被迫卸货、重新装载、转载或承运人运用运输契约赋予的权限所作的任何航行上的变更或终止运输契约，致使被保险货物运到非保险单所载目的地时，在被保险人及时将获知的情况通知保险人，并在必要时加缴保险费的情况下，本保险仍继续有效，保险责任按下述规定终止：①被保险货物如在非保险单所载明的目的地出售，保险责任至交货时为止，但不论任何情况，均以被保险的货物在卸载地卸离飞机后满30天为止。②被保险货物在上述30天期限内继续运往保险单所载原目的地或其他目的地时，保险责任仍按上述①的规定即在保险单载明目的地或其他目的地卸离飞机后满30天终止。

（四）被保险人义务

被保险人应按照国际航空货物运输投保程序规定的应尽义务办理有关事项，如因未履行规定的义务而影响保险公司利益时，保险公司对有关损失有权拒绝赔偿。

12.2.2 航空运输货物战争险（Air Transportation Cargo War Risks）

航空运输货物战争险是航空运输货物险的一种附加险，只有在投保了航空运输险或航空运输一切险的基础上，经过投保人与保险公司协商方可加保。加保时须另付保险费。

（一）责任范围

（1）在航空运输途中由于战争、类似战争行为、敌对行为或武装冲突所致的损失。

（2）由于上述（1）引起的捕获、拘留、扣留、禁制、扣押所造成的损失。

（3）各种常规武器，包括炸弹所致的损失。

（二）免责条款

航空运输战争险对下列各项不负赔偿责任。

（1）由于敌对行为使用原子或热核制造的武器所致的损失和费用。

（2）因执政者、当权者或其他武装集团的扣押、拘留引起的承保航程的丧失和挫折而提出的任何索赔。

（三）责任起讫

航空运输战争险保险责任自被保险货物装上保险单所载起运地飞机时开始，到卸离保险单所载目的地的飞机为止。如果被保险货物不卸离飞机，本保险责任最长期限以飞机到达目的地的当日午夜起算满 15 天为止。如被保险货物在中途港转运，保险责任以飞机到达转运地的当日午夜起算满 15 天为止，货物在此期限内装上续运的飞机时再恢复有效。

【思考】 航空运输战争险与海上运输战争险有何区别？

【知识链接 12-1】

协会航空运输货物保险条款

为适应航空运输保险的特定需要，伦敦保险协会于 1965 年首次制定与航空运输有关的保险条款，并在 1982 年加以修订成现行的《伦敦协会货物险条款（航空）》。此外，伦敦保险协会还于 1982 年颁布了新的《协会战争险条款（航空）》和《协会罢工险条款（航空）》。上述三种险别的条款与新的适用于航运的协会货物 ICC 条款颇为相似。均按条文的性质分为 8 个部分，即：承保风险（Risks Covered）、除外责任（Exclusions）、保险期限（Duration）、索赔（Claims）、保险利益（Benefit of Insurance）、减少损失（Minimizing Losses）、防止延迟（Avoidance of Delay）和法律与惯例（Law and Practice）。条款的结构统一，体系完整，具备了独立性及自身的完整性，都可以单独投保。具体可参见：http://www. iilondon. co. uk。

12.3　国际邮包运输货物保险

邮包运输大多需要经过海、陆、空等多种方式的辗转运送，在运送过程中与一般货物经过这些运输方式可能遭受到的自然灾害或意外事故的可能性并无二致。由于邮包运送可能同时涉及海、陆、空三种运输方式，保险人在确定承保责任范围时，必须同时考虑这三种运输方式可能出险的因素。

12.3.1　邮包运输的风险与保险

（一）邮包运输的风险

邮包运输是一种比较简便的运输方式。近年来国际间采用邮包来运送货样或少量的质轻价高的货品已逐年增多。邮包运输通常须经海、陆、空辗转运输,实际上是属于"门到门"运输,在长途运送过程中可能遭受到的自然灾害、意外事故以及各种外来风险,与一般货物运输方式并无二致。因此,邮政包裹的运输保险应运而生。寄件人为了转嫁邮包在运送当中的风险损失,须办理邮包运输保险,以便在发生损失时能从保险公司那里得到承保范围内的经济补偿。

(二)邮包运输保险

国际邮包运输保险,又称邮递货物保险,主要承保通过邮政局邮包寄递的货物在邮递过程中发生保险事故所致的损失。

以邮包方式将货物发送到目的地可能通过海运,也可能通过陆上或航空运输,或者经过两种或两种以上的运输工具运送。不论通过何种运输工具,凡是以邮包方式将货物运达目的地的保险均属邮包保险。

我国保险界目前采用的仍然是原中国人民保险公司参照国际通行做法,结合我国邮政包裹业务实际情况制定的一组相应的保险条款,具体包括"邮包险"、"邮包一切险"两种基本险,此外还有"邮包战争险"等附加险。

12.3.2　邮包险(Parcel Post Risks)和邮包一切险(Parcel Post A11 Risks)

(一)责任范围

1. 邮包险责任范围

邮包险的承保责任范围:负责赔偿被保险邮包在运输途中由于恶劣气候、雷电、海啸、地雷、洪水等自然灾害或由于运输工具遭受搁浅、触礁、沉没、碰撞、倾覆、出轨、坠落、失踪,或由于失火爆炸意外事故所造成的全部或部分损失。被保险人对遭受承保责任内危险的货物采取抢救,防止或减少货损的措施而支付的合理费用,但以不超过该批被救货物的保险金额为限。

2. 邮包一切险责任范围

邮包一切险的承保责任范围除上述邮包险的各项责任外,还负责被保险邮包在运输途中由于外来原因所致的全部或部分损失。邮包运输货物保险的除外责任和被保险人的义务与海洋运输货物保险相比较,其实质是一致的。

对于上述这两种险别,保险人对因战争、敌对行为、类似战争行为、武装冲突、海盗行为、工人罢工等所造成的损失;直接由于运输迟延或被保险物品本质上的缺陷或自然损耗所致损失;属于寄件人责任和被保险邮包在保险责任开始前,已经存在的品质不良或数量短少所造成的损失以及被保险人的故意行为或过失所致损失,不负赔偿责任。

(二)责任起讫

邮包运输货物保险的责任起讫期限是从被保险邮包离开保险单所载起运地寄件人处所运往邮局开始,直至该项邮包运达保险单所载明的目的地邮局,自邮局签发到货通知书当日午夜起算满15天为止,但在此期限内邮包一经递交至收件人的处所时,保险责任即告终止。

12.3.3　邮包战争险(Parcel Post War Risks)

邮包战争险是邮政包裹保险中的一种特殊附加险,只有在投保了邮包险或邮包一切险的基础上,经投保人与保险人协商方可加保。

（一）责任范围

（1）在邮包运输过程中由于战争、类似战争行为和敌对行为、武装冲突或海盗行为所致的损失。

（2）由于上述（1）款引起的捕获、拘留、扣留、禁制、扣押所造成的损失。

（3）各种常规武器，包括水雷、鱼雷、炸弹所致的损失。

（4）本条款责任范围引起的共同海损的牺牲、分摊和救助费用。

（二）除外责任

（1）由于敌对行为使用原子或热核制造的武器所致的损失和费用。

（2）根据执政者、当权者或其他武装集团的扣押、拘留引起的承保航程的丧失和挫折而提出的任何索赔。

（三）责任起讫

邮包战争险责任是自被保险邮包经邮政机构收讫后自储存所开始运送时生效，直至该项邮包运达本保险单所载目的地邮政机构送交收件人为止。

邮运进口货物的损失，向国际包裹单上注明的目的地保险公司索赔。

邮包运输保险的特殊附加险除了战争险外，还有罢工险。若投保了战争险，再加保罢工险一般不另行收费，若仅要求投保罢工险，则可按战争险的费率计收保费。邮包罢工险的责任范围与海运货物罢工险的责任范围基本相同。

12.3.4 办理邮包运输货物保险的基本做法

在办理国际邮包运输货物时，应当正确选用邮包的保价与保险。凡经过保价的邮包，一旦在途中遗失或损坏，即可向邮政机构按保价金额取得补偿。因此，对寄往办理保价业务的国家，可予保价。鉴于有些国家和地区不办保价业务；或有关邮政机构对保价邮包损失赔偿限制过严；或保价限额低于邮包实际价值，以及许多不可抗力或非邮政部门过失造成的损失等，则可采取保险。当然也可采取既保险、又保价的做法。根据原中国人民保险公司规定，凡进行保价的邮包，可享受保险费减半收费的优待。我国通过邮包运输进口的货物，按邮包运输进口货物预约保险合同的规定办理投保手续。

【思考】 邮包的保价与保险有何区别？

12.4 集装箱运输及国际多式联运货物保险

随着运输方式的不断变革，集装箱运输方式以及在此基础上发展起来的国际多式联合运输，同其他常规运输方式一样面临多种风险，且由于这些运输方式的特殊性，相应的货物运输保险吸引了与此相关的保险人、货主、船东、租箱公司及银行等的注意，成为保险业的新"焦点"。

12.4.1 我国集装箱保险条款

我国早在1980年便开办了集装箱保险。集装箱保险既是一种运输工具保险，但又与货物保险有一定的相同性,因而它是一种特殊保险。

国内保险公司的"集装箱保险条款"按照责任范围可分为全损险和综合险。全损险即集装箱的全部损失。综合险包括集装箱的全部损失或部分损失(但集装箱的机器部分损失按下款规定办理),即由于下列原因造成的集装箱的机器部分损失:①运输船舶的沉没、触礁、搁浅、碰撞引起的(包括同冰碰撞)损失;②陆上或空中运输工具的碰撞、倾覆及其他意外事故引起的损失;③外来风险如火灾、爆炸引起的损失等。同时规定无论是投保全损险或综合险,对共同海损分摊、救助和集装箱受损后,被保险人采取的有效抢救措施和防止损失扩大而支付的合理费用也负责在被救集装箱的保险金额范围内给予补偿。承保集装箱保险时,每一集装箱作为一个单独保险单位,各有明确的唛头标记。被保险人对投保的集装箱应定期做好维修和保养工作。

国内保险条款在"除外责任"方面一般对下列损失、费用不负责赔偿:由于集装箱不符合国际标准,或由于其内在缺陷和特性,或工人罢工,或延迟所引起的损失和费用;正常磨损及其修理费用;集装箱战争险条款规定的承保责任和除外责任;与投保集装箱经营有关的或由其引起的第三者责任和费用。

在损失处理方面规定:被保险集装箱发生损失时,被保险人应立即通知并采取一切可能措施,以减少损失。属于保险责任范围以内的修理应事先取得保险人的同意。如损失应由船方、其他受托人或任何第三者负责时,应办好向这些责任方追偿的一切手续。

在损失赔款方面规定:集装箱全损时,保险公司按保额全部赔付;集装箱发生部分损失时,按合理的修理费用扣除免赔额后赔付。如果后者超过保险金额时,可作为推定全损处理;被保险人在收取赔款时,必须将向船方、其他受托人或任何第三者责任方的追偿权利转给本公司。

12.4.2 英国伦敦保险协会集装箱定期保险条款[①]

(一)协会集装箱保险

1987年1月1日生效的英国伦敦保险协会集装箱定期保险条款,规定了该保险受英国法律和惯例的制约,承保风险包括:①风险条款。该保险承保保险标的的灭失或损害的一切风险,但也有明确的除外责任。②共同海损条款。该保险承保为避免或与避免除了那些除外规定或本保险其他规定之外的损失而发生的共同海损、救助费用,按货运合同或管辖法律和惯例进行的理算或测算。③互有过失碰撞条款。该保险扩展承保被保险人根据海上货运合同互有过失碰撞条款中按其过失责任分摊赔偿的有关可获赔偿的损失。万一船东根据该互有过失碰撞条款提出任何索赔,被保险人同意通知保险人,保险人有权自负费用和开支,为被保险人抗辩此种索赔。④机器条款。该条款规定了风险条款中对涉及机器损失的限制条件。

协会集装箱定期保险条款规定了一般除外条款,对由下述原因所致损失不负赔偿责任:可归因于被保险人故意渎职的灭失或损害;通常磨损,通常锈蚀,或逐渐变质;秘密丢失,在还箱时发现的无法解释的损坏或损害;因保险标的的固有缺陷和性质引起的灭失或损害;由于破产或财务困境引起的灭失或损害;船舶或驳船的不适航,船舶、驳船或运输工具不适合

---

① 参见:[英]奥梅.OMAY海上保险:法律与保险单.郭国汀等译.北京:法律出版社,2002.

安全运载保险标的,以及被保险人或其代理人对此种不适航或不适运有私谋等造成的损失;战争除外条款;罢工除外条款和核除外条款等。

此外,该保险条款还包括有限制条款、出售或出租条款、取消条款、转让条款、索赔条款、可保利益条款、通知条款、部分损失与免赔额条款以及推定全损条款和弃权条款等等。

(二)中英两国集装箱保险条款比较

英国的集装箱保险条款是世界上影响最大,使用最广泛的集装箱保险条款。与中国的集装箱保险条款相比,既存在许多共同点,也存在诸多的差异。

1. 责任范围

按照集装箱责任范围,我国集装箱保险分为全损险、综合险,英国则以一切险为主(风险条款中含有"All Risks"一词)。

综合险与一切险虽在叫法上明显不同,但是在内容方面两者存在很多相似之处。两者负责整个集装箱部分及集装箱机器部分的部分损失和全部损失。两者是列明条款和非列明条款相结合。对集装箱箱体部分的风险采用非列明条款,即对投保的集装箱部分因任何外来原因造成的一切损失负责,但除外责任例外。对集装箱机器部分的风险采用列明条款,这样保险人只对列明风险造成的机器部分的损失负责。

2. 责任起讫

我国集装箱保险条款对责任起讫规定十分简单:按照保险单上写明的时间为准。英国条款规定十分明确:责任起讫以保险单上规定的海上、陆上时间和区间为限,包括集装箱堆放在码头上的时间。

英国集装箱保险条款还规定:集装箱出租或者转让给被保险人以外的其他任何人时,保险责任终止,但被保险人的书面或口头要求经保险人同意除外;集装箱的使用超过规定的使用区间时,保险责任终止。而我国的保险条款没有此项规定。

3. 其他规定

我国的集装箱保险条款中、只有集装箱发生全损时,才不扣除免赔额。而英国条款规定下述情况均不扣除免赔额:①推定或者实际全损;②共同海损、救助费用;③施救费用。在其他情况下,两国保险条款规定都有免赔额。

关于推定全损的构成,两国条款规定不一致。我国将如果修理费超过保险金额认为已构成推定全损;英国条款中则将一次保险事故引起的恢复费用和修理费用或者单一一项超过保险金额也被认为构成推定全损。

两国条款规定,保险双方当事人都可以提前 30 天通知对方,进行停保或退保。保险人在保险有效期内提出停保时,保险人将按日比例退还被保险人的保险费。我国条款只规定如果是由被保险人提出退保的,将按照短期费率退还保险费,不满 1 个月,按 1 个月算。而英国条款规定,如果保险人在保险有效期内提出停保时,保险人将按日比例退还被保险人的保险费;如果被保险人在有效期内提出退保时,按照双方约定退还保险费。

英国集装箱保险条款规定"除非被保险人通知保险人并经保险人同意,否则转让保险单无效"。而我国条款对此没有相应的规定。此外两个条款的法律适用也各不相同。

12.4.3 集装箱战争险条款

集装箱战争险是集装箱保险的附加险,被保险人不能单独投保战争险,只有在投保了全损险或者综合险的情况下，才能投保战争险。

我国的集装箱战争险规定，被保险集装箱装载在海轮上、其他船舶上或飞机上时，由于以下原因造成的损失、费用和责任，保险人负责赔偿：

（1）战争、敌对行为或武装冲突；

（2）由于上述原因引起的拘留、扣押、没收或封锁，且这一情况需在发生后满3个月方能受理；

（3）各种常规武器，包括水雷、鱼类或炸弹。

此外，上述原因所引起的共同海损的牺牲、分摊和费用，也可得到保险人的补偿。

在责任免除中特别强调了凡属于集装箱所有人所在国家的政府行使的拘留、扣押、没收或征用，包括因原子或核武器造成的损失，保险人不承担赔偿责任，若属于集装箱保险责任范围内的风险，也不包含在战争险中。

12.4.4 集装箱运输货物保险

从严格意义上讲，上述的集装箱保险都属于运输工具保险。对于装于集装箱中运输的货物风险，可以直接适用于本书前面所述的运输货物保险，包括中国海运货物运输保险条款和协会的 ICC 条款，只是由于集装箱运输方式的特殊性，实务中对其特殊的风险以及一些特别条款的使用应特别关注。

（一）集装箱运输货物的风险

集装箱运输提高了装卸效率，减少了货物运输途中的大量风险，但也带来了一些特有的风险。常见的集装箱运输货物风险如下。

1. 集装箱货物的湿损

集装箱货物的损失之一是包括雨水、海水侵入导致集装箱货物的湿损。主要原因可能是箱体结构不够水密所致。所以，在使用之前应当严格检查其水密状态，包括箱体的门缝、顶部、底部和集装箱的开关设备等是否完好。

2. 因撞击导致货物的损坏

由于是集装箱运输，许多货物的包装从简，而在运输过程中，集装箱难免受到各种撞击，常常导致内装货物的受损。为此，对集装箱内装货物的合理包装和适当的积载非常重要，应保证集装箱内装货物保持一定的缓冲能力。

3. 集装箱货物的汗损

与普通货物的舱汗致损一样，当集装箱气温升高，内部水分变为蒸汽又无法排出，导致货物汗损。若箱内温度再下降，又会使蒸汽变为水滴，也会导致货物的湿损。所以，应注意集装箱内装货物的水分含量应尽量减少。

4. 集装箱货物的污损或串味

如果装箱前没有彻底清洁箱体，加之集装箱的封闭性特点，往往会造成内装货物的污损或串味。

5. 因特种集装箱温度的变化而引起的货损

主要指冷冻或冷藏集装箱上的制冷机器发生故障，导致货物的受损。

6. 偷窃及提货不着

这种风险主要是由于集装箱作业区的管理不善而引起，尤其是在起运港和目的港存放期间。

7. 装运舱面集装箱的风险

因集装箱的特殊性,使集装箱的舱面装运更为普遍,对传统舱面风险的管理提出新的挑战。

(二)集装箱货物保险

1. 一切险(All Risks)及 ICC(A)

由上述集装箱运输中的特殊风险可知,采用中国海运货物保险条款中的一切险,或者应用协会的 ICC(A)条款,基本能覆盖集装箱运输中经常发生的货物风险。

2. 进口集装箱货物保险特别条款

为适应集装箱运输货物保险的需要,国内保险企业还推出了这一特别条款,并可以与海运货物保险条款一并使用。该条款的主要内容如下。

(1)保险责任:①进口集装箱货物运输保险责任按原运输险保险单责任范围负责,但保险责任至原保险单载明的目的港收货人仓库时终止;②集装箱货物运抵目的港,原箱未经启封而转运内地的,其保险责任至转运目的地收货人仓库终止;③如集装箱货物运抵目的港或目的港集装箱转运站,一经启封开箱,全部或部分箱内货物仍需继续转运内地时,被保险人或其代理人必须征得目的港保险公司同意,按原保险条件和保险金额办理加批加费手续后,保险责任可至转运单上标明的目的地收货人仓库终止。

(2)特别除外责任:①凡集装箱箱体无明显损坏,铅封完整,经启封开箱后,发现内装货物数量规格等与合同规定不符,或因积载或配载不当所致的残损,不属保险责任;②装运货物的集装箱必须具有合格的检验证书,如因集装箱不适货而造成的货物残损或短少不属保险责任。

(3)被保险人的义务:①集装箱在目的港转运站,收货人仓库或经转运至目的地收货人仓库,被发现箱体有明显损坏或铅封被损坏或灭失,或铅封号码与提单、发票所列的号码不符时,被保险人或其代理人或收货人应保留现场,保存原铅封,并立即通知当地保险公司进行联合检验;②进口集装箱货物残损或短缺涉及承运人或第三者责任的,被保险人有义务先向有关承运人或第三者取证,进行索偿和保留追索权。

12.4.5　国际联合运输货物保险

联合运输(Combined Transportation)也称国际多式联运(International Multimodal Transportation),是在集装箱等成组运输发展的基础上发展起来的一种新型运输方式。该运输方式将海、陆、空各段的运输,以两种或两种以上的运输方式衔接起来,组成一个连贯运输,把货物从一个国家的起运地,运至另一个国家的交货目的地。

国际多式联运以快捷、安全、简便和省费等优点深受各国贸易界欢迎,并越来越被广泛的采用。但是,迄今为止,国际多式联运货物的保险在国际保险业中尚未形成一种单独的险种。我国保险界也没有一款专门的险种针对这种多式联运的货物运输。尤其是集装箱的大量使用,多式联运经营人的运作方式,也使得保险利益所涉及的范围有所变化,比如可能涉及运输经营人、租箱公司及第三方责任等。就多式联运中装运的货物而言,若要转嫁货物运输中的风险,也可采用两种方式:一种是由货主向货物运输保险公司投保的货物运输保险;另一种是由承运人(多式联运经营人)向船东互保协会投保责任保险。

在国际多式联运的实际操作中,联运承运人对货物的全程运输负责,并出具一张全程的多式联运提单。其承担的风险取决于该提单中规定的责任范围。显然,责任保险承担的是联运经营人承担的风险,而货物保险则承担货主的风险。就运输的货物而言,目前我国普遍采用的方式与国际上基本相同,即在国际多式联运的贸易活动中,视承运货物的不同方式,分段投保相应方式的运输货物保险,在保险单的承保险别一栏中,则将不同运输方式的货物险别全部列入。若发生保险责任范围内的损失,即可直接根据所投保的险别向有关保险人索赔。

▷ 【案例分析】

集装箱破损致使货物湿损案[①]

2004 年 6 月中国某进出口公司委托上海某外贸运输公司(以下简称上海外运)所属"汉江河"船将 333 纸箱男士羽绒滑雪衫(分装在 3 只集装箱内)运往卸货港日本神户。上海外运在收货后签发了提单号为 B/LNO. CS194 的清洁联运提单(单上载明货物数量 333 纸箱)。2004 年 7 月 6 日,收货人在港口装卸公司仓库开箱,发现有 11 个纸箱有不同程度的湿损,实际货损约 1868338 日元。2004 年 7 月 7 日,3 个集装箱由汽车运至东京收货人的仓库,同日由"新日本商检协会"检验。该协会于 2004 年 10 月 11 日出具商检报告称,11 个纸箱中有 5 个纸箱的货物严重湿损,6 个纸箱货物轻度湿损,将湿损衣服之残值冲抵后,实际货损约为 1868338 日元。商检报告又称,在东京进行货损检验时曾邀船方派员共同勘察,被船方以"出港后检验无意义"为由拒绝。检验报告认为货物湿损系箱号为 FWIU9301197 的集装箱里挡左侧顶部破损造成。

此后,收货人依据检验报告从货物保险人 A 保险公司处得到了赔偿。A 保险公司因此取得代位求偿权。A 保险公司曾先后在香港和北京委托代理人与上海外运联系处理货损赔偿问题。上海外运除同意将时效展期至 2005 年 9 月 29 日外,未提出任何有关损害赔偿的处理意见。A 保险公司为此起诉至法院,法院于 2005 年 12 月 5 日受理此案。A 保险公司认为:造成服装湿损是上海外运所属"汉江河"船的过错,A 保险公司在赔偿收货人损失后依据取得代位求偿权及上海外运签发的清洁提单,请求上海外运赔偿损失的 1868338 日元及利息,并承担律师费、诉讼费及其他费用。上海外运认为:造成货损非承运人过错,另外,A 保险公司对货损程度举证不力,上海外运无法确认货物实际损害程度及其原因。

[案情分析]

法院在审理过程中查明:上海外运与上海海运公司(以下简称上海海运)分别于 1998 年 4 月与 2002 年 6 月订有集装箱运输协议及补充协议。两协议书议定(若造成货方损害),先对外赔付然后内部再分责任。另根据提单条款,承运人对因其责任造成货损的对外最高赔偿额每件人民币 700 元,或每千克(毛重)人民币 3 元。法院认为:根据提单和协议书,上海外运和上海海运对 11 个纸箱服装的湿损有相当的责任牵连。但收货人与实际承运人上海海运在开箱交货时交割不清,收货人聘请的商检又在港口外进行,故 A 保险公司对货损索赔及损害确切数额的请求举证不力。另根据《中华人民共和国民法通则》及提单条款的有关

---

① 根据 http://info. biz. hc360. com/2005/06/22074331335. shtml 资料修改。

规定,法院对上海外运与 A 保险公司代理人之间自行签订的延长时效的协议也不予准许。

法院鉴于损害发生的实际情况,经过开庭审理,在查明事实、分清责任的基础上,本着"实事求是,互谅互让"的精神主持调解,最终使三方自愿达成协议:

(1)上海外运、上海海运对 A 保险公司的索赔请求,愿根据事实及提单条款的规定,赔付 A 保险公司人民币 8000 元整(其中 300 元作为补偿 A 保险公司诉讼费用支出)。

(2)上海外运与上海海运之间的责任分担及赔付,由双方自行协商解决。

(3)案件受理费 1961.44 元由 A 保险公司负担。

【本章小结】

1. 陆上货物运输保险包括陆运险与陆运一切险;陆运货物保险是以火车和汽车为主要运输工具的保险,一般不承保人力或畜力为主的运输。

2. 国际航空运输保险分为航空运输险和航空运输一切险。

3. 国际邮包运输保险包括邮包险和邮包一切险;邮包保险与邮政保价的综合运用。

4. 集装箱运输货物保险按照责任范围可分为全损险和综合险,协会的集装箱保险条款与我国的条款略有差异,在除外条款的基础上承保一切风险;我国针对集装箱运输的特点,专门设有进口集装箱货物运输保险特别条款。

5. 联合运输也称国际多式联运,相应的保险方式一般根据不同路段的运输工具投保相关的货物运输保险。

【思考与练习】

1. 解释下列术语:
   陆运险 陆运一切险 航空一切险 邮包一切险 集装箱保险

2. 陆运货物保险与海运货物保险的条款有何区别?

3. 简述国际航空货物运输保险的责任范围和责任起讫。

4. 如何选用邮政包裹的保价与保险?

5. 简述国际集装箱及多式联运保险的险别及承保范围。

第 13 章

进出口货物运输保险实务

>>> >

保险理论知识的学习,最终还需要应用于实践。因此,在进出口贸易的实务操作中,作为被保险人及其代理人,掌握运输货物保险中的投保技术,熟悉保险险种的选择、保险单填制、变更和转让等手续,了解并掌握索赔的流程和注意事项,以及保险公司的选择和保险理赔的计算等,是处理好进出口货物保险实务的必要条件。本章以海运货物保险的实务为主,详细讨论了其中的投保、承保、索赔和理赔等主要实务环节,其他方式下的货运保险实务亦可参照执行。

13.1　海运货物保险的投保

货物运输保险的投保,是指要保人在向保险公司表示订立保险合同的意向的一种要约行为。投保是拟定保险合同的开始,是整个承保工作的基础,做好这项基础工作,对保证承保质量非常重要。海运货物保险的投保实务主要涉及贸易的价格条件、险别的选择、保险金额的确定以及具体的投保手续等。

13.1.1　贸易合同中的保险条款

保险是任何对外贸易的必要组成部分,因此,买卖双方在签订贸易合同时,必须将保险的有关事宜加以明确,如由谁投保、保额多少、险别是什么、采用什么条款等等,明确买卖双方各自的责任,以免发生损失时由于责任不清引起扯皮。

(一)买卖双方谁负责投保

这个问题取决于成交中的贸易术语。《2000 年国际贸易术语解释通则》规定的 13 种贸易术语中,明确规定合同一方有办理海运货物保险义务的术语只有两种,即 CIF 和 CIP。在这两种术语下,卖方必须根据合同约定自行负担费用取得货物保险,使买方或任何其他对货物有可保利益的人有权直接向保险人索赔,并向买方提供保险单或其他保险凭证。其他贸易术语中均无规定买方或卖方有办理海运货物保险的义务。这类贸易术语主要分为两类,一类是在出口国国内或港口交货的术语,卖方并不承担海运过程中的货物风险,因此,如果买方想要获得保险保障的话,须自己投保海运货物保险,这类贸易术语有商品产地交货的 EXW,出口国内地或港口交货的 FCA、CPT,装运港口交货的 FAS、FOB、CFR 等。另一类是在进口国的港口或国内交货的贸易术语,如 DAF、DES、DEQ、DDU 和 DDP。这类术语下,卖方要自负风险和费用将货物交至目的港或目的地的指定地点,交货前的风险由卖方承担。所以,卖方为了将海运过程中的货物损失风险转嫁出去,也需要投保海运货物保险,但这是卖方自愿的选择,与买方无关。

(二)保险险别的确定

关于保险险别,也应在贸易合同中明确。如果合同中没有明确,那么在由卖方办理保险的 CIF 和 CIP 术语中,卖方应按照协会货物条款或其他类似条款中的最低险别投保。若买方提出特殊要求,卖方在买方自担费用的条件下,可以投保战争险和罢工暴乱民变险。各种险别或附加险别的名称要明确,不能笼统含糊。

保险人承担保险责任,是以保险险别为依据的,在不同的险别下,保险人承担的责任范围不同,保险货物在遭受意外损失时可能获得的赔偿也不同,当然不同的险别保险费率也不同。投保人在选择险别时,既要顾及所选择的险别能为被保险货物提供充分的保险保障,又要注意到保险费的节省,避免不必要的保险费开支。另外,不同险别下,保险人和被保险人所负担的举证责任也有很大不同,这一点,作为被保险人也需慎重考虑。

(三)保险金额的约定

保险金额的多少关系到双方的切身利益,所以按 CIF 或 CIP 价格成交时,双方必须在合同中约定保险金额。根据市场上的习惯做法,保险金额一般按照合同价格加成计算。加成率如没有特别约定,一般按照市场惯例加成 10%,即按照合同价格的 110% 投保。卖方投保所需支付的保险费则按照此法计算出来的保险金额乘以保险费率得出。一旦出现货损,保险人也按照此保险金额为基础负责赔偿。

(四)贸易合同中保险条文的写法

贸易合同中的保险条文通常用英文表达,常见的条文如下。

1. 有关险别的条文

(1)合同约定投保平安险(F. P. A)。如要求"卖方按发票金额×××投保平安险",其英文表达为:"Insurance to be effected by the Sellers for ×××% of invoice value against F. P. A"。

(2)合同约定投保水渍险(W. A)。如要求"卖方按发票金额×××加成 10% 投保水渍险",可写:"Insurance to be effected by the Sellers for ×××% of invoice value against W. A."。若商定投保一切险(All Risk)的,只需将上述条文中的具体险别做更改即可。

(3)若商定投保附加险的,如"由卖方按发票金额×××% 投保平安险/水渍险加保××险",可写:"Insurance to be effected by the Sellers for ×××% of invoice value against F. P. A. /W. A. including ×× Risk"。其中的"××"可根据实际情况填入具体附加险名称,如战争险(War Risk)、罢工险(Strike Risk)等。

2. 有关保险期限的条文

(1)若要求延长保险期限的,可写:"Insurance to be effected by the Sellers for ×××% of invoice value against ×× Risks including 90 days at port of destination"。

(2)若要求保险责任延长到内陆目的港的,可写:"Insurance to be effected by the Sellers for ×××% of invoice value against ×× Risks up to ×××(内陆地名)"。

3. 有关特殊约定的条文

(1)若保险订有免赔率的,可表达为:"... against ×× Risks in excess of ×××‰"。

(2)若保险责任中不包括途耗的,具体表达为:"... against ×× Risks but excluding natural loss"。

(3)若按 FOB 或 CFR 条件成交,但保险由买方委托卖方办理的,可写:"保险由买方委托卖方按照发票金额×××‰ 代为投保××险,保险费由买方负担","Insurance to be effected by the Sellers on behalf of Buyers for ×××‰ of invoice value against ×× Risks,premium to be payed by Buyers"。

13.1.2 选择保险险别时需考虑的因素

投保人在投保时需要选择符合实际需要的险别,既要考虑能够获得足够的经济保障,又要能够节省不必要的保险费支出。关于保险险别的选择,一般应考虑如下因素。

(一)货物的性质和特点

货物的性质和特点决定了其在运输途中可能发生的风险损失情况。如果货物的价值较低而又不易受到损毁,例如原木、煤炭等,或者价值虽高但不易受损,例如重型机械等,就不需要投保一切险;像粮谷类商品的特点是含有水分,在运输途中,如果通风设备不良,容易因发热、发汗而导致受潮霉变,可以在投保水渍险的基础上附加保受潮受热险,或者直接投保一切险;而一些轻工类产品如玻璃制品、家电、仪器等就没有这个担忧,而更可能的是破碎、碰损或被偷盗,所以可在平安险的基础上加保玻璃破碎险或碰损险及偷窃提货不着险等。表 13-1 列出了常见贸易商品的特性和适宜投保的险别情况。

表 13-1 常见贸易商品的特性和适宜投保的险别①

分类		商品	特点	险别
副食品类	粮食类	粮食、谷物豆类、花生仁、饲料	易水分蒸发而短量;易受潮霉变;易发生发汗发热损失	一切险;水渍险加保短量险和受潮受热险;散装规定免赔额
	油脂类	食用动植物油	易渗漏和玷污	水渍险加短量险和玷污险;散装规定免赔额
	食品类	水果,肉类罐头、坛装食品	包装易生锈、变形、破裂、易被偷盗	一切险;平安险或水渍险加保破裂险、碰损险、锈损险和偷窃提货不着险
	冻品类	冷冻肉禽	易解冻、变质或腐败	冷藏货物险
	活牲畜、活家禽和活鱼	活牛、活马、活鸡、活鸭、活鱼等	易在途中发生死亡	活牲畜、活家禽死亡险

---

① 资料来源:曾立新.国际运输货物保险.北京:中国人民大学出版社,2004.

	分类	商品	特点	险别
土产畜产类	麻类	黄麻、苎麻	易受潮发热而变质或自燃	平安险活水渍险加保受潮受热险
	鱼粉		在一定温度和湿度条件下易受潮受热而变质和自燃	平安险活水渍险加保受潮受热险
	毛绒类	羊毛、羽毛、羊绒	易玷污而影响质量	平安险活水渍险加保受潮受热险
	皮张类	山羊板皮、兔皮、黄狼皮	易玷污、受潮、受热而变质和被偷窃	平安险活水渍险加保受潮受热险、玷污险及偷窃提货不着险;一切险
	盐渍肠衣、兽皮类		易由于盐水渗漏而变质	平安险活水渍险加保渗漏险
轻工业品类	玻璃制品类	热水瓶、灯泡、灯管、玻璃瓶、玻璃板等	易破碎	平安险活水渍险加保破碎险
	陶瓷制品	日用陶瓷器、工艺陶瓷、陶瓷洁具、陶瓷管、瓷砖	易破碎	同上(包装不足者可能招致拒保)
	家用电器和照相机	无线电、电视机、收录机、电扇、电冰箱	易碰损和被偷窃	平安险或水渍险加保碰损险和偷窃提货不着险
	杂货类	仪表、金属餐具、文体用品和鞋类	易遭受水渍损失	水渍险加保淡水雨淋险
工艺品类		首饰、珐琅、雕刻、漆器、陶瓷工艺品	比较贵重,易遭盗窃或碰损	水渍险或平安险加保碰损险、破碎险及偷窃提货不着险
五金类		金属板、条、铸铁制品、小五金	受潮易锈损	平安险或水渍险加保锈损险
矿产类		水泥、矿砂和矿石	易短少,水泥可能破包漏损	平安险加保短量险、包装破损险,有免赔率
建筑材料类			易破碎	平安险或水渍险加保破碎险
化工业	液体类	原油、成品油	散舱运输、易发生短量和玷污	平安险加保散舱油类险
	粉粒状化工产品	化肥、石墨粉	易于包装破裂造成外漏短少	平安险或水渍险加保包装破裂险
机械类	机床、通用电力机械、车辆		易受碰撞、擦损、车辆零件可能遭窃	平安险或水渍险加保碰损险及偷窃提货不着险,甲板货还要加保舱面险
纺织纤维类	纤维布匹、抽纱制品及服装		可能遭受水渍、包装破裂、偷窃等诸多风险	一切险;在平安险或水渍险基础上加保玷污险、钩损险和淡水雨淋险

（二）货物的包装

货物的包装材料及包装方式也会直接影响到货物的损毁。货物的包装通常由贸易当事人约定或根据国际贸易惯例的规定，但有的包装虽符合约定或规定，仍不可避免地在运输过程中遭到损害，所以，货物的包装情形是投保人选择运输保险条件时应予考虑的重要因素。

当然，由于包装不良或不当造成的损失、损害，经查明其不良或不当包装属于发货人责任，保险人可不负责赔偿。

（三）运输路线及船舶停靠港口

海运中船舶的航行和停靠的港口不同，货物可能遭受的风险和损失也有很大的不同。某些航线途经气候炎热的地区，如果载货船舶通风不好，就会增大损失可能。而在政局不稳或已发生战争冲突的海域航行，货物遭受意外损失的可能性自然会增大。同时，由于停靠港口在设备、装卸能力以及安全等方面存在很大差别，这样也会造成进出口货物在装卸时的货损货差的不同。因此，运输路线和船舶停靠港口等也是在投保时应考虑的因素之一。

（四）运输季节

运输季节不同，也会给运输货物带来不同风险和损失。如载货船舶冬季在北纬60度以北航行，极易发生与流冰碰撞；又如夏季粮食、果品等货物的转运，极易出现发霉腐烂或者生虫等现象。

此外，对目的的市场的变动趋势也应有所考虑。在国际市场上，有些商品的价格波动激烈，当货物尚在运输途中，目的地的市场价格可能已经上升，尽管大多数出口货物以CIF货价加成投保以确保一定的预期利润，但若国外买方为了保险货物在运输途中遭受损失后，能按目的地最新价格获得赔偿，就必须根据目的地市场价格上涨的趋势，向保险公司另行加保增值保险。

以上是投保人在选择险别时需要考虑的基本因素。由于进出口货物运输保险承保的基本风险是在运输途中因自然灾害和运输工具遭受意外事故所致的货物损失，所以选择投保险别时应首先在基本险中选择平安险或水渍险，然后根据需要加保必要的附加险。尽管从投保者心理看，都倾向于投保一切险，取得全面保障，以免挂一漏万，但作为一个贸易商来说，还需要精打细算，在选择险别时将工作细化，节省不必要的保险费开支。

13.1.3　保险金额确定与保险费的计算

（一）保险金额的确定

保险金额是被保险人对保险标的的实际投保金额，是保险人承担保险责任的标准和计算保险费的基础。在被保险货物遭受保险责任范围内的损失时，保险金额就是保险人赔偿的最高限额。所以投保时必须先要明确保险金额。

1. 出口货物保险金额

在以CIF或CIP价格条件成交的情况下，由出口方负责投保货运险。货物的保险金额一般是按货物CIF发票金额加一定成数计算的。若无特殊情况，加成率通常为10%，即出口货运险的保险金额就是其CIF发票金额的110%。投保加成是货物运输保险中的特例，这是由国际贸易的特殊性所决定的。因为运输是一种经营活动，货物在一地的价值与另一地的价值可以发生差异。如果仅按 CIF 货价作为保额,在货物发生损失时,买方已经支付的经营费用(开证费、电报电话费、借款利息、税费等)以及本来可以获得的预期利润仍然无法从保险人处获得补偿。因此,各国保险法及国际贸易惯例一般都规定进出口货物运输保险的保险金额可以在 CIF 价的基础上适当加成,以增加投保人的保障范围。

对于加成投保的问题,在国际商会《跟单信用证统一惯例》(UCP600)及《2000 年国际贸易术语解释通则》中均有规定。前者的规定是:最低保险金额为"货物的 CIF 或 CIP 金额加10%";后者的规定是:最低保险金额为"合同规定的价格另加 10%"。按照后者的规定,保险金额可能高于 CIF 价另加 10%。例如,买卖合同所采取的贸易术语为 CIFC 时,保险金额便不是在"成本、运费及保险费"的基础上另加 10%,而是在"成本、运费、保险费及佣金"的基础上另加 10%。

当然,保险加成率 10% 并不是一成不变的,保险人与被保险人可以根据不同的货物,不同地区进口价格与当地市价之间的不同差价、不同的经营费用和预期利润水平,约定不同的加成率。在我国的出口业务中,保险金额一般也是按 CIF 价加成 10% 计算的,如果国外商人要求将加成率提高到 20%～30%,其保险费差额部分应由国外买方负担。同时,若加成率超过 30%,还必须征得保险公司的同意。此外,这种情况在签订贸易合同时也须注意,不能贸然接受,以防因加成过高,保额过大,引发道德风险。

保险金额的计算公式如下:

保险金额 = CIF(或 CIP)货价 × (1＋加成率)

【实例 13-1】

CIF 货价为 140 美元,加成率为 10%,则:

保险金额 = 140 × (1＋10%) = 154(美元)

如果对外报价是 CFR,而对方要求改按 CIF,或者在 CFR 合同下卖方代买方办理保险,则不能以 CFR 价格为基础直接加成计算保险费,而应先把 CFR 价格转化为 CIF 价格,再进行加成计算保险金额。

从 CFR 价格转换为 CIF 价格,可用以下公式:

$$CIF\ 价 = \frac{CFR\ 价}{1 - [保险费率 × (1＋投保加成率)]}$$

2. 进口货物的保险金额

我国进口货物一般按照进口货物的 CIF 价格为准,一般不再加成。如果按照 CFR 或者FOB 价格成交,则按照预约保险合同的特约保险费率和平均运费率直接计算保险金额。

按 CFR 价格进口时:

保险金额 = CFR 货价 × (1＋特约保险费率)

按 FOB 价格进口时:

保险金额 = FOB 货价 × (1＋平均运费率＋特约保险费率)

(二)保险费的计算

投保人向保险人交付的保险费,是保险人承担保险赔偿责任的对价。保险人只有在被保险人承诺或实际支付了保险费的条件下,才承担相应的保险责任。

被保险人交付的保险费是以投保货物的保险金额为基础,按一定的保险费率计算出来的,计算公式如下:

保险费＝保险金额×保险费率

如以 CIF 价格加成投保,则保险费为:

保险费＝CIF×(1＋加成率)×保险费率

保险费率是保险人以保险标的危险性大小、损失率高低、经营费用多少等因素为依据,按照不同商品、不同目的地以及不同的投保险别加以规定的。目前大多数保险公司出口货物保险费率都分为一般货物费率和指明货物费率两大类。

1. 一般货物费率

一般货物费率适用于所有海运出口的货物,凡投保基本险别(平安险、水渍险和一切险)的所有海运出口货物,均需依照"一般货物费率表"所列标准收保险费。这种费率表的式样如表 13-2 所示。

表 13-2　一般货物费率表

洲　别　＼　险别　目的地		平安险	水渍险	一切险
亚洲	中国香港、中国澳门、中国台湾、日本、印度、韩国	0.0×	0.××	0.××
欧美	英国、法国、意大利、葡萄牙、美国、加拿大	0.××	0.××	0.××
中南美洲	墨西哥、巴西、智利、阿根廷等	0.××	0.××	0.××
非洲	埃塞俄比亚、赞比亚、坦桑尼亚等	0.××	0.××	×.××

2. 指明货物加费费率表

所谓指明货物加费的费率表,主要是针对易损货物加收附加费的费率表。由于这些货物在运输途中极易因为外来风险引起短少、破碎和腐烂等损失,损失率较高,所以将它们单独列出,并称之为"指明货物"。该表主要按货物大类进行分类,如粮油、土畜、轻工等,凡表中所列货物投保一切险时,不论使用何种运输工具,也不论在哪个省市发货,都必须在"一般货物费率表"的基础上再按照本表规定加计保险费。例如从上海运往新加坡的坛装榨菜投保一切险,一般货物费率表上费率为 1％,而指明货物加费费率表中规定为加费 2％,则总的费率为 3％。指明货物加费费率如表 13-3 所示。

表 13-3　指明货物加费费率表

货　物	加　费	备　注
花生仁	×.××	
散装、袋装大米	×.××	扣短量免赔×.××％
散装、桶装油类	×.××	
篓、坛装食品	×.××	

若需投保战争险和罢工险,一般不分运输方式,不按货物分类,从我国口岸运往世界各地,正常情况下,均按一个较低的费率计收保险费,但遇到某些地区爆发战争,也可能临时调

整费率。此外,对已保战争险后再加保罢工险的,罢工险可不另行收费。

3. 其他规定

除了上述有关规定外,对一般附加险和特殊附加险等都设有相应的加费规定,对于转运、延长保险期限、免赔、贵重商品保险等也有相应费率要求和规定。另外须注意的是,一般保险公司都规定有最低收费规定,远洋业务为每笔人民币 15 元(美元 3 元),港澳地区业务每笔人民币 10 元(港币 15 元),保费不足此金额的均按此标准计收。

我国的进口货物运输保险与上述的出口货运险的费率类似,也有"一般货物费率表"和"指明货物加费费率表",除此以外,有的公司还订有"特约费率表"、"老船加费费率表"和特价费率表等。一般费率表也是按不同运输方式,分地区、分险别制定,不分商品类别,指明货物加费则根据不同的具体商品加收保费。特约费率是针对一些预约保险合同制定的相对较为优惠的费率;老船加费主要针对以 CFR 进口的货物,船龄在 15 年以上的不同国籍的海轮分别加收一定保费。至于特价费率,主要针对一些特殊商品在承保一切险时采用的费率。

在实际业务中,保险人制定的保险费率并不是绝对的计费标准。随着国际保险市场供求关系和市场竞争的变化,实际费率也在经常变化。至于根据投保人的情况,承保数量的多少,给予不同的折扣则更是习惯做法。另外,在大多数国家,大部分保险业务是通过经纪人或代理人办理的,保险人需支付一定的佣金或代理费,也是保险人实际确定费率时考虑的因素。所以,在实际业务中,保费的确定,要以保险公司的最后计算为准。

13.1.4 投保手续及注意事项

(一)投保方式

进出口货物运输的投保方式一般有两种,即逐笔投保和订立预约保险合同的方式。

1. 出口货物投保

出口货物投保一般采用逐笔办理的方式,投保人逐笔填写投保单,提出书面申请。投保单经保险人接受后,保险即开始生效。有时由于时间紧张,经口头或电话向保险公司申请,如获允诺,保险也可生效,随后再补送投保单。为了简化手续,保险公司现在也同意投保人不必单独填写投保单,而是直接利用出口公司的发票副本代替投保单。

2. 进口货物投保

进口货物办理投保可以采用预约保险方式,也可逐笔办理。对于经常有大量进口商品的公司来讲,为了简化保险手续,并防止进口货物在国外装运后因信息传送不及时而发生漏保或来不及办理投保等情况,一般都可以与保险公司签订进口货物的预约保险合同。根据这种合同规定,凡合同范围内的进口货物,保险人负责自动承保,进口公司无需对每批货物填制投保单,只需在获悉所保货物在国外某港口装运时,将装运情况通知保险人,通知的内容主要有货物名称、数量、船名、货价和保险金额等。如果被保险人要求对依据预约保险合同分批装运的货物签发保险单证,保险人应当照办,且如果分批装运分别签发的保险单证内容与预约保单内容有不一致时,应以分别签发的保单为准。

对于一些不是经常有进口货物的公司,也可向出口货物保险一样,逐笔办理投保手续。货主在接到国外出口商的发货通知后,立即向保险公司索取并填写货物起运通知书送交保险公司。此通知书经保险公司盖章就完成了投保。按《海商法》规定,投保人或被保险人应在合同订立后立即缴纳保险费,否则保险人可以拒绝签发保险单。

(二)投保单的填制

投保时首先要与保险公司联系,并按规定填写投保单,作为保险合同的要约。填写投保单时,以下内容一定要填写清楚:被保险人名称、货物名称与标记、包装及数量、保险金额、船名或运载工具、开航日期、提单或运单号码、航程或路程(包括转运地点)、承保险别、赔付地点、投保日期等。具体内容可参见本章后面的实训内容。

(三)投保注意事项

1. 投保时申报的情况必须属实

包括货物名称、包装性质和装载工具等。这些都是影响保险人是否承保和以什么费率承保的要素,如有不实,保险人将有权依据最大诚信原则解除合同或者不予承担赔偿责任。

2. 投保单内容必须与买卖合同和信用证上的有关规定相一致

保险单是以投保单为依据出立的,如果投保人不按照合同的规定填写投保单,保险人据此出立的保单就会与合同规定不符,收货人也就可以拒绝接受这种保单。另外,在信用证付款方式下,投保的内容还应与信用证规定的内容相一致,例如在货物、保额、险别、币种等方面,如有出入,银行会因“单证不符”而拒绝议付。

3. 对进口货物尽可能保到内陆目的地

国际贸易中收货人的收货地点往往在内陆,而常用的 CIF 贸易术语却只规定将货物运到目的港。如果保险也同贸易术语一样只将货物保到港口,则从港口到内陆段所发生的损失就得不到保险保障。尤其是保一切险时,很多损失在港口是无法发现的,只有在货物到达内陆目的地经检验后才能确定,若只保到港口就会对责任的确定造成困难。所以,为解决收货人的实际需要并为了避免工作中出现的扯皮现象,以保到内陆为宜。当然,有些内陆地点由于运输条件过差,保险公司明确不保。这时,收货人最好专门办理内陆运输货物保险。

4. 投保的险别和条件要符合贸易合同的规定

尽量做到重合同守信用。尤其是投保险别的责任小于贸易合同的规定,如合同要求一切险,但却投保了水渍险;合同要求不计免赔额,但保单却有免赔额规定等,这些不符合合同规定的做法极易导致贸易纠纷。对于一些较为特殊的险别要求,如买方要求投保拒收险,应事先与保险公司协商是否接受、保险费率多少和保险条件如何等。

5. 错误和遗漏

投保后如果发现有错误和遗漏,要及时向保险公司申请批改,特别是涉及保险金额的增减、保险目的地变更、船名错报等,都应立即通知保险公司,否则可能导致不能获赔或保险合同失效。

(四)投保单的格式

投保单的格式很多,不同的公司可能有不同的格式,但基本内容是差不多的,主要由前面投保单的填制所讲的内容组成(具体参见本章后面的实训部分)。

13.2　海运货物保险的核保和承保

投保只是要保人提出保险要约,保险人的承诺则主要体现在核保和承保。后者主要表现为保险人在收到要保人的投保申请后所要做的工作,包括对投保单的审核、费率的确定、保费计算、出立保险单、收取保险费、开立收据等内容。

13.2.1　核保

核保是承保活动中的关键环节,是保险公司对保险标的的选择和风险控制。主要内容包括风险因素的审查、业务的选择和保险费率的确定等。

(一)风险因素的审核

影响货物运输保险人承保的风险因素主要有以下一些方面:①货物的性质;②货物的包装;③货物重量、体积和价值;④运输方式;⑤载货船舶;⑥投保险别;⑦航程与装卸港口;⑧被保险人以往的索赔记录;⑨社会经济环境。

(二)费率的确定

经过审慎的审核后,如果保险人决定予以承保,即根据上述风险因素,审核保险公司业务人员展业时开出的价格是否合适。一般可以按照惯例(参照费率表)、市场实际情况和承保方式等确定具体的保险费率。在确定费率的同时,保险人也同时进行保险业务的选择,将拟承保的标的风险与被保险人交纳的保费进行比较,实现保险合同双方权利义务的对等,有时可根据具体情况对承保条件进行修改和补充,采取一些限制措施等,比如控制保险金额、设定免赔额等。

13.2.2　承保

所谓承保,就是保险公司在通过了核保后,最终确定承诺保险合同,并出具保险单。需要注意的是,保险单是合同成立的书面证明文件,双方合同关系的确定以双方是否达成意思一致为准,不以保险单是否实际签发为条件。保险单的签发证明了合同关系的存在,同时又是承保活动的结束。

(一)保险单的缮制

保险单又称大保单,是保险人签发的一种文件。它包含保险人与被保险人之间订立的保险契约,是保险人对被保险人的承保证明。保险单可以转让,它是被保险人向银行进行押汇的证件之一。保险单是根据投保单的内容缮制的,同时还必须与信用证上的要求一致,否则买卖双方银行有权拒绝保单。正式保险单一般包括以下一些内容:

(1)保险公司名称(Name of Insurance Company)。

(2)保险单名称(Name of Policy)。

(3)保险单号次(Policy No.)。

(4)被保险人名称(The Insured)。

(5)发票号与唛头(Invoice Nos. & Marks)。

(6)包装及数量(Quantity)。对包装的性质如箱、包、件、捆以及数量须书写清楚,数量以提单数量为准。

(7)保险货物项目(Description of Goods)。对货物名称的填写必须具体明确,如棉布、袜子、玻璃器皿等。一般不要笼统地写纺织品、百货、杂货等。

(8)保险金额(Amount Insured)。根据投保单中金额填制,小数点后的尾数一律进为整数,大小写金额必须一致。如加保进口关税险,需另行打明关税险的保险金额。

(9)保费(Premium)。

(10)装载运输工具(Per Conveyance S. S.)。

(11)开航日期(Sailing on or Abt.)。

(12)运输起讫地(From... To...)。

(13)承保险别(Conditions)。

(14)保险公司在目的地的检验、理赔代理人名称及详细地址、电话号码等内容。

(15)赔款偿付地点(Claim Payment At/In)。

(16)保单签发日期(Date)。

(17)保险公司代表签名(General Manager)。

(二)保单的批改与转让

1. 保单的批改

保险单出具后,在保险单有效期内,其内容一般以不作更改为佳。但在实际业务中,由于种种原因,投保人在向保险人申报时陈述错误或遗漏是在所难免的。在这种情况下,若不及时变更或修改,被保险人的利益就可能受到影响,甚至导致保险合同失效。此外,保险货物在运输途中,也可能遇到某些意外的新变化,如承运人根据运输合同所赋予的权力改变航行路线、变更目的地等,这些新变化也要求对原保险单内容及时进行变更或修改,以便保险标的获得与新情况相适合的保险保障。

对于保险单的变更或修改,往往会影响到保险人的承保责任范围及其承担的风险。投保人或被保险人若需要对保单内容进行变更或修改,应以书面形式向保险人提出变更或修改申请,经双方协商后确定。一般只要不超过保险条款规定允许的范围,保险人都会接受。若涉及扩大保险责任或增加保险金额,只要在被保险人不知道已有保险事故发生的前提下,保险人大多也会接受,但需增缴一定保费。

保险人对保单的变更或修改,通常采用签发批单(endorsement)的方式进行,简称保单的批改。由保险人或其授权代理人签发的批单,应附贴在原保险单正本上,使其成为保险合同的一个组成部分,对双方当事人均具有约束力。若批改的内容与原保单内容有抵触,则以批单内容为准。

常见的保单批改内容包括:更改被保险人名称,更改标记,更改包装、数量,更改商品名称,更改保险金额,更改船名,更改开航日期,更改目的地,延长保险期限等。

批单的条文同样应用英文表达,比如更改货物包装的批单,若是将"货物捆绑"变更为"货物箱装",批单的表达为:

"It is hereby noted that the goods covered under this policy are packed in cases and not in bales as originally stated. Other terms and conditions remain unchanged."

2. 保单的转让

保险单的转让是指保单持有人将保险单所赋予的要求损失赔偿权力以及相应的诉讼权利转让给受让人。这种权力的转让与保险货物的转让是两种不同的法律行为。买卖双方在交接货物时,转移货物所有权,但并不能自动转移保单的权力。

由于国际贸易货物运输的特殊性,货物及单证(包括保险单)往往需要在运输过程中完成交接的工作,比如 CIF 条件下的贸易,卖方对货物承担的责任以货物装船后越过船舷为止,卖方履行完交货义务后,就需要将有关单据一同转交买方,即实现保险单权力的转让。保单的转让一般采用背书的方式办理,按照国际货物运输保险习惯,被保险人转让保单,可以在保险发生损失之前办理,也可在发生损失之后办理,而且事前事后都无需通知保险人。

13.3　海运货物保险的索赔

当被保险人保险的货物遭受损失后,向保险公司的索赔问题就产生了。被保险人获悉货物受损有两种情况:一种是运输工具在途中遭遇意外事故,比如船舶搁浅、火车出轨等致使货物严重受损。这种情况,被保险人往往在事故发生后很快就能知晓。另一种是货物抵达目的地后,被保险人在码头提货或者在自己的仓库、储存处所才发现损失。无论哪一种情况,被保险人都应该尽快按照保险合同的规定向保险公司办理索赔手续,以维护自己的索赔权力。

13.3.1　索赔的一般程序

(一)损失通知

损失通知指向保险公司报损。被保险人一旦获悉保险货物发生损失,应立即通知保险人或保险人的代理机构并马上申请联合检验。损失一经通知,表示索赔行为已经开始,不再受保险索赔时效的限制。

在联合检验之前,被保险人应尽可能保留现场,保存受损货物的原状。当然,如果损失还在继续扩大,仍可采取相应施救措施。保险人接到通知后,会立即采取相应措施,如现场查勘、检验,提出施救措施,确定责任等。如延迟通知必然会影响上述工作,引起异议,进而影响索赔。

此外,载货船在发生两船碰撞时,往往涉及"双方有责碰撞"条款的索赔,被保险人更要及时通知保险人。

(二)向承运人等第三方责任人提出书面索赔

若提货时发现货物包装有明显受损痕迹,或整件短少,或散货残损,被保险人应首先向承运人、受托人或海关、商检、理货公司、港务局等索取货损货差证明。如果这些货损货差涉及承运人等方面的责任,应立即以书面形式向其提出索赔,并保留追偿权利,必要时还要取得第三方责任人延长时效的认证。否则,由此影响到保险人的代位追偿权,保险人有权从赔款中扣除,甚至拒赔。

（三）采取合理施救措施

保险货物受损后，被保险人应积极进行施救，采取必要合理的措施，以防损失扩大。这也是被保险人的义务之一。否则，由于被保险人没有积极施救而致扩大的货损，保险人不负赔偿责任。若被保险人收到保险公司发出的有关采取防止或者减少损失的合理措施的特别通知的，应按照保险公司的通知要求处理。

（四）备齐必要的索赔单证

索赔时被保险人除了应提供受损货物的检验报告外，还需尽量备齐并提供以下单证：

（1）保险单或保险凭证正本（Original Policy）。

（2）运输契约（Transportation Document）。如提单、运单、邮寄单证等。

（3）发票（Invoice）。计算赔款数额的依据。

（4）装箱单（Packing List）、磅码单（Weight Memo）。证明货物装运时的件数和重量的细节，是核损的依据。

（5）向第三方责任人的索赔函电或文件。

（6）货损货差证明。主要是在承运人签发清洁提单后而所交货物有残损或短少的情况下，由承运人签发的文件。

（7）专职检验代理机构出具的检验报告（Survey Report）。

（8）索赔清单。被保险人要求赔偿的详细清单，说明索赔款的计算依据以及有关费用的项目和用途。

（9）海事报告。主要记载航行途中遭遇恶劣气候、意外事故或其他海难而可能对保险货物造成损失的船方提供的重要证明文件，是船长据实记录的报告。

除上述材料外，保险人还可以根据实际需要，要求提供一些与货损有关的或为确认损失所必需的相关材料。

（五）等候结案

被保险人在办妥有关索赔手续后，即可等待保险公司最后的责任审定，并领取赔款。在等待的过程中，若保险公司发现有不明情况需要被保险人进一步补充提供的，应及时办理，以免延迟审理的时间。当向保险公司提供的证件已经齐全而又未能及时得到答复，可适时催赔。

13.3.2　索赔的注意事项

进出口货物运输保险的索赔通常分为两种情况，即进口提赔和出口提赔。此外，在提赔过程中有时可能会涉及海事担保函等相关文件。

（一）进口提赔

所谓进口提赔，是指我国进口货物在运抵目的地后，若发现有短损情况，收货人向保险公司提出索赔。当进口货物运抵我国港口、机场或内地后发现有残损短缺时，应立即通知保险公司或其代理，会同当地国家商检部门联合进行检验，检验之前应保留现场，保存受损货物原状。

联合检验一般在保险责任终止地进行。如果在口岸终止，就应在口岸检验；如货物需转运至内地，则只要保险货物外包装没有损坏迹象，可以不在口岸进行检验。保险人或其代理人根据对被保险货物的检验结果，签署《进口货物残损联合检验报告》，收货人凭此即可向保险人提出索赔申请。若涉及第三方所造成的货损责任,应事先办妥向第三责任方的索赔追偿手续。

(二)出口提赔

我国出口货物如按照 FOB 或 CFR 条件,由国外买方办理保险,则有关货损索赔事宜由买方自理,与我国的出口方无关。

若是按照 CIF 条件出口,保险虽然由我方办理,但一般在履行货物交接后,保单转让给买方,运输途中发生货损,仍由买方凭保险单提赔。通常是在货物抵达目的地后,收货人立即向保单上注明的检验代理人申请检验,确定损失原因和损失程度,并出具检验报告。如果当地没有保险公司指定的代理人,可就近申请有资格的检验人员进行检验定损,出具检验报告。买方拿到检验报告后,会同保险单正本、提单、发票等有关单据,向所投保的保险公司提出索赔。须注意的是,国外代理人出具的检验报告,一般只作为一种公证材料,不能最后决定保险责任。

(三)担保函

当载货船只发生海难,或者共同海损成立时,被保险人货主可能被要求出具某种担保函。而当货损货差是由于承运人的责任造成时,被保险人也可能向承运人索要某种担保。因此,被保险人在遇到上述情况需要索赔时,要掌握担保函的索取和使用。

1. 共同海损担保函

船舶和货物在海上航行时如果发生共同海损事故,船方可宣布共同海损。为了确保共同海损分摊,船方往往要求货方、运费方等共同海损行为的各受益方提供共同海损担保函。此外,当船只航行中遇险,需要其他船只或专业救助船只进行救助,若能成功地使遇险财产脱离危险,则救助方有权获得救助报酬。为保证救助人的权益,获救方要向救助人提供救助报酬担保函。由于救助费用和共同海损都是货物保险人的承保责任,所以,上述担保函通常可以由保险货物的保险人代货主(被保险人)出具。因此,当被保险人接到船方宣布共同海损时,应尽快通知其保险人,以便保险人签署共同海损担保函,保证收货人及时提货,因为船方对未提供担保函的货物享有留置权。

2. 货损货差担保

承保货物发生灭失或损坏,若涉及承运人的责任,货方应及时采取保全措施,向承运人索取有效的货损货差担保(Guarantee on Payment of Loss Cargo)。这种担保一般有现金担保、银行担保和信誉担保三种,其中的信誉担保可由船东保赔协会、保险公司或知名企业出具。

13.4 海运货物保险的理赔

保险理赔是保险人在知悉发生保险事故并调查确认法律责任归属后,审查索赔材料,作出赔付、部分赔付或拒赔等决定的法律行为。理赔是保险人应尽的保险义务,是被保险人或受益人享受保险权利的具体表现,也是保险人完善经营管理的重要措施。

13.4.1　理赔工作的基本原则

理赔是保险公司处理索赔案的全过程,包括损失通知、保险索赔、损失确认、责任审定、赔款计算、赔款支付等不同环节。保险公司在处理赔案的过程中还要同海外的检验代理人、船方(包括保赔协会)、港口、律师、法院等部门发生联系,以确定损失是否属于保险责任,同时还将视责任认定情况追究第三方的责任。因此,保险理赔是一项联系面广、政策性强、技术要求高的工作,也是保险损失补偿职能的具体体现,同时也能从侧面反映出保险公司的服务能力。因此,在理赔工作中,理赔人员应始终坚持"主动、迅速、正确、合理"和"不滥赔、不惜赔"的基本原则。具体而言,应努力做到如下方面。

(一)以保险合同为依据

即要重合同、守信用。事故发生后,是否属保险责任范围、是否在保险期限内、保险赔偿金额多少、免赔额的确定、被保险人自负责任等等均依据保险合同来确定。

(二)遵守我国法律和国际惯例与国际公约

保险理赔工作应遵守我国的《保险法》、《民法通则》、《经济合同法》及《海商法》等相关法律中有关损失赔偿的规定。因海上保险的国际性,海上保险的理赔还要遵循相关的国际惯例和国际公约,如关于共同海损理算的国际公约《约克—安特卫普规则》(1974年),关于海上救助的1910年布鲁塞尔《救助公约》等。

(三)准确合理

保险人在处理保险赔偿时,要以保险合同为依据,正确分清责任,定损准确,并注意合理把握,因为保险合同条款不能概括所有情况。对于拒赔的案件,应做到有理有据。

(四)主动迅速

对于被保险人的损失通知,无论最终结果是否赔偿,都要迅速采取行动,保险的主要职能是提供经济补偿。保险事故发生后,保险人应迅速查勘、检验、定损,将保险赔偿及时送到被保险人手中。

13.4.2　保险公司理赔程序

保险人在接到被保险人的损失通知后,就应立即开始理赔工作。通过现场查勘检验(进口情况)和检验报告分析(出口情况),了解事故情况、分析损失原因、确定损失程度,在确定损失属于保险责任范围内后,计算赔偿金额和支付赔款,完成整个理赔流程。总体来讲,可以将理赔流程归纳为立案、核损(定损、定责)、赔款计算及支付、追偿及归档等环节。

(一)立案

保险公司接到被保险人的损失通知后,应立即查明保险单副本(包括批单副本),根据损失情况指示被保险人或其代理人采取相应措施,并填写正式的《出险通知书》。根据《出险通知书》及已有资料建立赔案,顺序登记在赔案登记簿内。登记的内容包括:赔案编号、保单号码、险别、保额、运输工具名称、损失详情(出事地点、损失原因、损失金额估计、施救情况),待全案处理结束后,再记载处理经过和处理结果,以便今后了解整个赔案的过程。对于重大案件,应及时通知上级公司,按照理赔金额权限上报上级公司或总公司。

(二)核损

一笔损失案件的发生,首先碰到的问题就是损失的确定,对损失情况、损失原因、损失后果等,依据现场的情况记载加以分析并得出结论,然后才能审定保险责任。这也是保险理赔的前提条件。

1. 损失检验

(1)检验申请。根据保险条款规定,保险货物在运抵目的地后发现损失时,收货人及其代表,应立即向保险公司或其代理人申请检验。保险单上一般都注明了检验代理人的名称及联系方式,收货人或其代表应直接向该指定的代理人申请检验。若收货人没有向指定检验代理人申请检验的,保险公司可以依据下列情况进行处理:①如属于收货人不了解手续,损失也不大的,保险人也可接受其检验结果。②损失较大,涉及责任归属和金额高低的,则需要指定检验代理人再行复检,同时应向收货人指出,今后应按保单规定办理;对于违反规定,不向指定代理人申请检验的,保险人视情况有权拒赔。③对于整件短少,收货人持有港务局、承运方或装卸公司签字认可的货物短缺证明的,可以不申请检验。④对一些损失金额较小的损失,或者检验费可能高于损失本身的,为节省时间和简化手续,也不必申请检验。这种情况可在保单或保险凭证上载明,也可由保险公司授权的代理人自行掌握。

(2)申请检验的时间。检验的及时与否,涉及能否对受损货物进行及时处理以减轻损失,同时对及时定损也有帮助。此外,及时申请检验也是被保险人的一项义务。保单上一般都规定,被保险人发现货物受损,应立即向保险公司或其代理人申请检验,但对具体时间并没有作出明确规定。因此,申请检验是否及时属于事实问题,而非法律问题,要实事求是地分析损失案情的具体情况,以此来判断被保险人是否及时申请检验。

在我国的货物运输保险实践中,对不同货物的损失,检验的时间并不完全一致,比如,对破碎、钩损、污染等损失,如无故意之嫌,在申请检验时间上不必要求过严,只要查明损失确是发生在保险期限内即可;对于短少短量和偷窃损失,则要注意检验时间,一般要求在10天内申请检验;对于水湿、发霉、锈蚀、玷污等的检验时间,则要从严掌握,延迟检验而又没有正当理由的,保险人在赔付时可以扣除损失扩大部分。

(3)关于检验费用。申请检验的费用,一般由收货人先行垫付,如损失属于保险责任,该项检验费会连同损失本身,一并由保险公司赔偿。如果不属于保险责任,原则上检验费用由被保险人自己承担。

(4)检验报告的审核。货物损失检验报告是审核赔案责任的重要依据,尤其是出口货物的损失,往往发生在千里之外的异国的目的地,需要依靠目的地的检验或理赔代理人进行检验。这就要求检验报告的填写一定要详细。一份完备的检验报告通常包含下列内容:①申请检验人;②收货人;③申请检验日期;④检验日期和地点;⑤航行情况;⑥转船情况;⑦船舶到达卸货港和卸货完毕日期;⑧转运内陆情况;⑨进货日期;⑩包装情况;⑪承运人签证;⑫海事情况;⑬清洁收据;⑭检验成员;⑮追偿情况;⑯舱面装载;⑰货损情况、原因、性质和程度。

2. 损失责任审定

(1)损失原因。保险货物从保单载明的起运地发货人仓库,经过多个环节的长途运输,最终到达目的地港口或收货人仓库,在整个运输过程中可能发生各种损失。对这些损失的赔偿应遵循"近因原则"。在分析原因时,应对"只有一个单独原因"、"同时存在几个不同原因"和"损失原因前后自然联系"等情况进行仔细分析。同时还必须确定是保险事故导致的直接损失,还是间接引起的损失,前者可赔而后者不属保险责任。

常见的损失原因主要有:①水渍损失。可分为海水、淡水和汗潮三种。海水水渍损失,往往通过化验确定,但并非凡化验呈阳性都属于海水水渍,比如货物受有咸潮成分空气侵袭、本身含有钠离子或氯离子(即含盐质)的皮革绒毛等。②偷窃或短少损失。当发现包装被挖破,箱板被重钉,内装货物短少并且包装内部空间有间隙,则货物可断定被窃。有时偷窃和短少损失很难区分。造成短少、短量的原因较多,如自然途耗、扫舱不净、装卸散失、衡器不准、被偷等。有种原因需特别注意,即同一船舱分装不同货主的货物,分运几个不同港口,提单也是分开的,由于先卸货的货主多卸或者未扣除正常途耗,使途耗集中到最终目的港所引起的,需要根据提单条款规定,向前边的货主追偿。③碰损及破碎损失。主要原因为装卸不慎、运输工具颠簸、包装不当、装载不妥、海事引起等。④钩损。在装卸搬运过程中由于使用手钩、吊钩等工具操作造成的损失。

其他还有如串味、霉烂变质、虫蛀、锈损以及火灾损失等。

(2)损失责任的确认。上述这些损失按其责任归属大致有以下几种情况:①货物的"原残"损失。即由于发货人责任造成的货物残损,如在货物生产、制造、装配、整理、加工、包装等过程中造成的损失。②货物的"船残"与"短卸"损失。由于船方责任造成的货损即为"船损",而在装卸搬运时的整件短少称为"短卸"。前者包括运输工具的不适航、不适货,承运人在运输过程中未能恪尽职守进行合理的配载、积载、捆绑、隔垫而导致货损;后者主要指船方已签清洁提单,而在卸货港理货公司"货物港短卸单"上签字认可的属于船方责任造成的整件短少。③货物的"工残"损失。由港务局或其他第三方的责任造成的货物残损,称为"工残",如在港口码头装卸货过程中的操作违章、搬运装卸不慎、使用工具不当等造成的损失,或在港口码头堆放和保管货物不善引起的货损等。④自然灾害及不可抗力造成的意外事故。对于损失责任的审定,要分主险和附加险,并分别对照各自的条款来确定。货物的"原残"是发货人责任,属于保险的除外责任;货物"船残"、"工残"或其他外来原因造成的损失,只要在承保期间内发生,一般均属保险责任。某些货损若涉及承运人、港务局、装卸公司等方面时,被保险人须以书面形式向责任方提出索赔,若保险公司先行赔偿损失,则可依法行使代位追偿的权利。

3.其他审核

在确定保险责任时,还应向有关各方收集情况,包括:被保险人的索赔单证是否齐全,保险是否合法,索赔人在损失发生时是否具有保险利益,损失的发生是否在保险期限之内,损失发生后被保险人是否及时通知保险人,有否采取积极施救措施,其施救措施是否合理,向第三方责任人的追偿情况等。

(三)赔款计算及支付

赔案经审核符合要求,属于保险责任,即开始理算应赔付的保险金额。保险赔偿金额的计算可由保险人计算也可委托海损理算人员理算。

1.具体步骤

(1)缮制赔款计算书。赔款计算书通常一式三份,项目填写齐全,尤其是要将计算方式详细列上,并分别列明保险货物本身的损失和各项费用,对受损的原因等情况要填确切。赔款若需兑换成保单上的币制时,要注意汇兑率的正确性。

(2)缮制赔款收据。赔款收据通常与权益转让书合并在一起,要求被保险人签字、盖章。该收据不仅表示被保险人已收到赔款,还表示被保险人对已取得赔款部分的货物权益,转让给保险人。赔款收据一般也是一式多份,除理赔、会计等部门留底外,要分别送给被保险人,若涉及向第三者责任追偿的案件,还要寄给责任方,表示保险公司已经取得转让权益,有权追偿。

(3)拟写赔付函件。根据赔付的情况拟写赔付信函,寄送索赔人。

2. 赔款计算

对损失赔偿金的计算,应按全损、部分损失和共同海损等不同情况,采取不同的计算方法。

(1)全部损失

进出口货物运输保险通常都是定值保险。保险货物遭受全部损失(包括实际全损和推定全损),都以保险单上载明的保险金额为准,全额赔付,如有损余应折归保险人所有。

(2)部分损失

①保险货物数量损失的计算

保险货物中部分货物灭失或数量(重量)短少,以灭失或损失的数量(重量)占保险货物总量之比,乘以保险金额来计算。计算公式如下:

$$赔款金额 = \frac{损失数量(重量)}{保险货物总数量(重量)} \times 保险金额$$

②保险货物质量损失的计算

保险货物遭受质量损失时,比如贬值损失,应先确定货物完好情况下的价值和受损后的实际价值,计算出贬值率,以此乘以部分货物的保险金额,即可得出赔偿金额。

完好价值和受损价值,一般均以货物运抵目的地检验时的市价为准,如受损货物在中途处理不再运往目的地,则可按当地的市价为准。计算公式为:

$$赔款金额 = \frac{货物完好价值 - 受损后价值}{货物完好价值} \times 保险金额$$

【实例 13-2】

一批丝绸承保水渍险,保额为人民币 10000 元,在运输途中遭受风浪袭击发生湿损,目的地完好价值为人民币 15000 元,受损后价值为人民币 7500 元。赔款应为:

$$赔款金额 = \frac{15000 - 7500}{15000} \times 10000 = 5000(元)$$

在实际业务中,有时往往很难确定当时市价,所以经过协商也可以按照发票价值计算。其公式为:

$$赔款金额 = \frac{按发票价值计算的损失金额}{发票金额} \times 保险金额$$

(3)共同海损牺牲和费用

若船方宣布共同海损,对于共同海损牺牲和有关费用,保险人也负责赔偿。通常对于共同海损的理算应委托专业的理算公司来办理,这里不再赘述,有兴趣的读者可参阅有关共同海损理算书籍中关于这一部分的介绍。

(4)有关费用损失的计算

如果货物发生部分损失,在处理时支付了一定的费用(包括出售费或修理费),一般只要在保险金额的限度内,均可纳入保险损失之内,由保险人负责赔偿。计算公式为:

$$赔款金额 = \frac{货物损失价值 + 处理费用}{货物完好价值} \times 保险金额$$

至于被保险人或其受让人为防止或减少损失而支付的合理的施救费用,以及为确定保险事故的性质及程度而支出的合理费用(如检验费)等,均可在保险标的的损失赔偿范围之外另行支付,但赔偿金额以不超过一个保险金额为限。

(四)追偿

对于损失属于第三者应负责的赔案,在审核案件的过程中要注意办理有追偿的手续。待给付赔款取得权益转让书后即可缮制索赔清单正式提赔,但要注意防止丧失追偿索赔的时效。

(五)损余处理

经保险公司赔款后的受损物质,其残余尚有一定价值的即为损余,包括按全损赔付保险物质的残存部分及其包装,按部分损失赔偿经配置或修理后换下的保险物质的部件等。对于损余物质应根据其可用程度,实事求是地作价折归被保险人,从保险赔款中予以扣除。如双方对此无法达成协议,需交由保险人处理,则应严格按规定手续办理,处理完后应按售得的收入,按规定冲减赔款,即缮制收回损余赔款计算书,入账销案。

(六)归档

凡经过结案的案卷,应将保险单、损失清单、检验报告、损失证明、赔款计算书、损余处理报告、追偿文件等一切有关赔案的单证,按险种、编号和年份予以归档保存,以便查阅。

⬡▷【实训操作】

进出口货物运输险投保单填写规范及模拟练习

一、投保单的格式及填写要点

海洋货物运输保险的投保单是投保人向保险人提出投保申请和要求保险人同意承保的一个书面文件,是海洋货物运输保险合同的组成部分之一。实务中各保险公司的投保单格式可能略有不同,但大体上的主要内容都是相近的,而且都比较规范,文字采用中英文对照的形式,以适应不同的客户。下面列出的是平安保险公司的海运货物进出口保险投保单式样及投保单填写规范。

进出口货物运输险投保单的内容可以分为 4 个部分,基本信息、货物信息、运输信息及保险条件。如下所示。

中国平安财产保险股份有限公司
PINGAN PROPERTY & CASUALTY INSURANCE COMPANY OF CHINA, LTD.
进 出 口 货 物 运 输 险 投 保 单
APPLICATION FOR IMP/EXP TRANSPORTATION INSURANCE

基本信息	被保险人 Insured: 本投保单由投保人如实填写并签章后作为向本公司投保货物运输保险的依据；本投保单为该货物运输保险单的组成部分。 The applicant is Tequired to fill in the following items in good faith and as detailed as possible, and affix signature to this application, which shall be treated as proof of application to the Company for cargo transportation insurance and constitute an integral part of the insurance policy covering cargo.	

货物信息	兹拟向中国平安财产保险股份有限公司投保下列货物运输保险： Herein apply to the Compqany for Transportation Insurance of following cargo: 请将保险货物项目、标记、数量及包装注明此上。 Please state items, marks, quantity and packing of cargo insured here above.	请将投保的险别及条件注明如下： Please state risks insured against and conditions:

运输信息

装载运输工具(船名/车号)：　　　船龄： Per Conveyance S.S.　　Age of Vessel	集装箱运输：是□ 否□　整船运输：是□ 否□ Container Load Yes No Full Vessel Charter Yes No
发票或提单号 Invoice No. or B/L No.	开航日期：　　年　　月　　日 Slg. on or abt.　Year Month Day
自：　国　埠/地 经：　国 From: Country Port Via: Country	港/地 至：　国　港/地 Port To: Country Port

承保条件

发票金额 **Amount Invoice:**	保险金额 **Amount Insured:**
费率 Rate:	保险费 Premium:
备注 Remarks:	

基本信息

投保人兹声明上述所填内容属实，同意以本投保单作为订立保险合同的依据；对贵公司就货物运输险保险条款及附加条款及附加险条款（包括责任免除和投保人及被保险人义务部分）的内容及说明已经了解。
I declare that above is true to the best of my knowledge and belief, and nereby agree that the application be incorporated into the policy. I have read and understand the Company's cargo transportation insurance claused and extensions (including the Exclusions and the applicant's or insured's Obligations)

投保人签章： Name/Seal of Proposer:	联系地址： Address of Proposer:
送单地址：　同上 □ 或 Delivery address: Ditto or	电话：　　　日期：　年　月　日 Tel:　　　Date: Year Month Day

应根据发票(INVOICE)、提单(BILL OF LADING)、信用证(L/C)、进口货物装船通知等资料真实填写投保单。

1. 基本信息
基本信息部分主要填写投保人、被保险人的基本信息。

基本信息	被保险人 Insured:	
	投保人签章: Name/Seal of Proposer:	联系地址: Address of Proposer:
	送单地址: 同上 □ 或 Delivery address: Ditto or	电话: 日期: 年 月 日 Tel: date: Year Month Day

（1）被保险人：根据客户的实际贸易要求填写。可以是：进出口贸易公司、收货人、发货人、开立信用证的银行（开证行）、信用证指定的被保险人、空白抬头（TO ORDER）等等。

被保险人应该填写英文全称，不得简写，进口保单也可以填写企业中文全称。如果客户有要求，可以将被保险人地址填写在企业名称之后。

（2）投保人资料：投保人签章处由投保人签名并加盖企业公章；联系地址指投保人所在地，地址应详细到区、路、街及门牌号；送单地址指保单应送达的地点，如与投保人的地址相同，在"同上□"中打钩，如与投保人地址不同，应详细填写；电话指投保人联系电话；日期指投保时间，应具体到日。

2.货物信息

货物信息	兹拟向中国平安财产保险股份有限公司投保下列货物运输保险： Herein apply to the Company for Transportation Insurance or following cargo: 请将保险货物项目、标记、数量及包装注明此上。 Please state items, marks, quantity and packing of cargo insured here above.	请将投保的险别及条件注明如下： Please state risks insured against and conditions:

（1）保险货物的项目、标记、数量及包装

投保人应根据货物发票、提单或装箱单上对货物的描述填写此栏，可以不明确分项。

货物项目（ITEMS）：货物的品名。

标记（MARKS）：又称"唛头"，即货物的标志。运输标志的作用是为了方便储运、商检、发货人、收货人和承运人之间的货物交接，避免错发、错运、在运输包装上书写、印刷简单的图形、文字、数字等，便于识别货物。有些图形在出单时无法通过打印机制作，可留出空间，在保单打印完毕后用笔将标志画上。

货物的标志分以下几种情况：①运输标志（Shipping Mark）。包括：收货人或收货人代号、目的港、件号、原产地等。②指示、警示标志（Indicative，Warning Mark）。货物性质，例：易碎物品 Fragile。关于操作，例：UP；KEEP DRY。

保单上可以根据需要显示全部 MARKS，或显示：MARKS AS PER INV. NO. ×××××××。

数量（Quantity）：指货物的件数（number/pieces）/重量（weight（GW. NW））/体积（volume）等，按照货物发票或提单上资料填写。

包装（Packing）：指货物外包装，用于保护货物，防止在储运过程中发生货损货差。货物在运输过程中有以下几种状态：

①散装（IN BULK）。指未加任何包装，直接付运以至销售的货物。适用于不容易包装或不值得包装的货物。例：煤炭、矿砂、粮食、油类等液体货物。

（注：各类散装货物保险责任严格限于港—港。进口保单须用中文打印特别约定：a. 本保险责任至货物进入码头仓库、堆场即行中止。b. 绝对短量免赔为整批货物保险金额的×
×（不低于 0.5%），以商检水尺、空高计量为准。）

②裸装（NUDE PACKED）。指将商品略加捆扎或以其自身进行捆扎。适用于形体上自然成件，能抵御外界影响，品质稳定，难以包装的货物。

③运输包装（SHIPPING PACKAGE）。运输包装又称为外包装，有单件包装；如木箱包装，也有集合运输包装，如托盘装。

（2）投保险别及条件

填写投保的主险、附加险及扩展条款等，应说明适用的条款和版本，免赔额以及保单特别约定条件也在此处填写。应尽可能详细、准确填写。信用证对投保条件有规定的，应按照信用证的规定准确填写。

海洋运输主险包括：PICC 平安险（FPA）、水渍险（WA）或一切险（ALL RISKS），ICC（A）、ICC（B）、ICC（C）。

陆运主险包括：陆运险（O/L TPT RISKS）和陆运一切险（O/L TPT ALL RISKS）。

空运主险包括：航空运输险（AIR TPT RISKS）和航空运输一切险（AIR TPT ALL RISKS）。

邮包运输主险包括：邮包险（PARCEL POST RISKS）和邮包一切险（PARCEL POST ALL RISKS）。

常用附加险包括：

战争险 WAR RISKS；

罢工险 STRIKES RISKS；

罢工民变险 S. R. C. C；

偷窃提货不着险（Theft，Pilferage and Non-Delivery，TPND）；

淡水雨淋险（Fresh Water and /or Rain Damage，FWRD）；

短量险（Shortage Risk）；

混杂、玷污险（Intermixture and Contamination Risk）；

渗漏险（Leakage Risk）；

碰损、破碎险（Crash and Breakage Risk）；

串味险（Taint of Odour Risk）；

受潮受热险（Sweating and Heating Risk）；

钩损险（Hook Damage Risk）；

包装破裂险（Breakage of Packing Risk）；

锈损险（Rust Risk）。

3.运输信息

运输信息	装载运输工具(船名/车号)： 船龄： 集装箱运输：是 □ 否 □ 整船运输：是 □ 否 □ Per Conveyance S. S. Age of Vessel Container Load Yes No Full Vessel Charter Yes No
	发票或提单号 Invoice No. or B/L No.　　开航日期：　年　　　月　　　日 Slg. on or abt.　　Year　　Month　　Day
	自：　　国　　港/地　经：　　国　　港/地　至：　　国　　港/地 From：Country Port Via：Country Port To：Country Port

装载运输工具(船名/车号)：海洋运输填写船名,公路运输填写汽车牌号,铁路运输填写车号,空运填写《航空货物运输投保单》。如果投保时没有提单,不知运输工具名称,可以先填写:BY VESSEL/BY TRAIN/BY TRUCK,也可以填写:AS PER B/L。拿到提单后再通知保险公司出批单修改。

如果运输中需要转船或者是联运,应当按照运输先后顺序依次填写运输工具名称,如果投保人尚不了解转载工具的名称,也可以只填写一程运输工具名称,如,一程船的船名。

拖航运输业务应同时填写拖船及驳船船名。

船龄:保额超过 USD100 万的海洋运输货物以及整船运输的货物必须填写船龄,其他业务可以不填,保险人也可以按照船名通过 www. sea-web. org 协助客户查询承运船资料。

整船运输:指客户通过租船运输货物,而不是搭载班轮订舱运输。整船运输的一般都是量大而保额高的货物,常见于散装货物。核保人对整船运输业务要严格审核承运船资料。应根据实际运输情况打钩,选择是□ 否□。

集装箱运输:根据实际运输情况打钩,选择是□否□。

发票或提单号:根据发票、提单选择其一填写。

开航日期:已开列提单的,录入实际起运日期;未确定起运日期时,可以在该栏注明详见提单,具体表述方法如下:海运时为 AS PER B/L,空运时为 AS PER AWB(填写《航空货物运输险投保单》),陆运时为 AS PER C/R

自:　国　港/地　经:　国　港/地　至:　国　港/地:根据提单上显示的实际航程填写起运港、目的港、途经港及所在国家。若没有转运,则不需填写途经港。

4. 保险条件

承保条件	发票金额 Amount Invoice：　　　　　　保险金额 Amount Insured：
	费率 Rate：　　　　　　　　　　保险费 Premium：
	备注 Remarks：

发票金额:按照货物发票准确填写币种及小写金额。

保险金额:进出口货运保险属于定值保险,投保时确定的保险金额被视为投保货物的保险价值,是计算保费和赔款的基础。在确定保险金额时,一般是以 CIF 价加成 10% 计算,加成比例不宜过高,以防范道德风险。如果加成超过 30%,须上报总公司核保。进口货物由于不受信用证结汇的影响,也可以根据投保人意愿按照 FOB 价或 CFR 价加成 10% 计算。

费率:根据保险双方约定的费率填写。没有约定费率的,由核保人综合评估风险后制定费率。对于老船运输货物(船龄 15 年起)尤其是进口货物以及非班轮整船运输货物,保险人应收取老船加保费,并单独出具老船加费发票,作为投保人通过租船人向船东收回附加保费的依据。

保险费:保险金额×费率=保险费

二、投保单填写模拟

1. 投保人:浙江省轻工业品进出口公司 (ZHEJIANG LIGHT INDUSTORY PRODUCTIMPORT& EXPORTCORPORATION)

2. 地址:杭州市文三路 118 号。邮政编码:310012。电话:0571－88038765

3. 保险人:平安财产保险股份有限公司杭州分公司 (PIN AN PROPERTY& CASUALTY INSURANCE COMPANY OF CHINA,LTD. HANGZHOU BRANCH)

4. 保险标的:34'数源牌彩电(34'SHUYUAN BRAND COLOR TV SET)

5. 数量:3000 台

6. 起运港:上海 SHANGHAI

7. 目的港:洛杉矶 LOS ANGELES

8. 途经港:新加坡 SINGAPORE

9. 开航日期:2005 年 5 月 20 日

10. 商标号:SY－M 43325

11. CIF 价格成交,USD 300.00/台

12. CIF 价格加成 10% 投保一切险,费率:0.8%

13. 提单号:B/L SH-T568793

14. 船名:海鸥号 121(SEAGULL V. 121)

15. 合同号码:HZ-M 6654788

16. 信用证号码:989/9973

根据以上内容,请帮助客户填写一张完整的投保单(投保单格式参见上述的投保规范内容)。

【本章小结】

1. 国际贸易合同所采用的价格术语决定了由谁投保海运货物保险,在 CIF 和 CIP 条件下,不仅规定要由卖方投保,还要明确投保的险别和投保金额。

2. 在确定投保险别时,要综合考虑货物的性质和特点、货物的包装、运输路线及运输季节等。

3. 在确定保险金额时,出口货物应以 CIF 价格加成 10% 后作为保额,若报价为 CFR,还需转换成 CIF 价后再加成计算。

4. 进出口货物的投保既可采用逐笔投保,也可采用预约投保。

5. 投保单的填写必须注意与贸易合同一致,并遵循诚实信用的原则。

6. 保险人在正式出具保单前需要对被保险人的投保申请进行核保,审查风险因素,综合考虑业务后确定保险费率,并按要求出具保单,若保单出具后需要变更或修改,可采用批单的形式进行批改。

7. 当运输货物出险后,被保险人须注意索赔的步骤,即损失通知、向承运人等第三方责任人提出书面索赔、采取积极施救措施、备齐索赔单证后向保险人提请索赔。同时,应在第一时间对受损货物申请检验,由检验人或检验代理人出具检验报告。

8. 保险人应本着"主动、迅速、准确、合理"的原则受理赔案,运用"近因原则"分析并确定损失责任,认真审核检验报告,准确计算赔偿金额。

【思考练习】

1. 解释下列术语:

保险金额　保险加成　费率表　核保　承保　索赔　理赔　担保函　立案
检验代理人

2. 国际贸易合同与保险有何关系?

3. 信用证中所列的下列内容是否正确? 若有问题如何修改?

(1)Covering ordinary ocean risks

(2)Covering institute all risks including PICC War risks

(3)Covering all risks of PICC including Institute War Risks Clauses

(4)Covering voyage from Shanghai to main ports in Europe

(5)Covering War Risks of PICC

4. 投保出口货物运输保险时要考虑哪些因素?

5. 保险公司核保的主要内容是什么?

6. 批单的作用是什么? 与保单的法律效力是否一致?

7. 某公司出口欧洲一批工艺品,原报价每箱 CFR 价格 1200 元,共 100 箱。现客户要求保 CIF 价,并由卖方按 CIF 加一成投保一切险附加战争险,目的地为热那亚,最后的目的地为米兰。经查费率表得知,出口欧洲意大利的一般货物费率为 0.65%,该类工艺品的指定费率为 0.2%,海运战争险费率为 0.05%,保险责任从热那亚到米兰需要加费 0.12%。请计算:①CIF 热那亚价格;②该批货物的保险金额及保险费各是多少?

8. 海运货物保险中被保险人索赔时的正确步骤是什么?

9. 被保险人索赔时必须备齐哪些重要单证?

10. 受损货物的检验查勘有什么作用? 申请检验有何要求?

11. 有出口服装 50 箱,按规定投保一切险,保额 20000 美元。途中船舱意外失火,货物基本被大火烧毁,残余部分在中途港处理所得为 500 美元。请问:保险公司赔偿金额为多少? 500 美元的损余如何处理?

12. 某出口企业的一批丝绸投保海运货物水渍险,保额 40000 美元。运输途中遭遇恶劣气候,部分货物湿损。该批货物在目的地的完好价值为 48000 美元,受损后的价值为 30000 美元。问保险公司应该赔付多少?

第14章

出口信用保险 ▷▷▷▷ ▷

　　在对外贸易中,除去货物在运输过程中面临的种种风险外,出口商面临的最大风险莫过于进口商的付款延误甚至无法收回货款。其中的原因虽然很多,归纳起来主要的风险不外乎有两种,即进口商的商业风险和进口国的国家风险。出口信用保险则是在政府扶持下,对本国出口商提供出口贸易收汇风险保障的一种特殊保险业务。世界各国,尤其是发达国家或地区为鼓励本国的出口贸易发展,都大力开办和支持出口信用保险的发展,发挥其特殊的风险保障作用。对从事外贸及相关业务者而言,了解并熟悉有关出口信用保险的知识,无疑具有重要意义。

14.1 出口信用保险概述

14.1.1 信用风险与信用保险

(一)信用风险

信用风险,主要指债务人不能按规定履行其义务时,可能给债权人造成的损失,属于广义的财产保险范畴。通常意义上的信用主要包括以下5个方面。

1. 财务信用

财务信用即借贷信用,通常表现为借款人按照借贷合同规定的期限和条件偿还贷款。

2. 商业信用

商业信用是指延期付款形式的购买行为,表现为卖方先向买方借贷,买方按买卖合同规定的日期、数额及其他条件归还贷款。

3. 预付款信用

预付款信用即用预付款或定金方式取得某种货物、技术或劳务服务。

4. 保证信用

保证信用即债权人向债务人预付一定的货物、技术或劳务,债务人由保证人保证,按期履行合同的义务。

5. 诚实信用

诚实信用通常表现为雇主向雇员支付工资或其他形式的报酬。雇员按雇用合同的规定提供服务,履行义务。

以上各种信用均表现为一定的经济利益,债权人通过信用可以获得一定的款项、货物、技术或劳务。如果债务人不履行其规定的义务,债权人的经济利益就会丧失,即构成信用风险。

(二)信用保险类别

针对各种不同的信用风险,保险机构可以以不同的方式予以风险担保。

1. 针对借贷或商业信用风险的保险

通过向卖(借)方提供信用风险的保障,当买(贷)方不依合同约定按时付(还)款,造成卖(借)方损失时,由保险公司负责赔偿,属于信用保险。

2. 针对预付款信用风险和保证信用风险的保险

保险公司根据债务人的申请,向债权人提供债务人履行合同义务的保证,在债务人不履行契约时,对债权人进行赔偿,被保险人是债务人。其实质是担保性业务,属于保证保险。

3. 针对诚实信用风险的保险

多数情况下由雇主投保,保险公司对因雇员的不诚实行为(如欺骗、盗窃、贪污、出卖情报等)造成的经济损失负责赔偿,属于信用保险,也称为雇员忠诚保险。若由雇员投保,保险公司对其信用担保,则属保证保险,称为忠诚保证保险。

14.1.2 出口信用保险

(一)出口信用保险(Export Credit Insurance)定义

出口信用保险是指信用保险机构对企业投保的出口货物、服务、技术和资本的出口应收账款提供安全保障机制。它以出口贸易中国外买方信用风险为保险标的,保险人承保国内出口商在经营出口业务过程中因进口商方面的商业风险或进口国(进口地区)方面的政治风险而遭受的损失。在该项业务中,保险人将赔偿出口商因买方不能履行贸易合同规定支付到期的部分或全部债务而遭受的经济损失。

从保险合同的角度看,出口信用保险是在商品出口或相关经济活动中,保险人(经营出口信用保险的保险公司)与被保险人(向国外买方提供信用的出口商或银行)签订的一种保险协议。根据该协议,被保险人向保险人交纳保险费,保险人赔偿保险协议项下被保险人向国外进口商赊销商品或贷放货币后因进口商信用及相关因素引起的经济损失。

(二)出口信用保险的起源和发展

出口信用保险的发展是同国际贸易的发展历程密切相关的,是国际贸易发展的必然要求。19 世纪后半叶,随着英国海外贸易的不断开拓,出口货物的增多,收汇风险日益凸现,贩运商品至澳大利亚的英国商人开创了历史上有记载的投保出口信用保险的先河,出口信用保险日益为人们所重视。20 世纪初,已出现了专业的出口信用保险公司,但此时的业务还只限于私人市场。

第一次世界大战后,出口贸易在改善国际收支、增加国内就业、刺激经济发展中发挥着重要作用,世界各国政府都把扩大出口战略作为本国经济发展的主要战略,一些国家的政府纷纷介入出口信用保险。1919 年,英国的出口信用担保局(The Export Credit Guarantee Department,ECGD)正式成立,标志着世界上第一个官方主办的出口信用保险机构的诞生。

受英国启发,西方各国纷纷效仿,先后成立了不少专门机构来经营出口信用保险。1934

年,英国、法国、意大利和西班牙的信用保险机构在瑞士的伯尔尼发起成立了"国际信用与投资保险人联合会"(International Union of Credit and Investment Insurance,简称伯尔尼协会,Berne Union),交流办理出口信用保险业务的信息,这标志着出口信用保险已为世界所公认。

在西方发达国家日益重视出口信用保险发展的同时,发展中国家也开始起步,其中,印度是发展中国家中最早建立出口信用保险制度的国家。1957 年由印度政府组建了"印度出口信用担保公司",负责对出口提供信用保障。与此同时,发展中国家也成立了一些区域性的联合组织,如设在科威特的阿拉伯国家投资担保公司于 1985 年开始提供出口信用保险。

第二次世界大战结束后的几十年中,各国的信用保险业务在政府财力等方面的支持下,逐步稳定地发展起来,如今在世界许多国家都形成了完善的信用保险制度和固定的信用保险机构,成为各国出口贸易快速发展的有利保障。

(三)出口信用保险机构的类型

世界各国通常根据本国的国情,选择出口信用保险经营机构的类型。目前世界上经营出口信用保险的机构大致有下列 4 种。

1. 政府直接办理型

为了促进本国贸易的发展,一些国家的政府以财力作保证,专门设立特别机构从事信用保险,并在政府开设的专门账户上进行业务运作和管理。该模式易于体现国家的出口政策,又有强大的财力作后盾,但容易产生官僚作风和效率低下等行为。典型的如英国的出口信用担保局(ECGD)、日本的通产省贸易局进出口保险课、挪威的出口信用担保局(GIEK)等,另外丹麦、瑞典和瑞士等国的出口信用保险业也采用这种模式。

2. 政府间接办理型

该模式是依照国家法律和政府命令,有国家财政出资组建全资国有公司,专门办理本国的出口信用保险业务,政府负责制定出口信用保险经营政策、方针,同时提供资金上的支持和财务担保,但不介入公司的具体业务经营。这种模式的好处在于采取商业方式进行经营,政府负担小、补贴少,但对于大额货物资本的出口和年限较长的贸易,却显得力不从心。采用这种模式的国家和地区主要有加拿大的出口发展公司(Export Development Corporation,EDC)、澳大利亚的出口融资与保险公司(Export Finance Insurance Corporation,EFIC)、印度的出口信用担保公司(Export Credit Guarantee Corporation,ECGC)以及中国香港的出口信用保险局(Hong Kong Export Credit Insurance Corporation,ECIC)等。

3. 政府委托私营保险公司代理型

该模式的特点是,由政府指定一家私营保险公司出面代办出口信用保险业务,政府则负责制定相关政策,并承担风险责任。这种方式综合了前两种的长处,克服了各自的一些弊病,既充分体现了国家的支持,由国家承担全部风险,又充分利用了私营机构的商业机制,改善了效益和服务。德国、阿根廷(CASCE)等国即采用这种模式。

4. 混合经营型

该模式对出口信用保险业务采取部分业务由保险公司自己经营、部分业务代理政府经营的做法。保险机构采用股份制,政府或国家公共机构占有大部分以控制公司经营,但这种保险公司除经营出口信用保险外,还可以经营其他保险业务。法国的对外贸易保险公司(Compagnie Frangaise D'assurance Pour Le Commerce Exterieur,COFACE,简称科法斯)、荷兰出口信用保险公司(NCM)等均属这类。科法斯的做法是：自己经营短期商业风险，中长期风险和政治风险都是代理国家承保的。像科法斯这样将政治风险和商业风险分流的做法，被认为是今后出口信用保险发展的一种趋势。

【知识链接 14-1】

美国信用保险中的政府计划①

在美国，有三种与政府有关的组织为出口商提供商业和政治风险的保险责任：

进出口银行(Import-Export Bank，www.exim.gov)：作为政府一个独立机构，进出口银行于 1934 年成立。其使命是为美国的出口创造就业机会。它的计划非常庞大，从提供政治和商业信用保险，到对贷款担保(为银行贷款给出口商)以及将贷款延伸至购买美国产品的外国采购商。多年来，进出口银行是美国政治风险保险的唯一提供者。

与进出口银行打交道有两个难点，第一是与申请如影随形的长时间的延迟——这就意味着出口商与客户谈判时必须尽早开始考虑这类安全保障。第二，因为它来自美国政府的支持，因而不得不面临一种政治压力，比如因与世界上某个国家的关系问题而突然取消这一保障。此外，出口到国外的产品中至少应有 50% 的是美国本土产品。然而，进出口银行提供的计划对于一般出口商及他们的贷款银行来说还是极受欢迎的，比如一些贷款项目，包含了国外买家的偿款融资。

海外私人投资公司(The Overseas Private Investment Corporation，OPIC)，同样也是一家政府机构，成立于 1971 年，旨在鼓励对发展中国家的私人投资活动。其目的具有相当的政治性，因为它寻求将美国的价值观销往海外，但提供几种贷款计划，政治保险，私人产权投资基金，所有项目对有兴趣投资于发展中国家的企业都相当有利。2002 年 10 月时，有超过 140 个国家符合发展中国家的条件，详情可查询网站：www.opic.gov 。遗憾的是 OPIC 也存在着进出口银行同样的问题——漫长的处理时间，但由于其提供的产品都属于美国公司拥有的长期投资，这种延迟并非特别重要。

小企业主利益保护局(The Small Business Administration，SBA)为出口商设计了一些出口销售资金融通计划：运营资金放款、资本投资的长期贷款等。但 SBA 不为任何出口商提供保险服务。

以上所有计划安排，即便没有使用，也为出口商提供了实实在在的价值。例如，美国进出口银行就为中长期的贷款建立了风险基金。对于特定国家和特殊的债权人而言，在其他因素不变时，其担保和保险的成本会随着政治和商业收汇风险而变化。进出口银行根据存有风险的交易确定风险费用标准和交易风险，计算的根据包括信用级别及市场分布、信用机构和银行参照、历史财务决算和进出口银行在借贷和行业中的信用经历。

---

① 选译自 Pierre A David，Richard D. Stewart. International Logistics：The Management of International Trade Operations (Third Edition). Cengage Learning，2010.

因为涉及对外贸易的银行常常使用类似于进出口银行的处理方式来建立交易风险的模型,这对出口商而言迅速评估他们不熟悉的风险是非常有利的。

(四)出口信用保险的特点

与一般的商业保险不同,出口信用保险主要有以下 4 个特点。

1. 经营上实行非盈利的经营方针

出口信用保险产生的直接原因是出口贸易发展的需要。因此,开办这个险种的根本目的就是保护本国出口商的利益,为出口商扩大出口提供安全保障。经营信用保险的机构通常所收保费较低,而承保风险较大,其主要经营更侧重于社会效益,实行非盈利经营。国家财政往往直接投资于专业信用保险公司,或拨付部分或全部资本金实行补贴,这也正是国家政策性保险的体现。除了在财政上支持外,许多国家的政府还直接参与经营与管理,并且提供许多优惠政策。但非盈利并非不讲经济效益,出口信用保险的高风险,更要求在经营活动中严格控制风险,加强管理,力求以小成本换取大利益。

2. 政府参与程度高

出口信用保险的经营目标、所承保风险的性质及承保标的,决定了它是一种离不开政府支持和参与的险种。政府对出口信用保险的支持和参与主要体现在以下方面:

(1)财政上相助。为充分发挥出口信用保险对国家出口的促进作用,各国政府通过贷款、设立赔款准备金、体现票据和再保险等不同的方式,向出口信用保险注入大量资金。

(2)规范经营和管理。许多国家在出口信用保险业务开办初期或办理过程中,颁发专门的法律或有关国家政令,对办理出口信用保险的宗旨、经营目标和方针政策、财务核算办法、机构和人员的设置等作出明确规定,以使出口信用保险的经营符合本国利益和达到支持出口的目的。

(3)提高各项优惠政策。为辅助出口信用保险业务的开展,几乎所有国家的政府都为此项业务提供了优惠政策,如免征税赋,赋予资金较大运用权等。

(4)参与重大经营决策。很多国家政府专门设立由有关政府部门,如外交、工业、贸易、中央银行、财政等官员组成的委员会,定期召开会议,批准出口信用保险的承保方针、政策和进行重点经营项目的决策。一些国家的出口信用保险机构的年度财务报告还要提交国会或议会审批。

3. 风险高,承保技术复杂

一般财产保险的费率厘定,大多以概率论和大数法则为基础,在大量的原始数据积累上,以各种财产的损失率为主要参考依据。而在出口信用保险中,由于其风险的非物质性和投机性特点,厘定其费率时,除考察保险机构以往的赔付率记录外,还要考察出口商资信、规模和经营出口贸易的历史情况,以及买方国家的政治经济和外汇收支状况、国际市场的发展趋势,并在费率厘定后根据新情况经常调整,以及时、准确地反映出风险的变化趋势,因而在承保过程中的环节更多,手续复杂,条件也更为严格。

4. 特定的投保对象和适用范围

投保出口信用保险必须是本国国民或本国企业,投保的业务一般应是在本国生产或制造的产品。此外,凡出口公司通过银行以信用证、付款交单、承兑交单、赊账等支付方式结汇的出口贸易均可以投保出口信用保险,这也是其通常的业务适用范围。

（五）出口信用保险的经营原则

出口信用保险的经营既遵循保险经营的一般原则，又要符合出口信用保险业务的自身特点。归纳起来主要有下述 7 点。

1. 可保利益原则

这里的可保利益原则主要指被保险人（出口商）投保出口信用保险时，或保险人（出口信用保险机构）支付赔款时，被保险人对保险标的都必须具有可保利益。这里所说的可保利益，必须至少满足以下三方面的要求：

第一，符合国家利益。出口信用保险不同于一般的商业保险，它是国家支持的政策性保险，政府财政资金的注入是该险种最大的特点，因此，被保险人的经济利益必须符合国家的宏观利益，包括国家的政治利益、经济利益以及外交、军事利益。违背国家宏观利益的出口，哪怕对出口商有利可图，原则上也不应予以承保。

第二，必须是可实现的经济利益。这种经济利益包括：①出口商出口商品或提供劳务后，是否可以收回货款；②保险人的承保金额应等于或小于商品出口合同金额。

第三，必须是出口商或对外提供服务中发生的利益。在出口商或对外提供的服务中，由于国外买方或有关各方不履约原因造成的出口商不能实现的经济利益。

出口信用保险一般不承保商业风险承担的出口风险，如出口货物运输保险，也不承保由于被保险人原因造成的损失。

2. 最大诚信原则

最大诚信原则是保险的基本原则，对出口信用保险业务尤其重要，应贯彻于出口信用保险的经营全过程。展业、承保、限额申请和审批、理赔、追偿等各个环节，保险人与被保险人都要诚实、讲信用，不折不扣地履行出口信用保险单项下规定的各自的责任和义务，以获取相应的权利。

3. 风险共担原则

这是指承保机构承担大部分责任，出口商按比例承担少量损失，同时，承保机构对已承保的出口货物进行再保险。风险共担原则的意义主要表现在：①有助于出口信用保险的稳定经营；②有助于出口商和保险机构密切合作，共同控制风险，减少损失；③避免或减少商业欺诈行为。

4. 合理收费原则

按照不同的贸易结算方式、放款时间的长短和进口国别或地区的风险大小，分档、分类合理收费。

5. 非强制性原则

尽管是政策性保险，但也并非强制性要求出口商必须购买该险种。实际运作中仍采用出口商自愿投保，承保机构自主决定是否承保。

6. 买方信用限额申请原则

买方信用限额申请是出口信用保险经营的特有原则，指出口商应根据保险条款的规定，为其对特定国外买家的信用销售向出口信用保险公司申请买方信用限额。该限额一般具有以下性质：①买方信用限额是保单对被保险人向某特定买方出口货物所承担的最高赔偿限额；②买方信用限额可循环使用，即该限额经保险人批复，一旦确定下来，即可循环使用，不受时间、出口商品性质的限制，除非保险人书面通知被保险人更改或终止该信用限额。

7. 赔款等待期原则

这是出口信用保险定损核赔所遵循的主要原则之一。即在被保险人提出索赔申请并按保险条款的规定提交有关证明损失已发生的文件后,除条款规定买方被宣告破产或丧失偿付能力后即可定损核赔外,对其他原因引起的标的损失,保险人并不立即定损核赔,而是要等待一段时间后再作处理。这一原则主要在于避免出口商与进口商联合欺诈保险人,同时也有助于出口商协助保险人追讨债务人的欠款。

14.2　中国出口信用保险

与其他国家相比较,中国的出口信用保险起步比较晚,其发展还处于初级阶段,但发展速度相当快,对促进中国的出口贸易发展发挥了不可替代的作用。越来越多的企业已经和正在享受出口信用保险所带来的好处。可以预见,随着人们对出口信用保险认识的加深,出口信用保险必将成为支持出口企业开拓国际市场,扩大业务范围,提高产品国际竞争力的强有力措施之一。

14.2.1　中国出口信用保险发展历程

中国信用保险的发展始于 20 世纪 80 年代初,1983 年中国人民保险公司与中国银行上海分行达成协议,对一笔出口船舶的买方信贷提供中长期出口信用保险。1986 年初,中国人民保险公司上海分公司开始试办有关短期货物出口信用保险。

随着改革开放的不断深入,为了加大支持出口的力度,也为了鼓励高附加值的机电产品出口,改变出口产品结构,增加外汇收入,中国政府决定参照国际惯例开办出口信用保险,支持出口企业平等参与国际市场竞争。经中国人民银行批准,1988 年 8 月在中国人民保险公司内部设立出口信用保险部,正式开办出口信用保险业务。1988 年至 1992 年期间,通过国家财政部分 4 次划拨赔款准备金 4000 万美元,中国人民保险公司逐步建立了赔款准备金制度,用于出口信用保险业务的专项资金单独核算。当时的出口信用保险主要业务是短期出口信用保险。

1992 年 6 月,国务院决定在我国正式建立出口信用保险制度,把国家财政下拨的出口信用保险赔款准备金增加到 1 亿美元,从而形成了“国家风险基金”,并对出口信用保险业务免征营业税。为扩大对机电产品和成套设备等资本货物出口的政策性金融支持,1994 年成立了中国进出口银行,其业务中也包括了出口信用保险业务,重点支持机电产品的中长期出口信用保险业务。此后的一段时间内,中国的出口信用保险业务一直是由原中国人民保险公司和中国进出口银行共同经营。

2001 年 12 月 18 日,在加入世界贸易组织后的第 7 天,中国政府即成立了中国出口信用保险公司(China Export & Credit Insurance Corporation,SINOSURE,简称中国信保),其主要职能是配合国家的外交、外贸、产业、财政和金融政策,通过政策性出口信用保险手段,全面支持货物、技术、资本和服务的出口,为企业积极开拓海外市场提供收汇风险和出口融资保障,支持中国企业的国际化生存和发展。与此同时,由原中国人民保险公司和中国进出口银行开办的出口信用保险业务即告结束,其业务全部由中国信保承接。之后的短短几年间,随着中国信保网点的扩充,国内的出口信用保险的业务实现了飞速增长,2002年承保金额即达27.5亿美元,2003年猛增至57.1亿美元,已经充分体现出对我国外贸快速增长的支持力度。当然,与发达国家相比,还有不少差距,比如,2003年中国信保的承保总额仅占全国总出口额的1.3%,而中国的近邻日本和韩国这一数字已达到39%和12%,但也从侧面说明中国出口信用保险的巨大潜力。

14.2.2 中国出口信用保险的特征

与大多数国家一样,中国出口信用保险也是政策性保险,国家财政是其坚强的后盾,并以支持中国企业出口货物、服务、技术、海外投资和对外承包工程等国际经贸活动为目的,因此,它具有以下明显的政策性特征。

(一)承保特殊性风险

中国出口信用保险公司承保的是一般商业保险公司无力承保,或者不愿承保的巨大风险,包括国外买家突然破产或恶意拖欠货款,也包括买方所在国政府颁布禁止进口法令等政治风险。

(二)遵从国家经济与外交政策目标

由国家出资兴办的出口信用保险在设计险种、选择保护和确定承保国别时要遵循国家制定的有关政策,如国内产业政策、农业发展政策、西部大开发政策、中小企业政策以及市场多元化、科技兴贸、以质取胜和大经贸政策。同时,在外交上还要体现中国的国别政策,服从国家经济、金融安全的要求。

(三)政策性企业,商业化运作及保本经营

按照世贸组织的规定和要求,信用保险机构在较长时期内,应保持收支的基本平衡。为此,在体现国家政策意图的同时,还需通过商业化的运营机制,努力寻找一段时间的"收支平衡"点,力争做到非盈利性的保本经营。

(四)国家财政支持和税收减免

国家设立"出口信用保险风险基金"的目的,正是在于扶持出口信用保险公司圆满完成国家的政策性目标。因此,当出口信用保险公司的业务进一步扩大时,其资本金会由国家财政给予及时补充;另外,国家还对中国出口信用保险公司实行全面的税收优惠政策,即免除营业税;同时,对企业经营的直接税,也实行"先征后返"。

(五)其他优惠扶持政策

除了上述优惠政策外,中国政府还和中国信保公司联合发布了有关文件,鼓励中国出口企业积极投保出口信用保险,开拓国际市场,扩大出口份额。如对高新技术产品出口投保出口信用保险的费率予以适当浮动、为高新技术产品出口"量身定做"新险种、为企业提供信用保险项下的融资便利等。

14.2.3 中国出口信用保险的业务种类

随着中国加入WTO,中国经济开始融入世界经济大潮,因此,在承保传统的货物出口收汇风险的基础上,中国出口信用保险也不断扩大其承保范围,以满足中国企业在"走出去"的过程中应收账款收汇安全的需要。具体而言,开办的险种有四大类。

（一）短期出口信用保险

短期出口信用保险是中国信保的主要险种类型。所谓"短期"是指出口合同的信用期限一般不超过 180 天,最长不超过 1 年,适用于持续性的出口消费性货物。其中的主要品种有:短期出口信用统保险、短期出口信用证保险、短期出口信用综合险以及一些特定的合同保险等。

（二）中长期出口信用保险

所谓中长期出口信用保险是相对于短期而言,出口合同的信用期限通常在 180 天以上,最长可达 10 年。其险种主要是出口买方信贷保险和出口卖方信贷保险,以保障企业或银行在国际经济活动中,因境外政治风险或商业风险而遭受的经济损失,适用于半资本性或资本性的货物的出口。

（三）海外投资保险

海外投资保险是国家为鼓励本国企业对境外投资而推出的一种政策性保险,主要承保投资引进国因政治局势动荡或政府法令变动所引起的在投资合同范围内的损失。

（四）出口信用担保

出口信用担保业务主要是支持国内企业的一般贸易、大宗机电设备产品、高新技术产品的出口和对外工程承包等。其担保业务又可进一步分为融资担保和非融资担保两大类。

14.2.4　中国出口信用保险的作用

（一）为出口商选择灵活支付方式,增强出口产品的竞争力提供安全保障

货款的支付是国际贸易的重要环节,而支付条款由支付方式决定。现在国际上通行的支付方式主要有:信用证、汇付、托收、赊账销售（Open Account,OP）,等等,各自存在不同的风险,比如信用证方式,就有开证行的商业信用风险、外汇调拨风险等,托收中会出现货款两空、货价下跌、延迟付款等风险。而通过出口信用保险,把这些风险转嫁到保险公司,出口商就可以放心地选用灵活的支付方式,免除了后顾之忧,有利于更好地开拓新市场、扩大业务量,从而使企业市场竞争能力更强,开拓国际贸易市场更大胆。

（二）为出口商获取银行融资提供便利

出口信用保险在充分发挥其收汇保障作用的同时,还可以拓展短期险项下贸易融资的作用,如与商业银行的合作,可以为企业提供新的融资渠道,帮助出口企业在规避收汇风险的前提下,更便利地得到银行的贸易融资。同时,出口信用保险还可以为出口企业直接进行融资提供担保和保函业务,出口企业可以用出口信用保险单作为抵押,向商业性金融机构直接申请抵押贷款或担保贷款。2003 年,中国信保就为企业从银行获得贸易融资近 200 亿人民币,2004 年更是达到 300 亿元,与中国出口信用保险公司合作的银行也达 25 家以上。

（三）完善企业风险防范机制,为出口企业提供买方资信调查和市场信息服务

出口信用保险实际上是一种附加值服务。出口企业面对的最大外部风险是收汇风险,为此,出口企业必须建立风险防范机制。一般出口企业对进口商的财务状况、资信等级和偿还能力等信息了解得并不是特别清楚,若仅凭企业自身力量,不仅成本较高,效果也不一定理想。这时可以借助信用保险公司的渠道加以了解。因为,信用保险公司对在提供信用保险时,必须了解进口商的全方位信息,以便控制风险。所以信保公司大多建有多种信息收集渠道,并有一大批经验丰富的国际商情和资信调查人员,完全有能力提供这种服务。同时,当遇到卖方追讨货款有困难时,还可指导其采取合理措施以减少损失。

14.3 短期出口信用保险

14.3.1 短期出口信用保险的概念及特点

短期出口信用保险(Short-term Export Credit Insurance),是指承保期限在180天以内或最大扩展承保信用期限在180天至360天以内的信用保险,主要用于以付款交单(D/P)、承兑交单(D/A)、赊销(OA)等商业信用为付款条件的出口业务。短期出口信用保险主要有以下三个特点。

(一)风险难控制、不以盈利为目的

短期出口信用保险承保的是买方所在国的政治风险和买方的商业风险,而不同的进口国或地区的政治风险各不相同,进口商的资信和经营状况也不尽一样,因而其政治风险或商业风险存在较大的不确定性,呈现出难控制的高风险状况,一般的商业保险公司出于自身经营角度大多不愿开展这类业务。而中国出口信用保险公司的短期出口信用保险追求的是实现整体国家利益,往往在财政上能获得国家的扶持,业务经营上并不以盈利为目的,实行保本经营。

(二)明显的政策性

该险种的开展主要目的是为出口商提供安全收汇保障,保护本国出口商的利益,进而扩大本国出口,提升本国的商品或服务的国际竞争力。所以,同世界上其他许多国家和地区一样,中国的短期出口信用保险业带有明显的政策性特征,除了通过立法明确对出口信用保险公司的业务进行规范和管理外,保险公司可得到国家财政的大力支持,国家的相关部门(如商务部、科技部、农业部等)也会参与公司经营的重大决策,并提供各种优惠措施。以国家的财力为经济保障,正是政策性险种的主要特征之一。

(三)商业化运作

世界贸易组织(WTO)的《补贴与反补贴措施协议》中规定,出口信用保险应在较长一段时间内,保持收支基本平衡,若保险费不足以弥补长期营业成本和亏损,则被视为是禁止性的补贴。所以,短期出口信用保险尽管属于一种政策性的保险,但由于其风险的特殊性,在体现国家的政策性意图的同时,也需要通过商业化的运作,力争保本经营,以求收支平衡。在实际经营中,保险人在费率的厘定上,也必须结合进口国家和地区社会政治环境、世界经济发展趋势以及买方资信和经营状况,包括具体结算方式等的不同,来制定相应不同的费率,并适时进行调整。

14.3.2 短期出口信用保险的承保责任

(一)短期出口信用保险承保的风险

1. 政治风险

政治风险是指在买卖双方均无法控制的情况下,国外债务人(在商业信用付款条件下是国外进口商;在信用证付款条件下是国外开证银行或保兑银行)所在国家或地区,由于政治、

经济或社会环境发生变动,导致上述国外债务人不能按时支付货款或者其他债务等的事件的发生。主要包括以下方面:

(1)进口国禁止或限制汇兑;

(2)禁止进口商所购货物的进口;

(3)撤销进口许可证;

(4)颁布延期付款令;

(5)进口国或地区爆发战争、暴动等政治事件。

2. 商业风险

商业风险是指在商业信用付款条件下国外进口商或在信用证付款条件下国外开证银行或保兑银行由于出现信用问题,导致被保险人(出口商或信用证受益人)发生收汇损失。主要包括如下方面:

(1)进口商或开证银行或保兑银行破产或无力偿还债务;

(2)进口商或开证银行或保兑银行拖欠货款;

(3)进口商拒绝受领货物;

(4)开征银行或保兑银行拒绝承兑汇票。

(二)短期出口信用保险的除外责任

除外责任指在保险合同中规定的不予赔偿或补偿的损失,主要包括如下方面。

(1)被保险人的过失或违法行为导致的损失。如被保险人或其代理人违约、欺诈以及其他违法行为所致的损失,或者被保险人的代理人破产引起的损失;被保险人未能及时获得许可证,导致销售合同无法履行引起的损失。

(2)被保险人的其他原因所致损失。如被保险人未获得有效信用限额且不适用自行掌握限额而向进口商出口所发生的损失;被保险人在已知风险的情况下出运货物而造成的损失;被保险人向其关联公司出口,由于商业风险所导致的损失。

(3)进口商方面的过失引发的损失。如进口商未能及时取得许可证,导致贸易合同无法正常履行而致的损失;进口商的代理人破产、违约、欺诈或其他违法行为引起的损失。

(4)第三方的责任。如银行擅自放单、运输代理人或承运人擅自放货所致损失;通常由货物运输保险或其他保险承保的损失;信用证支付方式下虚假或者无效的信用证造成的损失;因单据不符或单据在传递过程中迟延、遗失、残缺不全或者误邮所造成的损失。

(5)其他损失。汇率变动引起的损失;非信用证结算方式下在货物出口前发生的一切损失;信用证结算方式下在被保险人提交单据前发生的一切损失;其他保险单承保责任以外的损失。

14.3.3 短期出口信用保险的主要产品(险种)

中国出口信用保险公司提供的短期出口信用保险产品主要有综合保险、统保保险、信用证保险、特定买方保险、特定合同保险和买方违约保险等系列险种,加上近年来根据市场需求新推出的三个产品:农产品特别保险、出口票据保险和出口劳务保险,为中国出口企业提供了比较全面的出口商品及服务的风险保障。凡在中国境内注册的、有出口经营权或对外承包劳务经营权的企业,都可以自主选择相关险种投保。

（一）短期出口信用综合保险（Comprehensive Cover Insurance）

综合保险承保出口企业所有以非信用证结算或信用证结算方式出口的收汇风险。主要补偿出口企业按合同或信用证规定出口货物或提交单据后，因政治风险或商业风险的发生而导致的收汇损失。由于保险的金额高，保险范围广，是最普遍适用的险种，保险费率也相对较为优惠。

（二）短期出口信用统保保险（Whole Turnover Insurance）

该险种主要承保企业以非信用证结算方式出口的收汇风险。最大程度支持和鼓励企业以非信用证开拓市场，扩大出口规模。如果企业将其出口的所有非信用证结算业务全部投保，其保额达到一定规模后，即可获得中国信保的优惠费率。

（三）短期出口信用证保险（L/C Insurance）

该险种主要承保企业以信用证结算方式的出口收汇风险，其费率只相当于统保费率的50%。尽管信用证结算有一定优势，但也不能保证安全消除收汇的所有风险，尤其是某些发展中国家的外汇管制，对出口商使用的远期信用证收汇构成一定的风险。因此，信用证结算方式的出口贸易同样需要出口信用保险的保障。

（四）特定买方保险与特定合同保险

为支持重点机电产品和成套设备的出口，中国信保专门设计了短期险项下的"特定合同保险"和"特定买方保险"，以此满足企业以非信用证方式出口上述产品的特别需要。

特定买方保险（Specific Buyer's Insurance）是保险人承保出口企业对一个或几个特定的进口商以非信用证的结算方式出口的收汇风险，其承保条件与统保相同。但由于出口企业是选择性投保，保险金额较低，费率相对较高。

特定合同保险（Specific Contract Insurance）是保险人承保出口企业在某一特定出口合同项下的应收账款的收汇风险。通常适合于较大金额的机电产品及成套设备等产品的出口贸易。

（五）买方违约保险（Insurance against Buyer's Break of Contract）

该险种承保出口商以分期付款方式签订的商务合同项下因进口商违约而遭受的出运前和出运后的收汇损失风险。不仅适用于机电产品、成套设备的出口，也适用于对外工程承包和劳务合作等项目，只要合同中的计算方式为分期付款，且付款间隔期不超过180天，都可投保。与前述的特定合同保险类似，投保该险种的条件也较为严格，通常需满足的条件有：①货物、技术或服务从中国出口或转口；②出口产品以机电产品、成套设备等为主，包括船舶、高新技术以及对外劳务合作等；③投保产品价值中的中国制造部分一般不低于70%，其中船舶产品出口的中国制造部分不低于50%；④合同金额在100万美元以上，其中预付款比例一般不低于15%；⑤结算方式采用按工程或服务进度分期付款，最长付款间隔不超过180天；⑥有明确和规范的出口贸易合同。

（六）农产品出口特别保险（Agricultural Products Export Specific Insurance）

近些年，由于"禽流感疫情"，我国的禽肉类产品的出口遭遇许多国家的"封关"，受到一定影响。为保护农民利益，鼓励和支持农业发展，为农产品出口企业排忧解难，中国信保推出了农产品特别保险，主要承保农产品在出口后，进口商办理通关手续前，因进口国或进口地区颁布进口令、提高检验检疫标准、增加检验检疫项目或突然变更许可文件等，导致我国农产品无法入关的事件，保险人对因此给出口企业造成的损失进行补偿。

(七)出口票据保险(Export Bill Insurance)

出口票据保险是以提供出口融资的银行为被保险人,通过承保出口票据下付款人的商业信用风险和付款人所在国的政治风险,为融资银行贴现或押汇的出口票据提供安全保障,帮助出口企业获得银行融资的便利性。所以,凡从事各类出口票据融资的银行均可投保。

14.3.4 短期出口信用保险操作实务

短期出口信用保险的操作实务同普通商业保险一样,也有投保、承保、索赔及理赔等全过程。其承保流程主要有投保、拟定承保方案、签发保险单、信用限额申请与审批、出口申报和缴纳保险费等不同的阶段。在实务中,这一过程又可分为两类,即保单承保和买方承保。

(一)保单承保

所谓保单承保,是指保险人承接投保人提交的保险申请(投保单),并通过向投保人签发保险单,双方建立保险责任关系的过程。

1. 投保

由投保短期出口信用保险意向的出口商填写保险人提供的投保单,提出投保申请。投保单的内容主要包括:投保企业的基本情况、投保范围、投保企业以往经营情况及未来几年经营预测、坏账记录、进口商名单等。要求投保人在投保时必须遵循保险的最大诚信原则,特别是应履行告知义务和保证义务,避免漏报或误报。保险人对投保企业的一切商业秘密给予严格保密。

2. 拟定承保方案

如果保险人同意承保,则会根据投保单所载明的投保内容,拟定保险承保的方案,即《保险单明细表》,主要内容包括以下方面:

(1)适保范围。一般的短期出口信用保险都实行统保的方式,即被保险人适保范围内的全部出口业务,必须全部投保并按时申报,不得选择某一部门或某一个进口商来投保,也不得挑选某一风险高的业务进行投保。

(2)赔偿比例。按照出口信用保险的风险共担原则,确定保险人与被保险人各自承担的风险比例。通常情况下,进口商拒收所致的损失赔偿比例最高为80%,其他责任范围内原因所致损失的最高赔偿比例为90%。保险人也可根据进口商所在国的实际情况以及被保险人的风险控制水平另行约定赔偿比例,甚至低于上述一般比例。

(3)被保险人自行掌握信用限额。所谓信用限额,是指保险人承诺对保险单项下某一特定进口商或银行在特定结算方式下的信用风险承担赔偿责任的最高限额。与货物运输保险等其他商业保险不同,短期出口信用保险中保险人承担的最高保险责任并不是实际出口金额,而是以信用限额作为最高赔偿限额。当损失金额小于有效信用限额时,保险责任是损失金额×保单规定的赔偿比例;当损失金额大于或等于信用限额时,保险责任是有效信用限额×保险单规定的赔偿比例。

保险人授权被保险人自行掌握信用限额的含义在于,当一个付款周期内出运的金额不超过该信用限额时,被保险人不必事先申请信用限额即可直接出运,保险人自然会承担相应责任,而被保险人只需在出运后的申报期内再向保险人申报即可。该方式的目的在于减少被保险人办理保险的手续时间以及降低被保险人的管理费用。

(4)最高赔偿限额。最高赔偿限额,也称"保单限额",是指保险人在保险单期限(1年)

内承担赔偿责任的最高累计限额。该限额通常控制在被保险人当年预计投保总额的 1/3 到 1/2。

(5)申报方式。出口申报是指被保险人将具体的出口业务向保险人投保和保险人承保的重要环节,且保险双方事先在《保险单明细表》中进行约定。具体的申报方式可分为月申报、周申报或即时申报。

(6)其他内容。拟定保险方案中的其他事项主要有批单的申请、合同争议的解决方式等。其中批单的批注需要被保险人格外注意,凡要对保单内容进行更改都必须及时进行批注,如扩大或减少保险保障范围以及其他变更或修正保险单内容等。

3. 签发保险单

保险人对投保人的投保要求要进行审核,制定好保险方案后即可签发保险单。一套完整的短期出口信用保险的保险单主要包括:封面、《被保险人申明》、保险条款、《保险单明细表》、《费率表》、《国家(地区)分类表》、《投保单》和《批单》。另外也包括一些合同签发后的书面文件,如信用限额申请表、信用限额审批表和确认书、回执等。其中的"国家(地区)分类表"是保险人考察各国政治、经济和社会状况后,按照一定的国家风险评价方法,把各国国家风险划分为经济风险和政治风险进行评价,在对不同指标进行评测后按风险值的大小进行世界各国的分类。在表中明确规定了对哪一类国家或地区可以接受承保,对哪些国家或地区暂不接受承保,或即使承保也必须附加额外条件。该表也是保险双方拟定保险方案时的重要参考依据之一。

保险单是保险双方的法律契约,自保单签发生效之日起,保险双方就应严格履行各自的责任和义务。

4. 保险单续转

短期险的保单期限一般为 1 年。保险合同期满前 1 个月,保险人要对保险单的承保情况进行总结,从履约率、投保率、风险集中度、限额批复率等方面重新审核和测算保险费率,调整保险条件。被保险人若对调整结果无异议,则原保单届满时以新的保险条件转入下一期,即进行保单续转,有效期仍为一年。

5. 保险单终止、解除或取消

除了保险单在每一期届满时可以续转外,若保险人或被保险人中的一方有意终止合同,应提前通知对方。保险单终止后不影响保单终止前保险人按照合同规定应承担的保险责任。

与大多数商业保险合同一样,出口信用保险的被保险人在保险有效期内有权单方面要求解除保险合同,且该行为不影响保险人应承担的保险责任。若被保险人存在严重过失或恶意拖欠保险费甚至出现欺诈的行为,保险人有权解除或撤销保险合同。上述两种情况下保险合同的解除,已收保险费均不退回被保险人。

(二)买方承保

买方承保是指保险人针对每个买方(进口商)为被保险人确定承保条件,通过批复信用限额来确定最高保险责任关系的行为过程,在整个出口信用保险的承保过程中处于核心地位。其中最为关键的程序就是确定信用限额。

1. 信用限额的循环使用及涵盖原则

信用限额是保险人帮助投保人(出口商)有效控制风险的重要手段。信用限额包含支付手段、金额和生效时间三个基本要素,有时还需要规定特别限制条件,如赔偿比例、有效期等。

在信用证的支付方式下,有效信用限额有两种情况:一种是不可以循环使用的,只适用于单笔信用证的额度,该信用证使用完毕后信用限额即自动失效;另一种是可以循环使用的,即对同一买家(进口商)在同一银行开出的信用证的信用限额可以循环使用,只是这一信用限额须经保险人批准,信用限额生效后的出口当即有效,同时该限额可循环使用至保险人书面变更该限额时为止。这就是信用限额的循环使用原则。

信用限额的涵盖原则是指,在同一保险单下,对同一买家(进口商)在同一支付条件下只能有一个有效的信用限额。即在同一支付条件下,信用期限长的信用限额可以涵盖信用期限短的信用限额。在不同的支付条件下的信用限额则可按照 OA→D/A→D/P 的顺序。即在同一信用期限下,OA 的信用限额可以涵盖没有明确批复过信用限额的 D/A 方式或 D/P 方式的信用风险,D/A 信用限额可以涵盖没有明确批复过信用限额的 D/P 方式的信用风险。

2. 信用限额的申请

保险人向被保险人签发保单后,被保险人应根据保单承保范围内出口的每一个进口商和银行的具体情况,在出运前向保险人提出书面信用限额申请。

申请信用限额的具体过程是填写《信用限额申请表》,并注意填表内容应尽可能准确、详细。申请信用限额的支付方式应明确,对非信用证方式应注意与保单条款中的定义一致。对于超过 20 万美元的限额申请,还需同时填交一份《信用限额申请附表》,向保险人阐明与买方建立交易的过程、历史交易情况和收汇情况,以及风险控制措施等,以利保险人全面分析买方风险,及时合理审批信用限额。

若保险人已经拥有进口商的详细资料,一般会在 1~2 个工作日内批复信用限额。但如果保险人需要向海外信用调查机构索取资料,则要视具体情况而定,有的可能只需几天,也有的可能需要数星期的时间才能给予答复。获得保险人的批复后,被保险人应对信用限额的有关内容认真复核,尤其应注意信用限额的金额、批复的支付条件和附带的特别条件。

3. 进口商的风险评估及限额审批

当被保险人提交信用限额的申请后,保险人在资信调查的基础上要对买方风险作出评估。风险评估的主要程序如下:

(1)进行国别风险分析。对买方所在国家的政治、经济、法制环境、特殊贸易限制等地区因素进行分析。

(2)进行买方资信调查。通过对企业注册资料或商业登记资料等了解买方的基本信息,也可通过银行、特定行业报告或信用评级机构以及网络、新闻媒体、再保险公司等公共渠道,进一步了解进口商的情况。

(3)在信息资料收集和分析的基础上,对买方(进口商)进行整体风险评估。如对其财务状况、偿债能力、发展趋势等作出科学的评估报告,为审批信用限额提供依据。

完成上述评估程序后,结合贸易合同的具体情况,确定最终的风险信用限额。

4. 出口申报及交纳保险费

出口申报和缴纳保险费是被保险人获得保险保障的前提条件。

被保险人获得信用限额并安排出运后,按照《保险单明细表》要求,在规定时间内将符合承保条件的全部出口向保险人进行申报,保险人则按约定费率计收保险费,并开始承担相应的保险责任。对未申报的出口,发生进口商违约事件时,保险人是不负赔偿责任的。

(三)短期出口信用保险的索赔及理赔

若在保险期间发生了承保责任范围内的损失,就涉及保险的索赔和理赔以及追偿等事宜。索赔是被保险人的正当权利,理赔和追偿则属于保险人的义务和权利。

1. 索赔

(1)报损。被保险人一旦获悉损失已经发生或引起损失发生的保险事件已经发生,应在规定的时间内向保险人填报可能损失通知书,类似一般商业保险中的出险通知书,告知保险人已经发生可能引起损失的事件和损失发生的原因。此时的报险通知还不算正式的索赔,只是一种及时的信息通告,目的在于及时和保险人协商,采取措施,控制和避免损失的扩大,若存在商业风险的责任方,也有利于保险人开展正常的追偿工作。保险人在接到报损通知后,会立即与被保险人联系,了解详情,并针对已发生的具体事件,采取相应措施。比如,在遇到拖欠账款的情况,需要在了解原因的基础上,进行追讨或向被保险人赔偿后的追偿;在遇到拒收拒付情况下,还要考虑货物的尽快处理以及处理方式的确定等。可能损失通知书通常应在下列规定的时间内提交:①在非信用证支付方式下,被保险人在获悉买方拖欠货款,则应在应付款日后的 60 天内,向保险人提交通知书。②在信用证支付方式下,被保险人在开证行拖欠后的 15 个工作日内,向保险人提交通知书。③无论是何种支付条件,只要获悉保单所列政治风险事件已经发生,买方或开证行已经破产或无力偿还债务,或买方已经拒绝接受货物及付款等情况,都应在获悉之日起的 10 个工作日内向保险公司报损。

(2)索赔。被保险人在发出报损通知后,虽经过减损努力,仍确定损失的不可避免,即可正式向保险人提出索赔请求。在索赔的过程中,被保险人应重点关注以下几个方面:①保护索赔时效。根据中国出口信用保险公司保单条款第 20 条的规定,被保险人应在提交可能损失通知书后 4 个月内向保险公司提出索赔。若超出上述时效后,将被视为放弃索赔权。但被保险人也可与保险人协商延长索赔时效。②提供完整的索赔材料。被保险人提出索赔时,必须同时提交《索赔申请书》和《索赔单证明细表》,并按要求如实、完整、准确地填制其中的各项内容。这些信息是保险人定损核赔的基础和重要依据。③签署委托代理协议。若被保险人没有在保损阶段委托保险人追讨欠款,保险人在被保险人提出索赔后即要进行海外调查,此时被保险人要向保险人提交《委托代理协议书》,将相关贸易单证和损失证明及往来贸易函电等提供给保险人,委托保险人进行损失原因调查并向进口商追讨欠款。

2. 理赔

保险人接到被保险人的索赔申请后,按下列程序进行定损核赔工作。

(1)审核索赔单证及被保险人义务履行情况。首先要审核被保险人提交的索赔文件或单证是否齐全、有效。通常越是复杂的案情,要求被保险人提交的文件越详细。其次保险人还要依据保单条款的规定,审核被保险人在保单项下义务的履行情况,例如,如实告知义务、及时出口申报和缴纳保费义务、及时报损和全力施救义务等。若被保险人未履行应尽义务,严重影响到保险人权益时,保险人有权降低赔偿比例甚至拒绝承担赔偿责任。

(2)责任认定及赔款计算。在经过海外损因调查的基础上,结合被保险人义务履行的情况,保险人即能综合判定损失是否属于保险的责任范围。在买方拖欠项下,债务人承认债务,被保险人履行了应尽义务,保险人即可定损核赔;在买方拒收项下,查明拒收原因是买方责任,在被保险人采取降价、退运、转卖等方式处理完货物后,保险人方才定损核赔。对存有贸易纠纷的索赔事件,必要时被保险人要根据贸易合同中的约定进行仲裁或海外诉讼,保险人根据结果来定损核赔;买方破产项下,因破产债权确认时间较长,在不需要处理货物且单证齐全的情况下,保险人可先定损核赔,待破产债权金额确定后,保险人对保险责任内的赔款进行结算,多退少补。保险人在实际计算赔款金额时,根据条款约定,一般应扣除下列款项:①买方已支付、已抵债及被保险人同意接受买方反索赔的款项;②被保险人已通过其他途径收回的相关款项,包括但不限于转卖货物或者变卖抵押物所得的款项及担保人支付的款项;③被保险人擅自与买方商定的降价部分及被保险人擅自放弃债权的部分;④被保险人已获得的属于开证行或者买方的其他款项或者权益;⑤被保险人根据销售合同应向买方收取的利息和罚款;⑥其他不合理的费用。

(3)支付赔款。保险人根据案件审理结果,对符合保单规定赔付条件的索赔案件,完成赔款计算后,向被保险人签发《赔付通知书》,被保险人在出具《出口信用保险赔款收据及权益转让书》,将赔偿部分的权益转交给保险人,保险人据此办理赔款支付手续,同时取得代位追偿权,继续向债务人追讨欠款。

实务操作中,由于海外调查存有一定的难度,定损核赔需要一定的时间。目前的短期出口信用保险中,大多数案件都能在索赔提出后的 3 个月内结案,当然,这也有赖于被保险人的积极配合。

14.4　中长期出口信用保险

14.4.1　中长期出口信用保险的概念及特点

中长期出口信用保险(Medium and Long-term Export Credit Insurance),是承保信用期为 1～10 年(经过协商,特殊项目可延伸至 10 年以上),出口商或银行在对外经济活动(贸易或投资)中因境外政治或商业风险而遭受损失的信用保险。

中长期出口信用保险主要适用于资本性货物的出口。资本性货物主要指机械、电子成套设备及飞机、船舶等大型运输工具。资本性货物的出口往往伴随着技术和劳务的出口,有时表现为工程项目的承包。由于这类货物的出口合同金额较大,买方通常要求延期付款,但延期付款时间长,出口商面临的出口收汇风险也大。中长期出口信用保险正是基于解除出口企业出口资本性货物过程中的后顾之忧,以便于他们大胆参与国际竞争,扩大本国大型机电产品和成套设备的出口,推动本国机电工业的发展。

中长期出口信用保险按不同的标准可以分为以下几类:

(1)按保单责任开始时间分为出运前保险和出运后保险;

(2)按所保风险范围可分为单纯政治风险保险、单纯商业风险保险和政治商业风险综合保险;

(3)按承保方式可分为额度保险和项目保险;

(4)按照融资方式,可分为出口买方信贷保险和出口卖方信贷保险。

此外,由融资方式不同还可派生出"福费廷保险"和"融资租赁保险"等。

14.4.2　买方信贷保险与卖方信贷保险

(一)买方信贷的概念

出口买方信贷(简称买方信贷),是指在大型机械或成套设备的对外贸易中,由出口国(卖方)银行向外国进口商(买方)或进口商的银行提供的、用于支持进口商以即期付款形式购买出口商的产品、技术或服务的一种贷款。贷款银行可以是出口国银行也可以是第三国银行。

出口买方信贷包括两种具体的操作方式:①直接贷款给进口商(买方);②贷款银行向进口方的银行提供贷款,进口方银行再转贷给进口商。

出口买方信贷具有以下特点:

(1)买方信贷是一种中长期跨国的外汇贷款;

(2)买方信贷一般使用 OECD[①] 组织公布的"商业参考利率"或以 LIBOR[②] 为基础的浮动利率;

(3)买方信贷的商务合同采用 L/C、D/P 付款方式,出口商发货后即期收汇,不承担汇率风险和进口方的信用风险;

(4)出口商无须负债。

(二)出口买方信贷保险

出口买方信贷保险是指在买方信贷融资方式下,出口信用保险机构向贷款银行提供还款风险保障的一项政策性保险业务。在该项保险中,被保险人是贷款银行,投保人既可以是贷款银行,也可以是出口商,但一般要求贷款银行直接投保。

出口买方信贷保险的承保责任范围包括债务人(借款人或担保人)因政治原因或商业原因而不能遵守协议规定偿还贷款本金和利息的风险。但对下列一些情况保险人不承担责任。

(1)被保险人违反保险单或贷款协议导致的损失;

(2)被保险人的过失导致保险单或贷款协议部分或全部无效。

(三)卖方信贷的概念

出口卖方信贷(简称卖方信贷),是指在大型机械装备或成套设备的贸易中,为方便出口商以延期付款方式出口技术、设备或劳务服务而进行融资,即由出口商所在地银行向本国出口商提供的一种贷款。

出口卖方信贷的主要特点如下:

(1)卖方信贷是一种中长期的人民币贷款,资金并不出境;

(2)卖方信贷一般使用中国人民银行所颁布的指导性利率;

(3)由于出口方为进口方提供了延期付款的便利,所以,卖方信贷的商务合同一般采用延期付款方式,出口商发货后不能即期收汇,而且还必须承担汇率风险和进口商的信用

---

① OECD:经济合作发展组织(Organization for Economic Co-operation and Development)的缩写。

② LIBOR:伦敦银行同业拆借利率(London Interbank Offered Rate)的缩写。

风险；

(4)出口商须在资产负债表上反映出该笔负债。

出口卖方信贷一般都具有很强的政策支持性质,能贯彻国家的产业政策、贸易政策、金融政策和财政政策,体现出政府强有力的支持,所以,在贷款利率上往往比一般商业贷款更优惠。目前我国的大多数出口卖方信贷都由中国进出口银行提供。根据出口项目的不同,中国进出口银行将卖方信贷分为以下六大类：

(1)设备出口卖方信贷

(2)船舶出口卖方信贷

(3)高薪技术产品出口卖方信贷

(4)一般机电产品出口卖方信贷

(5)境外投资贷款

(6)对外工程承包贷款

(四)出口卖方信贷保险

出口卖方信贷保险是指在卖方信贷融资方式下,出口信用保险机构向出口商提供的用于保障出口商收汇风险的一种政策性保险,对因进口国或进口商的政治风险或商业风险导致的出口商在商务合同项下应收的延期付款损失承担赔偿责任。

1. 出口卖方信贷保险的主要承保范围

出口卖方信贷保险的承保范围同样包括政治风险和商业风险。政治风险包括：债务人所在国家政府或地区颁布法律、法规、命令、条例或采取行政措施,禁止或限制债务人以贷款协议规定的货币向被保险人偿还债务；债务人所在国家或地区颁布延期付款令,致使债务人无法履行其在贷款协议项下的还款义务；债务人所在国家发生战争、革命、政变、暴乱或保险人认定的其他政治事件。一般的商业风险包括：债务人违约,拖欠贷款协议项下应付的本金和利息；债务人破产、倒闭、解散和被清算等。

但对下列情况发生的损失,保险人不承担赔偿责任：

(1)企业不履行商务合同或违反法律所引起的损失；

(2)汇率变更引起的损失；

(3)对进口方的罚款或惩罚性赔偿。

2. 出口卖方信贷保险的承保条件

在业务操作中,出口卖方信贷保险对投保人有如下要求：

(1)出口项目符合进出口双方国家法律、法规,且不损害我国国家利益。

(2)投保时,进口国的政治风险应属于信用保险公司可接受的风险范畴,且投保金额不超过投保时进口国国家限额的余额。

(3)买方即担保人信用良好。

(4)投保人是在中国注册的具有相关进出口经营权和资质的法人。在之前与保险公司的合作中无不良记录或违约行为。

(5)出口标的应主要是国内生产的资本性货物、半资本性货物和与之相关的服务。船舶类产品的国产化率一般不低于50%；其他机电产品、成套设备的国产化率不低于70%；海外工程承包项目中的中国成分应符合国家有关规定。

(6)出口项目技术可行,经济效益较好,且符合进口国的环保规定。

（7）商务合同金额不低于 100 万美元。

（8）商务合同规定有一定比例的现汇付款或预付款。

（9）延付期自商务合同约定的第一笔还款日期，至最后一笔还款日止，一般不超过 10 年，大型项目最长不超过 12 年；宽限期为商务合同生效至延付期开始之前的期限，视项目的规模和复杂程度确定，原则上不应超过建设期或发运期 2 年。项目信用期（宽限期与延付期之和）最长不超过 15 年；买方延期付款利率应反映市场利率水平，原则上不得低于融资成本。

（五）买方信贷保险与卖方信贷保险的异同

买方信贷保险与卖方信贷保险都是为了支持本国资本性、半资本性货物的出口，但在具体的操作机制上还是存在一些不同之处。

（1）买方信贷一般将出口信用保险作为必要条件，不保则不贷。卖方信贷不一定要求保险，出口企业可自行决定是否投保。

（2）买方信贷保险与贷款协议直接联系，须向贷款人承担无条件担保责任，而卖方信贷项下的保险不与贷款协议直接联系，贷款银行可视情况决定是否要求投保出口信用保险。

（3）买方信贷保险按照贷款本金及利息之和最高承担 95％ 的赔偿责任；卖方信贷保险则通常只负责出口合同中延期付款金额的 90％。

（4）买方信贷保险的赔款等待期为 3 个月，而卖方信贷项下的保险通常为 6 个月。

（5）在其他条件相同的情况下，卖方信贷保险的费率较买方信贷保险的费率略低。

（6）买方信贷项下贷款银行直接作为保险的受益人，而卖方信贷项下的保单受益人是出口企业。

（7）就贷款的币种而言，买方信贷项下是外币专项贷款，卖方信贷则是人民币专项贷款。

（8）买方信贷的贷款方向是进口方或国外银行，而卖方信贷的贷款方向是本国的出口方。

14.4.3　中长期出口信用保险承保要点

（一）企业投保中长期出口信用保险的流程

中长期出口信用保险一般应在出口合同签订后办理投保手续，但与承保机构的联系应更早一些，最早可在投标之前或仅有不确定的合作意向时。与承保机构的及早沟通，可以让保险人及时了解企业拟订中的合同的基本情况，并根据情况出具保险意向书，表明是否可以承保的态度及需要投保人提供或了解的保险条件。这样，就使得投保企业在下一步谈判中，按照保险人提供的参考费率将保险费打入合同报价，并按要求规范合同内容，防止签约后发现问题造成被动。承保机构出具保险意向书时需收取少量手续费，但若事后项目落实，在正式承保时可将手续费从保险费中扣抵。具体的投保流程可分为 4 个阶段。

1. 询报阶段

出口企业可在项目或商务合同洽谈前与承保人取得联系，填写《询保单》，提出保险意向申请，经初审符合条件，保险机构即出具有条件的《承保意向书》，附参考费率及保险条件，供出口企业联系银行融资及测算项目成本之用。

2. 参与阶段

在某些情况下，保险机构将要求直接参与有关项目的考察、商务合同及新的协议的谈判，以了解进口国的风险及项目情况，作为制定保险条件和保险费率的依据。

3. 投保阶段

在商务合同及贷款协议谈判后期,只要基本条件确定,拟出文件草本,出口企业即可填写正式的投保单向保险机构投保。与先前的《承保意向书》不同的是,投保是具有法律效力的行为,投保人必须按照投保单的要求详尽填写每一栏目,没有情况的要填"无"字,不得留有空白。投保单是保险合同的重要组成部分,投保人必须保证所填内容的真实性,不得故意误报、漏报与风险有关的重要情况,否则有可能导致保险合同无效的严重后果。出口企业在向保险机构提交投保单时还应随附以下一些资料:①有关部门的项目批复文件;②营业执照复印件;③商务合同及贷款草本;④项目可行性研究报告;⑤国外进口商资信材料;⑥进口国情况报告等。

4. 承保阶段

根据投保单及投保人提供的有关资料,承保机构将认真研究,作出综合评价,并将包含有关保险条件和保险费报价的承保意见书,交由投保人确认,若无异议,则意味着保险合同已经达成,承保人按照有关授权的规定,出具正式的出口信贷保险单,在收到出口方交付的保费后,保险合同正式生效。

(二)出运前风险的保障问题

出运前风险是指在货物发运前出口合同由于并非出口商方面的原因而终止所造成的风险。合同终止可能是商业风险造成的,如买方破产,买方违约不付定金、预付款,不按期开出信用证,或买方单方面宣布合同终止等;也可能是政治风险造成的,如买方所在国政治经济形势恶化,政策法令改变等,致使合同无法履行。出运前风险可能给出口商带来较大损失,尤其当非标准的、专卖性差的商品,或批量比较大的订单,后果可能更加严重。对于中长期资本性货物的出口,由于生产周期长,占用资金多,合同责任复杂,因出运前风险造成损失的可能性也比较大。因此,出口企业在投保中长期出口信用险时应慎重考虑,是否需要安排出运前风险的保障。在卖方信贷项下,中长期出口信用保险单可附加承保出运前风险,保险单自合同生效即开始负责。如果商务合同及贷款协议规定不能保证出口商在合同终止情况下仍享有从贷款项下得到支付货款的权利,出口商则需要考虑另外办理出运前风险的保险。出运前保险的赔偿责任按出口商已发生的直接成本为基础进行计算。

⊟▷【案例分析】

注重买方资信,妥善处理拒收货物[①]

2003 年 9 月,被保险人向 A 国买方 B 公司出口 52000 美元的货物,支付方式为 D/P 即期。当年 10 月,B 公司要求更改支付方式为 D/A30 天,否则拒收货物。被保险人随即向保险人通报了相关情况。保险人重新抽调 B 公司的资信报告,结果显示,在短短的 6 个月内 B 公司的经营状况发生了较大的变化:信用评级由 4B 降为 4D;风险指标由 LOW RISK 降为 ABOVE NORMAL RISK;资产负债表中的现金由 16000 美元变为零;短期资产主要是由短期应收账款和存货构成,而短期应付账款由 171000 美元激增至 399000 美元,短期银行贷款由零激增至 121000 美元。因此,保险人认为 B 公司的还款能力存在很多问题,拒绝统一更

---

① 资料来源:唐若昕.出口信用保险实务.北京:中国商务出版社,2004.

改支付方式,并要求被保险人积极联系其他买方。

2003年10月底,被保险人联系到新的买方C公司,其付款方式为D/A30天,并且该买方要求降价20%。保险人立即调取C公司的资料,发现C公司是2001年注册的,员工人数仅有7人,无任何财物信息。保险人仍不同意被保险人的货物转卖方案,要求被保险人继续寻找新的买方转卖货物。

2003年11月12日,被保险人向保险人通报该公司出口货物的国际价格上涨,保险人随即指示被保险人抓住机会,积极处理货物,尽量减少损失。同年11月15日,被保险人通报,E国D公司最终同意按照被保险人与A国B公司的合同价格购买货物,付款方式是预付50%,剩余的50%货款以D/A30天支付,并承担从A国运到E国的运费,但是要求由被保险人承担A国港口费用1500美元。

保险人立即收集有关D公司的财务信息。经查,D公司是F公司在E国的独立子公司,而F公司是在加拿大多伦多证券交易所和美国纳斯达克上市的公司。在最近的3个月内,F公司在两地市场股价走势平稳。从F公司发布的年中财务报表和第三季度财务报表得知,F公司的财务状况良好。最终同意了被保险人的货物处理方案。在D公司付清货款后,保险人就被保险人的1500美元的损失,按照保单中规定的80%的赔付比例赔付了1200美元。

[讨论]

1. 保险人为什么要多次拒绝被保险人提出的货物处理方案?
2. 在买方拒收的情况下,被保险人应注意哪些问题需及时解决?
3. 这个案子的处理过程带给你什么启示?

【本章小结】

1. 出口信用保险是一项政策性保险,主要提供出口商的收汇风险保障。
2. 出口信用保险的主要特点是政策性公司、商业化经营和保本经营的目标。
3. 我国目前经营出口信用保险的公司主要是中国信保,提供的产品包括短期出口信用保险、中长期出口信用保险、海外投资保险和出口信用担保等。
4. 短期出口信用保险承保的信用期限大多在180天以内,最长不超过1年;中长期出口信用保险承保的信用期限在180天至10年之间。
5. 短期出口信用保险中的信用限额申请是出口信用保险的重要环节,信用限额是保险公司的最高赔偿责任额。

【思考练习】

1. 解释如下术语:
   信用保险　政治风险　信用限额　买方信贷　卖方信贷
2. 出口信用保险的特点是什么?
3. 出口信用保险的承保范围是什么?
4. 国际上的出口信用保险有哪些经营模式?我国属于哪种经营模式?
5. 简述中国短期出口信用保险的承保流程。
6. 简述买方信贷与卖方信贷的区别。
7. 简述我国开展出口信用保险对出口商拓展国际市场的作用。

附录 1

专业词汇 ▶▶▶ ▶

1. Advanced B/L 预借提单
2. A-E. Land Bridge, Eurasia Bridge 新亚欧大陆桥
3. Aflatoxin Risk 黄曲霉素险
4. Air Transport, Air Freight 航空货物运输
5. Anti-dated B/L 倒签提单
6. Applicant 投保人
7. A. R(All Risks)全险,一切险
8. ATL(Actual Total Loss)实际全损
9. BAF(Bunker Adjustment Factor or Bunker Surcharge)燃油附加费
10. Bare Boat Charter 光船租船
11. Bearer B/L, Open B/L, Blank B/L 不记名提单
12. Beneficiary 受益人
13. B/L(Bill of Lading)提单
14. B/N(Booking Note)订舱单,托运单
15. Breakage of Packing Risk 包装破裂险
16. CAF(Currency Adjustment Factor or Devaluation Surcharge)货币贬值附加费
17. Cargo Owner 货主
18. Carrier 承运人
19. Carriage Charges(cge.), Shipping Expenses, Express Charges 运费
20. CBR(Commodity Box Rates)包箱费率,货物包箱费率
21. CCR(Class Cargo Rate, Commodity Classification Rate)货物等级运价
22. CFR(Cost and Freight)成本加运费价
23. CFS(Container Freight Station)集装箱货运站
24. Charter 程租船,航次租赁,租船人
25. Chartered Carrier 包机运输
26. Chartering Agent 租船代理人
27. Checker, Tally Man 理货人
28. CIF(Cost, Insurance & Freight)成本、保险加运费价
29. Clash and Breakage Risk 碰损、破碎险

30. CLP(Container Load Plan)集装箱装箱单

31. Clean B/L 清洁提单

32. Coastal Shipping Line 沿海航线

33. COA(Contract of Affreightment)包运租船合同

34. COD[Collect(Cash)on Delivery],Carried on Docket(pricing),Charge of Destination 货到付款

35. COLL(Collect)收货人在收货时付款,到付

36. Consignee 收货人

37. Consolidation 集中托运

38. Container 集装箱

39. Container B/L 集装箱提单

40. Container Ship 集装箱船

41. CTL (Constructive Total Loss) 推定全损

42. CY(Container Yard)集装箱堆场

43. Declared Value for Carriage 运输声明价值

44. Declared Value for Customs 海关声明价值

45. Delivery Order 提货单

46. Demurrage 滞期费

47. Deviation Surcharge 绕航附加费

48. Dispatch Money 速遣费

49. Destination 目的地

50. Direct Additional 直航附加费

51. Direct B/L 直达提单

52. Door-to-Door "门到门"

53. D/R(Dock Receipt)码头收据,场站收据,港站收据

54. EBL(Electronic Bill of Lading)电子提单

55. EMS(Express Mail Service)特快专递

56. Endorsement 批单

57. Endorsement in Blank 空白背书

58. E/R(Equipment Receipt)设备收据,设备交接单

59. Export Credit Insurance 出口信用保险

60. Extraneous Risks 外来风险

61. Failure to Deliver Risk 货物不到险

62. FAK(Freight for All Kinds Rates)均一费率

63. FCL(Full Container Load)整箱货

64. FEU(Forty-foot Equivalent Unit)(40' or 2 TEUs)40 英尺集装箱

65. F. I. O. (Free In and Out)船方不负担装卸费

66. F. I. O. S. T. (Free In And Out,Stowed,Trimmed)船方不负担装卸、理舱和平舱费条件

67. Flight Routings 航线

68. FOB(Free on Board)船上交货

69. Forwarding Agent,Shipping Agent 运输代理人

70. Foul B/L，Unclean B/L 不清洁提单

71. FPA (Free From Particular Average)平安险

72. F. R. E. C(Fire Risk Extension Clause For Storage of Cargo at Destination HongKong，Including Kowloon,or Macao)货物出口到香港(包括九龙在内)或澳门存仓火险责任扩展条款

73. Freight,Goods,Cargo 货物

74. Freighter,All Cargo 全货机

75. Freight Forwarder 货运代理人

76. Freight Prepaid B/L 运费预付提单

77. Freight Ton 运费吨

78. Freight Traffic，Goods Traffic,Carriage of Freights，Carriage of Goods 货物运输

79. Freight，Freight Rates,Goods Rate 运费率

80. F. W. R. D. (Fresh Water and/or Rain Damage Risk)淡水雨淋险

81. GCR(General Cargo Rate) 普通货物运价

82. General Additional Risk 一般附加险

83. General Average 共同海损

84. G. W. ，grs. wt(Gross Weight)毛重

85. HAWB(House Air Waybill)航空分运单

86. Heavy Lift Additional 超重附加费

87. High Density Cargo 重货

88. Hook Damage Risk 钩损险

89. IATA(International Air Transport Association)国际航空运输协会

90. ICAO(International Civil Aviation Organization)国际民用航空组织

91. ICC(Institute Cargo Clause)伦敦保险协会《协会货物条款》

92. Import Duty Risk 进口关税险

93. Insurance Policy,Policy 保险单

94. Insured 被保险人

95. International Multimodal Transport,International Combined Transport 国际多式联运，国际联合运输

96. International Multimodal Transport Operator 国际多式联运经营人

97. International Through Rail Waybill 国际铁路货物联运运单

98. Intermixture and Contamination Risk 混杂、玷污险

99. Land Bridge Transport 大陆桥运输

100. Leakage Risk 渗漏险

101. LCL(Less Than Container Load)拼箱货

102. Liner 班轮运输

103. Liner Freight 班轮运费

104. Log Book 航行日志
105. Long Form B/L 全式提单
106. Long Length Additional 超长附加费
107. Long Ton:2,240 pounds. (l. t. , l. tn.)长吨
108. Low Density Cargo 轻货
109. Manifest 舱单,货运清单
110. Marine Insurance 海运保险
111. Mark 装运标志,唛头
112. MAWB(Master Air Waybill)航空主运单
113. Measurement Ton 尺码吨,体积吨
114. Micro-land Bridge 微桥运输
115. Minimum B/L 最低运费提单
116. MLB(Mini Land Bridge)小陆桥运输
117. M/R(Mate's Receipt)收货单,大副收据
118. MT,M/T(Metric Ton)公吨
119. Natural Calamities 自然灾害
120. Near-sea Shipping Line 近洋航线
121. NVOC(Nov-Vessel Operating Carrier)无船承运人,NVOCC(Non-vessel Operating Common Carrier)无船公共承运人
122. N. W. (Net Weight)净重
123. Ocean Transport 海上货物运输
124. Ocean-going Shipping Line 远洋航线
125. OCP(Overland Common Points)陆路共通点
126. On Deck B/L 舱面货提单
127. On Deck Risk 舱面险
128. Open Policy 预约保单
129. Optional Surcharge 选港附加费
130. Order B/L 指示提单
131. Overland Transport 陆上运输
132. Parcel Post Transport 邮政运输,邮包运输
133. Parcel Post Receipt 包裹收据
134. Partial Loss 部分损失
135. Particular Average 单独海损
136. Pineline Transport 管道运输
137. P/L(Packing List)装箱单,明细表
138. POD(Proof of Delivery)交付凭证
139. POL(Port of Loading)装货港
140. Port Congestion Surcharge 港口拥挤附加费
141. Port of Arrival 目的港

142. Port of Discharge 卸货港

143. Port of Transshipment 转运港

144. Port Surcharge 港口附加费

145. Post Receipt 邮政收据

146. PPD(Prepaid)发货人付费,预付

147. Premium 保费

148. Rail Transport 铁路运输

149. Received for Shipment B/L 收货待运提单,备运提单

150. Rejection Risk 拒收险

151. Rust Risk 锈损险

152. Salvage Expenses 救助费用

153. SCR(Special Cargo Rate)特种货物运价

154. Ship Broker 租船经纪人

155. Shipped B/L,On Board B/L 已装船提单

156. Shipper 发货人,托运人

157. Shipping Advice 装船通知

158. Shipping Agent 船务代理人

159. Shipping Charges,Shipping Commission 装运费

160. Shipping Documents 装运单据

161. Shipment,Loading 装运,装载

162. Ship Owner 船东

163. Shipping Weight,In-Take-Weight 装运重量

164. Shortage Risk 短量险

165. Short Form B/L, Simple B/L 简式提单

166. SLB(Siberian Landbridge)西伯利亚大陆桥

167. S/M(Shipping Marks)装船标记,运输标志

168. S/O(Shipping Order)装货单,下货纸

169. Specific Additional Risks 特殊附加险

170. S. S(Steamship)船运

171. Stale B/L 过期提单

172. Stevedore 装卸公司

173. Straight B/L 记名提单

174. Strikes Risk 罢工险

175. Sue and Labor Charges 施救费用

176. Surcharge 附加费

177. Surcharge of Bulky Cargo 超大附加费

178. Sweat and Heating Risk 受热、受潮险

179. Taint of Odour Risk 串味险

180. Tanker 油轮

181. T. A. T(Train,Air,Truck)陆空联运

182. TEU(Twenty-foot Equivalent Unit)(20′) 20 英尺标准集装箱

183. Through B/L 联运提单

184. Time Charter(定)期租船

185. T. P. N. D. (Theft,Pilferage and Non-Delivery Risk)偷窃提货不着险

186. TR(Transit)过境费

187. Trans shipment Additional 转船附加费

188. Transshipment B/L 转船提单

189. Transportation,Transit,Conveyance 运输

190. Transportation Document 运输凭证

191. Underwriter 保险人/承保人

192. Unloading,Discharging,Landing 卸货

193. Valuation Charges 声明价值附加费

194. Voyage Charter,Trip Charter 航次租船

195. Voyage Number 航班号

196. WA,WPA (With Average 或 With Particular Average) 水渍险

197. War Risk 战争险

198. WB(Waybill)货运单

199. Weight Memo 镑码单

200. W/W Clause (Warehouse to Warehouse Clause) "仓至仓"条款

附录 2

专业网站汇集   ⟩⟩⟩   ⟩

1. FedEx 公司：http://www.fedex.com
2. 国际公路运输联盟：http://www.iru.org/
3. 国际航空运输协会：http://www.iata.org/
4. 国际货运代理协会联合会：http://www.fiata.com/
5. 国际货运代理综合服务网：http://www.ciffic.org
6. 国际机场协会：http://www.aci.aero/
7. 国际民用航空组织（中文版）：http://www.icao.int/Pages/CH/default_CH.aspx
8. 航运在线：http://www.sol.com.cn
9. 锦程物流网：http://www.jctrans.com
10. TNT 公司（中文版）：http://www.tnt.com/express/zh_cn/site/home.html
11. UPS 公司：http://www.ups.com
12. 外商网——出口贸易网：http://www.cnexpnet.com/
13. 中港网：http://www.chineseport.cn/
14. 中国外运股份有限公司：http://www.sinotrans.com
15. 中国法律法规咨询网国际公约篇－国际运输：http://www.86148.com/sort.asp? dy1 ＝国际条约篇＆dy2＝国际运输
16. 中国航空运输协会：http://www.cata.org.cn/
17. 中国货运保险网：http://www.marins.com.cn/
18. 中国港口集装箱网：http://www.portcontainer.com/
19. 中国国际航贸网：www.cncshipping.com
20. 中国国际海运网：http://www.shippingchina.com/
21. 中华人民共和国海关总署：http://www.customs.gov.cn/publish/portal0/
22. 中华人民共和国交通运输部：http://www.moc.gov.cn/
23. 中外运敦豪（中文版）：http://www.cn.dhl.com/zh.html

参考文献

1.奥梅[英]著.OMAY 海上保险:法律与保险单.郭国汀等译.北京:法律出版社,2002.

2.刁宇凡,童馨等.外贸单证操作实务.北京:电子工业出版社,2012 年

3.顾寒梅.国际货物运输与保险.上海:上海人民出版社,2011.

4.顾丽亚.国际货运代理与报关实务.北京:电子工业出版社,2004.

5.侯铁珊.国际贸易实务案例与练习.大连:大连理工大学出版社,2000.

6.黄华明.中外保险案例分析.北京:对外经济贸易大学出版社,2004.

7.黄敬阳.国际货物运输保险.北京:对外经济贸易大学出版社,2005.

8.蒋晓荣.国际货运与保险实务.北京:北京大学出版社,2006.

9.李勤昌.国际货物运输.大连:东北财经大学出版社,2005.

10.李秀华.国际货物运输实训.北京:对外经济贸易大学出版社,2003.

11.李玉如.国际货运代理与业务.北京:人民交通出版社,2001.

12.刘树密.国际货运代理.南京:东南大学出版社,2004.

13.孙家庆.航运代理理论与实务.大连:大连海事大学出版社,2002.

14.王韶燏.国际货物运输与保险.北京:对外经济贸易大学出版社,2003.

15.王子训.我国外贸运输和国际物流问题.北京:对外经贸大学出版社,2001.

16.吴百福.国际货运风险与保险.北京:对外经贸大学出版社,2002.

17.许明月.国际陆空货物运输.北京:对外经贸大学出版社,2003.

18.杨长春.国际货物运输方式的选择与应用.北京:对外经贸大学出版社,2000.

19.杨占林.国际物流铁路运输操作实务.北京:中国商务出版社,2004.

20.杨志刚.国际货运物流实务、法规与案例.北京:化学工业出版社,2003.

21.姚新超.国际贸易保险.北京:对外经济贸易出版社,2002.

22.姚新超.国际贸易运输.北京:对外经贸大学出版社,2003.

23.中国国际货运代理协会.国际航空货运代理理论与实务.北京:对外经济贸易出版社,
2003.

24.中国国际货运代理协会.国际货运代理基础知识.北京:对外经济贸易出版社,2003.

25.周江雄.国际货物运输与保险.北京:国防科技大学出版社,2006.